U0943524

Beijing Xiandai Nongye Jianshe de
Lilun Yu Shijian

北京现代农业建设的理论与实践

王爱玲　文　化　陈　慈◎等著

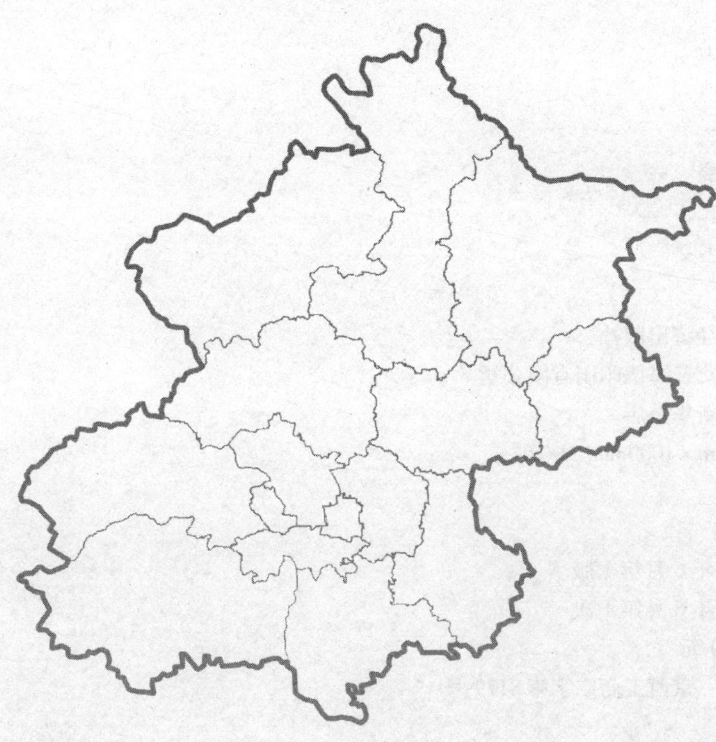

中国经济出版社
CHINA ECONOMIC PUBLISHING HOUSE
北　京

图书在版编目（CIP）数据

北京现代农业建设的理论与实践/王爱玲，文化，陈慈等著.
—北京：中国经济出版社，2015.6
ISBN 978-7-5136-3814-2
Ⅰ.①北… Ⅱ.①王… ②文… ③陈… Ⅲ.①现代农业—农业建设—研究—北京市
Ⅳ.①F327.1

中国版本图书馆 CIP 数据核字（2015）第 093811 号

责任编辑　叶亲忠
责任审读　贺　静
责任印制　马小宾
封面设计　华子图文

出版发行　中国经济出版社
印 刷 者　北京艾普海德印刷有限公司
经 销 者　各地新华书店
开　　本　710mm×1000mm　1/16
印　　张　28.5
字　　数　490 千字
版　　次　2015 年 6 月第 1 版
印　　次　2015 年 6 月第 1 次
定　　价　68.00 元
广告经营许可证　京西工商广字第 8179 号

中国经济出版社 **网址** www.economyph.com **社址** 北京市西城区百万庄北街 3 号 **邮编** 100037
本版图书如存在印装质量问题，请与本社发行中心联系调换（联系电话：010-68330607）

编 委 会

（按姓氏笔画排序）

序　言

PREFACE

北京现代农业建设始终处于全国前列。目前，虽然北京市农业增加值仅在全市生产总值中占0.8%，但是在工业化和城市化高速发展的进程中，农业不可替代的地位越发重要和明显，农业生产功能的质量不断提升，生态、社会和服务功能越来越丰富。北京市现代农业建设对我国实现农业现代化将继续起着引领和示范作用。

《北京现代农业建设的理论与实践》一书，是由北京市农林科学院农业综合发展研究所文化研究员牵头，组织有关专家在近些年相关课题研究成果的基础上撰写的一部学术著作。首先，从理论的视角阐述了现代农业的概念、内涵、特征，并以北京为例分析了农业功能的演化及相互关系，提出建设现代农业的基本思路和步骤。其次，作者利用大量的数据资料进行整理和比较分析，发现我国农业劳动生产率不但远远落后于发达国家，也落后于金砖国家；同时，与我国二、三产业劳动生产率相比较仍然有很大差距；如何大幅度提高农业劳动生产率成为制约我国现代农业建设的最突出问题；作者从宏观和微观两个层面上分析了其原因，提出相应的对策建议。再次，提出并论述了未来数十年北京乃至全国农业发展的主要趋势，描绘了2050年北京农业的愿景。最后，本书介绍和分析了北京现代农业建设在多功能性、循环农业、清洁生产、农业信息化、农业服务业、创意农业及农业文化遗产等方面的研究与实践。

本书研究内容丰富，逻辑严谨，层次清晰，观点鲜明；不仅对北京现代农业建设有重要参考价值，而且对于我国其他地区的现代农业建设也有重要借鉴作用。当前，我国经济和社会发展正处于转型期，面临资源与环境的挑战更加严峻，建设现代农业，任重道远，仍需下大力气在理论与实践上不断探索，不断创新并总结经验。希望广大有志之士，努力做出更大的贡献。

中国工程院副院长　刘旭

2014年10月31日

目 录

CONTENTS

上 编

下 编

上　编

第一章 概论

一、农业在经济、社会发展中的地位与作用——以北京为例

从过程角度分析，农业从诞生起便不仅仅是物质生产过程，也是人与自然界生物圈的协调过程，更是人类生命与生活的延续过程。也就是说，农业在进行生产的同时，又通过自然代谢对人类活动产生的废弃物和污染物予以接纳、贮存、降解、净化、吸收，并以新的形式重新返回自然环境之中，这便是农业的环境调节功能，即生态功能。与此同时，农业还满足了人类对客观世界和自我世界的认知、体验与美感需求，因而其又具有社会功能。基于对农业实质和内涵的认识，可知农业具有多种功能，生产、生态、社会功能是农业固有的基本功能。一些国家和地区的政府与学者，根据自身经济、社会的发展进程和特点，提出农业还有文化、服务、休闲旅游等功能。这些功能也都是农业的固有功能。即，自农业产生起，这些功能便都具有；只是在不同的经济、社会发展阶段，是否显现，显现得或强或弱。对于农业功能的认知，由单一的生产功能向多功能演进，是人类文明进步的结果。

基于上述，农业在人类生存与发展中具有五大基本作用，即保障人类生存、保障人类身心健康、保障社会安定、广泛就业和促进人类认知水平不断提高，如图 1 –1 所示。

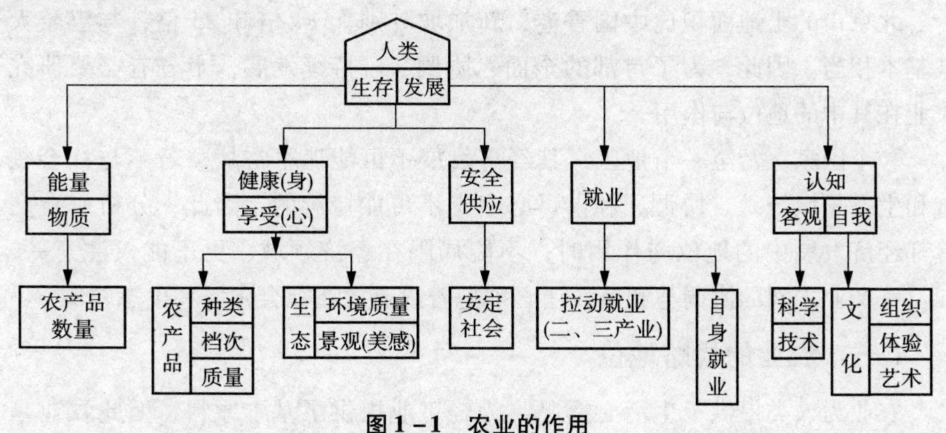

图 1 –1 农业的作用

为了更好地论述农业的这五大作用，下面以首都——北京为例，进行详细的剖析。

在北京，自人均 GDP 超过 3000 美元起直至今天，经常能听到一种调子：

投资土地的回报率，农业若为 1，工业便为 4～6，商业超过 12。北京的土地、水资源如此稀缺，却用来从事回报率低的农业，资源配置非常不合理。所以，应该缩减农业规模。至于农业的生态功能，完全可以用公园、绿地、森林来代替。于是，还有人甚至提出取消农业、消灭农民。

如果，单纯用经济眼光衡量，这种说法十分在理。若再从生态角度考量，似乎仍有些道理。

就一个国家而言，“民以食为天”，农业是国民经济的基础，粮食是一种战略物资。这一点，几乎没有什么歧义。然而，就一个地区而言，特别是在经济全球化、物资大流通下的一个开放系统，农业应保留多大规模、生产什么，及至有无存在的必要，的确值得认真研究。

如果把研究对象的空间尺度缩小到一个小小的孤岛、一个工业开发区、一个社区、一个广场，甚至一幢楼房，对于一个开放系统，农业确实可有可无。

但是，不同量级的系统，有各自不同的规律。如果把上述空间尺度放大，地域大到多少，农业便不是可有可无的了，这个课题迄今国内外尚无人研究并能确切回答。中国香港、新加坡不可谓不是世界上最开放的城市，它们经过 100 年、50 年的发展，不但仍然保留有农业，而且还在保护并发展。显然，在它们的空间尺度上，农业还有存在的必要，而且存在的理由可以断定超出经济范畴。巴黎大区的空间尺度比中国香港、新加坡大得多，其农业的地位与主要作用已远远超出产业范畴。

北京市的土地面积比中国香港、新加坡分别大 14 倍和 25 倍，与巴黎大区基本相当。因此，为了首都的全面、协调、可持续发展，十分有必要研究农业在其中的地位与作用。

一个国家，乃至一个地区，其经济发展不可能孤军奋战，若不与社会领域和生态领域统筹、协调、和谐，必定是不可能持续的。因此，分析农业在首都经济发展中的地位与作用时，不能局限在经济领域，更不能仅注意一、二、三产业之间的协调与和谐，还必须把着眼点放在社会领域和生态领域。

（一）农业的战略地位

农业为人类提供了生活必需品，为轻工业提供了基本原料，因此农业是国民经济的基础，属于基础产业。然而，如果把视角放宽，就会看到：

（1）农业不仅仅关系到国民的体质，还影响到素质和素养。它还拉动了自然科学、社会科学及相应技术的进步，促进了文化、教育、卫生、体育等事业的发展。

（2）农业不仅仅产出生活必需品，而且还接纳、贮存、降解、净化、吸收了城市排出的废气、废水和固体垃圾。

（3）在人类享受、欣赏自然景观的基础上，农业还添加了优美、恬静的乡村田园景观，并为城市居民提供了观光、休闲、体验、度假等非物质的精神、文化产品。

（4）如果运用得当，农业可以限制城市盲目、自由、“摊大饼”式扩张，巴黎大区便是一个典型范例。

（5）农业不仅仅提供了丰富多样、美味、安全的物质产品，而且在突发性紧急事件等非常时期，还可以提供避难场所，又通过生活必需品的供应维持社会稳定。2003 年“非典”时期，北京自产的大量鲜活农产品充分发挥了应急保障作用，便是一个有力的印证。

（6）当前在北京常住的外国人已达 20 万人左右，2012 年还接待境外游客 500.9 万人，其中外国人 434.4 万人。由此，北京农业不仅为北京居民提供农产品，而且在国际交往中为跨境消费提供了高质量、多样化的食品和观光、休闲等非物质产品。

（7）农业不仅仅提供自身所需要的就业岗位，而且还拉动了涉农二、三产业的就业。据匡算，当前北京一名一产从业人员拉动了 2.5 个涉农二、三产业就业岗位。

（8）北京生产的动植物优良品种的优质籽种绝大部分销往周边与全国，以园区和先进典型为载体将先进科学技术和现代经营管理进行展示与传播，对周边、全国农业的结构调整、转型与升级起到了带动、示范、辐射作用。

（9）已有一定规模和成效的与周边农业合作及市场细分化，为环渤海区域经济一体化起到了促进作用。

农业的上述九大作用，其中绝大多数是公园、绿地、森林无法替代的。恐怕这就是中国香港、新加坡之所以现在还保留、保护农业的原因，也是国外发展楼宇间农业方兴未艾的重要缘由。

上述分析，采用的是正向思维的方法。如果用反向思维方法进行分析，即假设没有农业，耕地若全部以公园、绿地、森林来替代，那么北京将会出现什么样的局面——

（1）假如再发生一次类似“非典”的突发事件，交通处于封闭或半封闭状态，2000多万人每天所必需的粮、菜、肉、蛋、奶等食物如何供应？社会如何保持安定？

（2）目前北京有50多万名一产从业人员、130万名涉农二、三产业从业人员，若没有农业，这180万个就业岗位如何创造？

（3）北京居民若想采摘、休闲、体验农业，享受乡村田园景观，感受民风、民俗，没有农业就必须出京；这种出京开销，中低收入阶层和弱势群体能否承受？假定能承受，那么2000多万人一年多次出行，再加上他们的生活必需品全部由外埠运抵北京，已经不堪重负的北京交通又如何承受？

（4）从提高环境质量和景观效果角度，建设适度规模的公园、绿地和人工景观林，对于构建宜居城市是十分必要的。然而，它们的维护却需要充分的水分供应，它们的耗水远高于农业。北京作为半干旱地区，水资源极为匮乏，假如300余万亩耕地全部变成公园、绿地和人工林，经粗略估算，每年至少要多耗水6亿立方米，这恰好是南水北调进京水量的一半，本已匮乏的水资源将如何承受？

（5）正是由于农业的存在，使人们从许许多多的反面教训认识到，人类对大自然的每一次征服都遭到了大自然的报复，认识到保护生物多样性的重要，懂得人与生物圈必须建立和谐关系。而未来，我们还将继续通过农业活动获得大量的目前未知的知识。假如北京没有农业，那么这种无穷尽的、目前未知的知识，北京人无法直接获得，只能得到间接知识。这种缺憾，对北京人认知客观世界和自我世界，将会造成极大的负面影响。

通过上述正向思维和反向思维方法的分析，可以得出：不能把农业单纯视作一种产业，仅仅认为其是国民经济的基础，称之为基础产业。全面、科学地认识农业，还必须跳出经济范畴，扩展到生态领域和社会领域。对于农业的战略地位，美国前国务卿基辛格曾说——谁控制了石油谁就控制了所有的国家，谁控制了食物谁就控制了全人类。

归纳上述，农业对于构建经济协调以及生态、城乡、社会和谐的全面小康社会，对于北京市的现代化，对于首都安全，均具有决定性地位。对于把北京建设成为全国的政治中心、文化中心、国际交往中心、科技创新中心和世界著名的古都、现代国际城市；发挥“为党、政、军领导机关的工作服务，为国家的国际交往服务，为科技和教育发展服务，为改善人民群众的生活服务”的四大职能；突出首都特色，不断增强城市的综合辐射带动能力，成为“经济繁荣、文化发达、社会和谐、生态良好的现代化国际城市”及至中国特色的世界城市，北京农业具有重要的战略地位和作用。它既是国民经济的基础，更是首都社会发展的基础。

（二）农业的社会地位与作用

1. 社会地位

农业在构建首都和谐社会中，具有不可或缺、无可替代的重要地位。

2. 社会作用

北京农业具有六大社会作用。即，为跨境消费提供农业产品（包括观光休闲产品），为城市居民提供物质、精神产品保障其身心健康，认知客观世界和自我世界，广泛就业，以及非常时期安定社会等作用；并具有对周边乃至全国农业的带动、示范、辐射作用，即促进区域农业一体化的作用。除去人所共知的保障农产品供应的作用之外，下面着重分析其潜在的社会作用。

（1）为居民提供精神产品、保障身心健康的作用

农业和农村以其独特的优势，为居民提供休闲、度假、养生与旅游。2012 年，北京休闲农业和民俗旅游业分别接待游客 1940 万人次、1696 万人次，收入 26.9 亿元、9.1 亿元；合计 3636 万人次、36.0 亿元。与 2007 年相比，乡村旅游接待人次年均增长 6.8%，总收入（扣除物价因素）年均增长 11.2%。接待人次约为来京游客总数的 1/6，其收入为农业总产值的 9.0%，已成为北京都市农业的重要产业之一。

（2）认知客观世界和自我世界，推动文化发展的作用

中国是世界三大农业起源中心之一，七八千年以前我国的原始农业便已相当发达。祖先近万年的农事活动，引发了以“天人合一”“因地制宜”“因时制宜”为代表的哲学思想和以诚信、孝道、勤俭等为代表的伦理道德，推动了天文（如农历）、气候气象（如二十四节气）、机械、建筑以及生物、生命（中医、中药等）、生态（如农牧结合、用养结合）等诸多自然科学的进步；引发并衍生出歌曲（牧歌、渔歌、樵歌、酒歌、号子等）、戏剧、曲艺、绘画、书法、舞蹈、诗词、小说、烹饪等文学与艺术，以及以田径、射箭、武术等为代表的竞技体育和健身养生活动；形成了不同民族、不同地域的多元信仰与风俗习惯。

今天，农业依然是人类文明进步的源泉和基石，蕴藏着无可替代、无法估量、取之不尽的宝藏。

（3）广泛就业的作用

通过对涉农产业的调查与测算（2003 年），借鉴美国 20 世纪 90 年代涉农

产业的就业变化得出，北京的涉农产业已经形成了与农业发展高度关联的产业体系，与农业共存、共荣。当前北京一名一产从业人员，拉动了2.5个涉农产业的就业岗位。但与美国1:6.4（2000年）的比例系数相比，北京涉农产业尚处于初级发展阶段。

（4）安定社会的作用

农业又具有在非常时期安定社会的应急功能。农业若具有一定规模，其对外的依存度不太大，抵御突发事件的能力就强。作者在2005年曾对未来北京人口（1800万人）、应急期（3个月）、每人每天对基本农产品的消费量（《90年代中国食物结构改革与发展纲要》的标准）、进京交通（完全中断）、农产品库存（无库存）等进行了设定，根据耕地的产出能力，计算出应急期内满足农产品需求所需的耕地面积，即耕地面积底线，为385.8万亩。该值比《北京城市总体规划（2004—2020年）》中360万亩的耕地保留值多出25.8万亩。利用该底线，也可以反推出生活必需农产品常年应保持的库存量。因此，调减北京农业的规模，便是削弱了应急保障能力，加大了社会不稳定的风险。

（5）促进区域农业一体化的作用

作者通过大量的数据分析，比较了（2003年）北京农业与周边农业的规模、效率、结构、成本与效益，认为北京农业在促进区域农业一体化中应该发挥五大作用：①大宗、大路农产品的生产，北京应淡出让位给周边；②重点生产知识、技术密集型及资本密集型的高端农产品、农业技术产品，加强技术服务、信息服务、咨询服务；③与周边地区共同研发区域特色农产品，协力开拓市场，把“蛋糕”做大；④为周边农业提供农业初级产品的加工服务；⑤北京应充分发挥优势，在农业现代化和全面建设小康社会等方面做好探索工作，并为全国农业发展以及新农村建设起到示范作用。

（三）生态地位与作用

1. 生态地位

在首都生态屏障、景观、生态认知、防灾减灾等方面，与公园、绿地、森林等具有同等重要的地位。

2. 生态作用

在首都发展中农业的生态作用，主要反映在首都生态屏障、生物多样性、乡村田园景观和防灾减灾等方面。生态屏障作用又主要体现为涵养水源、调节气候、净化环境（固定CO_2放出O_2与消纳城镇排出的废弃物）、保持土壤以及与绿地和森林一样起到隔离城镇板块等作用，如图 1 -2 所示。

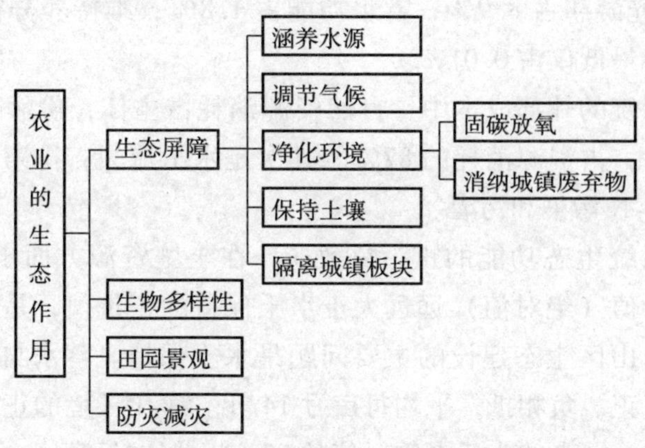

图 1 -2 北京农业生态的作用

农业的生态作用，可以采用生态服务价值的方法予以量化。

(1)“农业在首都经济发展中的地位与作用”课题组，2004 年借鉴自然生态系统价值评估方法，修正相应的参数，对北京郊区农田（耕地 + 果园）生态系统服务价值进行了评估。1996—2002 年 6 年间，北京农田生态系统服务价值总体减少。其产品服务价值、固定二氧化碳释放氧气、净化环境、涵养水源、维持养分循环等功能呈下降趋势，而积累有机质、保持土壤功能价值基本保持稳定状态，只有观光游憩功能价值在逐年增加。北京农田生态系统服务功能总价值 2002 年为 1996 年的 76. 29%，减少 108. 6 亿元；其中生态功能价值同比仅为其 73. 8%，减少 104. 1 亿元。主要原因是耕地面积的减少。

这 7 年期间农田系统服务总价值平均为 407. 8 亿元，约是其增加值的 8 倍。相当于农田在生产 1 元物质产品的同时，提供了 7 元的生态服务价值。农田的生态屏障作用或生态服务功能是京外农业无法替代的。

在总价值中，种植业直接经济价值（农产品价值和游憩价值之和）年平均为 61. 7 亿元；间接价值（其他功能价值总和）平均为 346. 2 亿元，大约是直接价值的 5. 6 倍。即，农田系统服务总价值中只有 1/7 多的价值能通过市场体现，其余近 6/7 无法通过市场体现在农田所有者和生产经营者身上。该比值总体上呈减少趋势，表明京郊农民从农田的生态功能价值中获得的市场回报随市场经济的发育越来越多，但至今仍有 3/4 以上无法获得。既然如此，理所当然地应给予农业相应的生态补偿。

农田生态系统服务总价值的构成，提供农产品的份额，只占 14. 4%。调节大气成分和净化环境占据绝对主体，两者之和占总服务价值的 68. 7%（净化环境占 36.7%，调节大气成分占 32.0%）；培肥土壤、积累有机质占 5.0%；农业观光游憩占 8.9%；蓄水功能占 1.8%；维持养分循环占 1.2%；而保持土壤功能最低仅占 0.01%。

农田生态系统的外部成本中，自然资源消耗占主体，份额达 82.3%；尤其是水资源消耗，占资源消耗的 87%。其次是水土流失，排第三位的是施肥对地下水的 NO_3-N 污染和污灌。

北京农田系统生态功能的正、负效应，在土壤资源方面出现巨额赤字，水土流失的负价值（绝对值）远远大于水土保持的正价值，是后者的 24 倍。从中可以看出，山区生态建设的主要问题是水土保持。蓄水与耗水，正、负作用大体相当，正、负相抵，平均每亩亏 14 元。净化环境的正效应远大于农业污染的负效应，前者约为后者绝对值的 80 倍。但在污灌区，其负价值亩均约 59 元。

总体上，北京农田系统生态功能的正效应远大于其负效应，前者约为后者绝对值的 31 倍多；其生态服务功能的净价值，亩均 5668 元，相当于经济产出量（增加值）的 5.8 倍。

（2）从 2006 年起，北京市统计局、国家统计局北京调查总队与市园林绿化局、水务局及有关研究机构合作，建立了北京都市型现代农业生态服务价值测算指标体系和测算方法，并向社会公布监测结果。2009 年又做了调整，调整后的指标体系，涵盖了森林、农田、草地和湿地四大生态系统；都市型现代农业生态服务价值由直接经济价值、间接经济价值和生态与环境价值三项一级指标构成，二级指标见表 1－1。表 1－1 是 2009—2012 年的监测结果。

表 1－1　2009—2012 年北京都市型现代农业生态服务价值构成　单位：亿元

指标名称	年值				贴现值			
	2009 年	2010 年	2011 年	2012 年	2009 年	2010 年	2011 年	2012 年
都市型现代农业生态服务价值	2975	3066	3242	3439	8597	8754	8968	9182
一、直接经济价值	335	349	389	419	335	349	389	419
农林牧渔业总产值	315	328	363	396	315	328	363	396
供水价值	20	21	26	23	20	21	26	23
二、间接经济价值	935	1003	1073	1149	935	1003	1073	1149
文化旅游服务价值	379	433	499	561	379	432	499	561
水电蓄能价值	3	3	3	3	3	3	3	3
景观增值价值	553	567	571	585	553	567	571	585

续表

指标名称	年值				贴现值			
	2009 年	2010 年	2011 年	2012 年	2009 年	2010 年	2011 年	2012 年
三、生态与环境价值	1705	1715	1779	1871	7327	7402	7506	7614
气候调节价值	558	565	623	641	1865	1891	1961	1985
水源涵养价值	224	228	180	256	1414	1373	278	355
环境净化价值	136	132	135	131	856	855	928	922
生物多样性价值	631	634	634	635	2169	2188	2197	2197
防护与减灾价值	143	143	194	194	158	159	1199	1203
土壤保持价值	1	1	1	2	7	7	7	8
土壤形成价值	12	12	12	12	249	259	260	260

资料来源：北京市统计局、国家统计局北京调查总队。

从表 1 - 1 可知，2012 年：

①生态服务价值的年值，较 2009 年增加 464 亿元，年均增长 4. 9%；贴现值同比增加 585 亿元，年均增长 2. 2%。绝大多数二级指标值均有不同程度增加，仅水源涵养价值有所下降，贴现值同比减少 75%。

②生态服务价值的年值，与同年全市地区生产总值之比为 1∶5. 2，较 2009 年下降了 0. 7 个百分点。

③生态服务价值中的直接经济价值，与间接经济价值之比为 1∶2. 7，与 2009 年相当。

④生态与环境价值年值，在生态服务价值年值中的份额为 54. 4%，较 2009 年减少 2. 9 个百分点；与农林牧渔业总产值相比，约为其 4. 7 倍，同比减少 0. 4 个点；与一产增加值相比，约为其 12. 5 倍，同比减少 1. 9 个百分点。

综上所述，尽管北京农业在全市地区生产总值中的份额已不足 1%，但其生态服务价值却约为同年地区生产总值的 1/5。其中，生态与环境价值与经济价值（含直接与间接）之比约为 1. 2∶1，约为农林牧渔业总产值的 5 倍，为一产增加值的 13 ~ 15 倍。

综上所述，农业的生态作用对首都的生态环境建设乃至经济、社会发展，均具有极其重要的地位和作用。

（四）经济地位与作用

1. 经济地位

在北京生产总值中农业的份额逐年下降，进入“十二五”已降至 1% 以下。尽管如此，农业不仅为二、三产业提供原材料，还支持北京旅游业的快速发展；此外，其对涉农二、三产业就业拉动作用，据匡算当前已达1∶2.5。故北京农业在首都经济里仍然处于基础产业地位。

2. 经济作用

（1）传统生产功能虽然逐渐弱化，但产业的质量不断提高，由于农业依然不可能摆脱弱质产业的境地，所以公益性作用依旧很强。

（2）农业内部各产业之间、农业与二、三产业之间的产业融合，将加快、加深，农业产业链将更长、更粗。其中，与三产旅游业融合形成的休闲农业和民俗旅游业，其规模和质量仍将保持快速发展的势头；依托北京发展会展经济的优势，农业会展经济会逐渐强大。

（3）随着城乡一体化进程的推进，预计至2020年一产从业人数将较21世纪初减少一半，专业与兼业农户的分化也将越来越明显，城乡居民收入之比将可能由目前的2.21∶1缩小到2.00∶1左右。

倘若像北京这样的土地、水资源极为稀缺的特大城市，农业在战略和生态、社会、经济诸领域都有如此重要、不可或缺的地位和作用，更不用说自然资源状况稍好或丰富的城市、地区乃至整个国家了。总之，农业不仅仅是国民经济的基础，也是社会发展的基础。

二、现代农业的定义、内涵与主要特征

（一）定义

全国科学技术名词审定委员会将现代农业定义为：向农业大量输入机械、化肥、燃料、电力等各种形式的工业辅助能，用现代科技武装，以现代管理理论和方法经营，生产效率达现代先进水平的农业（modern agriculture）。

现代农业的学科定义——相对于传统农业而言，是广泛应用现代科学技术、现代工业提供的生产资料和科学管理方法进行的社会化农业。在按农业生产力性质和水平划分的农业发展史上，属于农业的最新阶段。

随着时代的发展，一些著名学者、专家又有新的提法。

卢良恕（中国工程院院士，2006）——现代农业是以保障农产品供给、提供劳动力就业、增加农民收入、实现农业可持续发展为主要目标，以现代科学技术、现代工业装备、现代管理手段、现代经营理念为支撑，以政府对农业的宏观调控和支持保护为保障，充分发挥市场在资源配置方面的基础性作用，集产供销、贸工农于一体的多部门协调、各环节相衔接，由现代知识

型农民和现代企业家共同经营，具有较强市场竞争力的一体化、多功能的农业产业体系。

柯炳生（中国农业大学校长，2008）——现代农业，是一个动态的概念，是当今世界农业已经达到的最高发展水平的概括。在实践中，发达国家的农业通常被视为现代农业的代表。

杜青林（前农业部部长，2008）——现代农业是以保障农产品供给，增加农民收入，促进可持续发展为目标，以提高劳动生产率、资源产出率和商品率为途径，以现代科技和装备为支撑，在家庭经营基础上，在市场机制与政府调控的综合作用下，农工贸紧密衔接，产加销融为一体，多元化的产业形态和多功能的产业体系。

戴小枫（中国农业科学院科技局副局长，2007）——现代农业，是广泛应用现代市场理念、经营管理知识和工业装备与技术的市场化、集约化、专业化、社会化的产业体系，是将生产、加工和销售相结合，产前、产后和产中相结合，生产、生活和生态相结合，农业、农村、农民发展，农村与城市、农业与工业发展统筹考虑，资源高效利用与生态环境保护高度一致的可持续发展的新型产业。

作者认为，作为定义，应该科学、严谨、准确并简洁明了。综前所述，可简洁地归纳成一句话——所谓现代农业，就是所处时代的世界先进水平的农业。至于水平，它包括产出水平、科技水平、装备水平、经营管理水平和从业人员素质五大部分。这些都属于现代农业的基本内涵。

（二）内涵

现代，顾名思义，它具有时间属性。所以，现代农业的内涵是动态的。进入21世纪的现代农业，其产出水平、科技水平、装备水平、经营管理水平和从业人员素质五项（见表1－2）在世界范围内都处于先进水平。

表1－2 现代农业的内涵之要点

产出水平	产品多元（物质产品、文化产品、生态产品）
	优质（商品品质、营养品质、加工品质，安全）
	高效（土地产出率、劳动生产率、资源利用/转化率）
科技水平	高新技术（生物工程、信息工程、智能化工厂、专家决策系统……）
	综合集成
	体制机制创新

续表

装备水平	全产业链
	高效率
	环境友好
经营管理水平	产业化
	专业化
	组织化
	服务社会化
	标准化
从业人员素质	科学素养
	操作能力
	市场意识
	生态意识
	文化水平

1. 产出水平

先进的产出水平，由产品多元、优质和高效三个要素构成。

（1）产品多元

现代农业具有生产、生态、社会等诸多功能。因此，其产品既有物质的，也有非物质的；可分成物质产品、生态产品和文化产品三大类。

现代农业同传统农业一样，都生产出物质产品。例如，粮菜果棉麻油茶等植物性产品、肉蛋奶鱼等动物性产品以及蘑菇等食药用菌产品。

现代农业中的各种人工林、农田、牧草场产出 O_2，形成的宜人气候与农业景观等，都是生态产品，只不过以往没有被人们所认知。

链接

生态产品

一、定义——指维系生态安全、保障生态调节功能、提供良好人居环境的自然要素，其特点在于节约能源、无公害、可再生，主要包括清新的空气、清洁的水源和宜人的气候。

二、特性

1. 公用性——生态产品具有明显的公用性，不具有排他性。消费者不需要通过市场交换就可以实现消费，其产品的效用是敞开发散式的，一个人消费生态产品不影响也无法拒绝其他人消费，如果要排他消费，就要付出高额成本。

2. 整体性——它是由多因子组成的巨大复杂系统生产出来的，其产品具有复合整体性。如光合作用产出氧气，树木可以形成景观供人欣赏，还能组成屏障体系防护农田、牧场、江河、村庄等。

3. 外部性——生态产品存在与否，涉及外部生产、生活活动的经济与否。比如，如果江河上游营造水土保持林和绿化美化风景林，江河下游地区的生活环境就可以得到增值改善与灾害保护，极大降低下游区域生产和生活成本，产生“灯塔”效益。

4. 可再生——生态产品的消费只要不超过其承载的极限，产品就能源源不断地向人们提供服务，保持产品寿命的持续旺盛。在此过程中，往往还有产品的自我增值和积累能力，供后代人享用。

三、生态产品与自然产品的异同

清新的空气、清洁的水源和宜人的气候等，都属于生态产品和自然产品的范畴。但自然产品天然具有生态价值，而生态产品是人类为自然生态系统服务所产生的产品。二者的根本差异，在于后者带有社会属性，是人类自觉活动的成果；前者则属于纯天然性质，是生态系统自发运行的结果。

自然产品的生产系统拥有极其庞大的生产能力，在生态规律的调节下源源不断地提供有生态价值的自然产品，是自然生态平衡最基本、最主要的推动力量。而人类开展的生态生产，其规模与自然生态生产相比，则相对渺小。

现代农业与传统农业一样，都推动人类文化的发展。例如，推动了自然科学与人文科学的进步，当前对 H7N9 的发现与防治就推动了基因遗传学的进步，也以各种方式促进了文学、艺术的发展。农业科学技术成果，衍生的哲学理念、伦理道德、文学艺术作品和体育竞技活动，以及农业观光、体验、养生、康体等休闲旅游产品，广义上都是农业的文化产品。

随着时代的发展与进步，农业生态产品和文化产品的显示度越来越高，种类和品种越来越丰富。这种产品的多元化，体现出现代农业的先进性。

（2）产品优质

现代农业的产品与传统农业相比，质量优异。

农业产品的质量，包含了产品的品质和安全性。产品品质有商品品质、营养品质和加工品质。其中，商品品质包括外观（大小、形状、色泽等）、耐贮性；营养品质包括能量、蛋白质及氨基酸比例、膳食纤维、维生素、矿质元素以及活性功能因子；加工品质则主要指能满足不同加工用途的适用性。产品的安全，主要包括食用安全和生态安全。食用安全，是指产品中各种有损身体健康的成分须在阈值以下。关于生态安全，当前争议较大的是转基因产品，此类产品应符合国家的有关法规要求。上述这些质量标准，都要达到世界先进水平。

现代农业的生态产品和文化产品，它们的质量主要体现在服务价值上，也都应居世界先进水平。

（3）高效

现代农业的高效，主要体现在土地产出率、劳动生产率和资源利用/转化率三项指标。

①土地产出率。该项指标的表达式为：土地产出率＝一产增加值/（耕地面积＋果园面积）。2008 年，发达国家中，人均耕地资源不足 1 亩的日本、荷兰和韩国，其值最高，均超过 800 美元/亩；人均耕地资源 2 亩多的意大利、德国，其值居中，分别为 319 美元/亩与 161 美元/亩；而美国仅 66 美元/亩。因此，该项指标的世界先进水平，目前应不低于 160 美元/亩。

②劳动生产率。该项指标的表达式为：劳动生产率＝一产增加值/一产从业人数。2010 年，美国、荷兰、法国、澳大利亚四国在发达国家中农业劳动生产率最高，均超过 6 万美元/人；日本、德国、意大利三国居中，在 4 万美元/人左右。可以说，农业劳动生产率的世界先进水平，现时应不少于 4 万美元/人。

③资源利用/转化率。农业耗用的自然资源，当前最值得关注的是土地和水资源。农业对土地的利用效率，在土地产出率中已做了表述。这里，主要比较农业对淡水资源的利用效率。可以用每立方米淡水创造的农业经济效益来表示。其表达式为：资源利用/转化率＝一产增加值/农业耗用淡水总量。

各国的气候不同，人均淡水资源量亦不同，造成对农业用水的态度差异。为此，选取人均淡水资源偏少的发达国家进行比较分析。通过分析，似乎人均淡水资源越少的发达国家，其农业用水效益越高。根据《国际统计年鉴（2012年）》，2010 年，日本、意大利两国人均淡水资源 3000 ~ 3400m^3/人，农业用水效益为 1.3 ~ 1.7 美元/m^3；德国与韩国人均淡水资源偏少，为 1300 ~ 1400m^3/人，其农业用水效益便较高，为 2.6 ~ 2.8 美元/m^3；荷兰人均淡水资源更少，为 671m^3/人，其农业用水效益则更高，达 5 美元/m^3。

农业耗用淡水创造的经济效益，总体而言，世界先进水平当今应不低于 2 美元/m^3。

2. 科技水平

科技进步是农业发展之根本性的内在动力。

以细胞工程、胚胎工程、基因工程、蛋白质（酶）工程为代表的生物工程技术，以 3S（GIS、RS、GPS）、精准农业和精准畜牧业、互联网、物联网为代表的信息工程技术，以智能化、工程化为代表的设施农业技术和工厂化生产技术，以生态经济学原理为指导的农业清洁生产技术和生态工程技术，以食品工程和休闲农业为代表的产业融合技术，以及上述这些高新技术与常规、适用技术结合的综合集成技术，加之基于计算机、互联网应用的专家决策系统，正在引领、驱动和支撑农业向更高、更深、更广的领域发展；加之体制、机制创新，加快了科技成果的转化，技术服务愈加完善。从而，体现在农业科技进步贡献率，发达国家已达到 70% 以上。

3. 装备水平

以当代先进的工业产品装备农业，是现代农业的外在、物质化的体现。装备水平，实质上是科技水平与经济实力的体现。它的先进性，涵盖了三个方面——全产业链、高效率和环境友好。

（1）全产业链

以当代先进的工业产品装备农业的产前、产中与产后整条产业链。

①产前的装备。种植业中，良种繁育，作物种子处理与包衣，种苗生产与供应，食用菌菌种、菌棒的生产等；养殖业中，种畜/禽的繁育，精液、胚胎的生产与冷冻，种蛋的孵化与雏的供应等，这些产前环节统统要广泛地采用当代先进的设备与设施。

②产中的装备。种植业中，不仅大田田间生产要通过耕翻播收的机械作业，实现全程机械化，果园、菜田、各种温室的诸项作业也都应尽可能实现机械化；同时，应建设先进、配套的灌溉工程以及水肥耦合设施。养殖业中，以饲料配方与生产、圈舍工程、草场建设、饲养管理为核心的装备，都应达到当代的先进水平。

③产后的装备。无论种植业还是养殖业，它们产后的产品贮藏保鲜、运输、加工（含活性成分提取）以及交易等，物流系统的所有环节都应采用当代先进的装备。

④检测、监测设备与设施。无论产前、产中还是产后，从产品质量与安全需要，都必须进行系列、配套的检测、监测。它们的设备与设施，也都应达到当代的先进水平。

（2）高效率

工厂化、自动化、数字化、信息化和智能化，是现代农业装备先进性的重要特征。它们最终反映到土地产出率、劳动效率、资源利用率和转化效率均达到世界先进水平。

（3）环境友好

现代农业使用的装备，不仅按产业链构成系列配套且高效率，同时也必须满足环境友好的要求。即，装备的先进性体现在使农业实现清洁生产和循环经济。

①就农业的某一产业而言，其装备符合清洁生产“减量、资源化、再利用”原则（3R）。

链接

农业清洁生产

一、定义——它将污染预防战略持续地应用于农业生产全过程以及产品设计与服务之中，通过不断地改善管理和技术进步，提高资源利用率，在产业链的每一个环节上都努力减少污染物的排放，以降低对环境和人类的危害，达到环境健康和食品安全的目的，实现经济效益和环境效益的统一。

二、内涵

1. 清洁的投入品——尽量少用和不用有毒、有害的投入品。使用“绿色”投入品，如有机肥、环境友好型化肥，生物农药及高效、低毒、低残留化学农药，以及物理防治方法和天敌利用；动物饲料中，拒绝使用抗生素、激素类添加剂，以中草药类添加剂替代。农业生产用能，尽可能采用清洁的不竭能源，如太阳能、地热、风能等；或者采用再生能源，如沼气等。

2. 清洁的生产过程——尽量运用农艺措施和生态链原理来培肥土壤和防治病虫草害，减少农业污染的产生，减少农业生产及其产品和服务过程对环境和人类健康的风险；尽量采用可靠、简单的生产操作和控制方法；运用生态链原理，对物料在农业生态系统内部进行循环利用；完善生产管理，不断提高农业生产管理水平。

3. 清洁的农产品——包括三层含义：一是农产品质量食用安全，达到无公害、绿色或有机产品标准，不含危害人体健康的因素。二是农产品在消费过程中以及使用后不产生破坏生态环境的因素。三是农产品的包装设计和储运应考虑节约原材料和能源，少用昂贵、稀缺或对环境能造成污染的原料；而且，在使用后便于回收、再利用。

简明通俗地说，先进的装备符合精准、节能、低耗、低碳的要求。如，3S 技术工程、节能日光温室等。

②农业内部的关联产业之间，通过接口工程，将某一产业的副产品或废弃物资源化，成为另一产业的生产原料。如，沼气工程、有机肥工程、生物质能源工程等。

链接

农业接口工程

一、定义——农业系统中，能量、物质和信息的汇集交换场所称之为接口；运用系统科学和生态经济学原理，在接口配套建设的现代工业和工程设施及其调控技术，即接口工程。

二、内涵——农业接口工程由肥料工程、饲料工程、加工工程和贮藏工程四部分组成。肥料工程将畜禽粪便加工成种植业的肥料，完成养殖业到种植业的接口；同时也将作物秸秆加工还田，完成不同作物之间、上下茬作物之间的接口。饲料工程将种植业的主副产品加工处理，将加工工程的废弃物加工处理，为养殖业提供饲料，完成种植业向养殖业、加工工程到养殖业的接口；同时，又将畜禽粪便、屠宰下脚饲料化，完成养殖业内部不同畜种间的接口。加工工程将种、养两业的产品加工后投放市场，完成系统向外部环境的接口。贮藏工程，既可贮存生产原料和生产资料，又可对农产品起保存（鲜）、后熟作用，实现种、养两业之间以及系统与外部环境的接口。因此，它们既是系统的组成，又是系统的调节器（见图）。

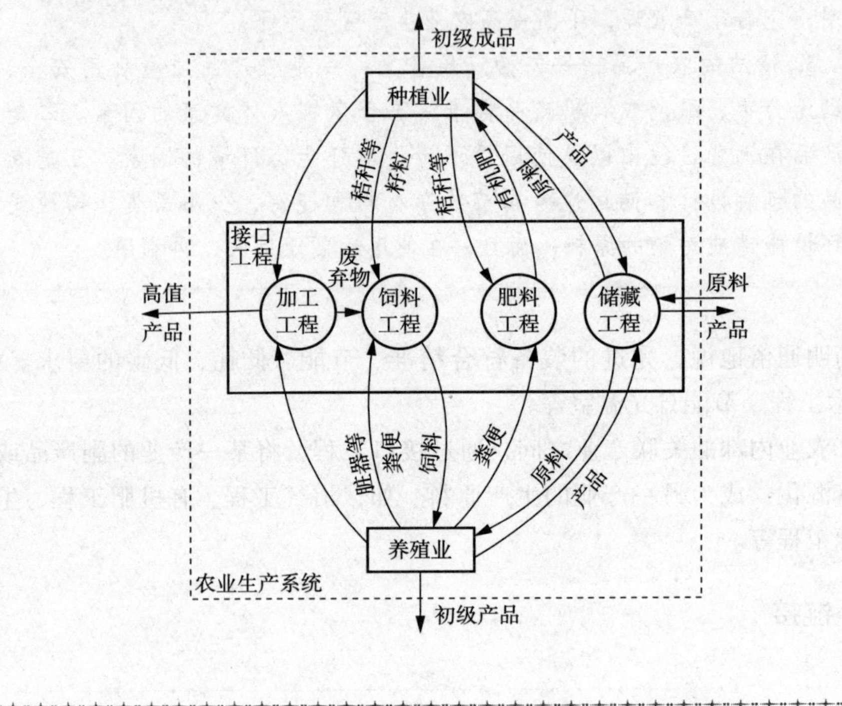

4. 管理经营水平

现阶段，农业管理经营水平的先进性，主要体现在产业化、专业化、组织化、服务社会化和标准化五个领域。

（1）产业化水平

它包括产业链的纵向延伸与横向拓展。

①纵向——产业链延伸（加长），由产中向产前与产后延展。向产前的扩张，如籽种产业；向产后的延伸，如贮运加、市场交易等，即人所共知的“由田间到餐桌”。

②横向——产业融合（变粗）。宏观上，农业与二产、三产融合，如农业

与旅游业融合形成新的业态——休闲农业；农业与会展业融合——会展农业；农业与咨询业融合——农业工程咨询。在农业内部，林业与种养业融合——林下经济，其模式有林粮、林牧/禽、林草、林药、林菌结合等；种养两业融合，如水稻+鱼、水稻+水蛭等利用共生的生态农业；农牧结合以及农业废弃物的综合利用——循环农业等。

（2）专业化水平

在农业产业链中，就某一环节进行专门化生产乃至形成产业。例如，粮、菜、瓜、果、花卉种子（球）/种苗，菌种与菌棒，林业苗圃，冷冻精液与胚胎，禽类种蛋与雏等的专门化生产，及至演进成籽种产业；又如天敌生产、肉牛的分段式饲养等。

（3）组织化水平

面对大市场和经济全球化，生产者以某种形式组织起来。如，为达到一定经营规模而组建的农民专业合作社、龙头企业+合作社、农场、农会（协）、产业联盟等。这些组织必须有章程，运转高效，功能强。

（4）社会化服务水平

现代农业，必须有与之相匹配的现代社会服务体系。这一服务体系，包含有科技服务、培训教育、信息服务、农机作业、物流（包括生产资料和生产产品）、金融与保险、检测监测、质量追溯、工程咨询、人力资源等若干先进的服务体系。它们大体上可划分成公益、准公益、市场化三类；由政府、企业、院校、科研机构、学（协）会等社会团体参与，呈多元化；何者为主体，由服务体系的公益性强弱决定。

（5）标准化水平

现代农业应具有整个产业链的严格标准化体系。它包括生产过程标准、产品质量标准、技术标准、生产资料标准、生产环境标准、物流系统的标准、检测监测标准等。这个标准化体系是动态的，随着科技进步和社会发展而不断丰富、完善，而且尺度越来越严。

5. 从业人员素质

现代农业的主体是现代农民，它不可能由传统农民经营。从业人员的素质，主要包括其科学素养、操作能力、市场意识、生态意识和文化水平五个方面。反映一产从业人员（农民）素质的指标，可量化成“人均受教育年限”。20多年前，发达国家的农民，人均受教育年限均已超过12年（相当于中国的高中毕业）；其中，美、法两国最高，在16年以上，相当于中国的大学本科以上；英国为14年多，相当于中国的大专。

（三）主要特征

所谓特征，是指所研究的对象具有独特的征象、标志。现代农业既然是当代世界先进水平的农业，那么它的主要特征，就是同传统农业和当代世界一般水平的农业进行比较时的独特之处。作者认为，现代农业主要具有以下六大特征。

1. 知识、技术、资本密集

现代农业的产品（包括非物质产品），科技含量高，文化内涵丰富，就必然要求它广泛采用高、新、先进技术及相应配套的装备，并加以综合集成；同时，必须融入丰厚的人文知识和理念。于是，必然需要大量的资本投入。

2. 集约、高效，综合效益佳

现代农业的各种要素，投入集约、优化，从而实现高的土地产出率、劳动生产率和资源利用率，即具有极佳的经济效益。而且，根据循环经济的理念，按清洁生产3R原则，采用环境友好型技术，于是也具有良好的生态效益；同时，还具有突出的社会效益。

3. 从业人员知识面广，具有良好的素质和素养

他们不仅能熟练操作、懂生产，而且会经营；不仅掌握农业先进技术，而且有较高的科学素养，并知晓历史、文化和艺术；不仅在栽培、饲养上是行家，而且具有生态意识，懂机械、工程和营养、卫生安全；不仅会竞争，而且更知道要合作、共赢，并具有良好的职业道德，诚实守信。

4. 多功能，产业链“加长、变粗”

农业不再仅具有单一的生产功能，更强调资源低耗与高效利用、生态屏障、水源涵养、环境洁净、景观优雅等生态功能，而且还有生活、科普、教育、文化、就业、安全、福利等社会功能。这种多功能，由农业产业链“加长、变粗”的结构演进所决定并显现。

5. 发达的社会化农业服务体系

现代农业拥有涵盖产前、产中、产后全产业链的系列化、发达的社会化服务体系。

这些体系当中，基本上可由市场资源配置的，已形成企业甚至产业。如，籽种产业（包括作物种子、种球、种苗与苗圃，菌种与菌棒；种畜、种禽、种蛋与雏、鱼苗，冷冻精液与胚胎等）；农机服务；各种化肥、有机肥、生物肥料的生产，化学农药与生物农药（包括天敌）的生产，蜂授粉；网络信息服务；金融与保险；生产资料供应，贮运加，市场交易等物流；产品安全

（检测监测）；农业工程咨询等。

公益性较强、市场资源配置弱而难以形成企业的，如技术示范、推广、咨询及培训教育等，则由政府资助的大学、科研机构、协（学）会等社会团体成为科技、教育、培训服务体系的主体。

6. 市场化的体制与机制

政府与市场分工明确。为使现代农业持续发展，保护农民的权益，政府的职能主要是建立科学、严谨、健全的市场和生态等方面的法规体系和政策保障体系，制定发展规划，并监督执行。政府不参与能够由市场决定资源配置的活动，对于具有公益性、市场不能或难以发挥作用的活动，如农业研发、技术推广、农民教育与培训等，政府须发挥主导作用，并成为主体。此外，对于新兴产业，政府发挥引导作用。

农民以多种方式紧密地组织在一起，不但组织化程度高，而且有充分的话语权。

三、农业功能的演化

本章开篇阐述了农业具有生产、生态、社会等多种功能，这些功能又可细分出二级、三级子功能。它们都是农业的固有功能，但有显型和隐型之分。随着经济的发展和社会文明的进步，农业的一些隐型功能逐渐演化成显型功能，于是表现出农业由单一功能演进为多功能。

（一）功能的演化

农业功能的演化，大体上可分两个阶段——首先，由隐型变显型，然后显现出的功能由弱变强。演化的外部条件有两个，一是随着经济发展，人们的消费结构和水平发生了变化。不同的经济、社会发展水平，人们的消费需求不同。当生存需求居主宰地位时，人们关注的是能量、营养摄入，从而十分注重物质生产，生产功能便呈现强劲的显型，甚至强到压抑了其他功能，使它们都处于隐型，于是农业似乎只有唯一的生产功能。经济的发展使生存需求得到满足之后，便开始重视自身的健康、精神文化需求，以及与自然界的和谐以求持续发展。而且物质与精神这两种消费的档次都越来越高，于是某些潜在的隐型功能被催化逐渐浮现为显型。二是随着社会的进步，人们的认知水平不断提高，通过产业结构调整，把凸显出来的功能有意识地培育得越来越强。结构决定了功能，功能需求反过来又在一定条件下拉动了结构变化，二者呈互动关系。凸显、增强这两个阶段，如同鸡蛋在一定温、湿度下孵化出鸡雏，然后长大变为成年鸡；又如一粒种子，在一定温、湿度等条件下萌发出土，然后逐渐长成大树。

下面以北京农业为例，分析其生产、生态、生活、文化、就业、服务等功能的演化过程。

1. 生产功能的演化

直到20世纪90年代中期以前，北京农业生产功能十分强大，强大到压抑着农业的其他固有功能一直处于隐型状态，从而使北京农业显现出只有单一的生产功能。然而，北京农业的功能，无论只呈现出单一功能状态还是之后显现的多功能状态，生产功能的内容都在不断地变化。

在产业结构上，新中国成立后直至20世纪90年代末，北京农业始终以粮食生产为主导产业，其在播种面积中的比重不低于80%，同期蔬菜播种面积的比重不超过20%；此期间，北京城镇居民恩格尔系数由接近60%持续下降至40%。不过，之后的4年蔬菜播种面积比重直线上升至顶峰，达36%。畜牧业自20世纪80年代初起快速发展，在北京农业总产值中的比重，20多年里由28%直线上升至53%（2004年）；这期间，北京城镇居民恩格尔系数由58%左右降至32%。然而，进入21世纪不久，上述三个比重都开始显著下滑；2012年播种面积中的比重，粮食作物降至68.6%，蔬菜降至22.6%，农业总产值中畜牧业比重下滑至39.0%。与此同时，诞生出一批新的业态，如设施农业、种业、休闲农业等。在农业总产值中，2012年设施农业占13.3%以上，种业收入占4.1%，休闲农业收入与农业总产值之比达到6.8∶100。农业内部产业门类的增多，使农业结构多样化、复杂化。结构决定了功能，于是农业原本固有的一些隐型功能演化为显型。即，生产功能的变化导致了农业的多功能性。

产品结构的变化，农产品不仅有物质产品，还出现了非物质产品（农业旅游产品）。在物质产品中，传统的大宗、大路产品逐渐退出。从满足不同收入阶层人群的消费需求出发，农业产品的种类和品种不断丰富，既有从国外、外埠引进的，也有自己选育的，还有不少具有本地特色的品种。“名、特、优、新、稀”将逐渐成为北京地产农产品的主体。与此同时，注重了产品的安全性，当前已有近1/3的农产品得到了无公害食品、绿色食品和有机食品认证。

产业的质量不断提升，突出地表现在具有科技附加值、加工附加值、绿色附加值和文化附加值的高端农产品的生产，其种类不断增加，规模持续扩大。从而，效益大大提高。以设施农业为例，按播种面积计算，2012年全市亩均收入9100元，比露地作物高出84%。伴随着装备和经营管理的进步，土地产出率、劳动生产率和资源利用率不断提高，表明北京农业的产业质量不断提升。

北京农业生产功能的上述变化，是在市场经济大流通和经济全球化的大背景下，消费结构和消费水平的拉动，科技进步的推动，效益的驱动所导致的。

分析北京农业生产功能的变化，不能因为农业在北京地区生产总值中的比重持续下降到0.8%，大宗、大路农产品的逐渐退出，物质产出的绝对数量减少，以及生态功能和生活功能的不断增强，而简单、笼统地认为北京农业生产功能以往乃至将来都不断弱化。如果从农业的质量以及产出的科技含量和文化内涵全面衡量，生产功能过去乃至将来都在持续增强。

2. 生态功能的演化过程

沙尘暴和PM10不但危害人们的健康，也威胁到交通安全等正常的工作、生活秩序。通过分析，认识到北京沙尘中的70%由内蒙古沙漠刮来，30%则属于就地扬尘起沙。采取的相应生物工程举措，防止沙尘的外源则是营造“三北”防护林；对于自身的扬尘起沙，在农业领域则是种植冬小麦等越冬作物和实行免耕覆盖。

学术界于1998年首先提出要充分发挥农业的生态功能，2004年首次量化测算了北京农业的生态服务价值。北京市政府于2004年8月下达《关于建立山区生态林补偿机制的通知》，市统计局、国家统计局北京调查总队牵头于2006年起逐年监测、测算“北京都市型现代农业生态服务价值”，并向社会公布。可以说，北京农业的生态功能自1998年起从隐型开始浮现，经过6~8年的过渡，2006年转变为显型，此后不断强化。

在这个转变期，北京人均GDP由2200美元增至6500美元，城镇居民恩格尔系数由40%降至32%。

3. 生活功能的演化过程

生活功能是农业社会功能的一个二级功能，它的演化主要表现在乡村旅游业（包括休闲农业和民俗旅游）的形成。20世纪80年代末之前，北京农业的生活功能基本上处于隐型阶段。此后，昌平区十三陵旅游区率先建立北京首个观光采摘果园。在他们的带动下，郊区农民自发地开展观光采摘活动和“吃农家饭、住农家院、干农家活”的民俗旅游。1996年，全市已有119个观光农业园，共接待游客近300万人次，总收入3.2亿元。针对于此，学术界1998年提出了北京农业的生活功能。2000年4月，北京市委、市政府下达了《关于做好2000年农业和农村工作的意见》，文件中正式提出北京要高标准发展“六种农业”，其中之一便是观光农业（现称之为休闲农业）。此后，休闲农业进入快速发展阶段，至2007年接待人次每年以两位数增长。2012年，北京乡村旅游共接待游客3636万人次，总收入36.0亿元。可以说，北京农业的生活功能在1990年之前基本上处于隐型阶段，1996年起浮现，经过4年的过渡期，2000年起演化为显型，之后不断强化。此期间，体现生活功能的乡村旅游，其发展的外部动力之一是北京城市居民的消费结构变化和消费水平提升。概括来说是“三有”——有钱、有闲、有车。1996年北京人均GDP为1800美元，2000年接近3000美元；同期，城镇居民的恩格尔系数由46%降至36%。2001年，北京每周人均工作时间301分钟，闲暇时间首次超过工作时间，达到345分钟。2003年，北京私家车保有量达100万辆，平均4.3户便有一辆。

农业生态功能、生活功能由隐型演化为显型的外部条件，其衡量的主要指标，初步研究有两个——人均GDP和城镇居民的恩格尔系数。归纳上述分析，可以认为人均GDP 3000美元、城镇居民恩格尔系数40%似乎是关键节点。可否以此来判断其他地区农业功能的演变，尚待进一步研究。

4. 文化功能的演化

2007年党中央1号文件提出，“农业不仅具有食品保障功能，而且有原料供给、就业增收、生态保护、观光旅游、文化传承功能”。随着经济的发展，人民生活水平的提高，以及社会的进步，北京居民非物质的精神消费需求愈加旺盛，而且层次也不断提高，更加注重其质量——文化品位，从而使北京农业社会功能中的又一个二级功能——文化功能，正在由隐型向显型演变。

（1）农业文化的内涵

农业文化的内涵，有广义与狭义之说，本文侧重于人类在农业领域中创造的理念、道德、行为规范、风俗习惯等精神财富。它是人类文明进步的源泉和基石，蕴藏着无可替代、无法估量、取之不尽的宝藏。

（2）物质消费与精神文化消费的主要差异

精神文化消费与物质消费有很大不同，主要表现在以下两点：

①物质消费具有排他性。精神文化消费恰恰相反，具有共享性。

一个苹果、一杯牛奶，一个人享用了，其他人则无缘。而一个理论、一项成果、一首歌曲、一幅画等，则是社会的共有财富，可以多人、多次反复享受。

②物质消费使人获得生理、心理上的满足感，仅此而已。精神文化消费，

则在人的头脑里、心灵深处积淀下来，提升人类的素质和素养，人性增值。概括成一句形象的话——高端食品穿肠而过，文化享受提升素质。

（3）北京农业的文化底蕴丰厚，发掘潜力巨大

据考古资料，北京在7000多年前，也有学者认为在1万年前，便有了农业活动。历史上虽有几次战乱，严重破坏了当时的农业；但800多年的建都史，使北京农业很快得到恢复并繁盛起来。因而，北京拥有极其丰富的农业文化遗产。

北京特色农产品资源开发与利用研究课题组提出（2009年），北京特色农产品中，粮食类有2种、附10种，蔬菜类3种、附28种，果树类58种、附5种，花卉类13种，西瓜类1种，药用植物类6种、附18种，动物类5种，加工类7种，计100余种。其中，30余种曾为贡品或者是今天的特供品。

据北京郊区非物质文化遗产保护与利用课题组的研究成果（2008年），北京郊区非物质文化遗产总量大，达150项。其中，国家级1项，市级53项，区县级96项。它们涵盖了民间文学、美术、音乐、舞蹈，传统戏剧、曲艺，传统手工技艺、农艺、游戏，传统体育与竞技，传统医药及民俗，类型与种类十分丰富。这些年来，政府、企业和民间利用各种节庆进行展演、展示，自娱自乐；与旅游业结合，则刚刚起步。

北京上述的这些丰富的农业物质遗产和非物质文化遗产，对于培育并强化北京农业的文化功能，是取之不尽、用之不竭的宝藏。

（4）北京农业的文化功能正处于"破土而出"阶段

当前，在北京农业的文化功能正处于"破土而出"阶段。最具代表性的是平谷区的桃产业，其文化功能已演化为显型。

平谷区现有桃园22万亩，鲜桃年产2.8亿千克，年收入9.45亿元，面积、产量、收入均列北京市第一位；除国内市场外，还出口新加坡、马来西亚、泰国、日本、韩国、俄罗斯、法国、荷兰等国家。在全国、世界诸多博览会上，多次荣获金奖及"中华名果""名牌产品"等荣誉。在桃产业的带动、引领下，平谷区2010年被国家质检总局列为首个地理标志保护示范区，成为名副其实的"中国桃乡"。与此同时，通过举办国际桃花节、北京金秋采摘节等活动，休闲桃业已具相当规模。因而，桃农的收入也显著增加。

平谷区政府敏感地注意到乡村旅游市场的变化和发展趋势，及时采取了许多有效的举措，使桃产业的文化功能逐渐浮现。

①大力发展桃的设施栽培，设施桃面积已达8000亩。由于鲜桃提前1～2个月上市，其经济效益十分显著。最为突出的是夏各庄镇一桃农，亩效益高

达10万元；其中一株23年生的大久保桃树，年收入竟达3.3万元，这在全球果品生产史上是一个创举。

②提出“国桃”的理念，设计、开发了生日、礼品、旅游、运输四大系列、40多种样式的包装。品牌的塑造，提升了平谷大桃在国内外的知名度。

③在市科委的支持下，大力开展鲜桃产后深加工高新技术的研发。目前，已取得桃酒、桃花茶、桃花精油、桃渣膳食纤维等一批技术创新成果。

④聘请区内外艺术家，创作了京剧《大桃熟了》、大型话剧《桃花盛开的地方》等一系列戏剧、诗歌、散文作品，举办了摄影、书画、对联等多种以桃文化为主题的比赛，丰富了平谷桃文化的内涵。

⑤扶持了6家桃工艺品加工企业，开发出桃木梳、桃木剑、桃符、桃木手链、桃木坠、桃木生肖等200余种工艺品，以及“寿星”“福娃”“奥运标志”“十二生肖”“情侣”等系列桃果艺术品，从而提高了平谷桃产品的文化附加值。

⑥以“万亩桃花海”和“中国乐谷”为载体，自2011年起每年在桃花节期间举办国际音乐节。2012年音乐节期间接待游客217万人次，收入1.43亿元，较上年增加1.1倍；其中3天的国际流行音乐季，迎来海外乐迷8万人，综合收入2162万元，同比增加1倍。

平谷区桃文化产业的发育，对于拓展本区农业以及北京农业的文化功能，都起到了引领、示范作用。

5. 就业功能的演化

北京农业的就业功能，属于社会功能的子功能，主要体现在两个方面——拉动涉农二、三产业的就业和劳动力的“蓄水池”作用。对于就业功能，当前人们的认识落后于客观实际。

(1) 拉动涉农二、三产业的就业

根据市科委“农业在首都经济发展中的地位与作用”课题（2004—2005年）的研究，2003年北京一产从业人员为59.5万人，涉农二、三产业（农产品加工与食品制造、其他制造业、交通运输、电信邮政、商业、餐饮业、金融保险及其他服务业）的就业人数为120.7万人，二者之比为1∶2。换句话说，一个农业劳动者拉动了涉农产业2个就业岗位。

今天，随着北京农业的生态功能和生活功能的演进及不断强化，增加了一批新的就业岗位。生态林护林员4.7万人，乡村旅游从业人员达到6.8万人，仅此两项便增加了11.5万个就业岗位，与一产其他从业人数之比达到1∶4。

据匡算，2012 年北京一产从业人数与涉农二、三产业从业人数之比约为 1∶2.5。

（2）劳动力的“蓄水池”作用

随着二、三产业，特别是服务业的发展，出现了劳动力缺口。同时，农业劳动生产率的提高，为农业劳动力的输出提供了可能。于是，农村中一些优质人力资源进入城镇，一产从业人员不断减少。然而经济发展并非是线性的，一旦出现衰退或危机，二、三产业就会裁员增大失业人群。此刻，农业又会接纳一批下岗者。从图 1－3 可知，北京一产从业人数在不断减少的总趋势中，于 1998 年亚洲金融风暴期间，以及 2008 年起全球经济大衰退期间，不少企业裁员，农民工首当其冲，于是返回农村务农，反映到一产从业人数上出现了反弹，就有了两个对应的高峰。表明农业起到了劳动力的“蓄水池”作用。

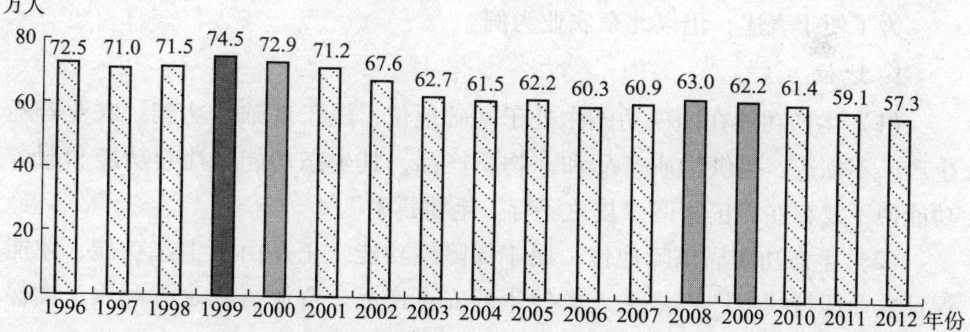

图 1－3　1996—2012 年北京一产从业人数的变化

农业拉动涉农二、三产业就业与劳动力的“蓄水池”作用，当前却并未被大多数人认识到。对于农业的就业功能，人们的认识滞后于客观实际，从而表现出这一功能时隐时现。

6. 服务功能的演化

作为首都独有的人才、科技、教育、信息的绝对优势，加上金融、交通等相对优势，北京农业要为京津冀地区、环渤海经济圈、全国乃至全球的农业服务。北京农业的服务功能属于社会功能的一个子功能，正因为首都的特殊地位，作者将其升为一级功能。此功能主要体现在三个方面：①为城乡统筹发展服务，为城市提供人力、物质、空间等资源，实现城乡一体化；②为周边的环渤海经济圈农业服务，提供加工、科技、信息、人才、资金等服务，起示范、辐射、带动作用，实现区域（尤其是京津冀地区）农业一体化；

③为世界农业发展服务，并提供跨境消费。

当前，北京农业服务功能突出地体现在种业。2012 年，北京产出冬小麦和玉米种子 680 万千克、菜籽 20 万千克、树苗 297 万株，种猪 25. 5 万头、种雏禽 3429 万只、种蛋 3. 6 亿枚以及冷冻精液与胚胎，种鱼苗 1. 22 亿尾；种业收入由 2005 年的 5. 9 亿元增加到 16. 1 亿元，占农业总产值的 4. 1%。这些籽（仔）种除少部分自用外，大多数销往全国各地。此外，北京已成为全国的种子交易中心，交易额占全国种子市场的 10%。

正在规划与建设中的占地 5 万亩的北京农科城通州种业园，将发挥研发创新、企业孵化、窗口展示、交易会展和公共服务功能，成为种业之都和“种子硅谷”的核心区，从而引领全国种业的发展。

然而，从总体来看，北京农业的服务功能尽管已经浮现，却仍不够明显。

（二）诸功能的地位及相互关系

为了便于表述，仍以北京农业为例。

1. 地位

（1）生产功能在四项功能中处于基础地位，属于基础性功能。农业若不生产，不创造、提供物质产品和非物质产品，其生态功能、社会功能和服务功能便不复存在，正所谓“皮之不存，毛将焉附”。

（2）生态功能居保障地位，属于保障性功能。正是由于生态功能，才能保证农业能持续生产出维系人类健康的安全产品，资源得到永续利用，确保环境洁净，农业以及社会才可能协调、持续发展。

（3）社会功能是生产功能存在的前提或必要条件，也属于农业的基础性功能。假如人类不再需要消费农业的物质产品和非物质产品，即一旦丧失了社会功能，农业也就没有必要存在了；同时，其亦是其他三项功能不断发展的动力之一。

（4）服务功能的内涵由城市地位所决定，是其他三项功能的延伸，属于衍生型的功能；它的存在和发育，促进了另外三项功能的不断强化，是其他三项功能发展壮大的动力之一。

2. 相互关系

北京农业的四项功能并不是孤立、对立或相互排斥的，它们之间相互依存、相互渗透、相互促进，构成有机、和谐的农业整体功能。

当前，尤其要处理好生产功能与生态功能之间的关系。畜禽粪便未处理或处理后排放不达标，是大气、水体、土壤的点污染源，恶化环境质量；种植业使用的无机肥料、有机肥料、化学农药、薄膜等以及自身产出的秸秆等废弃物，通过淋溶、水土流失等途径，也会对土壤、水体形成污染，属于面污染源。因为种植业的这种污染，压缩种植业规模，甚至取消种植业，显然是因噎废食。同理，由于畜牧业存在的畜禽粪便点源污染，借口转移首都的非核心职能，不加区分、不问青红皂白压缩甚至取消畜牧业，也同样是形而上学。科学、正确的思维方式，作为正向思维，一方面是如何控制种植业和畜牧业的面、点源污染，将其对生态环境的负效应压缩至最小，即实行清洁生产。另一方面，如何变废为宝，将"放错位置"的废弃物资源化，即实行循环农业。作为反向思维，倘若没有畜牧业或畜牧业规模太小，便没有或没有足够的粪便制作有机肥，若再排斥使用化肥，种植业就会成为掠夺式生产，其产出的数量与质量均会大大下降，无法持续；或者，从京外大量购买有机肥，不但大幅度增加成本，而且还存在有机肥的数量与价格的市场风险，种植业也难以维系。从保证种、养二业相互匹配、协调的角度测算畜牧业的合理规模，北京市畜牧业规模占畜禽环境承载力的比重当前仅60%左右；也就是说，畜牧业扩大规模，理论上还有40%的发展空间。

第二章 都市型现代农业——以北京为例

一、都市型现代农业的定义、内涵与特征

（一）都市型现代农业的概念

在都市型现代农业的概念出现之前，国内普遍采用的是上海的提法——都市农业。“都市农业”的概念最初来自于日本，是根据日本城市化程度高、都市中有农业的实际情况而提出的。

2003 年北京市在郊区工作会议上提出要发展“都市型现代农业”之后，学术界对其定义和内涵进行了热烈的讨论，提法有多种，但多种定义之间并不矛盾，只是在表述上有所差异。其中，比较有代表性的有三种，一是北京市农委在《关于加快发展都市型现代农业的指导意见》（京政农发〔2005〕66 号文件）中的定义；二是北京市农村经济研究中心在“北京都市型现代农业发展战略研究”一文中的定义；三是文化研究员等人在“关于都市型现代农业技术需求的思考”一文中的定义。

（1）北京市农委的定义：都市型现代农业是指在我市依托都市的辐射，按照都市的需求，运用现代化手段，建设融生产性、生活性、生态性于一体的现代化大农业系统。

（2）北京市农村经济研究中心的定义：都市型现代农业是指都市及其延伸地带范围内以大都市市场需求为导向，融生产、生活和生态功能于一体，依托城市并服务于城市的集约、优质、高效和可持续发展的现代农业，具有城乡、产业、资源、高度市场化和开放等特点，其显著特征是对大都市具有重要的保障功能和服务功能。

（3）文化研究员等人的定义：都市型现代农业，属于现代农业的都市型，或者说是现代化了的都市农业。它依托都市、服务都市、遵从都市发展战略，实现城乡统筹发展融合为一个整体；其功能、结构、布局均纳入都市总体发展规划，为都市提供农产精品和优美的生态环境与景观，城市为农业创造良好的发展环境，并提供充足的智力、科技、资金支持；它属于一种区域性农

业，也是城郊农业发展的高级阶段，即具有知识、技术、资本密集特点的现代集约持续农业。

通过比较不难发现，以上三个关于北京都市型现代农业的定义与内涵存在着两个共同点：一是都市型现代农业具有多功能性，即生产、生活和生态三种主要功能；二是依托于大都市的附属性，即没有大都市也就没有都市型现代农业，都市型现代农业以都市需求为导向，并服务于都市。

（4）市农委在京政农发〔2005〕66号文件中对于“都市型现代农业”的定义，可以说是官方的定义，出于研究的严谨性和学术性，作者认为根据北京的农业实际和借鉴国内外都市农业的概念，有必要在以上三种定义的基础上对“都市型现代农业”的定义再作补充和完善。即：

都市型现代农业是指依托于大都市，服务于大都市，遵从大都市发展战略，以与城乡统筹、和谐发展为目标，以城市需求为导向，以现代科学技术为支撑，具有生产、生态、生活等多功能性和知识、技术、信息、资本密集特点的现代集约持续农业。

（二）都市型现代农业的基本特征

都市型现代农业，顾名思义，它属于现代农业的一种模式，带有都市特色。因此，它既有现代农业的特征，又有都市农业的特点。由此，都市型现代农业应该具有以下九大基本特征。

1. 多功能性

不仅具有高质量的生产功能，更强调资源低耗与高效利用、环境洁净、景观优雅等生态功能，生活、文化、就业、安全、福利等社会功能，以及教育、培训、示范、带动等服务功能。

2. 城乡统筹

协调发展。首先，城市的发展，不再无偿或低价占有农村、农业资源，转变成以工业支持农业、城市带动乡村，基本公共服务均等化，强调城乡作为一个整体统筹、协调发展。其次，农村与农业的发展，不再就农村论农村、就农业论农业，转变成与都市的形成、发展、建设同步，在经济、生态、社会等诸方面全方位实现城乡一体化。

3. 领域延展

不再局限在第一产业，仅仅是初级产品形式的物质生产；而要向第二、第三产业延展并融合。在物质生产领域，要将初级产品生产延伸到加工、制造；在流通领域，要扩展到营销、配送，直至上餐桌；在精神领域，要为居民提供教育、文化、体验、休闲等身心健康的服务。

4. 以高、中收入阶层为主要消费对象

所生产的主要物质产品和精神产品，不但应是高价位的精品，体现着附加值“五高”，即科技附加值、文化附加值、绿色附加值、加工附加值和服务附加值均高；同时，要突出人性化，能满足个性化的需求。

5. 自然资源和社会资源高度集约

都市型现代农业不仅知识、技术、资本密集，而且因为地处首都，还应该具有土地、信息、智力、劳动力集约的特征。由于所提供的物质、精神产品，其科技含量和文化含量都很高，就决定它必须依靠先进科学技术的支撑，并融入中华民族的悠久历史、文化精华，也就必然需要大量的资金投入。

6. 可持续性强，综合效益佳

它不仅高投入、高成本、高收入、高回报，具有极佳的经济效益；而且，在生态屏障、水源涵养、农村与农业景观等方面具有良好的生态效益；在生活、教育、就业、文化、安全、福利等方面具有突出的社会效益。

7. 技术先进

都市型现代农业的实质离不开现代化，技术先进是现代化的重要标志之一。高新技术尤其是生物技术和信息技术在农业领域的全面应用，为更好地发挥农业的功能提供了技术保障。

8. 从业人员素质高

他们有较高的科学素养和很强的动手操作能力，经营管理上有很强的市场意识和良好的职业道德，具备人与自然和谐的生态理念，并有厚重的文化底蕴。

9. 高度开放

这与北京城市的开放程度不断加大和加深密切相关。由于都市型现代农业以高、中收入阶层为主要消费对象，主要生产高价位的农产品，以及高技术产品（动植物籽种、疫苗、天敌等），既可以供应本市，也可以借助窗口作用销往国内和国际市场；另一方面，北京大量的外来人口，消费水平还不高，大宗农产品需要从外地输入。高度开放还表现在都市型现代农业与周边农业分工、合作、互补、共赢，建立起相辅相成、互相促进的伙伴关系，即区域农业一体化。

（三）都市型现代农业与城郊型农业的异同

都市型现代农业是城郊型农业发展的高级阶段，与城郊型农业有联系更有区别，主要体现在空间布局、体制结构、功能结构、发展模式、建设理念、产业结构、技术体系、投入重点等方面（见表2－1）。

表2－1　城郊型农业与都市型现代农业的比较

	城郊型农业	都市型现代农业
空间布局	仅限于郊区	郊区＋市内（楼宇间空地、屋顶、阳台等）＋超出市域100～200千米或更远的周边
体制结构	城乡分离的二元结构	城乡一体
功能结构	生产＞生态＞生活	生活与生态＞生产
发展模式	城市发展不断蚕食郊区	城市建设与农业发展同步
建设理念	郊区为城市单向服务，以农补工	工农互促，城乡统筹
产业结构	第一产业占有较大份额	三种产业融合
技术体系	改造自然，数量型技术为主	人与自然和谐，质量型技术与数量型技术并重
投入重点	资金、物化技术	资金、信息、智力

1. 相同点

（1）二者属性相同。不论是城郊型农业，还是都市型农业，都属于区域农业。

（2）均为城市服务。城郊型农业为大中小城市提供服务，都市型农业主要为大型城市提供服务。

（3）二者均具有多功能性，且生产功能均为基本功能。

2. 不同点

（1）空间布局：从地域空间而言，城郊型农业仅限于城市郊区，其半径与城市规模和交通条件成正比。都市型农业不仅分布于郊区，还分布在城市内楼宇间空地、楼顶等可以进行农业生产的地方；另外，由于交通条件的改善，都市的辐射范围扩大，农业还可以辐射到超出市域100～200千米或更远的周边地区。

（2）体制结构：城郊型农业在体制上是城乡分离的二元结构，以户籍制度和资源配置制度为主要手段，人为地造成了农村居民和城镇居民在负担、社会资源的占有和社会福利的享有等方面存在着严重不平等。而都市型农业则是城乡一体的体制结构，户籍制度的逐渐放宽直至取消户籍，使城乡的不合理差别逐渐缩小，社会资源和福利在城乡之间的分配趋于公平、均等。体制结构的不同决定了城乡关系的不同。城郊型农业的城乡关系是割裂的，农村单向地为城市服务，自然资源、社会资源与能量只是单向地从农村大系统不断输入城市大系统，同时城市废气、废水、固体废弃物排向农村；而都市型农业的城乡关系则是互相融合、统筹发展的关系，二者互相交换资源与能量，城市带动乡村的发展。

（3）功能结构：城郊型农业以满足城市的食品需求为目标，因而，其功能结构中，生产功能为主，生态和生活功能为辅且弱；而都市型农业以满足人们多样化的生活需求为目标，所以，其功能结构中，则是以生活功能和生态功能并重，生产功能的地位较低。功能结构决定了二者为城市服务的内容也不相同。

（4）发展模式：城郊型农业是城市发展的腹地，城市的不断扩张，对农业形成了空间上的挤压，对农村、农业资源以无偿或低价形式进行占有，城市的发展快于农村的发展，这是世界城市化进程中不可避免的规律；而都市型农业则与城市同步发展，城市的优质资源（资金、信息、技术、教育、卫生等）向乡村扩散，乡村则以马赛克模式形成对城市的生态保护。

（5）建设理念：城郊型农业的建设理念是为城市服务，满足城市的“米袋子”和“菜篮子”需求；甚至不惜牺牲农业的利益，如水资源紧缺时，优先确保城市工业和生活用水，城市废气、污水、垃圾向农村转移等。而都市型现代农业的建设理念是城乡统筹，和谐发展，在编制城市发展规划时考虑到农业的发展，并与城市经济、生态、社会发展统筹，实行整体建设与推进。

（6）产业结构：城郊型农业以生产功能为主，产业结构中第一产业占有较大的份额；而都市型农业中，产业之间互相融合，界限淡化、模糊，如第一产业产与第三产业融合的休闲农业、会展农业等，第一产业与第二产业融合的加工农业等。

（7）技术体系：技术为生产服务，技术体系决定于生产目标。城郊型农业的技术侧重于改造自然、创造有利的生产条件，追求产量最大化；而都市型农业更强调环境友好型技术，在确保高产出的同时实现人与自然的和谐和自然资源的可持续利用，追求产品品质与质量安全。

（8）投入重点：为了保障数量增长，城郊型农业的要素投入重点是资金和能够快速转化为生产力的物化技术；而追求农业整体素质的都市型农业，其发展的要素投入重点除资金外，还有信息和智力，通过信息化建设和持续不断的智力支持，使农业的功能更丰富、更强，发展后劲更足。

二、北京，林地可以替代农田吗

10多年前，北京市一位领导问笔者：“市场经济下物质大流通了，想得长远一点，北京将来能像莫斯科那样，城区和森林以马赛克式构成，而没有农田、没有农业吗?”

“60 多万农业劳动力怎样安排? 360 多万农民怎么生活?”笔者反问。

“那时有钱了，全部养起来。”他回答。

此后，农业在全市经济中的份额越来越小，2012 年已降至 0.84%。这期间，不时听到一些精英们说，北京的土地、水资源这么稀缺，用在农业上太浪费了，应该取消农业。于是，这位前市领导的问题，时常在笔者的脑海里萦绕。

随着不断地反复思考与探求，对笔者当时的回答越来越不满意。今天，很想再遇到那位前市领导，面对面地同他探讨——假如北京的农田全部被森林替代，将会出现什么样的局面。

（一）森林和农田，哪个生态作用更强

如果不假思考仅凭感觉，一般会答，当然森林的生态作用更强。果真如此

1. 哪个生态服务价值更高

森林和农田相比，哪一个单位面积的光合产物更多? 这在 20 世纪 80—90 年代，通过学术论证已有定论，即农田的单位面积产出更高。市农业局测算的生态服务价值，从更广的视角也证实了这一点。即，北京耕地的单位面积生态服务价值当前为3591.1 元/亩·年，比森林高 1.7 倍。也就是说，北京现在 341 万亩耕地（2009 年）如果全部变成森林，生态服务价值非但不是增加 524 亿元，反而将减少 77.1 亿元，相当于全市生态服务价值的 2.2%。

2. 哪个更耗水

森林是“抽水机”还是“水库”，这在 20 世纪 90 年代全球都在热议。比较一致的看法，森林在贫水区或少雨年份是“抽水机”，蒸腾耗水超过水源涵养；在富水区或丰水年，则是“水库”，水源涵养作用超过其消耗。就树种而言，阔叶树的蒸腾作用远超过针叶树。

天然森林和人工防护林，在北京的气候条件下无须灌溉。少雨年份，可满足其存活；多雨年份，可供其生长。然而城区周边的森林不同于天然森林和人工防护林，它还要求有较高的林分质量以达景观要求，即不仅要有生态功能，还要求有景观功能。于是，除去少数高的丰水年，都必须灌溉。而对于苗圃和幼龄树，更须人工灌溉。

近 10 多年来，北京农业节水成效显著。2012 年农业用水 9.3 亿立方米，

按耕地+果园面积计算，平均每亩用水219立方米，比1998年少耗水94立方米/亩。这与城区周边森林（包括绿地、公园和苗圃）相比，少用了近一半。341万亩耕地如果全部变成景观森林，不但不是少用了3亿~5亿立方米水，反而要比现在多耗水6亿立方米，相当于南水北调水量的一半多。

3. 关于景观

森林景观与农田景观，各有特色。森林景观具有大自然的美。而农田景观，其田园风光则显现出人类文明的艺术之美；通俗地说，看到农田就感觉到人气。

此外，如果久处密林之中与生活在楼宇之间，都有某种压抑感。而踏入农田，则视界开阔，令人心胸豁达、心情爽朗。

总之，森林景观与农田景观各具特色，二者互补，既不互相排斥，也不能相互替代。

4. 关于生物多样性

毋庸置疑，森林中的生物种类远较农田丰富。但二者生物种类的构成不同。没有农田，就少了一种生物多样性的模式。

5. 关于净化与调节作用

农田和森林一样，对城市排出的废气、废水、固体废弃物，都有接纳、贮存、降解、净化作用；也都有减轻热岛、调节气候的效应，以及隔离城镇板块和减灾避灾的作用。至于森林能否减少PM2.5，迄今没有严谨的科学试验和监测来证明。

然而，在净化方面，森林比农田却有优越之处——如果不从事林下经济，对净化效果的要求森林不如农田严，因为它不必担心食品安全问题。

综上所述，森林和农田都有非常突出的生态效果，只不过表现方式不同，效果的大小不同。在某些方面，森林的生态效果强于农田；在另一些方面，农田又强于森林。二者有许多共同之处，各有千秋，但无法相互替代。

（二）森林和农田，哪个社会效益更大

请先借鉴美国总统科技顾问委员会2012年12月7日发布的向奥巴马总统提交的题为“关于农业应对与农业科研致总统的报告”。报告中指出，“自最早的殖民地时期以来，农业在美国社会和经济活动中发挥着核心作用……展望未来，美国农业必将继续成为新兴的美国生物经济的支柱……充满生机活力的农业仍然是全国未来幸福最重要的保障……面对21世纪的新挑战……要求农业系统保持培育创新文化的卓越能力。”

针对中国国情和市情，可以从以下 5 个方面来衡量北京农业的社会效益。

1. 关于就业

我们 2004 年承担市科委《农业在首都经济发展中的地位与作用》课题里，通过调研获得 2003 年北京第一产业从业人数为 59.5 万人，涉农的食品加工与制造、其他制造、纺织、商业以及运输、通信、餐饮、旅游、金融等服务业的从业人数合计为 120.7 万人，二者之比为 1∶2（美国 2000 年这一比例为1∶6.4）；粗略估算，当前该比例约 1∶2.5。由此可知，北京 2003 年农业与涉农产业就业人数合计占全市总就业人口的 25.6%，2012 年推算为 18%，即约 200 万人（美国 2000 年为 19%）。换言之，在总就业人口中，北京与美国一样，大体上每 5 人便有 1 人从事农业或涉农产业。

据有关机构测算，防护林的管护每 10 亩需 1 人。这样，假定 341 万亩耕地全部变成防护林，可安排 34 万人就业。防护林属于生态产品，其公用性、外部性很强。因此，它不同于农业产品，对于拉动相关行业的作用很小，拉动就业也甚为有限。即使按农业 1∶2.5 的比例计算，充其量也仅拉动 85 万人就业。那么在短短几年的时段里，北京要解决其余约 100 万人就业（总就业人口的 10%），对于维稳将是多么大的压力！

2. 关于保障功能

2003 年 SARS 期间和 2008 年奥运时期，鲜活农产品供应的经验、教训启迪了我们，大中城市生产生鲜农产品，不但常态下必要，更是应对各种突发性非常事件的需要。为此，党中央要求“大中城市要坚持保有一定的蔬菜等生鲜农产品自给能力”。因此，北京作为首都，保留一定规模的耕地和生活必需品的生产能力，不仅关系到民生工程，也是维稳的政治任务。

北京市新一轮“菜篮子工程”目标——到“十二五”末，蔬菜面积达到 70 万亩……蔬菜、猪肉、禽肉、鸡蛋、鲜牛奶的自给率分别提高到 35%、30%、70%、66% 和 68% 以上。

根据测算（过程见附件），北京市现有的农业生产规模和生产能力，按《中国食物与营养发展纲要（2014—2020 年）》中提出的食物消费量目标，蔬菜和肉类可以满足 2020 年实现农业保障功能要求的自给率；蛋类缺口最大，距目标值差 37 个百分点，奶类缺口次之，差 13 个百分点。还需要强调两点：一是倘若生鲜农产品完全依靠外地供应时，必须顾及物流成本，以及气候灾害等自然风险和多种市场风险；二是高档农产品京外的普通农村难以生产。

森林基本上不具备食物生产功能。林下经济的产出，不论在全市生鲜农产品的产出总量中，还是在满足自给率目标的总需求量中，其份额均极小。

即，对于全市生鲜农产品的市场贡献，林下经济不可能雪中送炭，只能锦上添花。

3. 关于农业文化的传承与创新

现代人的远祖是从森林走出来的，然后不断进化成为现代人。农业活动是人类认知客观世界和自我世界的重要源泉之一，它推动了文化的发展。

中国是世界三大农业起源中心之一，七八千年以前我国的原始农业便已相当发达。据考古发现，北京市平谷区上宅7000多年前便有农业活动，门头沟区东胡林则更早，约1万年前。祖先近万年的农事活动，引发了以“天人合一”“因地制宜”“因时制宜”为代表的哲学思想和以诚信、孝道、勤俭等为代表的伦理道德，推动了天文（如农历）、气候气象（如二十四节气）、机械、建筑以及生物、生命（中医、中药等）、生态（如农牧结合、用养结合）等诸多自然科学的进步；引发并衍生出歌曲（牧歌、渔歌、樵歌、酒歌、号子等）、戏剧、曲艺、绘画、书法、舞蹈、诗词、小说、烹饪等文学与艺术，以及以田径、射箭、武术等为代表的竞技体育和健身养生活动；形成了不同民族、不同地域的多元信仰与风俗习惯。

今天，农业依然是人类文明进步的源泉和基石，蕴藏着无可替代、无法估量、取之不尽的宝藏。平谷区大桃产业在北京率先培育了桃文化功能，通过桃文化的发掘、传承和创新，取得显著的经济、社会效益。

对于一个1.64万平方公里的人类高度聚集区，如果没有农业来促进其文化发展和文明进步，不仅仅是缺憾，更重要的将是不可持续。

4. 关于交通拥堵和雾霾

北京如果没有了农业，当前具有一定保障能力的自产生鲜农产品便不得不由京外供应。这将每年增加货运量403万吨。其次，享受田园风光，采摘，体验农业与农村生活，也不得不到外地。2012年北京乡村旅游3636万人次，2008—2012年年平均增长7.7%；依此推算，2020年将有超过6500万人次只能到京外农村休闲度假。于是，2020年将增加403万吨的货运量和6500万人次的客运量。这对本来已拥堵不堪的交通和频发的严重雾霾，如同雪上加霜，加大了治理难度。

5. 关于城市发展和国际国内影响

如果没有基本农田和耕地红线，北京城区（包括11个新城）“摊大饼”式的扩张又少了一个有效的制约因素。

没有农业的首都，难道就是中国特色的世界城市？就是中国之梦？北京之梦？北京在国内有很强的示范作用，上海、天津等其他大中城市，如果以北京为“榜样”也大幅度压减或取消农业，将如何确保国家的粮食安全？北京在全球也有一定的影响力，若没有或几乎没有农业，这在国际上会产生什么样的负面政治影响？

上述分析，是设想北京将森林全部替代农田、没有农业这一极端情况下的局面，实际操作中可能/但愿没有这么严重。但应引起高度警觉——造林挤占耕地，不但损害了北京的生态环境和经济的健康发展，而且还将引发严重的社会问题。北京现有的农田和农业规模已到至少已十分接近红线了。城镇化挤占耕地虽难以避免，但要严格控制，按中央城镇化会议精神，尽快划定城区（包括11个新城）的边界，并以立法形式予以确定。应借鉴日本等国外的做法，非农建设占用耕地超过1亩须经过市人大审核批准；与此同时，大力提高非农建设用地的利用效率和集约化水平；而造林占用耕地，则不可取。

最后，值得强调，与国外大城市比较时，首先要有可比性，必须考虑中国国情和市情。与莫斯科市比较，应将莫斯科州纳入；与巴黎市比较，必须与1.4万平方公里的巴黎大区相比。

附件

北京市2020年生鲜农产品自给率的测算

1. 根据《中国食物与营养发展纲要（2014—2020年）》中提出的食物消费量目标：年人均食物摄入量（基本生活需求水平）——蔬菜140千克、肉类29千克、蛋16千克、奶36千克。

2. 从田间/圈舍至餐桌的全过程，上述产品的损耗率——蔬菜25%、肉类与蛋各5%、奶10%。

3. 人口规模——2020年全市常住人口与流动人口之和，设定为3000万人。

4. 生产规模——2020年与2012年相同。

5. 产出水平（2012年）——蔬菜播种面积单产2900千克/亩、肉类的肉料比1∶3.3～4，鸡蛋的蛋料比1∶2.2，鲜牛奶的奶粮比4.2∶1。

6. 未考虑战争、不可抗御的巨灾以及科技进步等因素。

依据上述变量计算，2020 年全市生鲜农产品的自给率见下表。

		蔬菜	肉类	蛋	奶	说明
2020 年的需求量（亿千克）		55.9	9.2	5.1	11.8	依据损耗，已折算成田间产出量
2012 年的实际产出量（亿千克）		28	4.3	1.5	6.5	《北京市统计年鉴（2013）》
2020 年自给率	目标值	35	40*	66	68	
	预测值	50	47	29	55	

注：* 按猪肉、禽肉的消费量加权折算。

三、北京，与现代农业的差距有多大

北京农业的发展目标，是具有都市农业特征的现代农业，简称为都市型现代农业。它有两层含义，一是建成当代世界先进水平的农业，二是具有都市型的特色。

从 2003 年起，经过 10 多年的建设，北京农业现代化成绩显著。然而进展如何，达到了什么水平，进入什么阶段，还有哪些差距，以及差距有多大？回答上述问题，可以通过编制北京都市型现代农业评价指标体系进行测算、衡量和分析。当前，主要有两个评价指标体系。一是北京市科委 2006 年软科学重点项目“北京都市型现代农业基本框架研究”中 6 个课题之一——北京都市型现代农业评价指标体系与调控预测体系研究，该课题编制的北京都市型现代农业评价指标体系，以下简称“评价指标体系”。另一个是 2014 年北京市统计局、国家统计局北京调查总队完成的“北京都市农业现代化监测评价指标体系研究”课题编制的北京都市农业现代化监测评价指标体系。以下简称“监测评价指标体系”。

两个评价体系的架构、测算结果与差距分析如下。

（一）两个评价体系的架构

1. 评价指标体系的架构

该指标体系的架构，见表 2－2。其详细内容请见笔者《农业发展规划编制的方法与案例》（中国农业科学技术出版社，2009 年）一书的第三部分内容。

表 2－2 北京市都市型现代农业评价指标体系测算结果（2012 年）

指标			目标值	实际值	实现度（%）	分值
一级（权重）	末级（绝对权重）	单位				
综合生产水平（21）	土地综合产出率（0.0296）	美元/亩	280	414	100	2.96
	水资源（净水）效率（0.0296）	美元/立方米	1.3	1.97	100	2.96
	劳动综合生产率（0.0333）	美元/劳	3800	3200	84.2	2.80
	设施农业面积比重（0.0588）	%	10	8.2	82.0	4.82
	农民组织化程度（0.0588）	%	80	18.8 *1	23.5	1.38
	计				71.0	14.92
社会服务水平（21）	科技辐射水平（0.0546）	%	15	4.1	27.1	1.48
	农产品加工带动水平（0.0525）		1.2	1.21:1	100	5.25
	休闲农业与农业总产值之比（0.1029）		0.17	0.068:1	40.0	4.12
	计				51.7	10.85
生态保障水平（22）	耕地面积年递减率（0.0454）	%	－0.47	－0.17 *2	100	4.54
	林木覆盖率（0.0602）	%	52	55.5	100	6.02
	安全生产水平（0.0469）	%	100	26.3	26.3	1.23
	冬春季裸露农田比重（0.0275）	%	10	15 *3	94.0	2.58
	规模饲养场粪便处理排放达标率（0.0400）	%	100	40 *3	40.0	1.60
	计				72.6	15.97
区域和谐水平（18）	政府对农村的投入比重（0.0576）	%	20.0	6.04	30.2	1.74
	城乡居民收入之比（0.0702）		1.7	2.21：1	76.9	5.40
	农村居民基尼系数（0.0522）		0.30	0.32	93.8	4.90
	计				66.9	12.04
发展能力建设水平（18）	农民素质（受教育年限）（0.0391）	年	12	10.60	88.3	3.45
	农民人均纯收入（0.0343）	元	12500	16476	100	3.43
	农民计算机拥有率（0.0219）	台/千人	330	293	88.0	1.93
	农业科技人员比重（0.0381）	%	1.35	1.30	96.3	3.67
	农业 R&D 经费比重（0.0465）	%	1.5	1.7 *3	100	4.65
	计				95.2	17.13
合计			70.91			

注：*1 入社率为 39.4%，产品通过合作组织销售比重为 10%，二者权重依次为 0.3、0.7，加权后为 18.8%；

*2 采用 2008 年数据；

*3 为估测值。

2. 监测评价指标体系的架构

该监测评价指标体系的架构，见表 2－3。

表 2－3　2012 年北京市都市型现代农业进程监测结果

一级指标	二级指标	代码	单位	权重	目标值	实际值	得分	实现程度
综合				100			71.90	71.9
规模化	总计			20			15.03	75.2
	规模化经营比重	1	%	6	80	60.0	4.50	75.0
	第一产业劳动生产率	2	元	7	100000	70258	4.92	70.3
	第一产业土地产出率	3	元	7	3000	2407.1	5.62	80.2
产业化	总计			20			15.88	79.4
	农业企业销售农产品收入占比重	4	%	10	50	29.4	5.88	58.8
	万人拥有农业科技人员	5	人	10	10	12.9	10.00	100.0
集约化	总计			20			14.21	71.0
	第一产业万元增加值能耗	6	吨标煤	7	0.5	0.778	4.50	64.3
	第一产业万元增加值水耗	7	立方米	7	400	619.0	4.52	64.6
	农业机械化水平	8	%	6	80	69.1	5.18	86.4
市场化	总计			20			10.95	54.7
	农民组织化程度	9	%	10	60	39.4	6.57	65.7
	农产品质量安全认证率	10	%	10	60	26.30	4.38	43.8
多功能化	总计			20			15.83	79.1
	农林牧渔业总产值可比价增速	11	%	5	0	2.9	5.00	100.0
	新业态农业收入占比重	12	%	7	50	20.2	2.83	40.4
	农业生态与环境价值增速	13	%	8	3	5.1	8.00	100.0

其中，13 个末级指标的界定如下。

（1）规模化经营比重：指能够达到统计方法制度规定的种植业、养殖规模标准的农户生产的农产品价值以及农业企业农林牧渔业总产值占全市农林牧渔业总产值比重。规模化蕴含着农业的高技术、高机械化、先进的管理、市场占有等综合要素，反映第一产业的现代化水平。

（2）第一产业劳动生产率：指第一产业从业人员平均每人创造的农林牧渔业总产值。反映由于农业生产者素质的差异创造农业经济效益的水平。

（3）第一产业土地产出率：指单位农业用地面积创造的农林牧渔业总产值。衡量农业单位农业用地面积综合产出水平。反映由于农业综合生产能力的差异体现在单位土地面积创造的农业经济效益水平。

（4）农业企业销售农产品收入占比重：农业企业的全部销售农产品收入占全市农林牧渔业总产值的比重。反映农业生产形式的现代化水平。

（5）万人拥有农业科技人员：指每一万乡村人口中拥有的农业科技人员数。反映农业服务体系建设情况。

（6）第一产业万元增加值能耗：指每实现一万元第一产业增加值所消耗的能源总量。反映农业节能减排情况。

（7）第一产业万元增加值水耗：指每实现一万元第一产业增加值的农业用水量。反映节水农业发展情况的指标。

（8）农业机械化水平：指实现机械化耕种、播种和收获的面积分别占全部耕地面积、播种面积以及收获面积的比例平均值。反映农业机械化发展平均水平。

（9）农民组织化程度：指加入各类农民专业合作组织的农户占全部农业生产经营户的比重。反映农民组织化程度。

（10）农产品质量安全认证率：指通过农产品质量安全认证的农业企业销售无公害农产品、绿色农产品和有机农产品的收入占全市农林牧渔业总产值的比重。反映农产品质量安全的建设水平。

（11）农林牧渔业总产值可比价增速：指以货币表现的农林牧渔业的全部产品总量扣除价格因素后的增长速度。反映都市型现代农业生产功能。

（12）新业态农业收入占比重：指本市设施农业收入、农业观光园和民俗旅游采摘和出售农产品收入、畜牧业种业收入等计入农林牧渔业总产值的新型业态农业收入占农林牧渔业总产值的比重。

（13）农业生态与环境价值增速：农业生态与环境价值指农业范畴中的生态系统（或者说是自然资源）为改善人类的生存条件和生活环境带来的，没有在现实经济价值中体现的效益。反映都市型现代农业生态保障功能。

（二）2012 年测算结果

1. 总体测算结果

两个指标体系各有特色，前者侧重于学术研究，后者侧重于政府运用。但测算后的总体结论却高度一致，即北京农业当前（2012 年）处于都市型现代农业初级阶段的中期（综合实现程度，前者 70.9%，后者 71.9%）。

2. 一级指标的测算结果

（1）评价指标体系的测算结果

发展能力建设水平的实现度最高，超过 95%；

生态保障水平和综合生产水平的实现度次之，为71% ~73%；

区域和谐水平低于总体水平，实现度66.9%；

社会服务水平的实现度最低，不足52%。

（2）监测评价指标体系的测算结果

产业化和多功能化二指标的实现度最高，接近80%；

规模化指标稍次，实现度为75.2%；

集约化指标的实现度与总体水平相当，为71.0%；

市场化指标的实现度最低，不足55%。

3. 末级指标的测算结果

（1）评价指标体系的测算结果

21项末级指标中，实现度超过90%的指标约占一半，有10项；

实现度为40%及以下的有6项，约占3成；

实现度居中（76% ~89%）的指标有5项，约占1/4。

（2）监测评价指标体系的测算结果

13项末级指标中，实现度超过80%的指标有5项，约占4成；

实现度不足60%的指标有3项，约占1/4，其中有两项实现度不足44%；

实现度居中（64% ~75%）的指标有5项，约占4成。

（三）差距及分析

两个指标体系的测算结果，在分布上有两个共同点。第一，实现度较高的末级指标个数，在总数中居多；同时，离散度也较大。表明北京都市型现代农业近10年的建设成效突出，然而薄弱环节与现代农业的差距亦很大，发展甚不均衡。第二，对薄弱环节的指向高度一致，主要集中在以下几个环节。

1. 农民组织化程度过低

反映农民组织化程度的量化指标，主要有两个。一是农民入社（合作社）率。2012年北京农民入社率仅39.4%，约为发达国家的一半。然而，这还只是表观数字，更重要的是考量实效——农产品销售总额中，农民通过合作组织销售所占的份额。据估算，此份额2012年仅10%左右。据北京市农村合作经济经营管理办公室的调查数据，2011年和2012年全市5000个左右的农民合作社中，分别有72.4%与71.9%的合作社无收入；说明全市至少有7成合作社有名无实。

农民的组织化水平，直接关系到农业市场化进程，也制约着农业劳动生产率的提高。

2. 农产品质量安全认证水平过低

我国农产品质量安全上有三个等级——无公害农产品、绿色食品（A 级与 AA 级）和有机食品。北京农业企业，2012 年通过这三个等级认证的农产品销售额合计仅占全市农业总产值的 26.3%。这表明北京农产品质量安全体系的建设，远远滞后于消费者的期待，也与首都地位极不相称。

3. 籽种产业规模小、质量不高

从 2000 年北京市政府提出发展“六种农业”之中的籽种农业以来，北京种业快速发展。2004—2012 年的 8 年间，扣除物价因素，种业收入平均年增长 10% 左右。然而，从国家现代化和对种业的需求衡量，北京种子企业依然呈“多、小、散、弱”状态，创新乏力，未建立起“育繁推”一体化商业育种机制，国际竞争力处于劣势。全市种业 2012 年收入 16.1 亿元，仅占农业总产值的 4.1%。销售规模同国际上比较，2009 年全球有 12 家种子企业的种子与生物技术销售额超过 2.6 亿美元（北京全市种子收入 2012 年仅折合 2.5 亿美元），其中全球前三强的孟山都、杜邦先锋、先正达三家种子企业同类销售收入依次是北京全市种业 2012 年的 30 倍、20 倍、10 倍。

种业的意义不仅仅在经济领域，它关系着国家粮食安全，关系着北京作为首都科技创新中心职能的发挥，也是北京农业服务功能的重要体现。

4. 休闲农业发展滞后，文化内涵贫乏

进入 21 世纪以来，北京休闲农业发展很快，在全国居领先水平。但同国际上比较以及和国内市场需求相比，发展依然滞后。全球休闲农业的发展规律——当人均 GDP 达到 3000 ~ 7000 美元时，休闲农业以采摘为主，属于初级阶段；7000 ~ 13000 美元时，以操作、体验为主，为中级阶段；超过 13000 美元时，以租赁为主，升入高级阶段。北京人均 GDP 2012 年已超过 13000 美元（13857 美元），按此规律北京休闲农业应已进入租赁为主的高级阶段。然而，现实中尽管操作体验、租赁均已占有一定份额，却依然以采摘为主要收入来源，约占总收入的 30%。

活动内容单调，停留在采摘、烧烤、农家饭“老三样”的低水平重复和同质化，尤其缺乏游客的参与和互动；市场意识薄弱，服务质量不高，缺乏个性化；科技支撑乏力，文化内涵贫乏，是当前北京休闲农业发展的几个突出问题。反映到游客人均消费水平上，2012 年仅 138.7 元/人次；扣除物价因素，相当于日本 2003 年的水平，换言之，北京休闲农业落后日本至少 9 年。

除去上述共同的 4 个末级指标外，实现度低的还有规模畜禽饲养场的粪便处理排放达标率。按科学发展观要求，其目标值应为100%，然而北京当前实际值仅为40%。也就是说，有6成规模饲养场的畜禽粪便未处理或者处理后排放未达标。究其原因，第一，早期规模饲养场建设时，为了节省投资，没有考虑畜禽粪便处理工程；第二，饲养场后期补建了相应的处理工程，或者后续新建时有此类工程，然而由于它们的运行成本高又无补贴，故而弃之不用，检查时临时开启应付；第三，许多饲养场未与农场、合作社在体制、机制上合成一体，未形成有实际意义的农牧结合；第四，也是更为重要的，缺乏立法和政策支持。发达国家对畜禽养殖有专门立法，并在政策上对饲养场的畜禽粪便处理给予高额补贴。例如法国，其对规模奶牛场（40头以上）的玉米、小麦等每公顷补贴348欧元（折合人民币约200元/亩），草场每公顷补贴80欧元（折合人民币45元/亩）；每头奶牛补贴226欧元（折合人民币1920元/头）。

最后，农业劳动生产率和农民素质（人均受教育年限）两项末级指标，由于多种原因，其实现度出现了虚高的假象或潜伏着危机。

①农业劳动生产率　2006年编制的评价指标体系，该指标的目标值确定得过低。当时选择了人均耕地资源相近的尚未跨入发达国家、属于上中等收入国家的波兰和捷克两国，以趋势外推法预测了至2010年农业劳动生产率可达到的水平，以此作为北京的目标值（3800美元/人）。然而，现实表明以笔者为首的编制人员，当时大大低估了两国的发展速度。据《国际统计年鉴(2012年)》数据计算，波兰、捷克以及当时刚跨入发达国家的韩国，2010年农业劳动生产率分别达到1.72万美元/人、2.91万美元/人和1.83万美元/人，超过评价体系的目标值4倍左右。若以三国中最低的波兰计算，北京2012年农业劳动生产率仅为其18.6%，实现度虚高出3.5倍。

北京农业劳动生产率，在国内虽属先进水平，然而却不及美、法、荷、澳等国的1/20，为德、意、日的1/15左右，为金砖国家俄罗斯、南非的1/4左右。(关于此项指标的详细分析，本书第三章将予以专门论述)

②农民素质（人均受教育年限）　评价指标体系中将该项末级指标的目标值，确定为20世纪80年代发达国家中的最低值——12年，即高中毕业。今天看来，此值既不算保守亦不过高。2012年，北京该指标的实现度高达88.3%。然而，这只能是表面上的乐观，其中潜伏着危机。近些年来，北京同全国一样，该指标的实际值增加过于缓慢。2004—2011年，北京农民人均受教育年限由10.26年提高到10.60年，7年间仅增加0.34年，相当于每10年仅增加0.49年。按此增速，若要达到12年的目标值，北京至少还要29年；

如果考虑到这已是20多年前发达国家的最低水平，从动态视角衡量，那么该项指标北京至少落后发达国家50年。无法想象传统农民能够胜任现代农业的建设。当前，不能将以人为本的理念停留在口号上，必须尽快把农民教育提高到战略高度，转变理念，借鉴发达国家的经验，通过体制机制创新，下大力气落到实处。（详细内容将在本书后面章节中予以论述）

四、建设现代农业的基本思路与步骤

对给定地域的农业，为实现现代化在进行策划时，要根据逻辑关系确定科学的发展思路。其逻辑框架大体如图2-1所示。

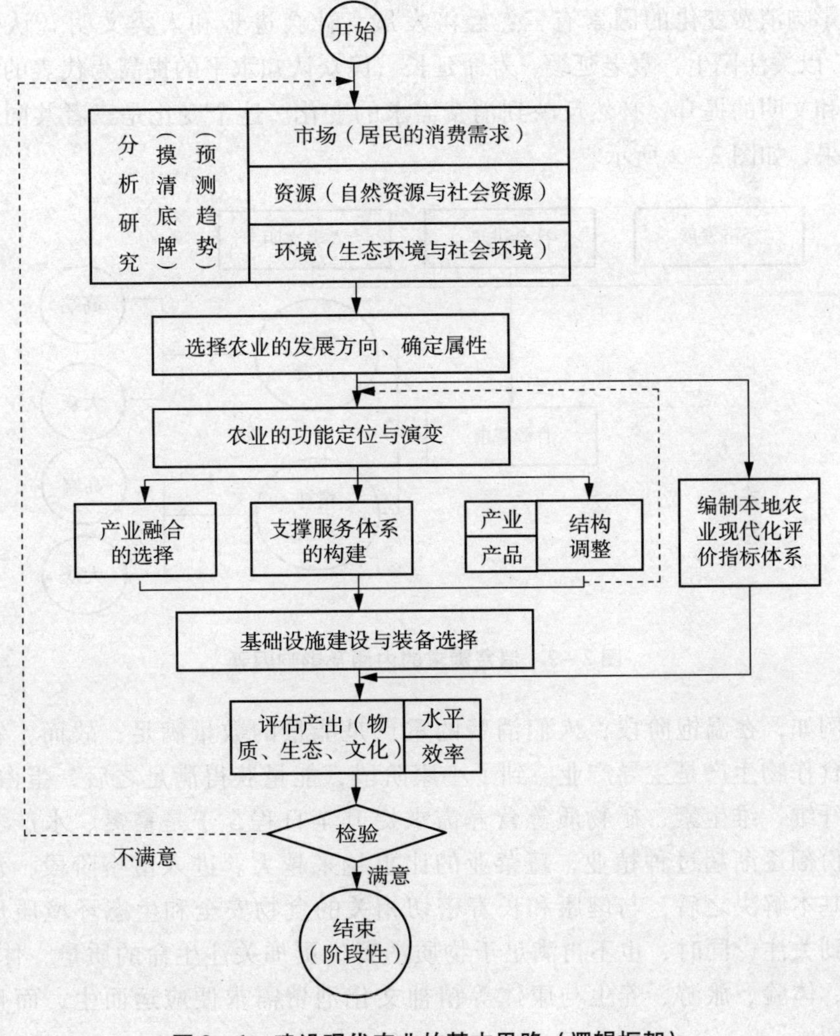

图2-1 建设现代农业的基本思路（逻辑框架）

其步骤与具体内容如下。

（一）摸清底牌，预测趋势

1. 消费需求

居民的消费，可以分成两大类——物质消费与精神消费。无论哪类消费，都由数量与质量两个方面构成。由于居民收入水平的分化和差距，对消费品的质量、档次要求，有高端与大众之分。一般而言，高端消费引领着大众消费，需求刺激着生产；大众消费拉动着生产，进而引发产品结构的变化，乃至产业结构的变化。量变积累到一定程度进而导致质变，最终影响到当地农业的发展方向和属性发生改变。

影响消费变化的因素有三：经济发展、社会进步和人类文明（认知水平）。以关注民生、衰老延缓、寿命延长、民众认知水平的提高为代表的社会进步和文明的提升，必然反映到消费需求的变化。这个变化是三者共同作用的结果，如图 2 -2 所示。

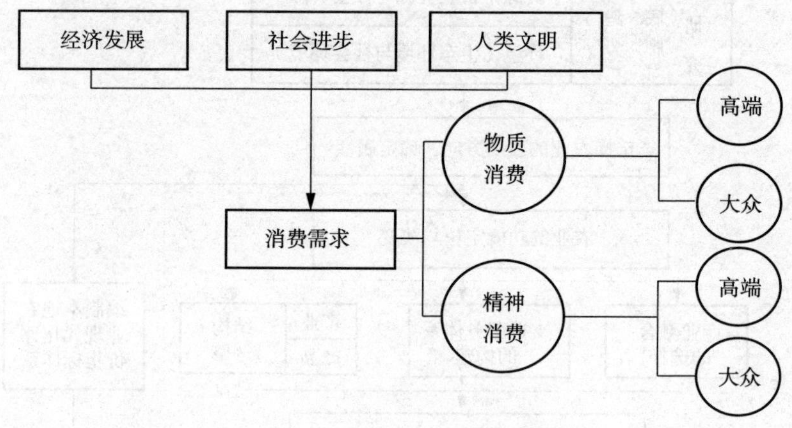

图 2 -2　消费需求的内涵及影响因素

例如，在温饱阶段，人们消费的重点是能量的数量满足；故而，农业中粮食作物生产是主导产业。到了小康阶段，能量获得满足之后，蛋白质、膳食纤维、维生素、矿物质等营养需求提升至日程，于是畜禽、水产养殖业的份额逐渐超过种植业，蔬菜业的比重越来越大。进入富裕阶段，营养问题基本解决之后，与健康和长寿密切相关的食物安全和生态环境质量愈加受到关注；同时，也不再满足于物质消费，更加关注生命的质量，休闲、度假、体验、旅游、养生与康体等精神文化消费需求便应运而生，而且日渐强烈。

2. 资源

农业资源分两类：自然资源与社会资源。

（1）自然资源

与农业密切相关的自然资源主要有以下8种。

①气候资源　主要包括太阳辐照强度与光周期，温度（年平均气温与地温及分布、积温、极端气温等），降水（年降水量及分布）等气候因子。

②地形　主要有山地、丘陵、平原、盆地等，以及海拔。

③地质　主要有基岩、土质。

④土壤　土壤类型、肥力状况及分布。

⑤水资源　包括地表水与地下水，其数量，尤其是人均拥有量；此外，还有再生水。同时，还有此三者的水质状况。

⑥能源　主要有化石能、地热、风能、太阳能以及生物质能。

⑦生物种类与数量　重点是农林动植物种类与数量，还有生物的多样性。

⑧景观　包括自然景观和农业景观。

（2）社会资源

与农业密切相关的社会资源，主要有以下5种。

①人力资源　农业的人力资源，一是农业科技人员的绝对数量与相对数量（每百名一产从业人员拥有的农技人员人数）、结构（职称结构与年龄结构）；二是一产从业人员的素质，可用人均受教育年限来表示。

②科技资源　重点是当地的农业高等院校与科研机构、科技成果的数量与水平，以及农业科技推广服务体系的健全程度。

③教育资源　重点是与农业有关的农民教育与职业培训，其机构与师资的数量、结构、分布与水平。

④资金　主要包括政府的涉农资金额度、银行涉农贷款额度，涉农企业与农民的自有资金，以及社会融资的渠道与可能。

⑤人文　主要包括当地民俗与重要节日，农业的物质遗产与非物质文化遗产，当地历史上的重大事件与重要人物等。

在对当地农业资源的分析、研究中，要特别注意自然资源开发利用与保护的协调统一；对于社会资源，要分析、研究其广度与厚度。既要分析存量，更要研究、测算变化趋势。一方面，资源不宜闲置；另一方面，更要注意保护自然资源，切忌盲目、过度开发，即使是可再生资源，开发力度也不应超过再生能力。因此，上述资源对于当地的农业发展，可能是某种优势，同时也可能是制约因子，例如贫水区的水资源。

3. 环境

农业的发展环境可分为有两类：生态环境与社会环境。

（1）生态环境

这里的生态环境，主要指的是环境质量。

①大气质量。除去某些工厂排出的有害气体与烟尘之外，通常情况下，大气的一般污染不会对作物的生长发育造成太大影响，也不会明显影响到动物的生产，尤其是舍饲条件下。

②水体质量。通常情况下，无论地表水还是地下水，水质大都能达到灌溉标准。需要关注的是矿业废水、工业废水是否经过处理并达标，以及再生水（中水）的水质。

③土壤质量。工矿企业的气、水、固“三废”会对附近周边的土壤造成污染。除此之外，问题较为突出的是温室等设施内的土壤健康度下降；一些温室常年施用畜禽粪便等有机肥，已出现重金属富积，甚至污染。

链接

全国土壤污染状况调查公报（部分）

环境保护部、国土资源部（2014年4月17日）

耕地：土壤点位超标率为19.4%，其中轻微、轻度、中度和重度污染点位比例分别为13.7%、2.8%、1.8%和1.1%，主要污染物为镉、镍、铜、砷、汞、铅、DDT和多环芳烃。

林地：土壤点位超标率为10.4%，其中轻微、轻度、中度和重度污染点位比例分别为5.9%、1.6%、1.2%和1.3%，主要污染物为砷、镉、六六六和DDT。

草地：土壤点位超标率为10.4%，其中轻微、轻度、中度和重度污染点位比例分别为7.6%、1.2%、0.9%和0.7%，主要污染物为镍、镉和砷。

未利用地：土壤点位超标率为11.4%，其中轻微、轻度、中度和重度污染点位比例分别为8.4%、1.1%、0.9%和1.0%，主要污染物为镍和镉。

[注] 污染物含量超过评价标准1~2倍（含）、2~3倍（含）、3~5倍（含）、5倍以上的，分别为轻微、轻度、中度、重度污染级别。

④自然灾害。影响到农业活动的自然灾害，主要有两类：干旱、洪涝、冰雹、大风、霜冻、冷害、暴雪等气候灾害；地震、泥石流、滑坡等地质灾害。

（2）社会环境

影响农业发展的社会环境因素，涉及面十分广泛。诸如国民经济发展水平、第二、第三产业发展水平、人口及构成、区位、人均收入水平及分化程度、政策与法规和城镇化水平等。简言之，农业现代化绝不仅仅是农业自身的责任，而是全社会的义务。

①国民经济发展水平。现代农业是一种高投入的产业，需要强有力的经济实力予以支撑。纵观当今世界，现代农业只出现在发达国家；换言之，只有人均 GDP 超过 2 万美元（2010 年韩国为 2.1 万美元，意大利为 3.4 万美元，其余主要发达国家均在 4 万美元以上），农业才有可能实现现代化。

②第二、第三产业发展水平。第二产业中，农机、化肥、农药、塑料薄膜等涉农制造业，食品加工与制造业；第三产业中，以商贸为中心的物流业、交通运输业、通信业、金融业、旅游业、信息与咨询业等，都与农业有密切的关系。它们的现代化程度均制约着农业的现代化。现阶段，起引领作用的是新型工业化水平和信息化水平。

③人口及构成。区域人口数量及其年龄和受教育程度等构成会影响着农产品消费的绝对数量和消费水平。

④区位。给定地域的空间地理位置，如东、中、西部，沿海与内陆，边疆与腹地，农村与城市郊区，距中心城市的远近等，会在一定程度上影响农业的功能与结构。

⑤人均收入水平与分化程度。人均收入水平决定了消费水平，这在本章“消费水平”中已有一些表述，故不再重复。不同的收入水平，其消费的热点和档次亦不相同。此处将以北京的农业休闲旅游为例，分析收入分化对休闲农业的影响。按国际上 20 世纪 80 年代的划分标准，人均 GDP 为 3000 ~ 7000 美元时休闲农业以采摘为主，人均 GDP 为 7000 ~ 13000 美元时以操作体验为主，超过 13000 美元时以租赁为主。北京 2012 年人均 GDP 虽已超过 1.3 万美元（13857 美元），但一则北京休闲农业的发展滞后于经济发展水平，二则美元贬值，考虑到这些因素，理论上北京休闲农业应处于操作体验为主阶段；然而，实际上仍处于采摘为主阶段。尽管如此，由于北京市民的收入高度分化，占人口 20% 的高收入阶层家庭人均年收入 2012 年达到 6.6 万元人民币，是低收入家庭的 4 倍多，他们已不再满足于采摘活动。于是，以市民农园为代表的租赁项目也占到了一定比例。从而，采摘、体验、租赁三个阶段在北

京休闲农业中都占有一定份额，呈多元化态势。

⑥政策与法规。应全面了解给定地域的政府对农业出台的有关鼓励、优惠政策及力度。包括诸如对农机、良种、水利、沃土、温室等基础设施，农民合作组织，技术推广、培训，就业，以及乡村旅游等特色产业等补贴政策与力度；还有生态补偿、自然与人文旅游景点保护等，税收的减免，帮扶政策，土地利用政策等补偿政策与力度。

⑦城镇化水平。对于城镇化，不仅要关注土地的城镇化、居住的城镇化，更要注意城镇化过程中与经济、产业发展的协调程度，与人口城镇化、民生城镇化的协调程度，以及与农业现代化的协调程度。即新型城镇化水平。

在对当地农业发展环境的分析、研究中，无论生态环境还是社会环境，既要分析、评价其现状，也要预测它们未来的变化趋势，而预测农业发展社会环境的变化趋势难度较大。改造环境的提法应慎重，尤其是改造生态环境。改造大自然、征服大自然，以及20世纪50—70年代盛行的“改天换地”“人定胜天”等，事实证明绝大多数是违背科学规律的，不但劳民伤财，而且后患无穷。改变生态环境，只能是有条件的、有限的；多数情况下，应是保护和适应。特别是对于天气等不可控系统，人类只能去适应。

（二）选择方向，确定属性

1. 现代农业的类型

现代农业的类型大致有四种，见表2－4。

表2－4　现代农业的主要类型

典型国家与地区	土地资源	农业生产的基本单元	生产效率	主要产品
美国、加拿大、澳大利亚	人少地多	大型农场	牺牲土地产出率，换取极高的劳动生产率	大宗农牧产品
荷兰、以色列、日本	人多地少	合作社、农协（会）、小型农场	土地产出率极高，兼顾劳动生产率	园艺、畜禽及高端产品
法国、德国、意大利	居中	中型农场	土地产出率与劳动生产率均较高	大宗农牧产品、园艺产品
大城市郊区（都市农业）	人多地少	合作社、农协（会）、小型农场	土地产出率高，兼顾劳动生产率	园艺、畜禽产品、休闲旅游产品

2. 现代农业的属性

（1）集约型；

（2）节约型（节水、节地、节肥、节药……）；

（3）环境友好型；

（4）精准型；

（5）技术/知识/资本/劳动密集型；

（6）城郊型/都市型。

消费需求、农业资源、发展环境三者共同作用，决定了当地农业的发展方向和属性。

（1）无论物质消费还是精神消费，高端消费都引领着大众消费，大众消费则拉动了生产，引发产品结构改变，进而导致产业结构的改变及功能的演进。简言之，物质消费和精神消费是农业发展的拉动力。

（2）对于当地的农业，自然资源提供了生产的物质基础和能量，社会资源提供了人力、科技、资金等生产要素。二者为农业既提供了发展空间和可能，却又在一定程度上起着约束作用。

（3）生态环境和社会环境，为当地农业发展提供保障和支撑，同时也起着一定的约束作用。

（4）资源的有限性和生态环境的保护，警告人类消费要适度，不可贪婪。

（三）功能定位，逐级细分

农业发展方向和属性选定之后，便可确定其功能。例如，北京农业，它的发展方向和属性定位为人多地少的都市型现代农业。于是，就决定了其功能定位。当前及未来一段时间，北京农业的功能可划分为两个层级。第一层级——经济、生态、社会、服务四大项功能。每一大项又都包含有若干个子功能（第二层级），其中一些是显型，还有一些正在由隐型向显型演化。（见表2-5）

表2-5　北京农业功能的层次结构

一级功能	二级功能	内涵
经济功能	生产功能	提供农业物质产品与非物质产品
	拉动功能	第二产业——农资生产与制造，农产品加工；第三产业——农产品物流（贮、运、销等），信息，会展，旅游，餐饮，金融，咨询等
生态功能	生态屏障功能	城市外来污染物的屏蔽，防风固沙，涵养水源，调节气候等
	接纳、净化功能	对城市产生的废气、污水、垃圾等，接纳并净化
	景观功能	乡村优美、恬静的田园风光
	防灾、减灾功能	缓解气候、地质等自然灾害以及人为灾害，并提供避难空间

续表

一级功能	二级功能	内涵
社会功能	生活功能	满足衣、食等生存需求，以及康体、养生、休闲、娱乐等精神需求
	就业功能	除自身就业外，还包括涉农第二、第三产业的就业；“蓄水池”作用
	安定社会功能	非常时期，粮、菜、肉、蛋、奶等生活必需品的应急保障
	文化功能	哲学、伦理道德、科技、文学、艺术的源泉，对自然界及人类自我的认知，教育与科普
服务功能	城乡一体化功能	城乡统筹发展，为城市发展提供人力、物质、空间等资源
	区域农业一体化功能	为周边农业提供加工、科技、信息、人才、资金等服务，起示范、辐射、带动作用
	全球化功能	为世界农业发展服务，提供跨境消费

严格地说，服务功能隶属于农业的社会功能。然而，考虑到首都的特殊地位和四大职能，本书将其升至一级功能。

北京农业的上述功能是动态的，将会随时代进步而逐渐演进，一些功能将由隐型变成显型；显型功能，有的会不断强化，有的在某些方面可能弱化。例如北京农业的生产功能，在粮食等大宗农产品的生产上将进一步弱化，然而其高端农产品和优良品种的籽种生产会强化。

（四）结构调整，产业选择

系统的结构决定了其功能。正因为如此，当需要系统功能改变时，必须调整系统的结构。因而，给定地域的农业进行现代化建设时，必须依据当地农业的功能定位，调整产业结构和产品结构；按产业链“加长、变粗”的原则，进行三次产业之间及农业内部各产业之间的融合。与此同时，依据结构调整和产业融合所需，构建农业的支撑服务体系。

（五）配套硬件，综合集成

按当地农业发展方向、属性和功能定位的要求，根据结构调整、产业融合与支撑服务体系构建的需求，相应地建设一批农业基础设施工程以及选择设备。

配套硬件的选择与确定，应根据当地的人力、物力、财力状况，不盲目追求高起点和先进性，必须从当地的实际出发，顾及资源、环境的可行性、技术可行性和经济可行性，采取先进技术与常规技术、适用技术相结合的方法，进行综合集成。

例如，智能连栋温室虽然技术先进，但在北京地区，冬季供热、夏季降温使能耗成本居高不下，约占总成本的70%，只有生产高档花卉而且经营管理较好时方能盈利，其余皆亏损；这类温室，当前除去科技园区用作展示之外，绝大多数已改为非农用。然而，在海拔400～600米的山区，利用地形，依向阳山坡建设日光温室生产蝴蝶兰等高档花卉，不但省去后墙降低了建设成本，而且增强了保温效果。加之夏季的冷凉气候，较平原区减少能耗13%，使运行成本显著下降，平均每株蝴蝶兰能耗成本降低1元以上；同时，还有显著的环境效益，每栋日光温室少排放二氧化碳6.7吨/年。

又如，北京顺义鲜花港园区，22万平方米建筑设施的供热与制冷，采用地源热泵、水源热泵、深层地热水梯级利用、燃气锅炉辅助调峰等集成技术，与常规能源相比，每年可少排二氧化碳42万吨、一氧化碳488吨、碳氢化合物9.7吨、氮氧化合物77.8吨、二氧化硫359吨和粉尘215吨，生态效益极其显著；但是，其造价十分高昂，平均每平方米超过千元。所以，尽管此项工程的科技含量甚高，生态效益十分显著；但囿于经济可行性，大面积生产上目前尚难以推广应用。

（六）编制评价指标体系，衡量进程

对给定地域农业现代化建设进行考量，最终是评估其结果——产出是否达到世界先进水平，以及与世界先进水平的差距。

衡量产出水平的先进性，一是看产品种类是否丰富，除去物质产品和生态产品之外，有无非物质的文化产品。二是看产品质量，即产品的安全性（无公害级、绿色食品A/AA级、有机食品级）、品质（商品品质、营养品质与加工品质）、档次，以及科技含量与文化内涵。三是看生产效率，包括土地产出率、劳动生产率和资源利用率/转化率。因而，建设现代农业是一个多目标决策的复杂系统工程，在建设过程中的策划与实施，需要对各项举措和进程进行科学、准确的评价、诊断，并找出下一时段的建设重点和难点。为此，应编制本地的农业现代化评价指标体系。以北京都市型现代农业评价指标体系为例，编制时应遵守以下原则：

（1）前瞻性与指导性——要体现都市型现代农业的基本特征，突出主导产业（科技密集的种业，知识、文化密集的休闲农业，信息、技术、资本密集的设施农业，实施清洁生产的畜禽养殖业）。

（2）科学性——主要体现在目标值和权重的确定。

①目标值。可分为现代农业的共有指标和特有指标两类。共有指标的目

标值，采用世界先进或较先进国家农业的动态发展水平；特有指标，是指具有北京农业的特色。其目标值应是实现整体现代化时所应达到的最低水平。

②权重。为尽可能减少主观因素的影响，可采用德尔菲法。

(3) 扩展性——适度向第二、第三产业延伸。

(4) 地域性——既要突出北京特色（地域性），又要兼顾各郊区县之间通用。

(5) 时效性——反映当前的时代特征。

(6) 可达性——世界现代农业的发展水平，可细分为领先、先进、平均、初级四个阶段。从时效性出发，指标体系各指标的目标值，应定位在世界现代农业的初级水平。

(7) 实用性与可操作性——指标体系不宜求全、求细，保留核心指标，突出效果，尽可能减少过程性指标。数据采集难度宜小，尽可能采用国家和北京市现行的统计口径。

北京都市型现代农业评价指标体系的详细内容及运用，请见笔者的《农业发展规划编制的方法与案例》（中国农业科学技术出版社，2009）。

最后，需要强调的是，世间万物都是发展变化的，因此，评价指标体系在一段时期之后需要调整，尤其是目标值将适度调高。好的评价指标体系，生命周期应在5年以上，5~10年后进行微调。

实现农业现代化，要靠强大的经济实力和科技、制度、政策、管理、文化五大创新做支撑，因此这是一项长期的战略任务，需要几代人、数十年的努力和拼搏。

农业现代化的过程，可划分若干阶段，如起步阶段、初级阶段、基本实现阶段和全面实现阶段。每隔五年、十年以及每个阶段，都应重新审视我们的总体策划，并适时调整、修正，以达预期目标。

第三章 建设现代农业的短板

——农业劳动生产率

一、农业生产现代化的国内外比较

中国，尤其是北京、上海、天津、广州等大城市，改革开放30多年来，农业现代化建设取得了世界瞩目的成绩。与发达国家的农业相比，差距大幅度缩小。体现在农业生产上，单位土地面积的产出率已居世界先进水平，低于荷兰、日本和韩国，但高于德国、法国和美国，与意大利相当（见表3－1）；农业劳动生产率成倍增长。

表3－1 2008年几个主要发达国家、中国与北京、上海、天津、广州土地产出率

美元/亩

荷兰	日本	韩国	德国	意大利	法国	美国	中国	北京	上海	天津	广州
859	1028	871	161	319	181	66	271	357	465	269	967

注：1. 土地产出率＝第一产业增加值/（耕地＋果园）；

2. 资料来源，见本书“研究方法”内容；

3. 中国和北京等大城市耕地面积的公布数据，2008年以后空缺。从可比性考虑，故不得不选2008年。

然而，我国由于起点低、底子薄，农业劳动生产率尽管快速提高，但2010年的水平依然非常低。与世界领先水平（美国、荷兰等国）相比，按美元计算，中国仅为其1/30；全国领先的上海、广州、北京、天津等大城市，仅及其1/20～1/14，若按购买力平价法计算，也仅为其1/10左右。即使同南非、俄罗斯、巴西等金砖国家相比，仍然有较大差距（见表3－2、表3－3）。

表3－2 主要发达国家、金砖国家的农业劳动生产率及其比值

		年份	人均GDP（万美元，当年价）	GDP中第一产业比重（%）	农业劳动生产率（万美元/人，当年价）	全员劳动生产率（万美元/人，当年价）	比值
发达国家	美国	2010	4.72	1.1	6.23	9.06	0.69
	荷兰	2010	4.69	1.8	6.41	8.97	0.71

续表

		年份	人均 GDP（万美元，当年价）	GDP 中第一产业比重（%）	农业劳动生产率（万美元/人，当年价）	全员劳动生产率（万美元/人，当年价）	比值
发达国家	日本	2009	3. 95	1. 4	4. 69	7. 83	0. 60
	韩国	2010	2. 08	2. 3	1. 83	4. 15	0. 44
	德国	2010	4. 01	0. 8	3. 90	7. 80	0. 50
	意大利	2010	3. 41	1. 7	4. 13	7. 93	0. 52
	法国	2009	4. 05	1. 6	6. 95	9. 30	0. 75
	澳大利亚	2008	4. 74	2. 3	6. 73	9. 88	0. 68
	新西兰	2006	2. 62	5. 2	3. 72	5. 13	0. 73
金砖国家	中国	2010	0. 44	10. 1	0. 21	0. 78	0. 28
	俄罗斯	2010	1. 05	3. 5	0. 94	2. 13	0. 44
	巴西	2009	0. 84	4. 9	0. 55	1. 80	0. 31
	南非	2010	0. 73	2. 2	1. 36	2. 77	0. 49

注：1. 农业劳动生产率＝第一产业增加值/第一产业从业人数；

2. 全员劳动生产率＝国内生产总值（GDP）/总就业人数；

3. 比值＝农业劳动生产率/全员劳动生产率；

资料来源，见本书“研究方法”内容。

表 3－3 国内几个大城市、新加坡及国内中部农业大省与西部偏远省区农业劳动生产率及其比值

		年份	人均 GDP（万美元，当年价）	GDP 中第一产业比重（%）	农业劳动生产率（美元/人，当年价）	全员劳动生产率（美元/人，当年价）	比值
国内大城市	北京	2010	1. 12	0. 9	2993	20210	0. 15
	上海	2010	1. 12	0. 7	4546	23248	0. 20
	天津	2010	1. 08	1. 6	2912	18700	0. 16
	广州	2010	1. 29	1. 8	3548	20121	0. 18
	香港	2008	3. 09	0. 4	13228	61201	0. 22
新加坡		2005	2. 90	0. 1	27000	74989	0. 36
中部省份	黑龙江	2010	0. 40	12. 6	2483	8786	0. 28
	河南	2010	0. 36	14. 1	1775	5646	0. 31
西部偏远省区	青海	2010	0. 36	10. 0	1620	6785	90. 24
	贵州	2010	0. 19	13. 6	775	2830	0. 27
	西藏	2010	0. 25	13. 5	1092	4284	0. 25
	新疆	2010	0. 37	19. 8	3637	9421	0. 38

资料来源，见本书“研究方法”内容。

显然，我国农业同世界水平相比，生产现代化的差距主要体现在劳动生产率上。这是我国建设现代农业最短的“短板”。

二、农业/全员劳动生产率比值

（一）提出的背景

农业现代化是国家现代化的重要组成之一。一、二、三产业之间密切关联，三者的现代化同步推进，是理想或追求。实际工作中，发展速度会有快有慢，进程有先有后；但是，不应孤军深入或长期滞后。在一段时期里，农业现代化可能会滞后于二、三产业的现代化，但差距不能过大。科学、准确地评价农业现代化的进程，不能只局限在农业的自身现代化建设。需要跳出农业，在更高层次上研究、观察农业。按此推理，研究农业劳动生产率，不仅仅需要关注农业的生产装备、劳动者素质、组织化、经营规模、产业化、服务体系、制度设计等因素，也需要同以制造业和服务业为代表的二、三产业的劳动生产率进行比较。即，将农业现代化与二、三产业现代化进行比较，是领先、同步，还是滞后，并得出量化的结论。

（二）概念与内涵

劳动生产率是我国农业现代化的短板、瓶颈。从系统性、整体性和协调性出发，应将农业劳动生产率同国民经济的平均水平——全员劳动生产率相比较。高于或处于平均水平，还是低于平均水平；若低，低多少。这种比较，可以从整体角度研究农业现代化以及一、二、三产业在质量上的协调性。为此，研究者提出农业/全员劳动生产率比值（以下简称“比值”）这一指标。其定义——给定地域的农业劳动生产率，与该地域同年国内/地区生产总值的全员劳动生产率之比。

这个比值如果等于1，说明该地区农业劳动生产率在全员劳动生产率中居平均水平。有个误区，认为该地区此刻为纯农业，没有二、三产业。这在实际上是不可能的。因为在商品经济中，只要有人类活动，必然会有制造业（至少农业劳动工具和农村生活用品的制造），也必然会有服务业（至少有商品交易）。

比值大于1，可能是该地域的二、三产业的现代化程度不及农业。

绝大多数情况下，该比值小于1。从而，它可以反映出研究对象农业现代化与制造业、服务业现代化的差距。比值越大，说明差距越小；反之，比值越小，差距越大。

这个比值，还有延伸意义。在一定程度上，可以反映：

（1）该地区一、二、三产业发展的协调程度。比值越大，说明三次产业发展越协调；越小，失调程度越大。

（2）该地区的社会和谐水平。城乡居民收入差别的大小，同劳动生产率密切相关。比值越大，收入差别可能越小，社会越和谐；越小，收入差别可能越大，社会不稳定因素越严重。

（3）衡量一个城市的城乡一体化水平。比值越大，反映出城乡统筹水平越高；越小，则城乡差别越大。

（三）研究对象与方法

1. 研究对象的选择

在国际上，本研究选择了与我国人均耕地资源相仿的发达国家——荷兰、日本和韩国（人均耕地不足 1 亩），以及德国和意大利（人均耕地约 2 亩）；农业先进的发达国家——美国、法国、澳大利亚和新西兰；金砖国家——俄罗斯、南非和巴西，由于印度的数据极不完整，故未选取；大城市中，从资料的获得性上，选取了新加坡。

在国内，选取农业现代化居领先或先进水平的北京、上海、天津、广州和香港；同时，也将中部的农业大省——黑龙江和河南，经济欠发达的西部偏远省区——新疆、青海、贵州和西藏列入研究对象。

2. 研究方法

比值的数学表达式：P——比值；D_1——一产增加值，D——GDP 或地区国内生产总值；L_1——一产就业人数，L——就业总人数。

$$P=\frac{\frac{D_1}{L_1}}{\frac{D}{L}} \quad 或 \quad \frac{\frac{D_1}{D}}{\frac{L_1}{L}}$$

采用动态比较与静态比较相结合的方法。动态比较，分别对每个国家、地区、城市分析近 30 年（1980—2010 年）的变化历程。每 5 年为一个时期，即 1980 年、1985 年、1990 年、1995 年、2000 年、2005 年、2010 年 7 个阶段。静态比较，在上述时段在国家、地区、城市之间进行横向比较、分析，但侧重在 2010 年。

以往的同类研究中，采用比较劳动生产率——一个部门的产值比重同此部门就业的劳动力比重的比率。分析农业时，从经济的二元结构出发，比较农业与非农劳动生产率的比值，数学表达式为：

$$B=\frac{\frac{D_1}{L_1}}{\frac{(D-D_1)}{(L-L_1)}}\text{或}\quad\frac{\frac{D_1}{D-D_1}}{\frac{L_1}{L-L_1}}$$

此方法在国民经济中，选取其组成的农业与非农两个单元（子系统）之间进行比较，研究二者之间的差距，并没有从整体上衡量与分析。

本项研究中，曾用比较劳动生产率方法对上述研究对象做了静态和动态的分析。比值与比较劳动生产率的这两种方法，计算结果有一定差异。这个差异同农业劳动力在就业总人口中的比重有密切关系，基本上呈正相关。即，一产就业比重越小，二者的差异也越小；逆则反之。当就业比重<6%时，差值不超过0.01；当就业比重为7%～11%时，差值为0.02；当就业比重为16%左右时，差值为0.04；当就业比重为36%～42%时，为0.09；当就业比重>44%时，差值为0.10～0.15。

具体到上述研究对象，2010年发达国家和国内5个大城市，两种方法的计算结果之差为0～0.01；俄罗斯、南非和巴西等金砖国家，差值增大到0.01～0.04；中国及国内的黑龙江、河南两个农业大省，差值进一步加大至0.09左右；4个西部偏远省区，差值最大，为0.09～0.15。近30年的动态变化，曲线升降的趋势二者大体一致；仅国内中部与西部的个别省区，略有出入。

基于上述，本研究从系统的整体角度进行观察、分析，故而未采用比较劳动生产率方法。

3. 数据来源

（1）美国、荷兰、日本、韩国、法国、德国、意大利、澳大利亚、新西兰、俄罗斯、巴西、南非、新加坡、中国香港的农业数据来源于联合国粮农组织的统计数据。其他数据来源于世界银行的世界发展指标的统计数据。

（2）中国的数据为保持同上述国家和地区一致性，尽可能采用上述来源。

（3）北京农业数据来源于《北京农村统计资料——京郊改革开放30年(1978—2008)》，北京市统计局内部资料；其他数据来源于《北京市统计年鉴》。

（4）上海、天津、广州的数据分别来源于《上海市统计年鉴》、《天津市统计年鉴》、《广州市统计年鉴》；黑龙江、河南、新疆、青海、贵州、西藏的数据，分别来自各省区的统计年鉴。

（5）国际劳工统计年鉴。

（四）比较、分析的结果

1. 静态（2010 年）比较、分析结果

为醒目起见，依据表3－2、表3－3绘制了10个发达国家、4个金砖国家和国内5个大城市、2个中部省份、4个西部偏远省区的2010年该比值比较图（如图3－1所示）。

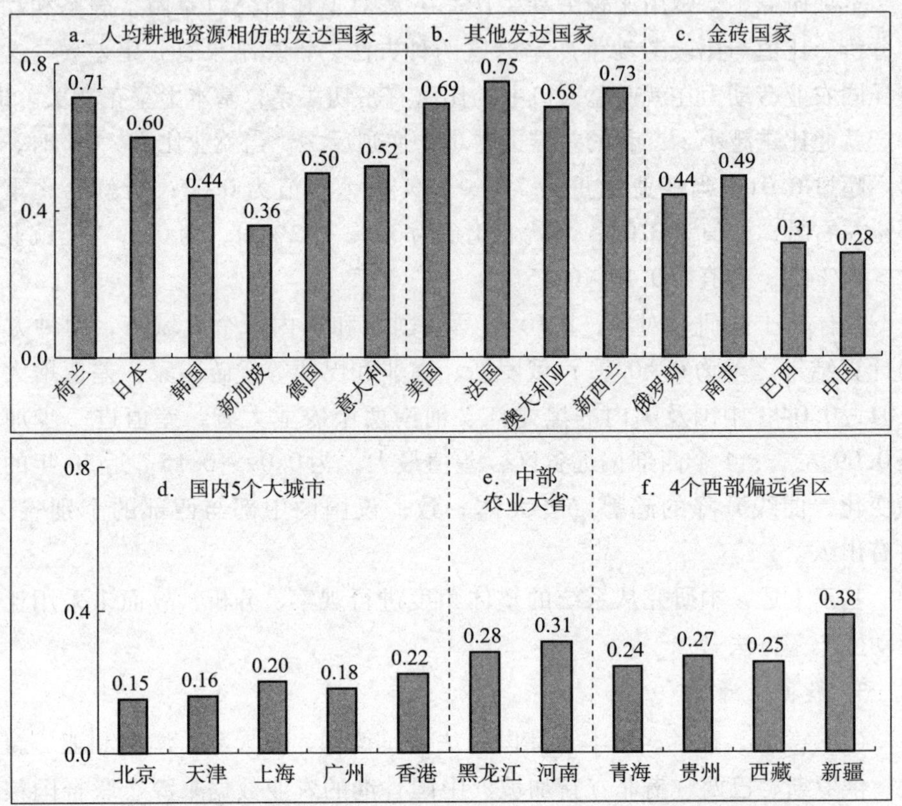

图3－1 2010年有关国家、地区、城市农业/全员劳动生产率比值比较图

注：日本、法国、巴西为2009年，澳大利亚为2008年，新西兰为2006年，新加坡为2005年。

从上述图表中，比较、分析的结果如下。

（1）除韩国、新加坡以外的其他8个发达国家，它们的农业劳动生产率均超过或接近4万美元，其比值不低于0.50，即，其农业劳动生产率都很高，且不低于第二、第三产业劳动生产率的一半。其中，人均GDP超过4万美元的国家，农业劳动生产率世界领先，大多超过6万美元，其比值最高，达

0.70 左右，如美国、荷兰、法国、澳大利亚，即，此 4 国农业劳动生产率为全员劳动生产率的 70% 左右。体现出它们的农业劳动生产率与二、三产业的劳动生产率较为接近，差距小；在一定程度上反映出，发达国家一、二、三产业之间的发展较为均衡、协调。

（2）金砖国家的农业劳动生产率远低于发达国家，其比值也都小于发达国家，在 0.50 以下。其中，南非最高，俄罗斯稍次，中国最低，仅为此二国的 60% 左右。反映出金砖国家农业劳动生产率与二、三产业劳动生产率的差距大于发达国家，且一、二、三产业之间的协调程度不如发达国家。

（3）国内北京、上海、天津、广州 4 个大城市的农业劳动生产率十分低，均不及金砖国家中最低的巴西（中国除外），为新加坡 5 年前（2005 年）水平的 1/7 左右；而且四大城市的比值均未超过 0.20，约为新加坡 2005 年的一半，其中北京最低，仅 0.15。香港的农业劳动生产率虽较内陆这 4 个大城市高出许多，但远低于新加坡。说明这 5 个农业现代化在国内领先的城市，农业劳动生产率远低于其二、三产业劳动生产率；或者说，农业现代化远远滞后其制造业、服务业的现代化，一、二、三产业之间发展失衡，其中北京最为严重。在一定程度上，反映出城乡差距依然很大，一体化统筹发展任重道远。

（4）黑龙江、河南这两个中部地区的农业大省，人均 GDP 接近全国平均水平，该比值等于或略高于全国平均水平。说明它们农业现代化与自身二、三产业现代化的差距，也与全国平均水平相当。这同其农业劳动生产率居全国平均水平有关。

（5）国内 4 个西部偏远省区——青海、贵州、西藏和新疆，人均 GDP 显著低于全国平均水平，经济欠发达。其比值却不像人们感觉中的那么大，除新疆外大都在 0.30 以下，甚至不及全国平均水平（0.28）。原因是，它们的农业劳动生产率非常低，约为京、津、沪、广州的 1/3。在国内研究对象中，新疆的比值最高（0.38），原因是其农业劳动生产率很高，仅次于香港和上海。

2. 动态（1980—2010 年）比较、分析结果

对人均耕地资源相仿的发达国家——荷兰、日本、韩国、德国和意大利，几个其他主要发达国家——美国、法国、澳大利亚和新西兰，金砖国家——俄罗斯、南非、巴西和中国，以及国内四个大城市——北京、上海、天津和广州，中部地区的两个农业大省——黑龙江和河南，西部偏远的四个省区——青海、贵州、新疆和西藏，分别绘制了自 1980 年至 2010 年每 5 年一个时段的该比值动态变化图（如图 3－2 所示）。以色列、印度、新加坡、中国

台湾和中国香港，因数据严重不足，故未纳入。

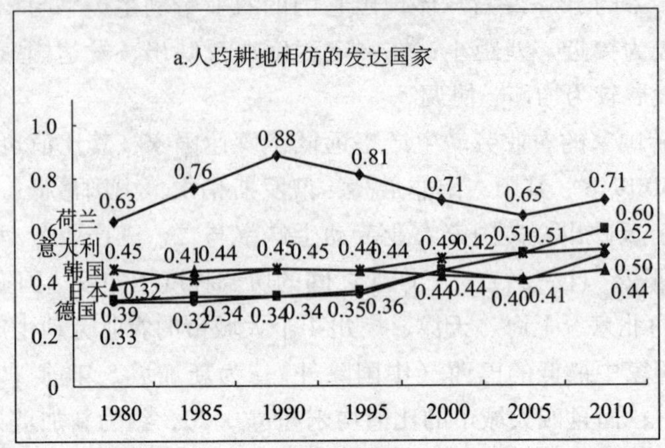

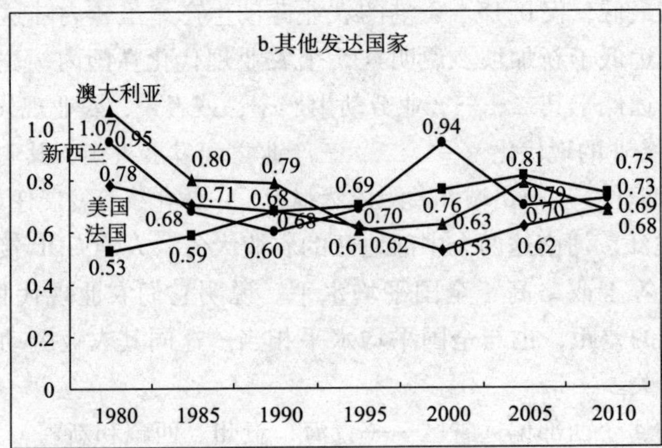

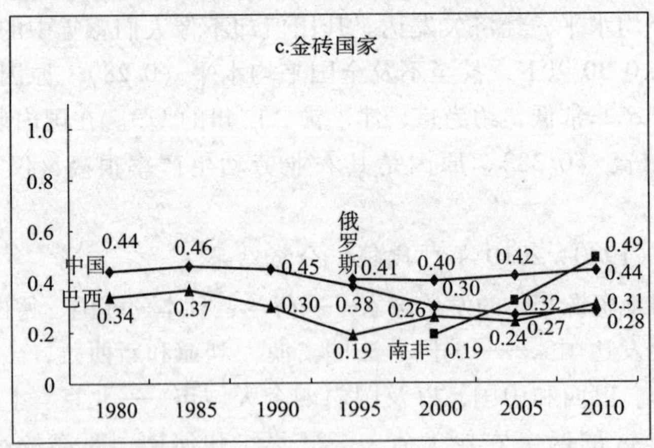

图 3 - 2　1980—2010 年有关国家、地区、城市农业/全员劳动生产率比值变化比较图

注：日本、法国 2010 年数据实为 2009 年，新西兰 2010 年数据实为 2006 年。

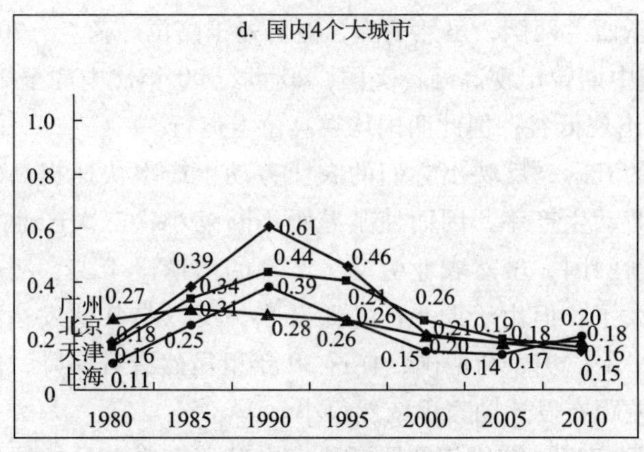

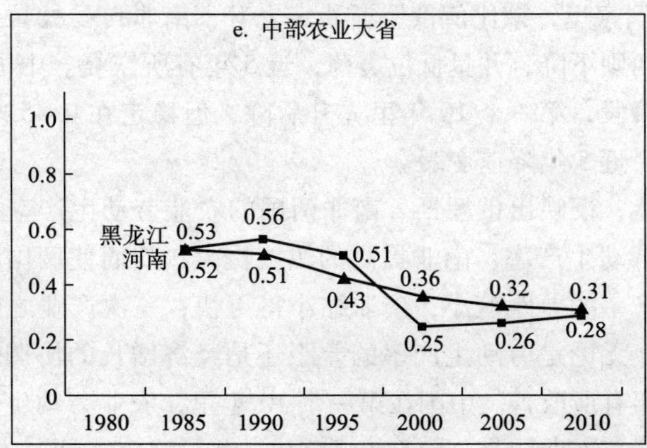

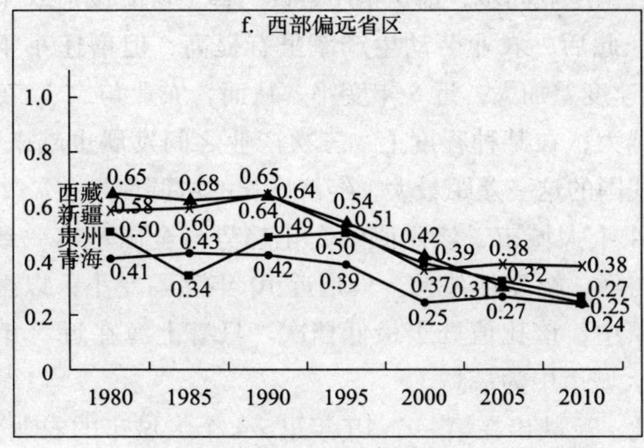

图 3－2（续）

从图 3－2 中，可知：

（1）发达国家里，该比值总体上升的国家有韩、意、日、德、法五国；其中，韩、意两国稳定缓升，日、德、法三国上升较快。总体上下降的国家，有澳大利亚和新西兰两国；虽然下降，但仍处于高位。荷兰，20世纪80年代中期至90年代中期曾出现高峰；美国，20世纪90年代中期至21世纪第一个10年的中期曾出现低谷；但此两国均在高位上运行。

比值上升的五国，反映出它们的农业劳动生产率快速提高，增速快于其二、三产业的劳动生产率，因而使其差距不断缩小，三次产业之间发展得愈加协调。澳、新两国，虽然农业劳动生产率的增速慢于二、三产业，自身相比差距虽然拉大了；但由于原来的差距甚小，所以与其他发达国家相比，依然处于同一水平上。美、荷两国，在这30年里虽然有升有降，但三次产业之间劳动生产率差距在发达国家里依然很小。

（2）金砖国家里，该比值俄罗斯稳定上升，南非自曼德拉执政以后持续快速上升；巴西则下降，并呈低位震荡，近5年有所恢复。中国在此30年里可划分成三个阶段，第一个10年里先升后降，但稳定在0.45左右；此后15年里快速下降，近5年降速变缓。

比值的变化，反映出俄罗斯、南非两国的农业劳动生产率提高速度快于二、三产业的劳动生产率，南非提高的幅度更大；从而使两国农业与二、三产业的劳动生产率的差距变小，南非缩小得更快；三次产业之间呈协调发展的趋势。巴西，无论是劳动生产率的差距还是经济增长的协调性，均处于动荡之中，近5年有所改善。中国在第一个10年里，农业劳动生产率的提高速度基本上与二、三产业同步，前5年还略快一些，这应该是20世纪80年代农村改革的成果。此后，农业劳动生产率虽有提高，但增速小于二、三产业，且中间15年的速度差加大，近5年变小。从而，农业与二、三产业劳动生产率的差距越来越大；在某种程度上，三次产业之间发展也越来越不协调。在金砖国家里，我国的这一差距最大，经济增长的协调性最差。

（3）国内4个大城市，该比值的变化趋势与全国基本一致；其中，京、津、沪无论升与降，幅度都甚大，只是近10年降幅变小；以至于在2010年的全部研究对象中，该比值处于最低档次。只有上海在近5年里有所抬升，2010年在4个大城市中为最高。

比值的变化，反映出在第一个10年里，4个大城市的农业劳动生产率提高得很快，且增速显著快于二、三产业，尤其是北京、天津和上海，可以说农业生产现代化成效显著。但此后20年里，农业劳动生产率虽仍然提高，但增速持续、显著慢于二、三产业；反映出劳动生产率的差距急剧加大，其中北京最为突出。据统计资料计算，2010年北京农业劳动生产率为2.3万元/劳，而二、三产业的平均劳动生产率为14.4万元/劳（其中二产为16.7万元

/劳、三产为13.8万元/劳），相差7倍左右；虽然北京市一直重视“三农”，但面对数据应该有勇气承认，当前北京农业现代化远远滞后于自身制造业、服务业的现代化。

（4）国内中部2个农业大省，变化趋势总体上同全国一致，均下降。其中，河南省持续下降；黑龙江省第一个10年比值上升，第二个10年急剧下降，第三个10年略有回升。最终（2010年），两省均在0.30左右。

（5）国内4个西部偏远省区，该比值的变化趋势，总体上同全国一致，均下降；其中，西藏降幅最大。

中西部这6个省区的比值变化，反映出它们的农业劳动生产率虽在提高，增速却明显慢于二、三产业的劳动生产率，使劳动生产率的差距迅速加大。当然，从另一个角度看，他们的二、三产业发展速度，大幅度超过农业。

6省（区）的比值较4个大城市高，说明其经济增长的协调性较强。但是，所谓协调，是有层次性的；即，有低水平下的协调，也有高水平下的不协调。不过此6个省区的这种协调，属于经济发展低水平下的协调。

（五）该比值的意义与特点

1. 农业/全员劳动生产率比值的作用

（1）它可用于评价、度量农业同制造业、服务业在现代化上的差距。该比值越大，说明差距越小；逆则反之。

（2）它可用于判断、评价一、二、三产业之间发展协调、和谐程度。一个国家或地区的经济结构是否合理，分析一、二、三产业的规模是否匹配，是衡量经济发展是否协调、和谐的一个重要尺度；但它们的产业质量相互之间是否平衡，也是不可或缺的指标。该比值可用来判断、评价一、二、三产业在质量方面是否协调、和谐。其值若小，说明农业的产业水平（或科技含量）落后于二、三产业；越小，则落后程度越大。

（3）对于城市，它从一个侧面反映城乡发展的差距或统筹水平。其值越大，表明城乡发展的差距越小；逆则反之。

该比值表达式的另一种形式$\frac{D_1}{D}/\frac{L_1}{L}$，即将第一产业在GDP中的比重与其在就业人口中的比重进行比较，从而衡量农业产出与就业在国民经济发展中的匹配程度。它从另一个角度反映了该比值的意义。

2. 该比值的特点

该比值不同于比较劳动生产率，它不是从农与非农的二元结构出发，而是从整个经济系统的角度出发，将农业与整体平均水平进行比较研究。此外，它还具有以下 6 个特点。

（1）易获得。所需的 GDP、一产增加值和总就业人口、一产从业人数等参数，可直接从统计年鉴或网站查到。

（2）权威性强。所需数据均来自权威性最高的统计年鉴。

（3）可比性强。由于无量纲，便于比较。

（4）通用性强。可用于县级及以上的地域，乃至国内外。

（5）简便。它不必顾及货币汇率，本币即可；也不必考虑不变价，现价即可。

（6）局限性。该比值一般不适用于村级，以及大多数乡镇。该比值与经济发展水平（人均 GDP）、GDP 中一产比重、就业人口中一产比重等项指标，统计学上关系不显著。而农业劳动生产率，虽是该比值的变量之一，却与人均 GDP 呈显著正相关。

此外，它适用于纵向的动态比较。而在进行横向比较时，必须关注经济发展水平或现代化进程；在经济发展水平相当或相同发展阶段下，进行比较方更有意义。因为有高水平下的协调或失调，也有低水平下的协调或失调。

三、农业劳动生产率“双落后”

（一）我国农业劳动生产率大大落后于发达国家

当前中国农业劳动生产率，仅为农业先进的发达国家的 1/40～1/30，为德国、意大利、日本的 1/20 左右，为金砖国家的 1/5 左右。北京农业劳动生产率，依次为它们的 1/25～1/20，1/15 左右，1/3 左右。（见表 3－4）

表 3－4　中国、北京农业劳动生产率的国际比较（2010 年，相差倍数）

	人均耕地资源相近的发达国家					其他发达国家				金砖国家		
	荷兰	日本*	韩国	德国	意大利	美国	法国*	澳大利亚	新西兰**	俄罗斯	南非	巴西
中国	31	26	9	19	20	30	39	32	40	4	6	3
北京	21	17	6	13	14	21	25	22	20	3	5	2

［注］中国、北京分别设定为 1。* 为 2009 年比较，** 为 2006 年比较。

同中国科学院《中国现代化报告（2012）——农业现代化研究》的研究

结论相比，定性上一致，即“中国农业现代化水平低于中国现代化水平”。但相差的倍数分歧较大，他们分析计算的相差倍数过大——“2008 年，农业劳动生产率，日本和法国是中国的 100 多倍，美国和加拿大是中国的 90 多倍，德国、英国、澳大利亚和意大利是中国的 50 多倍”。

（二）我国农业劳动生产率与自身二、三产业相比，也十分落后

农业生产受气候条件约束，季节性很强，种植业尤为突出。农业，尤其是种植业，生产劳作主要集中在生长季节里的部分时段。于是，按常规统计方法计算出的农业劳动生产率，实际上仅仅是一年之中部分时间的劳动生产率。这在同二、三产业的年劳动生产率相比，可比性欠强。为了弥补其不足，研究者根据单位产出的用工量，先计算出其日均劳动效率；然后，按照国内企事业单位的年工作日 250 天计算，得出几个主要产业的年劳动生产率的推算值，再同二、三产业进行比较。详细过程，见本章附件“中国 2008 年部分省市种植业、畜禽业的日均劳动效率及年劳动生产率（推算值）”。比较结果如下。

（1）国内的自身比较

种植业中，苹果、大中城市蔬菜、露地大白菜、大棚西红柿和大棚黄瓜 5 个产业，年劳动生产率（推算值）较高，在 2 万元/人左右；但不足同年第二产业的 30%，约为三产的 40%。粮食作物小麦、玉米两产业更低，分别为 1.58 万元/人、1.39 万元/人；相当于第二产业的 1/5，不足三产的 1/3。

畜禽饲养业的年劳动生产率（推算值）比种植业高。其中，大规模生猪饲养业的年劳动生产率（推算值）最高，为 5.85 万元/人，但仅介于二、三产业年劳动生产率之间；中规模肉猪饲养业的年劳动生产率（推算值）为 3.80 万元/人，相当于同年第二产业劳动生产率的 1/2，三产的 80%；小规模生猪饲养业则更低。大规模肉鸡饲养业不足二产的 1/2，相当于三产的 2/3；中规模也更低。蛋鸡饲养业不足二产的 1/3，只相当于三产的 40%。

（2）北京的自身比较

北京的上述产业的年劳动生产率（推算值）总体上高出全国平均水平。除大规模生猪产业的年劳动生产率（推算值）低于全国水平，其余均高。其中，苹果、大棚黄瓜、大规模蛋鸡高出全国平均水平 40% ~60%；大棚西红柿、中规模生猪高出 80% 多，露地大白菜和大规模肉鸡则高出 1 倍以上。尽管如此，同自身的二、三产业相比，差距依然很大。其中，推算值最高的中规模生猪、大规模肉鸡饲养业虽高达 6 万 ~7 万元/人，但仅及二产的 2/3，三产的 3/4；其余在 2.8 万 ~4.2 万元/人之间，平均为二、三产业的 1/3 左右。

小麦、玉米因缺乏数据，未能比较。

基于上述，农业与二、三产业的劳动生产率的差距十分大。以2008年为例，按常规统计方法计算的年劳动生产率之比，全国一产:二产为1:6，一产:三产为1:4；农业现代化水平较高的北京，依然分别为1:6与1:5。即使按年劳动生产率推算值与二、三产业相比，全国大致为1:2~4与1:2~3，北京大体为1:3。两种算法，后者的差距虽比前者缩小了一半，却依然非常大。

这足以证实，无论全国，还是农业现代化水平较高的大城市，农业现代化显著滞后于自身二、三产业的现代化。

四、当前的不协调、不和谐，恰值我们的工业化、城镇化阶段

根据H. 钱纳里对工业化发展阶段的划分标准（人均GDP 1982年728美元、1456美元、2912美元分别为工业化初、中、高级三个时期的进入标准，5460美元、8736美元分别为发达经济阶段的初、高级阶段进入标准），按物价指数推算后，中国在世纪之交进入工业化初级阶段，2007年前后进入工业化中级阶段；北京发展得快一些，大约在20世纪90年代末进入工业化中级阶段，“十五”中期进入高级阶段。

中国、北京的农业生产率比值下降或急剧下降，恰好处于工业化这段时期。是巧合、规律，抑或调控失当？

为此，笔者选取了意大利和韩国，对它们的工业化发展历程及其相应的农业/全员劳动生产率比值，与中国、北京进行比较（如图3-3所示）。

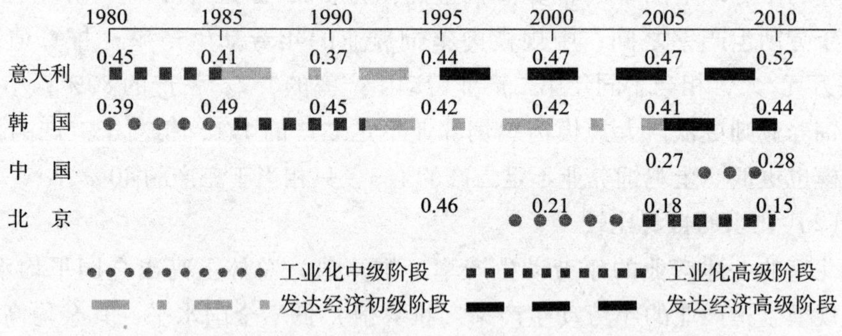

图3-3 意大利、韩国、中国及北京工业化发展阶段及比值

从图3-3中可知，在工业化中级阶段，中国该比值远低于韩国，约为韩国的2/3。与北京相比，韩国无论在工业化中级阶段还是高级阶段，以及意大利的工业化高级阶段，该比值较北京同阶段均高出得更多，相差1~2倍。说

明，同处于工业化快速发展阶段，中国和北京的农业劳动生产率同二、三产业劳动生产率的差距远大于意大利和韩国；或者说，农业现代化比制造业、服务业现代化滞后程度远大于此二国。对此，应该深刻反思我们的政策。

五、“双落后”的原因探析

我国农业劳动生产率既大大落后于发达国家，也远远落后于自身二、三产业的劳动生产率。造成这种双落后的局面，笔者试图从战略和操作两个层面探究其原因。

（一）战略层面的原因

从战略层面探究差距大的原因，笔者赞同中国科学院在上述《报告》中的观点。即，“从某种意义上说，中国农业现代化是‘一条腿’走路，走的是粮食主导型和土地节约型农业现代化之路，政策重点是提高粮食单产和土地产出率，相对忽视农业劳动生产率的提高。”

（二）操作层面的原因

操作层面的原因，主要在农业的投资比重与方向，科技创新，农民教育，工业化与城镇化以及制度滞后等方面。

1. 对农业投资的比重大幅度下降，投资方向失当

（1）政府财政支出中“三农”比重下降

将农业/全员劳动生产率比值中国近30年的变化，与同期中央财政支出“三农”比重变化进行比较（如图3-4所示），可以明显地看出，除去1985年之外，其他年份二者的变化走向竟然惊人的吻合，升、降同步。

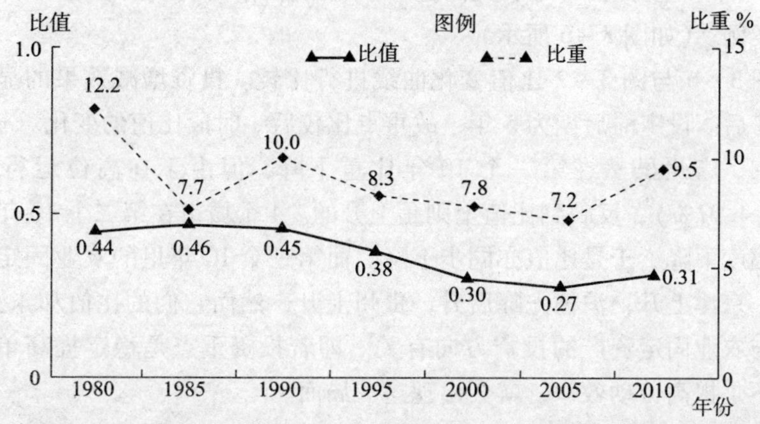

图3-4 中国农业/全员劳动生产率比值、中央财政支出中“三农”比重1980—2010年变化

资料来源：中央财政支出中“三农”比重数据源自《中国农村统计年鉴（2012年）》。

(2) 固定资产投资中农业比重大幅下降

近30年里，全国及绝大多数省、市、区的农业固定资产投入的绝对数额尽管是持续增加的，但在全社会固定资产投资额中的比重却总体下降。研究者在探究这一比值的变化时，对比分析了同期这个比重的变化。

①全国

“六五”至“十一五”期间，全国全社会固定资产投资额中农业的比重一直大幅度下降。30年里，第一个10年比重最大，近20%；第二个10年，大幅度下降了一半，跌至10%左右；第三个10年，又下降了一半，降至3.4%～6%。(如图3－5所示) 对比图3－4，这与该比值的变化趋势又相吻合。

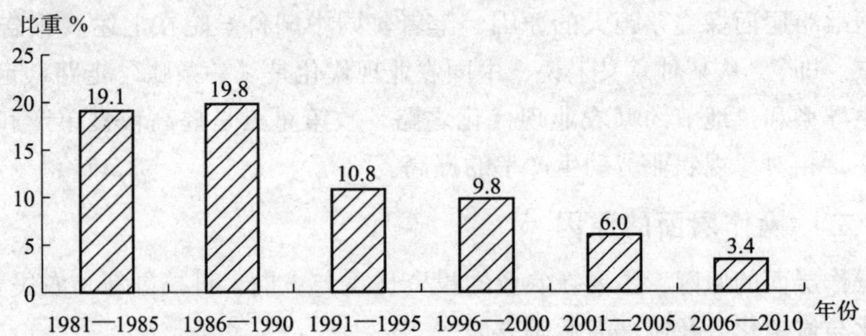

图3－5 “六五”至“十一五”期间全国全社会固定资产投资额中农业比重

资料来源：中央财政支出中“三农”比重数据源自《中国农村统计年鉴 (2012年)》。

②部分省市

由于统计口径的变化，以及数据获得性的制约，本研究以北京与广州两城市近30年、上海近20年、天津近15年以及河南与贵州两省近10年的比重变化为案例。(如图3－6所示)

将图3－6与图3－2比值变化曲线进行比较。投资增减效果的显现，会有一定滞后。设定滞后期为5年，故重点比较后一时段比值的变化。

北京、广州虽然在第一个10年比重下降，但由于在高位运行（比重1.34%～4.97%)，反映到比值上则是上升的。4个城市在第二个10年里，比重均大幅度下降，于是比值亦同步下降。而第三个10年里的农业固定资产投资比重，京津上升，沪穗先降后升，贵州上升，然而它们的比值却未升仍降；这可能与农业固定资产的投资方向有关。即若投资重点是稳定提高单位面积产出而不是提高劳动效率，就会出现这一局面。

这一点，在《北京都市型现代农业基础设施建设及综合开发规划(2009—2012年)》及其实施中，可以得到印证。该规划总投资46.40亿元。

其中，水利工程21.23亿元，农田培肥工程14.57亿元，田园清洁循环工程1.97亿元，农田沟路林渠配套工程8.63亿元。用于与农机有关的秸秆还田（玉米机收）和土壤深松合计1.39亿元，仅占总投资的3%。对于该规划的实施，在2012年底评估、考核时，具有代表性的顺义区，按规划要求投资6.7亿元，而这两部分合计为0.22亿元，仅占3.3%。

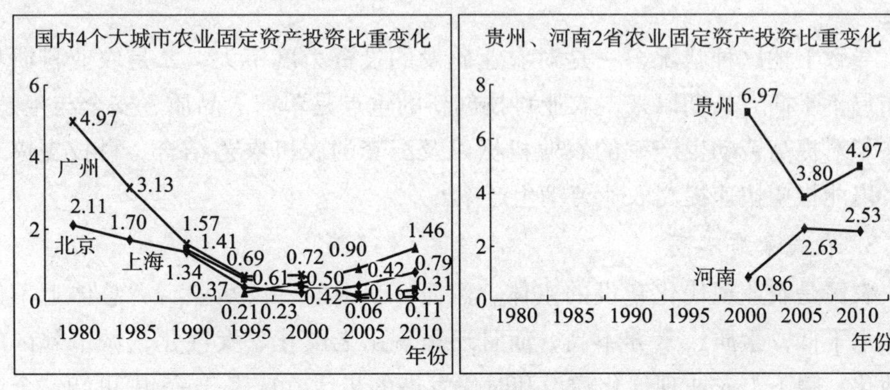

图3-6 4市、2省农业固定资产投资比重近30年的变化

综合上述分析，改革开放30多年来，对农业的投资虽然绝对数量不断增长，但相对的比重却下降；与此同时，农业的投资方向放在持续提高土地产出率，而提高农业劳动效率的份额却十分低。这两个因素的叠加，导致农业劳动生产率提高缓慢，远远滞后于二、三产业劳动生产率的增速。这是该比值下降，即“双落后”的重要原因之一。

2. *科技创新，忽视了农业劳动生产率*

我们在粮食等大田作物生产的全程机械化，畜禽规模饲养，颇有成效，劳动生产率有了很大提高。然而，我国农作物耕种收综合机械化水平2011年仅达到54.8%；在设施农业、果园、蔬菜生产的栽培管理中，基本上仍为手工作业，机械化几近空白。

日光温室、大棚等设施农业，的确在提高土地效益和农民增收上做出了突出贡献。但也要清醒看到，当前它基本上并未提高劳动效率，主要是靠延长农民在一年里的田间劳动时间而实现的。一个普通农户，至多只能管理2栋日光温室。信息化、智能化在设施生产中，由于投资过大、运营成本高，难以推广，只能展示；因而整体而言，当前信息化与智能化对于提高整体劳动生产率并没有多大作用。真正费时的手工作业，如育苗、移栽、嫁接、整枝打杈、采收，以及有机肥施用，并未机械化，更没有技术、经济均可行的能替代手工作业的智能机器人。

对于果园、修剪、整枝、除草、喷药、采收及有机肥施用，也未能像发达国家那样实现机械作业。

对于观光农园一类的休闲农业和乡村旅游，基本上同设施农业一样，也是靠延长农民在一年中的劳动时间而获得的效益，科技含量不高，文化内涵贫乏。

导致上述这种状况，一是对农业研发的投资力度不大，二是农业科研项目布局不平衡。长期以来，农业科技创新的重点是单产、品质、安全与生态，忽略了对提高劳动生产率的农业机械以及配套的农机农艺结合。科技支撑乏力，岂能指望快速提高农业劳动生产率？

3. 农民素质不高

农民是农业现代化建设的主体。然而，我国的一产从业者，总体上不但文化水平低，素质、素养不高，而且还呈现出老龄化、女性化，城市郊区的外地化，跟不上农业现代化建设和时代发展的步伐。从表 3-5 中可知，全国农村劳动力平均受教育年限 2011 年只有 8.3 年；各省市区中，北京最长，也仅 10.6 年。而发达国家，20 多年前最短也在 12 年，长的达到 16 年。农民素质不高，是“双落后”的根本原因。

表 3-5　2011 年中国及部分省市农村劳动力文化程度

	文化程度构成%						人均受教育年限*
	不识字或识字很少	小学程度	初中程度	高中程度	中专程度	大专及大专以上	
全国	5.5	26.5	53.0	9.9	2.5	2.7	8.3
上海	2.3	21.5	50.8	11.1	6.2	8.0	9.3
北京	1.1	6.5	49.4	20.7	9.2	13.0	10.6
浙江	7.2	29.8	44.4	11.6	1.9	5.1	8.2
天津	3.0	16.7	62.9	10.6	3.2	3.6	8.9
江苏	5.7	24.1	53.1	11.2	2.5	3.3	8.4

注：*为推算数（参数设定：小学 6 年，初中 9 年，高中 12 年，中专 13 年，大专及以上 16 年）

上海、北京、浙江、天津、江苏为农民人均年纯收入过万元的地区。

资料来源：《中国农村统计年鉴（2012 年）》

农业技术推广体系改革，实行推广教授和推广研究员，配备科技特派员、“村官”，设立田间学校、远程教育与咨询，科技、文化下乡等措施，收到了一定效果。但只能治标。从根本上解决，要靠大力兴办农民教育事业，全面提升劳动者的素质和素养。

4. 工业化、城镇化与农业现代化脱节

笔者认为，三腿圆凳的稳定性最强。如果其中一条腿短一点，不会对圆凳稳定造成多大影响。但如果短得超过一定限度，圆凳就会倾翻。我们的工业化、城镇化、农业现代化（又称为老“三化”），就类似这种圆凳——社会发展如同凳面，“三化”就如同圆凳的三条腿。其中一化或两化出现“短腿”，就成为社会不稳定因素；仅短一些，不会严重影响社会稳定；但若短得过多，难免会破坏社会安定。现在，不应该再沉醉于我们工业化、城镇化取得的成绩，及时将农业现代化这条短腿接长，恐怕是最后的时机了。

值得警惕的是，工业化、城镇化在取得成绩的同时，自身也还存在不少问题。例如，工业化孤军奋进，只追求自身的利润和世界水平，产能过剩，转型滞后；更未认真考虑如何按中央、国务院部署有效地支持农业，惠及农业。据报道，“目前，我国70%以上的高端农业加工设备和大型农业机械装备依赖进口。且我国大多数农业机械的产品只相当于发达国家20世纪七八十年代的总体发展水平”。

城镇化的问题更为突出，陷入了单纯土地城镇化和居住楼房化的误区。一方面，城镇化未与当地经济建设、产业发展相协调，特别是与农业现代化相协调；另一方面，也忽视了人口城镇化和民生城镇化。只要人类存在，就必须有农业，也就必须有农民、必须有农村；当然，同时也必须有城市。也就是说，城市和农村都是永恒的；提出“消灭农民”“消灭农村”等类似口号，简直是逻辑上的大笑话。因此，城乡差别也是永远存在的。社会进步，城乡一体化消灭的只是城乡之间不合理的差别。假如城乡在景观上的差别也消灭了，人类在地球上消亡的一天也就到来了。

5. 制度滞后

农业劳动生产率低，表象上是农户小生产面对农产品大市场，经营规模小。于是，提出发展农民合作组织、家庭农场以及“龙头企业 + 合作社 + 农户”等模式；为此，同时推出土地流转政策。这些统统是治标不治本。在农民的组织化上，实际工作中只强调发展了多少个合作社，农户入社率达到多少；发展了多少个农民协会等。据北京市农研中心经管站统计资料，2012 年底全市共有各类农民合作社 5179 个，平均每个行政村 1.3 个合作社；然而，竟有 72% 的合作社当年无收入。农民组织化的过程中，追求的只是数字和形式，却不注重实效——农民通过合作组织出售农产品的数量占农产品总产出量的份额到底有多高？政府把多少职能转移到农民协会？决策时，农民协会有多大话语权？

在土地流转中，农民的真实心态是什么？土地流转十年、二十年后，政策会不会变？农民工进城如果没有享受到市民待遇，凭什么指望农民会放弃土地使用权？农村集体会自愿放弃土地所有权？

20 世纪 60—90 年代，英、法、美等发达国家先后多次立法明确规定了农民培训的地位、内容、对象、资金投入和质量保障，以及相关政府部门、培训机构和农民个人的责任与义务，有力地推动了农民职业培训的规范化、制度化。其中，最为突出的是经费保障，规定农民带“薪”培训，原工资由政府基金或培训组织机构承担，不用企业或农场主支付。而我们这方面却是完全空白，真令社会主义国家汗颜。

最后，我国当前农产品价格与价值背离，工农产品剪刀差依然存在。这也是影响农业/全员劳动生产率比值的一个因素。影响程度有多大，是尚待进一步研究的课题。

六、提高农业劳动生产率的路径选择

综合前面“双落后”的评价与分析，可以判断今后农业现代化的重点，是大幅度提高农业劳动生产率，促使经济协调发展，保障社会稳定。

农业经济的简单增长，提高农业劳动生产率，不一定能改变农业劳动生产率的比值。只有农业劳动生产率大幅度提高，其增幅超过制造业、服务业劳动生产率的增速，方能做到这一点；从而，使经济协调、健康发展，社会稳定、和谐。

我国的农业现代化建设，要从战略上转变观念，变“一条腿”为“两条腿”走路。在坚持集约利用稀缺的土地资源，不断提高土地产出率的同时，大幅度增加投入，真正把农业劳动生产率这条“短腿”变长、变粗、变得有力。即把今后的建设重点转移到大幅度提高农业劳动生产率。

世界经合组织的九位经济学家，提出全球经济在至 2060 年左右面临长期促进增长的主要挑战中，有五个方面的决定因素，其中之一便是劳动生产率。“资本越集中，劳动生产率就越是增长的动力。……（劳动）效率的提高将成为经济增长的主要动力。”（参考消息，2012 年 11 月 18 日）。党的十八大提出，我国在新中国成立 100 周年将成为社会主义现代化国家。这就必须大力提高劳动效率，尤其是农业劳动生产率。这也是我国农业现代化的新趋势、大趋势。

提高农业劳动生产率的路径，关于土地流转、规模经营以及农民的组织化，这两条路径，当前正在热议，并渐成为常识，故不赘述。笔者认为还有投资的力度与方向、科技创新、农民教育和“新四化”四条路径。

（一）大幅度提高对农业的投资力度，调整投资方向

在农业劳动生产率“双落后”的操作层面原因探析中，将“对农业投资的比重大幅度下降，投资方向失当”列为首选。为此，提高农业劳动生产率的路径选择中，首当其冲的是要大幅度提高对农业的投资力度，并调整方向。

1. 大幅度提高各级政府财政支出中的“三农”比重

据《中国农村统计年鉴（2012年）》“表5－1 国家财政用于农业的支出”中可知，中央财政用于“三农”的支出比重，1999年起至2011年一直低于10%；其中2007年起渐增，但直至2011年也仅9.6%。然而，历史上自1952年起，该比重超过12%的年份计有4年，即1962年、1975年、1978年和1980年；其中，1978年最高，达到13.4%。

从图3－4中可知，农业劳动生产率与中央财政支出中“三农”的比重密切相关。从大幅度提高农业劳动生产率加速农业现代化的需求衡量，这一比重未来数年似应不低于13%。

2. 调动农民和全社会的积极性，加大对农业固定资产的投资力度

表3－6 2011年中国及部分省市区农村、农业固定资产投资情况

	投资额（亿元）			投资比重（%）		投资力度（元/亩）		
	农村固定资产	农业固定资产	生产设备	农业/农村	设备/农业	耕地面积*（万亩）	农业	生产设备
全国	9089.1	1938.6	1044.8	21.3	53.9	18.26万	106.2	57.2
北京	59.1	6.5	0.9	11	13.8	347.6	187	25.9
天津	27	8.3	0.9	30.7	10.8	661.7	125.4	13.6
上海	2.1	0.1	0.1	4.8	100	366	2.7	2.7
黑龙江	317.5	207.7	120.2	65.4	57.9	1.77万	117.3	67.9
河南	834.6	79.9	83.9	9.6	105	1.19万	67.1	70.5
贵州	209.5	34	19.6	16.2	57.6	6728	50.5	29.1
青海	69.7	7.1	3.7	10.2	52.1	814.5	87.2	45.4
西藏	0	0	0	0	0	542.4	0	0
新疆	187.2	70.1	61.8	37.4	88.2	6186.9	113.3	99.9

注：*为2008年数据。

资料来源：《中国农村统计年鉴（2012年）》。

从表3－6可知，2011年全国全社会固定资产投资额中，农村仅占2.9%（9089.1亿元）；农村固定资产投资额中，农业约占1/5（1938.6亿元）；农业当中，用于与劳动效率关系密切的生产设备投资占一半略多（1044.8亿元），按耕地面积平均仅57.2元/亩。

京、津、沪、黑、豫、贵、青、藏、新9个省市区的生产设备投资力度，超过全国平均水平的只有新疆、河南和黑龙江三省区；新疆投资力度最大（99.9元/亩），几乎高出全国平均水平的1倍，但仍未达到100元/亩。据此推测，新疆“十一五”期间的生产设备投资力度可能亦较大，从而也就不难解释为什么新疆2010年农业劳动生产率在所研究的国内对象中仅低于上海；同时，农业/全员劳动生产率比值在研究对象国内11个省市区中最大，比全国平均水平高出1/3多，甚至比第二名（河南）高1/5多。

综上所述，在未来数年我国在农业固定总投资中，用于生产设备的投资力度似应不低于100元/亩/年，即绝对额宜在1800亿～1900亿元，较2011年增加80%左右。

3. 对农业的投资应向提高劳动生产率倾斜，并作为重点之一

在大幅度加大对农业投资力度时，也要调整投资方向。除了在提高单产、改善品质、确保安全、环境友好等方面继续加大投资的同时，投资增量中应将提高劳动效率作为重中之重。它主要包括土地流转与土地整理、大田与园艺的智能机械、信息技术及其产品、农机农艺结合等。

（二）大幅度加大对农业科技创新的投入，调整项目布局

大幅度加大对农业科技投入，研发重点不应只是单产、品质、安全，还应增加提高劳动效率，而且还是重中之重。

实现全面、全过程机械化，其田间机具的研发，不宜照搬荷兰、以色列以及欧美等发达国家的做法。一要大力培育我们的原始创新能力，从根本上扭转“在绝大部分领域很少拥有自己的关键技术”的现状；二要根据中国国情，应具有小、巧、灵、精、准、傻（智能化）、廉等特点。与此同时，还不能只依赖相关作业机具的研发和使用，需要有诸多科技成果与之匹配，真正实现农机农艺结合。如，品种选育，必须在高产、优质、抗性、耐贮以及加工为育种目标的基础上，增加适合机械作业的品种选育。此外，还需要在种植方式（株行距、平作/垄作等）、树型选择等栽培管理技术、数字信息技术等方面加以配套。

（三）大力兴办农民教育事业，全面提升劳动者素质和素养

首先，政府的职能在由管理型向服务型转变中，在农民教育上要转变理念——变教育农民为农民教育。两种提法，“教育”“农民”位置上的不同，却有本质差别。“教育农民”，是居高临下的指导、启发。对我们以往采取的举措进行反思，或多或少地总能品出恩赐、施舍之味。而“农民教育”，却是一项具有很强公益性质的事业；因此，政府是主体。

兴办这项事业，应有以下四个转变。

- 由单纯的技术、技能培训，转变成全面素质教育。即，由目前单纯的技术培训、转岗技能培训，延伸到科技知识、人文知识、经营理念与知识、艺术和身心健康等领域，全面提升农民的素质、素养和经营、操作能力。
- 由几天、几周的短期培训，延伸至终生教育。
- 由田间学校，转变成农民成人学校。
- 由低学费、免费，转变为提供误工补贴。即，非但不向受教育的农民收取任何费用，反而向入学农民提供一定补贴，并根据学习成绩发放奖学金。而且，补贴、奖学金发放的总力度，应相当于当地农民务工收入的平均水平。这方面应当认真借鉴发达国家20世纪后半期的做法与经验。美、英、法等发达国家早在20世纪60年代起，便以立法形式确定和保障对农民的职业教育与培训。教育培训经费多元化、稳定化，但均以政府资金投入为主渠道；其中，英国政府财政投入占70%，德国农民教育经费占国家教育投资的15.3%。尤其要强调，各国还从法律上规定，农民带“薪”培训。即，农民参加培训不但免费，而且还发给培训期间的工资和津贴，此笔费用由专门机构或基金承担，不由农场主支付。培训之后，政府成立专门的职业资格考试委员会对学员进行考试，通过后发给资格证书，并规定有一定的淘汰率，英国一般约20%。资格证书分若干系列、种类和等级，农民凭证从事相应的岗位。我们应根据中国国情进行政策创新，并以立法形式制度化。

（四）城镇化、工业化、信息化的成效，必须反映到“三农”

针对城镇化、工业化、信息化和农业劳动生产率的关系，笔者提出了它们的系统动力学反馈环（如图3－7所示）。

正是由于城乡差别，才吸引农民进城；差别越大，吸引力越强，进城的农民工越多（＋）。换言之，城乡差别是城镇化的原动力。城镇化程度越高，农村中的农民越少，从事一产的劳动力也越少（－）。总产出不变时，一产从

业人数越少，劳动生产率便越高（-）。农业劳动生产率越高，农民的收入也越多（+）。农民收入越多、增幅越大，与城市居民收入的差距就越小（-）。城乡差距越小，城镇对农民的吸引力便越小，城镇化便会减慢（+）。于是，就形成了整体上的负反馈环。它能自我调节，运行一段时间，到一定程度时，便会达到平衡，稳定下来。于是，城镇化便减速及至停滞。

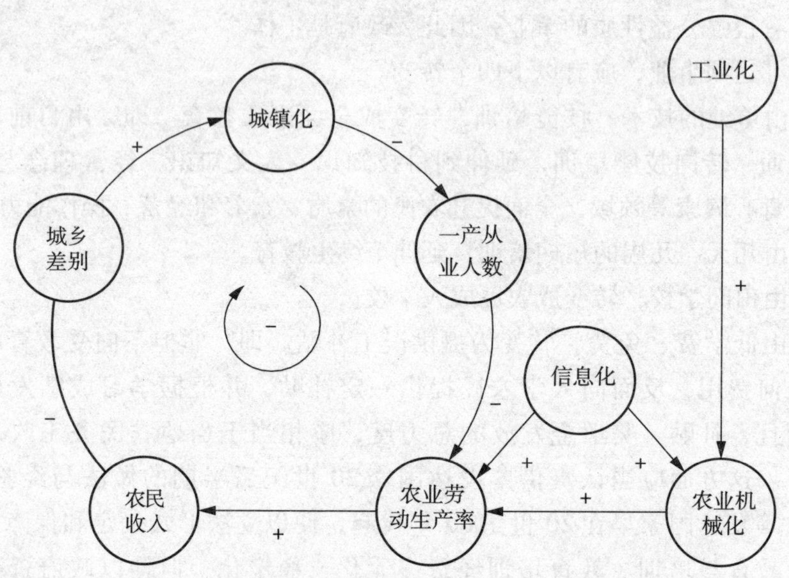

图3-7　城镇化、工业化、信息化和农业劳动生产率的系统动力学反馈环

想要打破这个平衡，使系统的层次不断提升，必须有外部因子参与。这个外部因子，就是农业广泛地使用机械、工程和信息技术提高劳动效率。于是，农业若要全面、全过程机械化，必须有工业和信息工程技术的强力支持。

本章“双落后”的原因探析之“4”，对工业化、城镇化和农业现代化之间，以及三化同社会发展之间的关系，以三腿圆凳为例进行了表述。党的十八大提出我国未来发展要新型工业化、城镇化、信息化和农业现代化，并且同步推进。这就如在圆凳的三条腿之间增加了一个掌，通过掌的有序、有机联结，使圆凳整体更加牢固、稳定（如图3-8所示）。信息化便类似这个掌的作用。它不但使“三化”快速、健康发展，而且使之提质升级；同时，又将其他三化有机、紧密联结成整体，推动社会的和谐、科学发展。

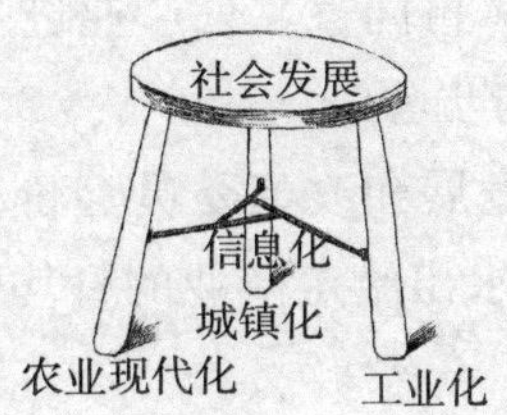

图 3－8　有榫的三腿圆凳

通过上述分析可知，城镇化、新型工业化和信息化必须提高农业劳动生产率，从而推进农业的现代化。

四化同步推进，就要求已然滞后的农业现代化必须加快步伐，加速追赶，跟上时代的要求。这不但急不可待，而且责任重大。然而，当前我国及北京等大城市，无论经济发达的东部地区，还是欠发达的中、西部省区，农业现代化的瓶颈都是如何大幅度、有效地提高农业劳动生产率。提高农业劳动生产率是个极其复杂的系统工程，也是未来四十年里的长期战略。它既需要一、二、三产业共同协力，更需要科技、教育（尤其是农民教育）、信息、通信、交通、金融等各个领域的综合集成支持。指望几年、十几年便能实现跨越式发展，只是一种良好的愿望。倘若现在不着手进行科学规划和实施，我们很可能会失去机遇，与世界现代农业的差距越拉越大。

附件

中国 2008 年部分省市种植业、畜禽业的日均劳动效率及年劳动生产率（推算值）

一、二、三产业之间，进行年劳动生产率的比较时，由于农业（尤其是种植业）受气候因素的强烈约束，一年之中只在几个部分时段集中劳作，农事活动的纯劳作时间远不足一年。因此，若按常规统计方法计算出的农业劳动生产率，实际上仅是一年之中部分时间里的劳动生产率，这同二、三产业的年劳动生产率欠缺可比性。

为弥补其不足，研究者根据农产品单位产出的用工量，先计算出它们的日均劳动效率；然后，比照国内企事业单位的年工作日数，乘积后得出其年劳动生产率推算值，再同二、三产业进行比较。

Ⅰ. 具体方法与步骤

一、根据国家发展和改革委员会价格司编写的《全国农产品成本收益资料汇编（2009）》，求出给定产业的日均劳动效率（N），即平均每个工日创造的增加值。

（一）种植业

1. 给定作物单位面积产出的增加值（P） = 亩产值 - 亩物质与服务费用

2. 给定作物的单位面积用工量（D） = 家庭用工天数 + 雇工天数

3. 给定作物的日均劳动效率（N） = P/D

（二）禽畜饲养业

1. 给定畜禽每头（畜）/100 只（禽）的增加值（P） = 产值 - 物质与服务费用

2. 给定畜禽每头（畜）/100 只（禽）的用工量（D） = 家庭用工天数 + 雇工天数

3. 给定畜/禽的日均劳动效率（N） = P/D

二、国内企事业单位的年工作日数

365 - 52 × 2（双休日） - 11（法定节假日） = 250（天）

三、给定作物/畜禽产业的年劳动生产率推算值（L）

$$L = N \times 250$$

Ⅱ. 研究对象的选择

一、省市——直辖市和产业优势大省

二、产业

（一）种植业

粮食作物——小麦、玉米

蔬菜——大中城市蔬菜，大棚西红柿、黄瓜，露地大白菜

水果——苹果

（二）禽畜业

生猪——大、中、小规模

肉鸡——大、中规模

蛋鸡——大、中规模

规模的划分标准，依照《汇编（2009）》（p. 556）。

Ⅲ. 计算结果

见表1、表2。

附表：中国、北京2008年一、二、三产业劳动生产率

表 1　中国 2008 年部分省市种植业日均劳动效率及年劳动生产率（推算值）

作物	地区	（元/亩）			用工（个/亩）			日均劳动效率（元/人）	年劳动生产率推算值	
		产值	物质与服务费用	增加值	合计	家庭用工	雇工		（万元/人）	（万美元/人）
小麦	全国	663.1	278.7	384.4	6.10	6.02	0.08	63.0	1.58	0.23
	黑龙江	443.8	219.6	224.2	0.98	0.10	0.88	228.8	5.72	0.82
	河南	715.3	257.3	458.0	5.15	5.13	0.02	88.9	2.22	0.32
玉米	全国	682.7	243.3	439.4	7.90	7.54	0.36	55.6	1.39	0.20
	黑龙江	597.1	206.4	390.7	3.91	3.61	0.30	99.9	2.50	0.36
	河南	642.5	190.0	452.5	6.61	6.59	0.02	68.5	1.71	0.25
苹果	全国	4203.0	1052.0	3151.0	39.40	31.28	8.13	80.0	2.00	0.29
	北京	5086.0	939.0	4047.0	36.10	19.10	16.96	112.1	2.80	0.40
	山东	6125.0	2079.0	4046.0	59.60	50.92	8.67	67.9	1.70	0.24
	陕西	3189.0	932.0	2257.0	34.00	27.40	6.62	66.4	1.66	0.24
大棚西红柿	大中城市平均	8110.0	2417.0	5693.0	70.20	61.53	8.62	81.1	2.03	0.29
	北京	6093.0	1425.0	4668.0	31.90	15.38	16.57	146.3	3.66	0.53
	上海	5529.0	1592.0	3937.0	75.10	75.10	—	52.4	1.31	0.19
	天津	5176.0	1014.0	4162.0	32.00	31.13	0.87	130.1	3.25	0.47
大棚黄瓜	大中城市平均	7456.0	2371.0	5085.0	67.50	61.10	6.40	75.3	1.88	0.27
	北京	6752.0	1761.0	4991.0	43.00	20.14	22.81	116.1	2.90	0.42
	上海	4300.0	1523.0	2777.0	61.70	61.70	—	45.0	1.13	0.16
	天津	9026.0	1306.0	7720.0	63.00	58.41	4.55	122.5	3.06	0.44
露地大白菜	全国	2485.0	625.0	1860.0	24.40	23.31	1.12	76.2	1.91	0.27
	北京	2836.0	429.0	2407.0	14.20	14.17	—	169.5	4.24	0.61
	上海	2369.0	892.0	1477.0	26.10	26.10	—	56.6	1.41	0.20
	天津	1838.0	320.0	1518.0	18.00	16.78	1.23	84.3	2.11	0.30
蔬菜	大中城市	4098.0	1122.0	2976.0	39.10	—	—	76.1	1.90	0.27

表 2 中国 2009 年部分省市区畜禽业日均劳动效率及年劳动生产率(推算值)

畜禽	饲养模式	地区	元/头(猪)、100 只(鸡)			用工(个/头、100 只)			日均劳动效率	年劳动生产率推算值	
			产值	物质与服务费用	增加值	合计	家庭用工	雇工	(元/人)	(万元/人)	(万美元/人)
生猪	大规模	全国	1527.7	1181.4	346.3	1.48	0.31	1.17	234.0	5.85	0.84
		北京	1493.6	1175.4	317.9	2.11	0.55	1.56	150.7	3.77	0.54
		天津	1595.3	1264.2	331.1	1.19	0.20	0.99	278.2	6.96	1.00
		河南	1536.1	1175.4	360.7	2.34	—	2.34	154.1	3.85	0.55
		新疆	1207.5	946.8	340.7	1.81	0.37	1.44	188.3	4.71	0.68
	中规模	全国	1594.4	1202.7	391.7	2.58	1.65	0.93	151.8	3.80	0.55
		北京	1753.3	1169.8	553.5	2.07	0.98	1.09	281.9	7.05	1.01
		天津	1658.2	1189.2	469.0	1.84	1.44	0.40	254.9	6.37	0.92
		河南	1509.7	1183.1	326.6	2.75	0.89	1.86	118.8	2.97	0.43
	小规模	全国	1582.2	1282.2	300.0	3.98	3.62	0.36	75.4	1.88	0.27
肉鸡	大规模	全国	2126.8	1798.3	328.5	2.60	1.46	1.14	126.3	3.16	0.45
		北京	2903.6	2319.5	584.1	2.31	0.53	1.78	252.9	6.32	0.91
		天津	2390.1	1941.7	448.4	2.75	1.32	1.43	163.1	4.08	0.59
		河南	1929.0	1582.0	347.0	4.52	3.06	1.46	76.8	1.92	0.28
	中规模	全国	2159.8	1831.0	328.8	3.89	3.03	0.86	84.5	2.11	0.30
蛋鸡	大规模	全国	12190.0	11052.0	1138.0	15.36	3.93	11.43	74.1	1.85	0.27
		北京	11752.0	10231.0	1521.0	12.55	1.12	11.43	121.2	3.03	0.44
		天津	12539.0	11634.0	905.0	5.26	0.54	4.72	172.1	4.30	0.62
		河南	11871.0	10053.0	1818.0	24.35	4.92	19.43	74.7	1.87	0.27
	中规模	全国	11807.0	10270.0	1537.0	17.29	13.59	3.70	88.9	2.22	0.32
		北京	11935.0	9647.0	2288.0	18.29	15.98	2.31	125.1	3.13	0.45

数据来源:《全国农产品成本收益资料汇编(2009)》,中国统计出版社。

附表　中国、北京2008年一、二、三产业劳动生产率

	产业	增加值（亿元）	从业人数（万）	劳动生产率	
				（万元）	（万美元）
全国	一产	33702.2	29923	1.13	0.16
	二产	146183.4	21109	6.92	1.00
	三产	120486.6	25717	4.69	0.67
北京	一产	112.8	63.0	1.79	0.26
	二产	2693.2	256.5	10.50	1.51
	三产	7682.1	853.1	9.02	1.30

注：汇率：人民币∶美元＝6.95∶1

第四章 展 望

一、关于现代农业与理想农业

笔者在第一章概论中，指出所谓现代农业，简单一句话，就是所处时代世界先进水平的农业。这个先进水平，包括了产出水平、科技水平、装备水平、管理经营水平和从业人员素质五个方面。其中，“从业人员素质”是本，产出水平既是结果也是核心；其余三项都是投入要素。这五个水平的内涵是动态的，并随着时代的前进而不断升级。当前这个时代，现代农业有六大特征——知识、技术、资本密集，集约、高效、综合效益佳，从业人员知识面广、具有良好的素质和素养，多功能、产业链“加长变粗”，发达的社会化服务体系，以及市场化的体制和机制；未来时代，随着大数据的广泛应用，还将具有数据密集的特征。

今天，一个国家或地区，不论发达程度如何，大多数年轻人都不愿意干农业、不愿意当农民、不愿意居住在农村。然而，未来的理想农业，将把这种理念180°的颠倒过来。它将是人类追求的美好愿景。用当前时尚的语言来讲，它将是人类的农业之梦。梦中的农业和农村，可以用三个“最”字概括：

（1）最光荣的行业。这个行业最具有挑战性。可以大胆地设想，在并不十分遥远的未来，将出现太空农业或空间站农业；而且，总有一天会有月球农业、火星农业。

（2）最令人向往的职业。未来的农业，将把科技、文化、艺术高度紧密地融合在一起。只有在这个领域，才能充分展现出个人的创意本领。

（3）最希望居住的地方。未来理想中的农村，环境最洁净，空气最清新，食物最安全；景色最美，视野最开阔，噪音最低、最恬静；关系最和谐，最贴近大自然，人与人之间最融洽，各种灾祸最少、最小。

现代农业具有很强的时间属性，即有鲜明的时代特征。而理想农业，是人类的终极追求。

二、现代农业离我们还有多久远

现代农业离我们还有多远？换句话说，我们什么时候能建成现代农业或实现农业现代化？

党的“十八大”提出了我国的“双百”战略目标。即：建党100周年（2020年前后）全面建成小康社会，新中国成立100周年（2050年前后）建成富强、民主、文明、和谐的社会主义现代化国家。

现代化，是国民近一个多世纪以来的热切期盼，也是前赴后继、浴血奋斗、辛勤耕耘所追求的目标。农业现代化是国家现代化不可或缺的重要组成。它有两层含义，一是没有农业的现代化便没有国家的现代化；二是没有国家现代化，农业也不可能实现现代化——建成现代农业。于是，可以说从2012年起，再过37年我国农业从整体上达到2050年前后的世界先进水平。

下面，笔者将从国民经济发展、农业现代化的主体——农民的素质这两个视角，分别探究这个问题。

（一）从国民经济发展视角预测

从经济领域衡量，世界先进水平的农业劳动生产率是现代农业的重要标志之一。农业劳动生产率同人均GDP密切相关。对表3-2、表3-3中10个发达国家、4个金砖国家及国内5个大城市、2个中部农业大省、4个偏远省区的25组数据进行统计分析（如图4-1所示）。

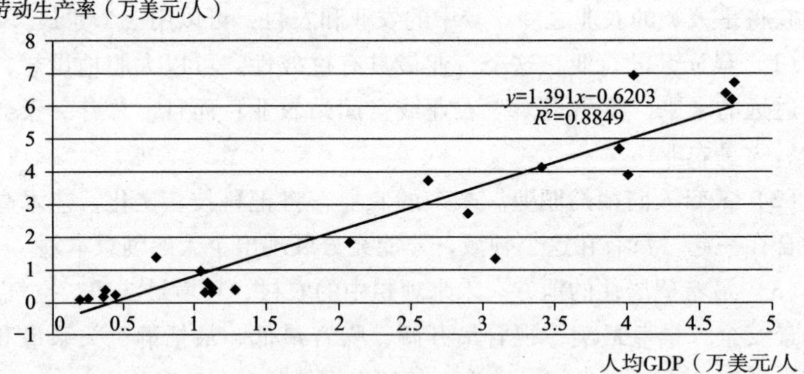

图4-1　农业劳动生产率与人均GDP关系

从图4-1中可知，二者存在线性关系，回归公式为：

$$y = -0.6203 + 1.391x \qquad R^2 = 0.8849$$

式中，y——农业劳动生产率　　x——人均 GDP

回归分析结果表明，回归模型的校正 R^2 为 0.885，F 值为 176.816，说明二者呈显著相关、回归关系成立；同时，回归模型中相关系数、常数的显著性水平分别为 000、030，说明模型中的参数成立。

于是，预测当前中等发达国家未来数十年人均 GDP 的增长，便可推算出其相应年代的农业劳动生产率的水平，即届时现代农业的水平。为此，选择韩国、葡萄牙两国作为当今中等发达国家的代表［2010 年两国人均 GDP 分别为 1.99 万美元、2.18 万美元，中国为 0.43 万美元——《国际统计年鉴（2012 年）》］。假设两国人均 GDP 未来增长率为 2%，中国为 6%，再过 40 年（2050 年）刚好同达 4.4 万美元，即中国达到世界中等发达国家水平，农业相应实现现代化。换言之，欲达到“双百”目标、农业实现现代化，在未来 40 年里倘若没有战争和无法抗御的大灾难，中国人均 GDP 的平均增长率不得低于 6%；考虑到人口增长的因素，GDP 总量的年递增率不得低于 6.6%。

（二）从农业现代化的主体——农民的素质视角预测

农民的素质，可以用劳均受教育年限这个指标予以量化。笔者在第三章农业劳动生产率双落后的原因探析中，就此同发达国家进行了比较。20 世纪 80 年代，发达国家农民平均受教育年限最短也在 12 年；与这个低值相比，我国当前差 3.7 年，北京差 1.4 年。若要到达 12 年这个距今 20 多年前（20 世纪 80 年代）的低标准，我们需要多少年？

表 4－1　2004—2011 年全国、北京农村劳动力受教育年限及增长速度

	劳均受教育年限（年）		7 年平均增速
	2004	2011	
中国	7.89	8.30	0.059
北京	10.26	10.60	0.049

注：依据相应年份《中国农村统计年鉴》和《北京市统计年鉴》推算。

从表 4－1 可知，2004 年至 2011 年的 7 年间，我国农民劳均受教育年限只增加了 0.41 年，北京增加 0.34 年，平均每年分别增加 0.059 年与 0.049 年。以此增速欲达 12 年，中国需 63 年，北京需 29 年。需要强调的是，这是同 20 多年前现代农业低标准的差距，考虑到现代农业的发展，中国至少滞后 80 年，北京落后 50 年以上。

如果我们从现在起不大幅度增加对农民教育的投入，40 年后实现农业现代化乃至整个国家的现代化，只能是一句空话，恐怕真的变成南柯一梦了。

（三）讨论

将党中央2012年提出新中国成立100周年建成社会主义现代化国家的目标，同从国民经济发展（人均GDP）、农业现代化之主体农民的素质（劳均受教育年限）两个视角的预测进行综合考量，如果不发生战争、没有不可抗御的巨大灾难，于2050年前后（新中国成立100周年）从整体上实现国家现代化的同时实现农业现代化，必须做到以下三点：

1. 全面深化改革，转变理念，不断地进行体制创新和机制创新。

2. 国民经济GDP的年递增速度，未来40年里平均不能低于6.6%。GDP的增长速度不可能长期保持线性，而且随着基数的增大，增速会下降。因此，欲确保6.6%的增速，若前20年平均为7.4%，后20年平均应不少于5.8%。

3. 农民的素质（劳均受教育年限）同现代农民的低标准相比，如果按2004年至2011年的平均增加速度，全国滞后80多年，北京滞后50多年。为此，理念上，要变教育农民为农民教育；操作上，大幅度增加农民的职业教育、成人教育的投入，认真借鉴发达国家的经验，实行带“薪”培训，持证上岗，并由政策创新转变成立法保障。

三、农业现代化的主要趋势

笔者在本书第三章“建设现代农业的短板——农业劳动生产率”之中，通过大量的比较研究和深入分析，指出我国农业劳动生产率不但远远落后于发达国家，而且与自身的二、三产业相比亦有很大差距。因而，农业现代化滞后于二、三产业的现代化，拖了国家现代化的后腿；农业的劳动效率如何加快步伐提高，迎头赶上，是我们面临的巨大挑战。这也同世界经合组织2012年提出全球未来50年面临的五大挑战之一——提高劳动效率，十分吻合一致。由此，可以说，提高农业劳动生产率既是我国未来较长时期里农业现代化的大趋势，也是建设现代农业的主线。

正是这个大趋势、主线，直接或间接地导引、带动了以下八个主要趋势。

（一）农民知识化、职业化、高度组织化

现代科技要由现代人掌握和运用，现代装备要由现代人操作，现代企业要靠现代人经营管理。作为现代农业，则只能由现代农民来运作。根据前面的研究和分析，我国农民的素质距现代农业的要求相差几十年。因而，将居上临下、带有恩赐味道教育农民，从理念和思维方式上转变为培育现代农民、

开展农民教育，农民知识化以及随之而来的职业化和高度组织化，必然是我国农业现代化的主要趋势之一，而且与其他趋势相比，它排在首位。

1. 开展农民教育，建设配套的硬件和软件

(1) 教育机构多元化

未来的农民教育，按市场需求和教育内容，将会分成若干层次，由成人学校、职业学（院）校、田间学校、大专院校，以及一些有条件、有能力、有远见的企业来承担。条件成熟时，形成多元、有序、协调的农民教育体系。

(2) 培训方式多样

培训方式，按时间划分，会有长期、短期，有全日制、半日制，有夜校、冬季班、假日班等。按教学方式，会有远程教育、函授、面授与现场技术培训等。按目标划分，会有学历教育、资质教育、非学历教育等。

(3) 学员

开展农民教育，在我国，至少新中国成立后，是一种创举。全国近2.7亿一产从业人员，不可能同时接受教育。在一些有条件的地区，先行试点。首批学员，宜在农民合作社与协会的负责人、家庭农场场主、规模畜禽饲养场场长、休闲农园负责人以及全科农技员中选择。

(4) 持证上岗，农民职业化

农民经过培训教育，考试合格取得资格后，持证上岗成为职业农民；资质分若干等级，不同等级可上相应岗位；取得资质后，方可申请上一级别的培训教育。不同资质等级的农民，可享受相应级别的补贴及优惠政策。这在英、法、德等发达国家早已立法实行，我国农业现代化也不会例外。

在农民职业化的过程中，兼业农民（户）的比重将不断减小。

(5) 创建基金，第三方监督考核

参照欧洲经验，建立农民教育基金。资金来源多元化，但政府为主体。

建立第三方机构，由其负责监督基金的使用以及学员的资质考试。

2. 农民高度组织化

农民高度组织化，主要体现在农民组织模式多样，并有效地维护农民的权益。

(1) 绝大多数农民合作社不再停留在统计数据和政府工作报告上，合作社的章程不再流于政府职能机构的审批、注册上。

在生产资料购买，初级产品的生产、贮藏、加工、运输、销售等环节，为成员服务的全过程（尤其是产后环节）中发挥作用，真正有实效。并通过土地流转，使经营规模达到适度。

（2）合作社领导人的素质大幅度提高

市场意识强，遵守并灵活运用市场规则，面对国内外大市场能够及时做出科学决策；尊重知识，尊重科学，具有较强的科学素养、文化素养和生态意识，注重科学、和谐、可持续发展。在行业内，既善于合作又懂和谐竞争；在合作社内，有较强的组织能力、协调能力、管理能力，并有一定的人格魅力。

（3）行业协会功能不断完善、增强。主要体现在以下4点：

①承接政府转移出来的部分职能。

②严格行业自律。

③以定价等方式，组织和谐竞争，把行业做大、做强。

④有话语权。对外，参与国际交流、合作、谈判；对内，参与产业规划和政策法规的制定，以及立项决策。

（4）组织模式多样，出现一批产业联盟。

除了各类农民合作社、龙头企业+合作社、行业协会等组织模式之外，联社、农—超对接、农—（城镇）社区对接等组织也将不断发育并成熟；尤其是，在各类农民合作社、家庭农场、农业企业、联社、行业协会的基础上，一些有关的大专院校、科研单位、工厂、商贸物流、金融等机构将共同组建产业联盟。

农民组织化的进程，取决于：

①突破几千年中央集权制的惯性，由管理型政府转变为服务型政府；

②通过农民教育，克服小农意识，建立市场意识；

③消除人民公社的负面影响；

④建立和增强人与人之间的信任感；

⑤村集体经济的壮大。

上述五个因素中，起决定性影响作用的是政府的态度——摒弃叶公好龙。关键取决于政府职能转换、治理模式转变成服务型的进程。因此，农民的组织化不可能一蹴而就，而是一个漫长的历史过程。

（二）新型农机化，农机农艺结合

随着经济的发展，城乡居民收入水平不断提高，劳动成本必将持续加大，迫使农业越来越广泛地采用机械作业。在科技进步的推动下，我国农业机械化将继续沿着农机农艺相结合的道路，呈现常规机具、精准机具和智能机具相结合的趋势，即新型农机化。其中，园艺机具、设施机具会有突破性进展。

在新型农机化中，农业机具与设施，将具有中国特色的小巧灵、精准化、智能化和价廉四大特点。

（1）小巧灵——体积小、重量轻；结构巧妙，一机多用；操作方便，使用灵活。特别适宜山区和日光温室等设施中应用。

（2）精准化——肥料、农药、灌水可按实际所需精量施用，如采用3S技术的大型农机具、对靶喷施的植保机具；动物饲养，按群、按个体所需实行精准喂养。从而，动植物生产中，实现投入的高效率。于是，既减少浪费、降低成本，又缓解污染等环境胁迫。

（3）智能化——田间作业、温室调控、圈舍饲养广泛采用传感器和计算机网络，实现工厂化生产、智能化管理；同时，还能远距离甚至无人操控，管理者即使外出开会、访友、娱乐、旅游，同样能进行监控。可以相信，农业生产中广泛使用机器人的一天并不遥远。

（4）价廉——简化一些不太重要的功能，讲究实用性，追求最佳性价比。

农艺方面，尤其是果、菜类作物，适于机械化作业的品种选育，与机械化作业配套的耕作技术、栽培管理技术，将成为科技创新的重点之一。其中，技术可行性、经济可行性俱佳的成果，将得到快速推广与应用。

（三）农业信息化，走向智慧农业

党的十八大提出，我国未来的发展要走新型工业化、信息化、城镇化、农业现代化同步推进的道路。遵循这一战略，农业现代化的过程，也是农业信息化的过程。它主要体现在农业生产管理精细化、农业资源管理数字化、农机装备智能化、农业信息服务网络化、虚拟化研究平台建立五个方面。

（1）农业生产管理精细化——通过动植物生产过程中的信息采集系统、模拟模型、管理决策系统、预警预报等系统建设，并与智能化机械装备结合，实现生产过程的精准化管理、自动控制，大幅度提高资源利用效率与劳动效率。

（2）农业资源管理数字化——将空间技术、3S技术、传感技术和智能化技术综合集成，即天地空一体化技术，建设耕地、森林、草原、土壤、水资源、气象等农业资源的数字化系统，全面监测农业资源、生态环境的动态变化，预警气候及病虫草等自然灾害，估测作物种植面积、长势和产量。

（3）农机装备智能化——见本节“新型农机化、农机农艺结合”。

（4）农业信息服务网络化——建设农业信息化共享网络软件支撑平台，服务“三农”的农业信息网络系统不断完善，运用大数据、云服务和物联网技术，实现农业信息服务网络化、产品流通现代化和宏观决策科学化，使信息技术在农业、农村各个领域得到全面渗透和广泛应用。

（5）虚拟化研究平台的建立——针对科技资源不平衡、利用率不高，科学实验等研发活动受时空间、气候等环境条件的制约，将基于互联网的实验仪器、数据资源、计算资源和服务资源有效聚合并广泛共享，建立起具有良好自主性、交互性、可扩展性和安全的农业虚拟化研究网络平台，从而大大提高农业的研发效率。

农业在上述五个方面的信息化过程中，农业信息产业持续快速成长并成熟。在它的推动下，农业将由常规农业逐渐演进为智能农业，进而演进为智慧农业。

链接1

智能农业

智能农业（或称工厂化农业），是指在相对可控的环境条件下，农业先进设施与露地相配套，采用工业化生产，实现集约高效可持续发展，具有高度的技术规范和高效益的集约化规模经营的生产方式。

它集科研、生产、加工、销售于一体，实现周年性、全天候、反季节的企业化规模生产；它集成现代生物技术、农业工程、农用新材料等学科，以现代化设施为依托，科技含量高，产品附加值高，土地产出率高和劳动生产率高，是我国农业新技术革命的跨世纪工程。

链接2

智慧农业

所谓“智慧农业”，就是充分应用现代信息技术成果，集成应用计算机与网络技术、物联网技术、音视频技术、3S技术、无线通信技术及专家智慧与知识，实现农业可视化远程诊断、远程控制、灾变预警等智能管理。它是农业生产的高级阶段，集新兴的互联网、移动互联网、大数据、云计算和物联网技术为一体，依托部署在农业生产现场的各种传感节点（环境温湿度、土壤水分、二氧化碳、图像等）和无线通信网络实现农业生产环境的智能感知、智能预警、智能决策、智能分析、专家在线指导，为农业生产提供精准化种植、可视化管理、智能化决策，从而具有突出的数据密集型特征。

（四）农业服务体系社会化、现代化，业态不断增多、壮大

农业自诞生起便需要服务，生产资料供应、产品销售需要商贸服务，所需资金需要金融服务等。农业与其服务体系呈互动关系，农业需求是其服务体系发展的拉动力，服务体系的进步又是农业发展的推动力，二者协同发展。

伴随农业的现代化，农业产前、产中、产后对服务的需求面越来越广，专业化程度越来越高。现阶段，我国农业服务体系的组成大体上有以下10种。

1. 生产资料供应服务

这种服务主要供应植物生产所需的肥料、农药、天敌等，动物生产所需的饲料、添加剂、兽药、疫苗等，以及生产设施/设备，如农机具、灌溉设备，温室大棚与圈舍的建筑材料，各类传感器、摄像头等信息产品。

2. 籽种服务

这种服务主要体现在提供作物种子、种苗，动物的种畜、种禽、亲鱼及仔雏、鱼苗及其冷冻精液与胚胎等，以及微生物的菌种。

3. 产品流通服务

这种服务主要体现在产品贮藏、运输与销售环节。

4. 技术服务

5. 农机作业服务

6. 信息网络服务

7. 安全服务

农业安全服务主要包括三个方面——确保产品质量安全，如检测、追溯等；生态安全方面，如动植物检疫；生产安全方面，如环境污染监测、畜禽防疫、各种自然灾害预警预报等。

8. 金融保险服务

9. 工程咨询服务

10. 人力资源服务

这种服务主要包括农民教育与培训，人才引进和劳动力转移。

上述服务体系，按资源配置被市场决定的程度，大体上可划分三种类型——难以从市场得到相应回报的公益型（又称公共服务）、可从市场得到部分回报的准公益型（又称合作服务）以及经营型。

随着市场经济的发展和农业进步，经营型的农业服务企业的数量将由少

变多，规模由小变大，质量由低至高，企业之间的联系由松散变紧密、由无序变有序，从而形成不同的产业。如现时已出现的种业、农业金融保险业、农业工程咨询业。

农业服务体系的未来发展，大体上会有以下几个特点：

(1) 结构多元化、复杂化与有序化、社会化

农业服务体系的公益、准公益、经营三种类型将长期并存，三者之间的比例经过漫长的过程可能将逐渐演化为以经营型为主。

随着农业多功能性的演进，农业会不断出现新的服务需求，引发服务体系的复杂化；一些企事业机构和社会团体不断介入、参与，从而呈现出社会化。

服务体系各成员之间的联系，将由松散、无序过渡到紧密而有序。

(2) 发展的动力

科技进步，是农业服务体系发展的内生动力。社会进步、农业现代化是其发展的拉动力。

(3) 业态与企业增多、变强

农业服务体系之中，除去已出现的种业等业态外，随着市场经济的发育将会催生出一批新的企业，进而形成一批新的业态。从整体而言，农业服务业的服务效率和质量将不断提高，并出现集群化。

(4) 支撑与保障

二、三产业的现代化，是农业服务体系发展的支撑与保障。

(五) 清洁、循环、低碳化

农业清洁生产的宗旨，是节省资源与保护环境，实现人与自然和谐；要点是在产品的整个生命周期里，即“设计—生产—餐桌”的全过程，尽可能地减少投入品，尽可能地减少废弃物的产生。

循环农业的宗旨，与农业清洁生产相同；要点是在清洁生产的基础上，更侧重经济可行的废弃物最大资源化。

在农业空间上，清洁生产主要发生在同一产业之中，呈线性链条状；而循环农业则多在农业内部各产业之间进行衔接，因而呈立体的网状。

从保护资源并提高资源利用率、保护人类生存的环境、以提高农产品的安全性确保人类健康的需要出发，农业清洁生产和循环农业在建设现代农业的过程中，将全面推行，并不断深化、细化和强化。与此同时，食品安全的制度建设，包括产前、产中、产后的相关化验、检测、监测，产品质量追溯，

认证及市场准入等，将不断加强并丰富、完善。

有机农业，是农业清洁生产和循环农业当中的一种模式，近些年来在全球和国内发展很快。然而，它受单产低、生产周期长、成本高、产品价位高的制约。因此，从粮食安全视角，它只能局限在条件适宜、农民自愿的局部地区发展，整体而言它不会成为农业的主流。孔子的中庸思想虽然诞生在中国并有2000多年的历史，可是国人并未很好实践，反而经常极端化。反映在有机农业的发展中，总是把常规农业丑化，甚至谈虎色变。例如，片面强调化肥、化学农药污染环境的负面作用而拒绝使用。其实，它们同所有的科学技术一样，都是“双刃剑”；只是在不合理、盲目施用时，才会出现污染。如果将其同保障人类健康进行比较，人们在营养失衡缺乏维生素和矿物质时，需要服用维生素C、钙片；生病时，需要打针、吃药。恐怕没有人，包括有机农业的推广者，会痴呆到因为它们是化学品而拒绝使用。笔者认为，在中国可以、也应该根据市场需求，在有条件的地区适度发展有机农业。在宣传、推广有机农业时，介绍其优势要准确、科学，有机食品并不比常规食品更有营养，尤其不应将常规食品妖魔化，将人们引入误区。

（六）农业功能多样化

随着人们消费的结构多元化和消费水平的提高，以及科技创新和社会的文明进步，将会使农业的一些潜在的隐型功能逐渐浮现，进而演化为显型；已浮现的显型功能，不断由弱变强。例如，农业的文化功能，将会由隐型演化为显型，并不断增强；服务功能，将由弱变强；就业功能，随管理者认知水平的提高，将进一步强化。

（1）农业的文化功能，会率先在一些经济发达地区、大城市郊区首先浮现，并不断增强。主要体现在休闲农业和会展农业这两种业态。

①休闲农业

北京休闲农业将在未来几年内，很快由发展过程中的采摘为主的初级阶段，升级到以操作体验为主的中级阶段，同时也会有相当份额的以市民农园为代表的、以租赁为主的高级阶段内容。这就需要对北京农业文化遗产进行发掘、保护和传承，并将其融入乡村旅游活动中。一方面，只有亲自动手参与传统农业的农事活动，例如用锄头间苗锄草、用镰刀割麦或徒手拔麦、修剪整枝打杈搭架等，通过体验传统农业的艰辛和收获的乐趣，才能真正领会、感受到中国古代、近代、现代文学作品的精髓。妇孺皆知的著名诗句“锄禾日当午，汗滴禾下土”，不实地锄草，就会产生疑问，“为什么不在清晨、黄昏凉爽时刻而偏偏在烈日炎炎下锄草，不是犯傻吗?”另一方面，过去农事与农村生活中有许多需要技艺或技巧的作业，如用扁担打井水、推独轮车、场院上的扬场、杂草辨识等，都可以通过创意策划成兴趣盎然的趣味比赛项目，使游客感受到参与的精神放松、快乐的同时，又了解到中华民族的农业文化。从某种意义上说，创意农业是休闲农业发展的高级阶段。

需要指出的是，当前发展市民农园时有一种偏向，过分强调了物质消费，由于是自己亲手栽种/饲喂的，故而能保证食物安全、无污染，却忽略了市民农园的宗旨，即通过亲身劳作从中获得灵魂上的净化、精神上的升华。租赁者在田地里付出汗水、体力的同时，真正感受到“劳动”在改造人性方面的价值，进一步认识到不劳而获、少劳多获的可耻，摒弃“劳心者治人，劳力者治于人”的旧观念；体会到农民、农业的艰辛，转变轻视农民、轻视农业的错误认识；领悟到人与自然和谐的真谛，由过度消费转变为低碳生活。

在融入我国农业文化的同时，继续引进世界的农业文化，如酒庄文化。中外农业文化的交流、碰撞、交融，将使休闲农业提质升级，成为都市农业的一朵奇葩。

②会展农业

会展农业将通过大型农展、节庆、嘉年华等活动，在推介、销售农业新产品的同时，举办各种丰富多彩的文艺、体育表演和竞赛，将使农业、农民获得可观的直接经济效益、创造了品牌效应，又使参与者享受到多元文化的精彩，得到精神上的满足。

(2) 农业的服务功能，会率先在一些超大城市郊区农业浮现，并不断强化。它主要体现在种业规模扩大、质量提升和区域农业一体化两个方面。就北京而言，其种业将快速发展壮大成为名副其实的种业之都，引领全国，影响全球；区域农业一体化上，北京第一步实现京津冀农业一体化，在此基础上实现环渤海农业一体化，发挥首都的引领、示范职能。

(3) 农业的就业功能，在我国当前已然客观存在，并具有相当规模。未来，会随着政府治理能力和治理水平的提高，将充分利用 WTO 规则，进一步加大对农业的保护力度。从而，加快涉农二、三产业的转型、扩大规模并提质升级，大幅度增加就业空间。

（七）产业融合化

消费拉动市场，进而刺激、引导生产。高收入阶层的高端消费引领着大众消费，大众消费拉动着生产。消费者希望产品具有多重功能，从而，通过市场引导，促使产品的功能融合，于是拉动了产业融合。

科技进步促进技术融合，它既是产业融合的保障，又是产业融合的驱动力。

就区域经济而言，自然资源和生态环境对于产业融合是一把“双刃剑”，既有限制作用也有促进作用。例如，农业与制造业融合的农产品加工业，在水资源稀缺、生态脆弱地区限制高耗水、高污染的农产品加工企业的发展；然而，对于农业与生态产业融合的林下经济、循环农业，将会得到鼓励并大力支持。

产业融合有两种形式，一种是纵向融合的延伸型，即产业链“加长”；另一种是在两种或多种产业之间横向交叉的重组型，即产业链“增粗”。

农业的产业融合，大体上有两类。一类是在农业内部的产业融合，另一类是农业与二、三产业的融合。

1. 农业内部的产业融合

（1）产业链加长的延伸型

具有代表性的是种业。北京种业之都的建设，将引领、加快全国种业的发展。“种质资源收集与创新—新品种选育—亲本繁殖—基地制种—贮运—加工—销售”籽种产业链将不断健全、协调并壮大。

（2）产业之间横向交叉的重组型

农业内部产业之间，横向交叉的重组型融合的典型代表，是循环农业和林下经济。

①循环农业是农业领域实行循环经济的简称。它以农业生态经济系统为整体，以循环经济和生态学原理为指导，在单个产业内部实行清洁生产，节省投入，并避免或尽可能减少废弃物的产生；产业间，一个产业的废弃物成为另一个产业的原料，实现废弃物循环利用和最终处理，确保农业系统内物质、能量、价值流合理最佳流动，是一种物质相对闭环式的流动型经济活动。

我国历史悠久的农牧结合、农渔结合、混间套农作制等便是朴素的循环农业。在先人的基础上，以先进科学技术支撑和推动，现代工程设施装备，现代经营管理理念武装，循环农业将不断深化、壮大。面对市场经济的规模效益，它更适合于宏、中观空间地域。

②林下经济。在生态防护林下，实行林 + 草/菌/药/花/粮/禽等立体种养，生产特色产品和精品。由于机械化难度大，多是劳动密集型，因此其规模会受到限制而适度发展，但它却是都市型现代农业的重要补充。

2. 农业与二、三产业的融合

这类融合属于产业间横向交叉的重组型，即两种或两种以上产业的交集。为简洁明了，以数学上交集符号“∩”表示融合。

（1）农业与第二产业的融合

①农产品加工业（农业∩制造业）

近30年，尤其进入21世纪以来，我国农产品加工业快速发展。据农业部信息显示，2003—2013年其规模以上企业主营业务收入年均增长20%以上，成为国民经济中最具成长活力的产业之一（中国食品报，2014.3.26）。随“四化”同步推进、城乡发展一体化、农村基础设施建设和公共服务体系的加强，科技进步与加工设备的现代化，以及消费结构的快速升级和消费水平的提高，农产品加工业在未来较长时期里仍然会保持快速增长的势头。

然而在北京，随着非核心职能的转移，除去已具有品牌优势的食品制造业以外，高耗能、高耗水、高污染的农产品加工会逐渐退出，而高附加值的以活性成分提取为代表的深加工会有适度发展。

②设施农业（农业∩建材业∩机械制造业∩信息产业）

大棚、日光温室和连栋温室的建造，需要建材业提供薄膜/PC板、防虫网、钢材等建筑材料，它们是农业与建材业的交叉融合。智能温室的内部，需要播种育苗机、移动式育苗床、滴灌/移动式喷灌系统，施肥系统、湿帘风机降温/加温系统、补光系统等机械工程装备；还需要信息产业的各种传感器等硬件和决策系统的软件，因而设施农业属于农业、建材业、机械制造业和信息产业四种产业的交叉融合。这种产业融合推动了智能农业和智慧农业的发展。

（2）与第三产业的融合

农业的多功能化，使其与第三产业的交叉融合点很多，形成了越来越多的融合产业。例如，

①休闲农业（农业∩旅游服务业）

②会展农业（农业∩会展业）

③创意农业（农业∩文化事业与文化产业）

④农业物流业（农业∩物流产业）

⑤农业工程咨询业（农业∩工程咨询业）

⑥太空农业（农业∩航天业）　如航天育种，未来还可能出现空间站农业

上述融合产业，在本书中，特别是关于农业功能的论述中多处提及，便不再重复。

随着农业功能的不断演进，一些隐型功能将演化为显型，已浮现的功能

将由弱增强，伴随着功能融合，还会有更多的融合业态出现。例如，农业现代化将使农业劳动强度越来越小。与此同时，针对随着人口老龄化带来的养老问题；工作节奏加快致使亚健康人群增大，住院病人及精神障碍人群在康复中需要适度的身体活动，带来了诸多的养生问题，从事适度的农事活动应是可供选择的解决路径之一，从而形成养生农业。

（八）市场化

根据图 1 -4 建设现代农业的基本思路，农业产业、产品结构调整被消费市场、资源（自然资源与社会资源）和环境（生态环境与社会环境）三个因素共同决定。作为产业，农业的发展，其资源配置应由市场决定。也就是说，发展什么产业、生产什么产品，以及什么产业、产品退出，由消费市场决定。同时，在市场经济下，资源通过竞争获取，通过合作实现共赢。然而，在我国农业的外部性很强，加之工农产品的剪刀差，当前乃至将来较长一段时期属于弱质产业，在大多数领域竞争力不如工业和服务业。但是，农业也有自己独有的竞争优势，如良好的生态环境、优美的田园景观、丰富的人文底蕴等。于是，如果能抓住并充分利用自身独有优势的产业，就能够从市场上获得相应的回报，就能率先市场化。这其中，首先是休闲农业和民俗旅游，其次是菜果瓜类产业和肉蛋奶类畜禽业。而难以从市场得到相应回报的产业，其市场化难度大、进程慢，其中首先是粮油产业，其次是农业服务体系；而生态产品则最难。

在粮食生产上，粮食安全是国家层面的战略。然而，种粮效益低，农民乃至地方政府的种粮积极性不高，出现了国家与农民、地方政府之间的博弈。于是，粮食产业的发展，不可能单纯由市场决定，政府必须通过优惠政策（如最低收购价等）和补贴进行干预。

在生态脆弱地区，需要限制甚至禁止某些产业的发展。例如，对具有饮用水功能的水库，需要限制渔业生产，并禁止网箱养鱼；在水资源稀缺的地方，限制水稻等高耗水类作物的生产；在浅海红树林地区，限制海水养殖业的发展；等等。

在城市周边及居民点附近，对于畜禽规模养殖，划定禁养区和限养区。

对于国家自然保护区，在核心区禁止包括农业在内的一切经济活动，在缓冲区要进行严格的限制。

在旅游景点周边，不允许发展畜禽养殖业以及日光温室、大棚等设施农业。

农业服务体系的情况复杂，其市场化在本节“农业服务体系社会化、现代化，业态不断增多、壮大”中已论述，故不再重复。

上述种种限制，都损害了当地农民的发展权、自主权、所有权和使用权。因而，政府都不得不给予补贴。而且，随经济和社会的发展，补贴力度需相应加大。需要强调的是，市场不是万能的，有时会失灵。此时，尽管市场化了的产业，仍需要另一只手——政府干预。

小农无法面对大市场，只有组织起来才能与市场对接。因此，农业的市场化依赖于农民的组织化，两化密切同步。而且农民的组织化程度，又主要取决于政府转型。因而，农业市场化的进程，归根结底取决于政府转型（如图4－2所示）。农民的组织化及与之相伴随的农业市场化，都是一个漫长的历史进程。在这个进程中，政府的干预将越来越少、越来越弱，市场对农业的资源配置的作用将越来越多、越来越强。

图4－2　农业市场化、农民组织化、政府转型三者关系

政府的逐渐退出，一靠由管理型过渡到服务型，二靠建立、完善法规，三靠利用经济杠杆，通过体制、机制创新来实现。例如，执行2014年4月24日公布的《中华人民共和国环境保护法》，可通过加大污染成本来制约特定地区的畜禽养殖业。为保护农民权益，对在农村兴办企业，农民除土地入股外，当地的农业生态服务价值同样可以股权化。对于自然资源，制订单位消耗或消耗总量的梯度收费标准。

四、2050年北京农业的愿景

经过36年的建设，到新中国成立100周年，北京将在全国率先建成名副其实的现代农业。它属于具有鲜明都市型特色的，技术、信息、知识、资本密集型的集约高效持续农业，基本形成智慧农业。

（一）结构与布局

农业的产业结构科学、合理。科技密集的种业，知识、文化密集的休闲农业，信息技术密集的智能化的设施农业，实施清洁生产的畜禽养殖业，以3S技术为核心的粮食产业，实现机械化、半机械化和技术密集的果业以及社会化的农业服务业，这七大产业将成为北京农业的支柱产业；进入科学发展轨道的沟域经济、林下经济、农业会展经济，都将具有一定规模。与此同时，在空间上，市场决定了自然资源和社会资源的优化配置，实现了城乡一体化、山区平原统筹发展和京津冀区域农业一体化。

（二）功能

经济、生态、服务和社会依然是北京农业的主要功能，而且非常强大。

1. 经济功能

尽管北京农业在地区GDP中的比重很低，然而其经济功能仍然显著和强大。主要体现在生产功能和对二、三产业发展的拉动功能。

（1）生产功能

生产功能完成了质的转变。农业产品不仅有物质的，还有大量的非物质产品（在下文细表）。物质产品中，传统的大宗、大路产品的生产进一步弱化，而具有科技附加值、文化附加值、绿色附加值、加工附加值、服务附加值的高端产品和“名、特、优、新、稀”农产品将构成北京地方农产品的主体。在科技革命的推动下，3S技术渗透到各个领域，广泛地采用了精准机械、智能设备、无人机以及农业机器人等先进装备。从而，与世界水平相比，土地产出率与荷兰、以色列、日本、韩国四国相当，达到全球领先水平；农业劳动生产率与韩国相当或接近，达到全球先进水平或次先进水平；能源与淡水资源的利用率，达到全球先进水平。

（2）拉动功能

对农业生产资料的制造与农产品加工的第二产业，对贮运销的物流、信息、旅游、餐饮、金融、咨询、会展等第三产业，尤其是对现代服务业，其拉动作用十分显著。

2. 生态功能

农业全面实施清洁生产和循环经济，不但使自身产出的废弃物做到零排放，农田实现“沃土”和“净土”；而且对都市防风固沙、改善大气质量、涵养水源、调节气候、隔离城镇板块等起到生态屏障作用，接纳、净化城镇排出的废气、废水、垃圾以及防灾减灾作用，都将在现有的基础上持续地显著增强。从而，使农村环境更加洁净、空气更加清新，流水清澈；加之林、灌、草、花和农作物呈现马赛克式错落交融，形成恬静、幽雅、莺歌燕舞的优美乡村田园景观。

这些反映到北京农业生态服务价值上，将较现时翻一番左右。

3. 服务功能

（1）科技服务

北京农业为全国及全球农业进行科技服务，体现在提供农业科技成果的硬件和软件上。最为突出也最为有效的，是通过种业生产和销售动植物优良品种的种子、种畜/禽/鱼、菌种以及生物技术。当前正在规划和开始建设中的通州种业园，到新中国成立 100 周年前后，将会入驻全球著名种子企业总部 15 家以上和一批具有国际竞争力的上市民族种子企业的总部，拥有 30 ~ 50 个国际一流水平和影响力的创新团队以及逾千名的高端人才；创新、孵化、展示、交易、结算和服务等功能强大；种子及生物技术的贸易额占国内市场份额的一半以上，占全球份额的 10% 左右；成为引领全国、影响世界的种子硅谷的核心区，使北京成为亚洲的种业之都。

（2）为城乡一体化服务

北京农业为城镇发展继续提供人力、物质和空间等资源。在城乡公共服务均等化的基础上，期间将为第二产业和服务业的发展，在第一产业从业人员中转移出近 3/4 的劳动力；与此同时，利用自身的科技、人才优势，在市区和新城建设 8 ~ 10 座或更多的现代化智能植物工厂。

（3）为京津冀农业一体化服务

北京发挥种业之都的优势，就近强烈辐射到河北省与天津，两地成为国内的重要制种基地（片）之一。

京津冀对农产品市场细分化，河北省发挥地形多样、耕地较多、北部气候冷凉、劳动成本较低等优势，生产种类丰富、质量优良与安全的中高端农产品，依托京津发展休闲农业，北京则起到科技、人才、信息、资金的支撑作用。京津冀农业实现合理分工，协调发展。

北京发挥空港优势，天津发挥海、空港优势，加之河北省的海、空港，京津冀成为全国农产品出口的重要基地之一。

4. 社会功能

（1）生活功能和文化功能

北京农业的生活功能和文化功能二者紧密交融。那时，休闲农业多元，以租赁为主，操作体验与观光采摘仍占有一定份额。在休闲度假、养生康体、文化创意以及养老敬老等活动中，游客不仅精神得到放松、健康了体魄，而且在享受大自然和农业景观、农村田园之美的同时，获得科学、人文、艺术等知识，领悟到“乡愁”，感悟人生哲理，灵魂净化、情操升华。

（2）就业功能

除去农业生产所需的就业岗位之外，还拉动了为农业产业链服务以及农产品加工利用等涉农二、三产业的就业。农业岗位数与涉农二、三产业岗位数之比，将由目前的1∶2.5升至1∶7甚至更多。

（3）安定社会的应急保障功能

在非常事件突发时，物流系统遭到严重干扰，北京自产的鲜活农产品将保障居民生存基本需求的供应，从而起到维护社会稳定作用。

（三）水平

从现代农业内涵的视角出发，对北京农业届时的五项内容，将分别达到世界什么样的水平进行预测和评估，其结果：一些指标达到21世纪50年代世界领先水平或先进水平，其余的均达到次先进水平（见表4-2）。

表4-2 21世纪50年代北京农业的世界水平

<table>
<tr><th colspan="3">内涵</th><th>领先水平</th><th>先进水平</th><th>次先进水平</th><th>平均水平</th></tr>
<tr><td rowspan="5">产出水平</td><td colspan="2">产品多元</td><td>√</td><td></td><td></td><td></td></tr>
<tr><td colspan="2">产品优质</td><td></td><td>√</td><td></td><td></td></tr>
<tr><td rowspan="3">高效</td><td>土地产出率</td><td>√</td><td></td><td></td><td></td></tr>
<tr><td>劳动生产率</td><td></td><td></td><td>√</td><td></td></tr>
<tr><td>资源利用率</td><td></td><td>√</td><td></td><td></td></tr>
<tr><td colspan="3">科技水平</td><td></td><td></td><td>√</td><td></td></tr>
<tr><td colspan="3">装备水平</td><td></td><td></td><td>√</td><td></td></tr>
<tr><td colspan="3">经营管理水平</td><td></td><td></td><td>√</td><td></td></tr>
<tr><td colspan="3">农民素质</td><td></td><td></td><td>√</td><td></td></tr>
</table>

依据系统论1+1>2的基本原理，整体先进时各分项指标不一定都达到先进水平。例如，美国、德国、法国等发达国家，它们的土地产出率当前均未超过200美元/亩，未达到世界先进水平，但并不妨碍它们的农业整体上具有当代世界领先水平，属于现代农业。因此，由各项指标集成为整体时，如果它们都分别达到领先水平、先进水平和次先进水平，整体上可属于先进水平。因此，新中国成立100周年前后，北京将建成未来那个时代具有世界先进水平的现代农业。

主要参考文献

[1] 何传启. 中国现代化报告（2012）——农业现代化研究［M］. 北京：北京大学出版社，2012.

[2] 我国农机化工业亟须加大“马力”［N］. 中国科学报，2012-10-11.

[3] 刘艳琴. 发达国家农民职业培训对中国的启示［J］. 世界农业，2013，(8).

[4] 王雅鹏，等. 社会转型期我国实现农业现代化的思考［J］. 农业现代化研究，2012，(3).

[5] 增艳. 广州都市型现代农业发展现状和可持续发展研究［J］. 农业现代化研究，2012，(3).

[6] 李梅，等. 日本东京都都市农业发展现状及对北京的启示［J］. 世界农业，2014，(3).

[7] 苟露峰，等. 日本都市农业发展概况［J］. 世界农业，2012，(3).

[8] 赵俊晔. 美国加利福尼亚州农业旅游经营管理与启示［J］. 世界农业，2012，(5).

[9] 黄庆华，等. 城乡统筹发展水平测度及动态研判：以重庆市为例［J］. 农业技术经济，2012，(2).

[10] 柯炳生. 关于走中国特色农业现代化道路的若干认识［J］. 学习与研究，2008，(6).

[11] 高旺盛. 论新时期现代农业的内涵、特征及科技对策［J］. 中国农学通报，2007，(10).

[12] 卢良恕. 现代农业发展与社会主义新农村建设——（三）现代农业的内涵、特点与发展趋势［J］. 安徽农学通报，2006，(8).

[13] 戴小枫. 现代农业的发展内涵、特征与模式［J］. 中国农学通报，2007，(3).

[14] 卢凤君. 中国农业劳动生产率与比较劳动生产率的特征及量化分析［J］. 农业技术经济，1997，(1).

[15] 北京市国土资源勘测规划中心. 统筹规划，科学发展，开创首都生态文明建设新局面 [J]. 北京土地（内部发行），2013，(5).

[16] 王爱玲，文化. 再论北京农业的功能 [J]. 河北农业科学，2011，(7).

[17] 王应宽，等，编译. 21 世纪美国农业面临的关键挑战和应对策略（据美国总统顾问委员会报告主旨内容编译）[J]. 世界农业，2013，(9).

[18] 中国食物与营养发展纲要 [Z]. 国办发〔2014〕3 号，2014-01-28.

[19] 文化，等. 聚焦都市农业 [M]. 北京：中国经济出版社，2005.

[20] 文化. 农业发展规划编制的方法与案例 [M]. 北京：中国农业科学技术出版社，2009.

[21] 闫晓军，等. 北京市蔬菜市场预警研究 [J]. 农业现代化研究，2011，(5).

[22] 曾雄生. 史学视野中蔬菜与中国人的生活 [J]. 古今农业，2011，(3).

[23] 刘佳，等. 国内主要农业科技信息服务模式比较研究 [J]. 农业技术经济，2012，(6).

[24] 郑健雄，郭焕田，等. 休闲农业与乡村旅游发展 [M]. 徐州：中国矿业大学出版社，2005.

[25] 郑健雄，郭焕田，等. 观光休闲农业与乡村休闲产业发展 [M]. 徐州：中国矿业大学出版社，2007.

[26] 郑健雄，郭焕田，等. 乡村旅游发展规划与景观设计 [M]. 徐州：中国矿业大学出版社，2009.

[27] 卢云亭. 旅游研究与策划 [M]. 北京：中国旅游出版社，2006.

[28] 文化，贾劲松，王爱玲. 强化北京农业的文化功能推进休闲农业升级. [A]. 见：北京市农村工作委员会，北京市农村经济研究中心，北京市观光休闲农业行业协会. 北京市休闲农业与乡村旅游发展报告（2013）[C]. 2013. 11.

[29] 文化，刘军萍，等. 北京乡村旅游产业的发展出现拐点 [A]. 农业部农村社会事业发展中心. 中国（安吉）休闲农业与乡村旅游发展高层论坛优秀论文集 [C]. 2009. 10.

[30] 沈镇昭，隋斌，主编. 中华农耕文化 [M]. 北京：中国农业出版

社，2012.

[31] 曾晓光，李红．庄户农说演绎［M］．北京：中国农业科学技术出版社，2011.

[32] 王有年，华玉武．北京都市型现代农业文化研究［M］．北京：中国农业出版社，2010.

[33] 尹钧科．北京郊区村落发展史［M］．北京：北京大学出版社，2001.

[34] 张一帆，张俊峰．古今农业诗文选［M］．北京：中国农业科学技术出版社，2011.

[35] 刘丽影，等．国外创意农业模式对中国文化创意农业发展的启示［J］．世界农业，2014，(3).

[36] 张一帆，王爱玲．创意农业的渊源及现实中的创新业态［M］．北京：中国农业科学技术出版社，2010.

[37] 农业部农民科技教育培训中心，中央农业广播电视学校组编．创意农业［M］．北京：中国农业出版社，2013.

[38] 北京市旅游业培训考试中心编．乡村旅游发展基本原理［M］．北京：旅游教育出版社，2013.

[39] 北京市旅游业培训考试中心编．北京京郊旅游发展实践［M］．北京：旅游教育出版社，2013.

[40] 北京特色农产品资源开发与利用研究课题组．北京特色农产品资源开发与利用研究［M］．北京：中国农业科学技术出版社，2009.

[41] 袁媛，等．国外近10年有机农业的发展与启示［J］．世界农业，2012，(2).

[42] 赵继龙，等．美国城市农园的发展历程及其启示［J］．世界农业，2011，(9).

[43] 王瑞华，黄中廷，主编．光辉的历程［M］．北京：中国农业科学技术出版社，2009.

[44] 张文茂，主编．京郊农村改革30年研究［M］．北京：中国农业科学技术出版社，2009.

[45] 北京市农村经济研究中心编．北京市农村改革发展60年大事记(1949—2009年)［M］．北京：中国农业出版社，2010.

[46] 高旺盛，贾敬敦，主编．中国循环农业研究进展［M］．北京：中

国农业大学出版社，2010.

［47］周连第，等．农村公共产品政府投资优化配置［M］．北京：中国经济出版社，2007.

［48］文化，钱友山．农业接口工程［M］．北京：北京科学技术出版社，1996.

下　　编

专题Ⅰ

北京农业多功能演进过程及机理研究

本报告是2011年北京市农林科学院农业综合发展研究所青年基金课题“农业多功能演进及机理研究——以北京市为例”的主要研究成果。

目　录

引　言

农业是人类社会存在和发展的基础。农业功能指的是农业产业在一个国家或地区所起的作用。在人类文明发展的不同阶段上，农业的功能和作用不同，表现出从单一到多样、从简单到复杂的发展趋势。农业多功能是指农业除了能够为人类提供粮食、为工业发展提供原材料等经济功能外，还具有环境调节、保持生物多样性、防治自然灾害、提供农业景观等生态功能和为社会提供劳动就业和社会保障、观光休闲和维持社会稳定等社会功能，以及文化传承与保护等文化功能。农业的多功能性来源于农业所产生的经济品和非经济品的多样性和复杂性。对农业功能的认知，由单一功能向多功能演进，是人类文明进步的结果。

随着社会经济的不断发展和人民消费水平的持续提高，人们对农业功能的认识正在不断加深。传统农业社会处于生产力不发达阶段，传统农业的功能主要是生存水准之上的生产功能，农业本身所固有的其他功能未被发掘。社会生产力的发展使得人类生存需求得到满足，人们开始重视自身的健康、精神文化需求，以及与自然界的和谐，注重环境和生活质量时，农业的多功能性显现。

北京农业经历了近万年的演进。伴随着我国全面建设小康社会和首都城乡一体化建设的快速发展，立足首都功能定位和城乡发展全局，北京农业实现了历史性的跨越，进入到都市型现代农业发展阶段。与之相适应，北京农业功能经历由以粮食生产供应单一功能为主到城市高端农产品供应和应急安全的基本保障、首都生态宜居基础以及市民休闲之地的多功能转变。农业对于北京的价值早已不仅仅体现在经济价值层面满足人们“胃”的需求，更上升到对社会层面，主要是生态服务、生活参与等隐性价值的追求，进一步满足人们“肺”“眼”“脑”等多种需求。

在建设世界城市的大背景下，北京农业的多功能拓展将更加深入。立足于首都城乡统筹全局，深入研究和总结北京农业多功能拓展的过程实践经验，把握北京农业在建设国际化大都市中的发展方向的基础上，对北京农业多功能未来趋势作出判断，将为北京农业发展提供决策支撑。

第一章 农业多功能的概念与内涵

一、农业多功能的由来

农业多功能的提出，其背景是在经济全球化趋势下为贸易保护主义提供理论支撑。

20世纪80年代末到90年代初，日本率先在其“稻米”文化理念中，明确提出了农业多功能的概念。并将其作为1999年颁布《食品·农业·农村基本法》（简称《新基本法》）的基石，认为日本文化与水稻种植密切相关，保护日本水稻生产业就保护了日本的稻米文化。日本认为：（1）稻田具有保持大量水分的功能，因此可以降低洪水和山崩的风险。根据稻田的持水能力计算，日本稻田的缓冲能力相当于5亿立方米，大于日本最大水库库容量的8倍。日本稻田的保持水土和抗洪等多功能价值，每年达46000亿日元，比稻米产值高一倍还多。（2）由于生产资源有限，保障食物安全必须国内生产、进口、粮食储备相结合，单纯依赖进口将削弱国内食物供给结构。因此，国内生产是食物稳定供给的基础，具有抗风险功能，应最大可能地去维持。（3）如果农业生产安全置于市场机制下，食物安全便不能得到保障。为了确保农业多功能的实现，政策干预（国内支持）是必要的。

由此可见，农业的多功能体现在农业不仅生产人们必需的食物和纤维，还创造出各种各样的有形和无形价值。从日本农业多功能概念提出的目的，不难看出其是以保护本国稻米文化为由，实质是与美国等农产品出口国进行贸易谈判时成为筹码。之后，农业多功能的提法开始出现在各国农业政策讨论中。

从国际农业发展所面临的形势来看，农业多功能的提出有其深厚的背景。由于世界农业面临着资源刚性约束、环境持续胁迫等诸多问题，随着农产品贸易全球化进程加快，农产品进口国与出口国之间的摩擦愈演愈烈。由于一些国家实施贸易壁垒和保护严重，并且带来了对国际农业贸易的扭曲，乌拉圭回合达成的协议规定世界贸易组织（WTO）各成员将国内农业的综合支持水平（AMS）降低20%，因此各国只好将过去的直接补贴转为隐性补贴，这也为农业多功能的发展提供了肥沃的土壤。20世纪90年代末在寻求农业发展新思路的引导下，欧盟提出了以农业多功能性为核心理论基础的“欧盟农业模式”，并以《2000议程》把这种模式确定了下来。

在国际上最早承认农业多功能性的是1992年联合国环境与发展大会通过的《21世纪议程》，正式采用了农业多功能性（Multi－functionality of Agriculture，MFA）提法，并将第14章第12个计划（可持续农业和乡村发展）定义为“基于农业多功能性考虑上的农业政策、规划和综合计划”。1996年世界粮食首脑会议通过的《罗马宣言和行动计划》承诺中提出“将考虑农业的多功能特点，在高潜力和低潜力地区实施农业和乡村可持续发展政策”。1998年3月，经济合作与发展组织（OECD）在其组织召开的农业部长会议中也将农业多功能的概念引入。在随后公布的“部长会议公报”中对多功能做出了指导性定义。1999年9月，联合国粮农组织（FAO）在国际农业和土地多功能特性会议上，明确提出农业具有多功能性。

二、农业多功能的概念

1. 经合组织（OECD）对农业多功能的定义

经济合作发展组织（OECD）长期以来对农业的非商品产出，包括农业对环境的影响及其对农村就业的贡献进行了深入研究。经合组织认为，农业的最重要功能是为社会提供食物和原料，除这个最基本的功能外，农业还具备其他各种功能，以满足社会的多种需要。农业的这种除了提供农产品之外还具有其他多种功能的特性，即为农业的多功能。（经合组织，1998）

在随后公布的“部长会议公报”中对多功能做出了指导性定义，农业多功能的内容有：营造风景，物种和生态多样性的保护，水、土壤和空气质量的保证，水的合理利用，保持水土，食品安全，文化遗产的保护，动物福利等。农业多功能的范围包括：农业连带生产的多种商品和非商品产出的存在；有些非商品产出具有外部性和公共物品的特性，因此这类产出没有市场或者市场运行状况很差。这个定义涵盖了各成员国承认的多功能的核心元素。

2. 粮农组织（FAO）对农业多功能的定义

1999年9月，联合国粮农组织（FAO）专门召开了国际农业和土地多功能特性会议，明确提出农业具有多功能性。农业的多功能表现在农业基本职能是为社会提供粮食和原料，这也是农民谋生的基础；同时在可持续乡村发展范畴内，农业又具有多重目标和功能，其中包括经济、环境、社会、文化等各方面。对此，需要在充分考虑各区域和各国不同情况的基础上，制定一个系统的分析框架来衡量相互联系的经济、环境、社会成本和效益；并通过分析，促进对农业不同方面相互关系进行重新认识和思考，以制定相应政策，确保农业所涉及的各个方面协调和有机结合。

3. 其他国家对农业多功能的定义

1999 年 7 月，日本出台了《食物·农业·农村基本法》（简称《新基本法》），在《新基本法》中对日本的农业多功能的定义是：通过农村地区的农业生产活动，提供所生产的粮食及其他农副产品以外的其他功能，如国土资源的保护、水源涵养、自然环境的保护，形成良好的自然景观以及文化的继承等，在国民生活及国民经济的稳定上发挥着重要作用，今后必须采取切实措施，充分发挥农业的多功能。

法国在 1999 年 7 月制定颁布的国家农业战略中，其主导思想就是发挥农业的多功能，即除了要生产更多、更好的一般意义上的各种农产品外，更为重要的还在于它必须能够在环境保护、国土整治、维系生态平衡和生物多样性等方面发挥它特有的作用和功能。

三、农业多功能的特征

农业功能指的是农业产业在一个国家或地区所起的作用。农业的多功能性来源于农业所产生的经济品和非经济品的多样性和复杂性。认识农业多功能的内涵特征将有助于我们深入理解农业多功能拓展。

顾晓君在其《都市农业多功能发展研究》一文中指出，农业多功能决定农业非商品产出具有联合生产、外部性和公共产品三大内涵特征。

①农业非商品产出的联合生产特性指的是，农业非商品产出和商品生产是相结合、不可机械地割裂开。由于农业是自然再生产和经济再生产相交织的过程，农业生产是在特定的农业资源利用方式、特定的资源环境、生态条件下的特定区域进行的；由于农业兼有地域分布特征，农业生产与农村生活密不可分，生产区域与农村生活区域重叠交叉，农业生产通畅是农村社会生活的重要组成部分，对特定农村生活方式形成和维护、农村田园景观的形成、对相关文化和历史的形成与传承具有十分重要的作用。这个特点使农业生产在相关农产品生产的同时，必然会对农业资源、生态和环境以及农村生活、农村社会发展产生影响，具有社会、经济、环境和文化等方面的非商品产出功能。这些非商品产出功能与商品生产密切结合、不可分割。②农业非商品产出的外部经济特征指的是，农业的非商品产出使得农业生产经营活动对资源、生态、环境以及农村社会、经济、文化发展产生的影响大大超出了生产

者自身的范围，对区域甚至整个农村社区、国家乃至世界发生作用，因而农业非商品产出具有明显的经济外部性特征，不可能完全由市场来调节，是一种溢出效应。③农业非商品产出的公共产品特性指的是，由于农业的非商品外部性的特性，决定了农业的非商品特性很难进行产权界定和价值量化，并在其作用范围内难以排出他人的享用，产出效果具有显著非排他性和不同程度的非竞争性。例如，一定的粮食自给率带来的粮食安全保障、战略保障价值、劳动力就业保障对城乡和谐发展及社会稳定的价值、农业景观和文化继承价值等，都具有非排他性。这又使农业非商品产出具有公共产品和半公共产品的特性。

从对农业多功能特征的分析，我们可以看出，农业不仅仅是一个产业经济部门，还是一个社会事业部门。农业不仅仅是经济发展的基础，还是社会发展的基础。

四、农业多功能的划分

1. 按商品属性划分

根据农业多功能的商品属性划分，可将农业的多功能划分为物质产品功能和非物质产品功能；此外也有文献将农业多功能划分为商品生产功能和非商品生产功能，或经济生产与非经济生产两大功能。

2. 按内容划分

按内容划分，可分为生产功能、生态功能、社会功能。生产功能是农业的基础功能，它的主要作用是为人类提供食物等生活消费品、为工业发展提供原材料。农业的生产功能通过经济价值的形式表现出来，它决定着农业经营实体和整个农业体系的经济地位和竞争力，其功能和价值以显型存在。农业通过自然代谢对人类活动产生的废弃物和污染物予以接纳、存贮、净化、降解、吸收，即农业具有净化空气、涵养水源、保持水土等环境调节和促进生态保护功能；此外，农业生态功能还体现在提供绿色景观和自然景观以及防灾、减灾功能上。农业的社会功能主要体现为农业具有为社会提供劳动就业、维持社会稳定、保障基本生活资料供应等社会保障及观光休闲和农业农村文化传承与保护等功能。

3. 按性质划分

功能有显、隐型之分。显型功能指现阶段已被人们所认识到或所期待的功能。隐型功能是指客观存在但目前未期待或未被认识到的功能。生产功能是最早被人来认识到的功能，其自农业开始即以显型功能的形式存在。生态功能和社会功能最初呈现隐型或半隐型状态，随着时间的推移，人类认知水平的提高，生态功能和社会功能逐渐被人类认识到，由隐型功能演化为显型功能。到目前为止，农业的生产、生态和社会功能都已演进为农业的显型功能。

表 1　农业多功能划分

	分类
按内容划分	生产功能、生态功能、社会功能
按商品属性划分	物质产品功能：生产功能 非物质产品功能：生态功能、社会功能
按性质划分	显型功能：现阶段已被人类所认识或所期待的功能 隐型功能：客观存在但目前未期待或未被认识到的功能

第二章　北京农业多功能层次结构

新中国成立以来，适应首都经济社会发展的需要和坚持为城市发展服务的原则，立足首都功能定位和城乡发展全局，北京农业的功能经历由以粮食生产供应单一功能为主到城市高端农产品供应和应急安全的基本保障、首都生态宜居基础以及市民休闲之地的多功能转变。农业对于北京的价值早已不仅仅体现在经济价值层面满足人们“胃”的需求，更上升到对社会层面，主要是生态服务、生活参与等隐性价值的追求，进一步满足人们“肺”“眼”“脑”等多种需求。北京农业功能的拓展，为首都工业化和城市化的发展提供了强有力的支撑。

一、北京农业多功能的层次结构

农业的功能定位，在不同国家和地区，都是依据其对国民经济运行的不同作用确定的，即农业为满足不同时代的需求而相应的产生不同的多功能组合。就一定地域的农业而言，其具体功能由当地的经济、社会、人文发展水平、战略地位以及自然资源禀赋所决定。北京的都市型现代农业，是与首都功能定位相契合的。根据北京都市型现代农业在城市中的地位和作用，可将北京的农业功能确定为经济功能、生态功能、社会功能、服务功能四个一级功能，每一级功能又包含若干个子功能（二级功能）。

表2　北京农业功能的层次结构

一级功能	二级功能	内涵
经济功能	生产功能	提供农业物质产品和非物质产品
	拉动功能	二产——农资生产与制造，农产品加工 三产——农产品物流（贮、运、销），会展，旅游，餐饮，金融，咨询等
生态功能	生态屏障功能	城市外来污染物的屏障，防风固沙，涵养水源
	接纳、净化功能	对城市产生的废气、污水、垃圾等，接纳并净化
	景观功能	乡村优美、恬静的田园风光
	防灾、减灾功能	缓解气候、地质等自然灾害以及人为灾害，并提供避难空间

续表

一级功能	二级功能	内涵
社会功能	生活功能	满足衣、食等生存需求，以及康体、养生、休闲、娱乐等精神需求
	就业功能	除自身就业外，还包括涉农二、三产业的就业（北京为1:2，美国为1:6）
	安定社会功能	非常时期，粮、菜、肉、蛋、奶等生活必需品的应急保障
	文化功能	哲学、伦理道德、科技、文学、艺术的源泉，对自然界及人类自我的认知，教育与科普
服务功能	城乡一体化功能	城乡统筹发展，为城市发展提供人、物、空间等资源
	区域农业一体化功能	为周边农业提供加工、科技、信息、人才、资金等服务，起示范、辐射、带动作用
	全球化功能	为世界农业发展服务，提供跨境消费

注：王爱玲，文化：再论北京农业的功能——大力培育服务功能和文化功能［J］. 河北农业科学，2011，(7).

严格地说，服务功能隶属于农业的社会功能。然而，考虑到首都的特殊地位，本研究将其列入一级功能。

二、农业诸功能的地位及相互关系

北京农业的这四大功能之间不是孤立的，它们相互依存、相互渗透、相互促进，共同构成有机、和谐的农业整体功能。

从功能地位来看，生产功能处于基础地位，是农业的基础功能。生产功能为农业的其他功能奠定了基础，其为生态保护提供了可能，为社会稳定提出了基础，为文化创造与传承创造了条件。生态功能处于保障地位，属于保障性功能。社会功能，是生产功能存在的前提和必要条件，也属于农业的基础性功能。人类对于思想、观念和美好未来的诉求，驱动农业的生产功能和生态功能不断发展。服务功能，是北京农业特有的功能，它由北京城市地位所决定，是其他三项功能的延展，属于农业的拓展功能，它促进了农业其他功能的不断强化，是农业其他功能发展的动力之一。

从功能的显、隐型来说，生产功能是最早被人类所认知到的功能，从一开始即以显型功能的形式存在。农业的生态功能早期呈现一种隐型或半隐型的客观存在，其变化很难直观地、短时期内被人类所认知，农业社会功能最初也以隐型功能的形式存在，随着人类经济、社会发展水平的提高，当人类生存需求得到满足后，人类的消费需求开始向质量和品质发展，开始重视自身的健康、精神文化需求，以及与自然界的和谐，注重环境和生活质量时，农业的生态功能和社会功能由隐型演化为显型。

第三章 北京农业经济功能演进过程研究

本章主要考虑经济功能里面的生产功能。生产功能是农业最基本的功能，指通过劳动力、资金、土地等诸因素的投入，实现人与自然界物质与能量的交换。北京农业的生产功能主要体现在为城市居民进行生产，提供鲜活农副产品。现阶段，北京农业生产功能定位为首都副产品供给基地，保障市民鲜活、安全农产品供应。

一、生产功能演进产品贡献分析

城市需求的变化引导北京农业生产内容和重点的变化，随着首都经济的快速发展，北京农业生产由关注温饱向高产优质高效农产品转变。

1. 产品贡献阶段划分

产品贡献：城市需求的变化引导北京农业生产内容和重点的变化，由关注温饱向高产优质高效农产品转变。

以1950—2012年北京市统计数据为基础，北京农业的生产功能阶段划分为以粮为纲、丰富种类、关注品质、注重效益四个阶段。

(1) 1960—1980年，以粮为纲阶段，增加农业产出

三年经济困难时期，全国人民尝尽了忽视粮食是基本生产物资的苦果。1960年7月，中共中央提出“农业是国民经济的基础，粮食是基础的基础”和“以粮为纲”的方针，农业生产的目的是为解决人民温饱，该政策一直持续到20世纪末。在这一阶段，北京农业生产的重点是粮食生产，农作制度经历了“一年一熟”“三种三收”“间作套种制”“两茬平作制”，复种指数保持在165%。农业生产条件有很大改善。粮食总产量由1949年的41.7万吨增加到1980年的186.0万吨，粮食耕地亩产由1949年的57公斤/亩增加到1980年的226公斤/亩。

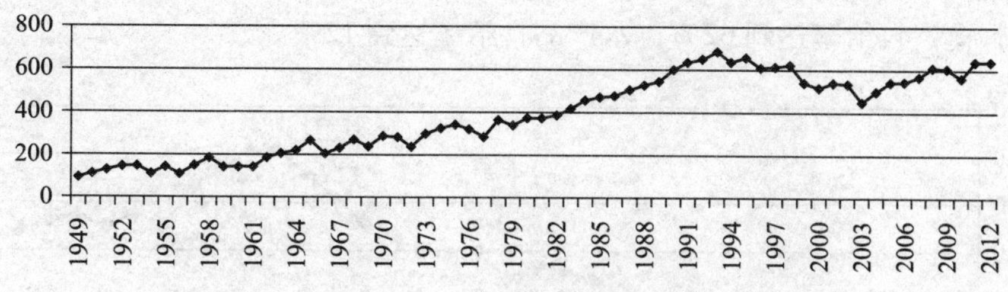

图1 1949—2012年北京粮食耕地面积亩产（公斤/亩）

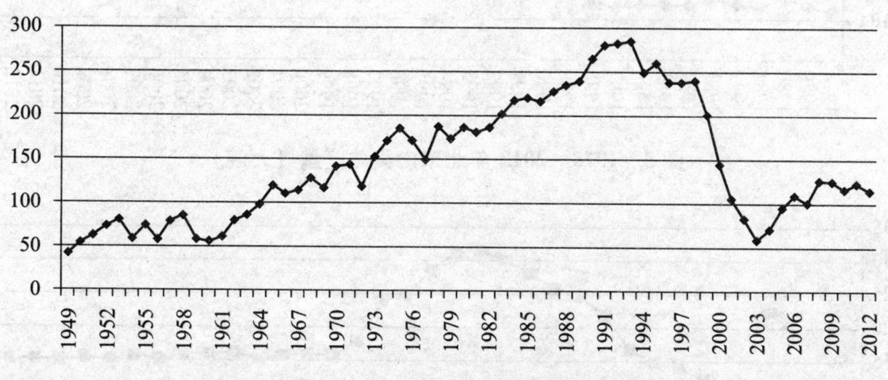

图2 1949—2012年北京粮食总产量（万吨）

（2）1980—1994年，关注居民膳食营养

改革开放后，农村经营体制发生深刻变革。在“家庭联产承包责任制”的制度创新和农业科技不断取得突破的双重促进下，农业生产力迅速恢复并不断提高，农业生产积极性重新被调动起来。1984年，粮食总产量达到217万吨，1994年突破250万吨，粮食产量的增加使得生存问题得到解决并实现温饱①。此时，城市副食品供不足需以及供给单一的问题显现，居民的营养问题开始凸显，农业的副食品供给功能受到重视。这一时期农业生产重点关注居民膳食营养，重点发展禽、蛋、水产品和牛奶生产。20世纪80年代初北京着重发展蛋鸡和肉鸡生产，尤其是在1985年前后狠抓规模猪场和池塘养鱼。至20世纪90年代初，禽、蛋、奶、水产品等副食品生产规模明显扩大。图3—图5显示了1978—2012年北京肉类、禽蛋、水产品产量。目前，北京市年禽蛋总产量维持在15万吨左右，水产品总产量维持在6万吨左右。2010年，北京猪肉自给率达到30%，禽蛋自给率达到56%，牛奶自给率达到

① 然而，从1994年开始至2003年，受“三农”问题影响，北京粮食产量开始减少，2003年粮食产量甚至萎缩至1960年水平，直至2004年以后才开始恢复性增长。

64%，禽肉自给率达到62%，水产品自给率达到12%。

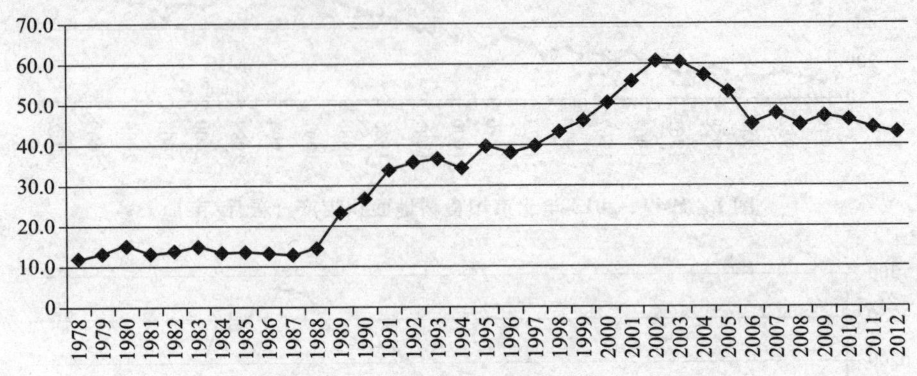

图3　1978—2012年北京肉类总产量（万吨）

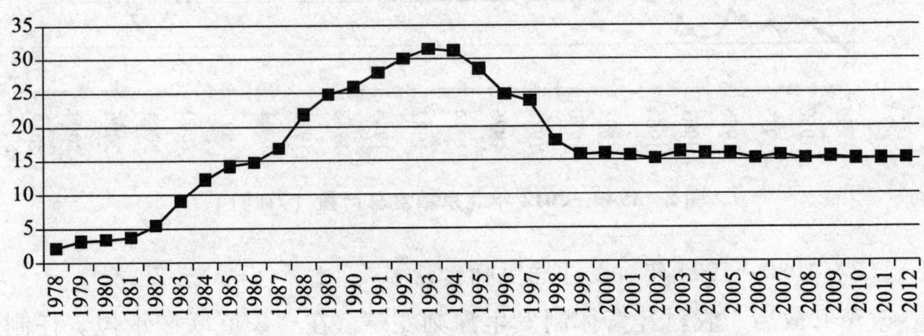

图4　1978—2012年北京禽蛋总产量（万吨）

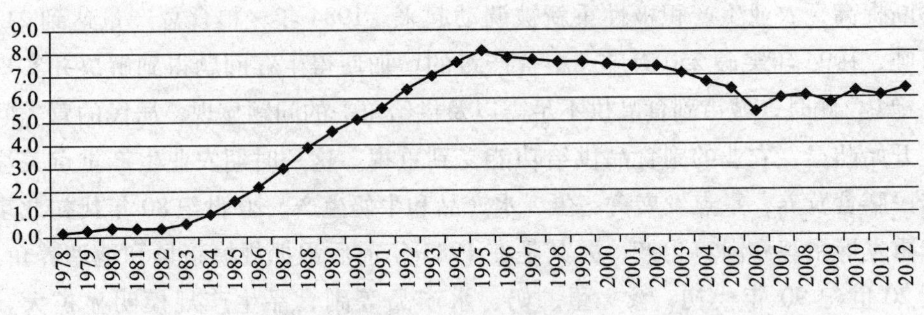

图5　1978—2012年北京水产品产量（万吨）

（3）1995—至今，高产、优质、高效农产品生产

粮食丰年有余，副食品生产由普遍的短缺转变为供大于求，初步形成自己的农业生产规模，人民生活水平提升，对产品需求多样化、复杂化。这时，适应市场经济的要求大力推进农业产业结构调整，着眼于高产优质高效农产

品生产，重点发展设施农业、籽种产业和有机农业。

维生素与纤维素的需求开始形成热点。20 世纪 90 年代中期，北京在全国率先实施“菜篮子工程”。由于设施农业具有高投入高产出，资金、技术、劳动力密集型产业特征，自 1995 年北京开始扶持设施农业发展，设施农业和“菜篮子工程”成为政府满足供应，实现保障的重要抓手。设施农业面积发展迅速，由 1998 年的 17 万亩，发展到 2012 年底的 35 万亩，设施农业年收入 52 亿元，占全市种植业总产值的 1/4，吸纳本市农户就业 26 万人。设施农业成为郊区农民增收的支柱产业。北京蔬菜生产用地实行最低保有量责任制，并建立了新菜田建设补贴制度，累计建成基本菜田 66.9 万亩。“菜篮子”自给率、控制率、合格率、应急保障能力稳步提升。

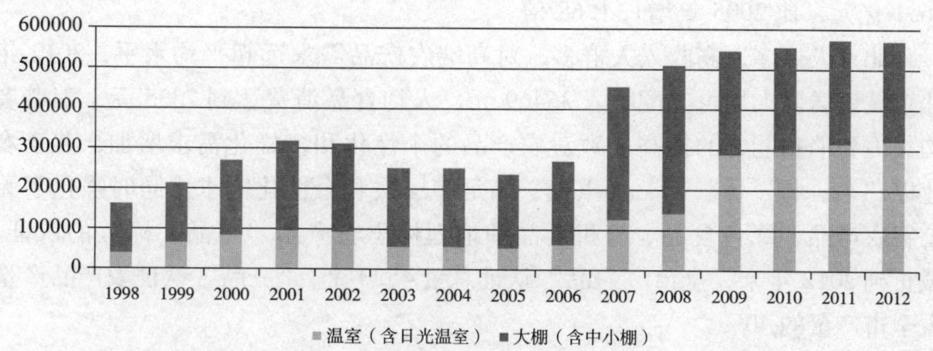

图 6　1998—2012 年北京设施农业播种面积（亩）

同时，注重设施农业的提效升级，日光温室面积由 1995 年的 17000 亩增加到 2010 年的 125733 亩，5 年间规模增加了 6 倍多。而中小棚则由 1995 年的 58000 亩减少到 2010 年的 29624 亩，减少近 49%。

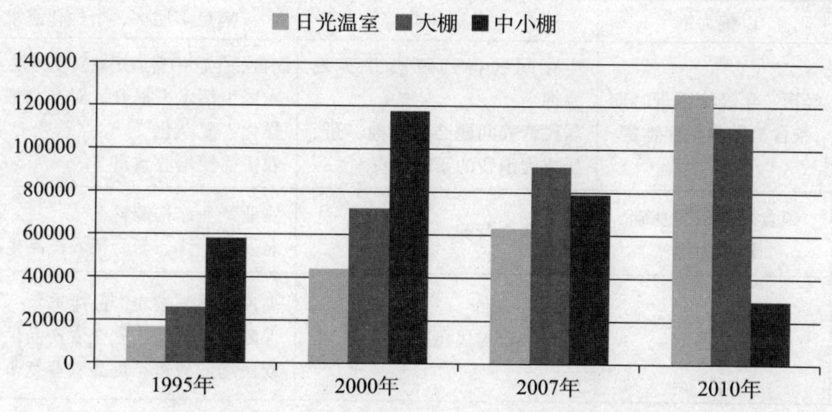

图 7　1995—2010 年北京设施农业发展趋势（亩）

依托北京具有的技术、资金、人才等资源优势，发挥籽种产业高端、高效、高辐射的特征，扬科技资源之长，避土地少成本高之短，瞄准农业科技发展的“战略高地”，大力发展籽种产业。2000年4月，市委、市政府下发《关于做好2000年农业和农村工作的意见》，提出大力调整农村经济结构，高标准发展“六种农业”，其中之一即是籽种产业。2009年，北京市委、市政府出台的“科技北京”行动计划中明确提出要加快特色籽种产业发展。2010年制定了《北京发展规划》，打造种业之都成为北京建设世界城市的战略型布局。初步确立了全国种业“三中心一平台”地位（科技创新中心、企业聚集中心、交易交流中心、种业发展综合服务平台），种业辐射、带动效应显著增强，成为全国种业创新孵化和展示基地。2012年，北京种业生产性收入达16.1亿元，比2005年增长1.68倍。

北京人口多，高收入人群多，对高端农产品需求远超平均水平，2012年北京城镇居民人均可支配收入36469元，人均食品消费达到7535元。消费者购买力和消费能力的提高导致对农产品的个性化和多样化需求增加，北京农业以“名、特、优、新”为重点，满足多层次和个性化需求。同时强化了无公害农产品、绿色食品、有机食品和地理标志农产品“三品一标”的认证。截止到2012年末，全市“三品”认证总量4520个，“三品”认证农产品产量占全市产量的40%。

截止到2012年末，北京蔬菜自给率达到30%，猪肉自给率达到30%，禽肉、鸡蛋、鲜牛奶自给率分别为65%、57%、57%，自产“菜篮子”主要产品质量安全抽检合格率达到96%以上。农业作为首都鲜活、安全农产品供给的基础保障功能进一步加强。

表3 生产功能演进过程分析

	以粮为纲	丰富种类	满足多层次、个性化需求
历史背景	经历三年经济困难时期 粮食是基本生存物资	生存问题得到解决并实现温饱 居民营养问题凸显，肉、蛋、奶成为消费的紧缺物资	副食品生产由普遍短缺转变为供大于求 人民生活水平提升，对产品需求多样化、复杂化 农民需要增收致富
理念	粮食是基础的基础 以粮为纲	关注膳食营养	农业产业结构调整 名、特、优、新、稀农产品生产
目标	解决温饱	满足城市居民蛋白质摄入	高产优质高效农产品生产 保障市民鲜活、安全农产品供应 农民增收致富，提高农业竞争力

续表

	以粮为纲	丰富种类	满足多层次、个性化需求
重点产业	粮食生产	20世纪80年代初着重发展蛋鸡和肉鸡 1985年抓规模猪场和池塘养鱼	设施农业、籽种产业、有机农业等

2. 产值结构分析

改革开放后，种植业在总产值中的比重呈逐渐下降趋势，由1978年的53.59%下降为2012年的44.99%。畜牧业自1984年开始上升趋势明显，且一直持续到2004年。之后，由于北京市农业空间布局调整，畜牧业产值开始呈现下降趋势。目前，北京市种植业与畜牧业产值比重为44.99%∶44.87%，形成了种植业、养殖业两业并举的产业结构。

图8为1978—2012年北京市大农业内部农、林、牧、渔占农业总产值比重。1984—2004年，北京市种植业产值比重下降和畜牧业产值比重的上升，这种农业产业结构变化说明了北京由单一的粮食供应为主向副食品供应的转变。

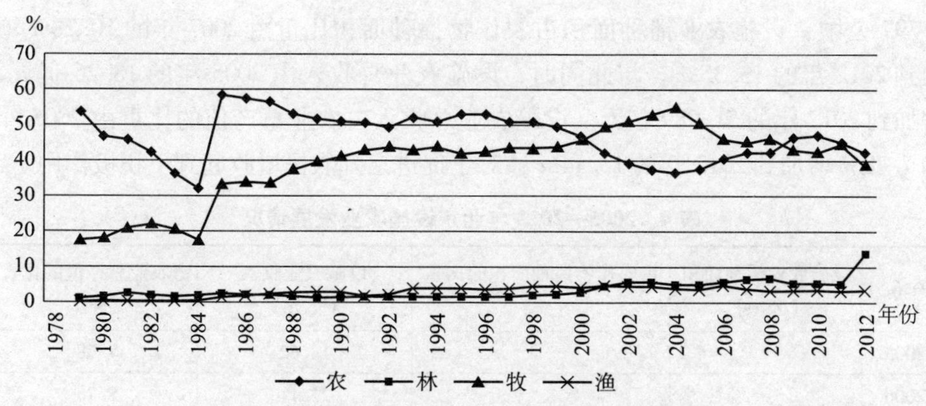

图8　1978—2012年北京农业内部各产值比重

从农业内部各子产业来看，我们着重分析下粮食、蔬菜以及设施农业、籽种产业的产值变化情况。首先，粮食产值占农业总产值比重整体呈逐渐下降趋势，比重由1978年34.94%下降为2012年的5.96%。尤其是1995年以后，下降趋势较为明显。自2000年后，粮食产值占农业总产值比重低于10%。蔬菜业自1996年开始超过粮食产业，成为种植业内部第一大产业。2000年，蔬菜业产值占农业总产值比重达到最高值26.58%。2012年，北京市蔬菜业产值占农业总产值比重为15.76%。果业保持稳步上升趋势，由1978年的5.6%上升到2012年的13.72%（如图9所示）。

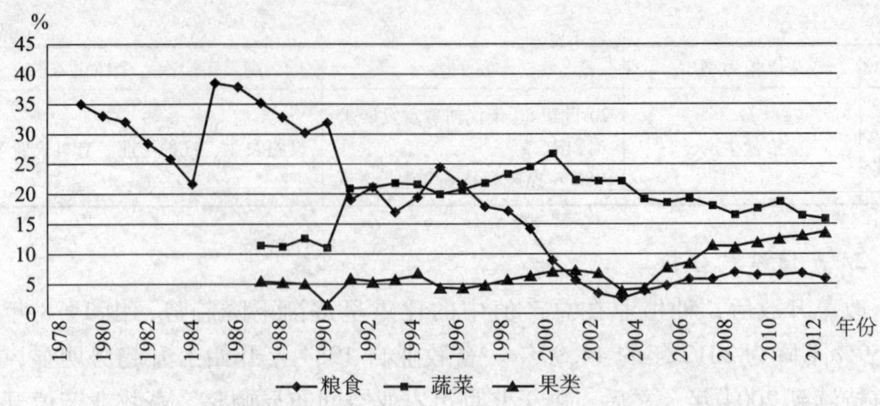

图 9　1978—2012 年北京粮食、蔬菜、果业占农业总产值比重

设施农业是建设北京都市型现代农业的重要组成部分，是实现京郊农业增效、农民增收重要途径，发挥着保障首都农产品供给的重要作用。北京市积极推动设施农业发展，先后下发了《关于促进设施农业发展实施细则》等一系列文件。2007—2012 年，北京设施农业播种面积由 30331 公顷发展到 37797 公顷，设施农业播种面积占农作物播种面积比重由 2007 年的 10.28%增加到 2012 年的 13.35%。与此同时，设施农业总收入由 2005 年的 18.26 亿元，增加到 2012 年的 51.989 亿元。设施农业总收入占农业总产值的比重由 2005 年的 7.78%增加到 2012 年的 13.14%，对于促进京郊农民增收起到了积极作用。

表 4　2005—2012 年北京设施农业发展情况

年份	设施农业播种面积（公顷）	占农作物播种面积的比重（%）	设施农业收入（亿元）	占农业总产值的比重（%）
2005			18.62	7.78
2006			21.11	8.78
2007	30331	10.28	28.12	10.33
2008	33889	10.52	28.17	9.27
2009	36203	11.31	33.91	10.77
2010	36811	11.61	40.72	12.41
2011	38006	12.54	45.58	12.55
2012	37797	13.35	51.98	13.14

对于籽种产业，随着北京市大力发展籽种产业，种业产值在农业总产值的比重由 2007 年的 3.64%上升到 2012 年的 4.07%。

通过以上分析，可以看出农业作为经济社会发展的基础地位没有发生变

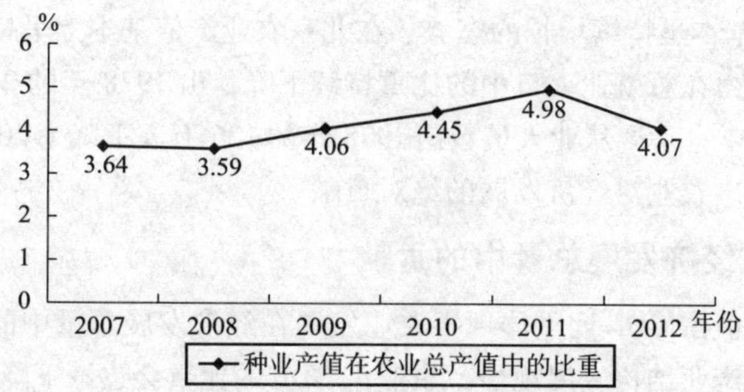

图 10 2007—2012 年北京种业产值占农业总产值比重

化。农村作为首都副产品供给基地，农业生产的目的是保障市民鲜活安全农产品供应。在消费需求的强烈拉动下，北京农业的生产功能其内容和重点正在发生质的变化。大宗农产品生产开始淡化，转向“名、特、优、新、稀”的高产优质高效安全农产品生产，各种高端要素集聚的“名、优、特、新、稀”农产品成为满足消费者多层次、个性化的需要。发挥首都高端农产品供应和城市应急安全的基本保障功能，农业承担的食品供给、健康营养和安全保证任务越来越重。

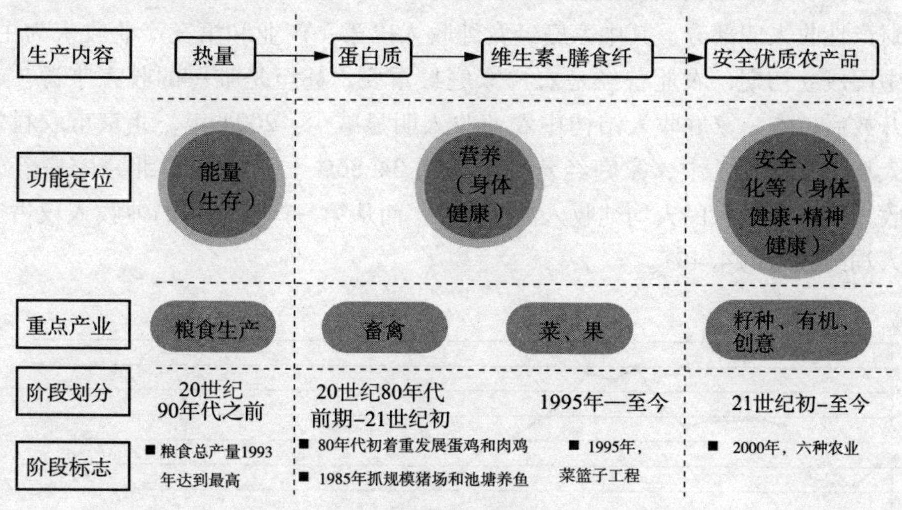

图 11 北京农业生产功能演进过程分析

二、生产功能演进经济总量贡献分析

（一）对经济发展的绝对贡献

1949—2011 年，北京农业总产值由 1952 年 2.5 亿元增加到 2012 年的

395.7亿元，基本呈持续增长的态势。在北京农业产值基本上呈持续增长的同时，农业劳动力在总就业人口中的比重持续下降，由1978年的28.3%下降为2012年的5.1%，一产从业人员数由1978年的126万人下降为2012年的57.3万人。这反映出农业对经济发展的绝对贡献。

（二）在经济发展总量中的贡献

一产增加值占GDP比重体现了农业发展在经济发展总量中的贡献。根据世界发达国家产业结构发展规律，农业占GDP的比重会逐渐下降并趋于平稳。农业比重逐步下降是世界所有国家工业化进程提高的一个标志。究其原因在于工业和服务业的附加值比农业要高，同等财政的支撑在二、三产业对GDP的贡献要更明显，因而农业增加值占GDP比重会下降。

1979年，北京一产增加值占GDP比重为4.3%，之后比重一直上升，1990年达到改革开放后的最高值8.8%。自此之后开始逐步下降，2012年，北京一产增加值占GDP比重仅为0.84%。按照北京统计局核算的近10年各产业的经济增长贡献率，2001年第一产业为0.8%，2003年至2005年出现负值，2012年第一产业贡献率为0.3%。

郊区农户家庭收入构成包括工资性收入、家庭经营纯收入、转移性收入和财产性收入四部分。其中家庭经营纯收入以第一产业和第三产业收入为主。新中国成立初期，农业曾经是农户家庭最重要，甚至是唯一的收入来源。改革开放后，农户家庭收入结构中农业收入明显减少。2004年，北京市农村家庭人均可支配收入中，家庭经营纯收入占24.86%。2012年，北京家庭经营纯收入仅占当年农民人均纯收入的8.0%，而从第一产业得到的纯收入仅占当年人均纯收入的4.4%。

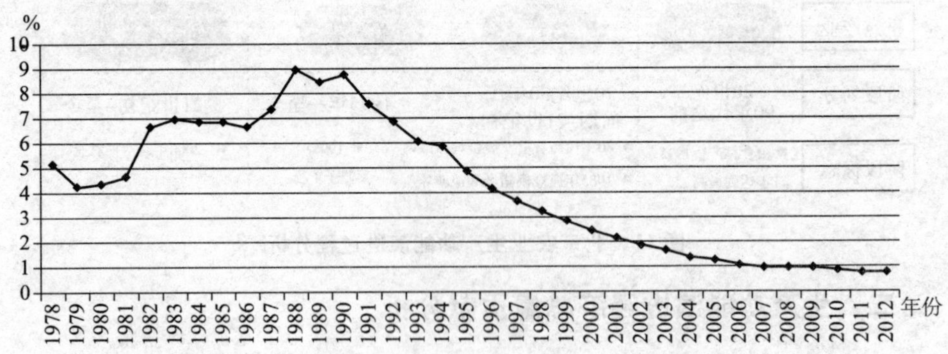

图12　1978—2012年北京一产增加值占GDP比重（%）

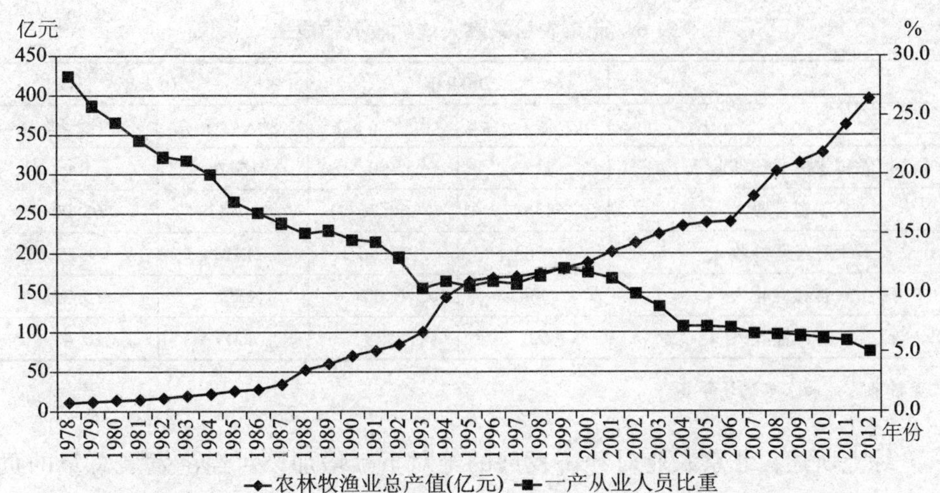

图13　1978—2012年北京农业总产值（万元）与一产从业人员比重（%）

表5　三次产业对经济增长贡献率（%）

年份	第一产业	第二产业	第三产业
2001	0.8	26.7	72.5
2002	0.5	23.4	76.1
2003	-0.2	33.4	66.8
2004	-0.1	37.9	62.2
2005	-0.3	26.9	73.4
2006	0.1	23.5	76.4
2007	0.2	24.9	74.9
2008	0.1	2.4	97.5
2009	0.4	26.5	73.1
2010	-0.1	34.4	65.7
2011	0.1	19.7	80.2
2012	0.3	22.9	76.8

资料来源：北京市统计年鉴。

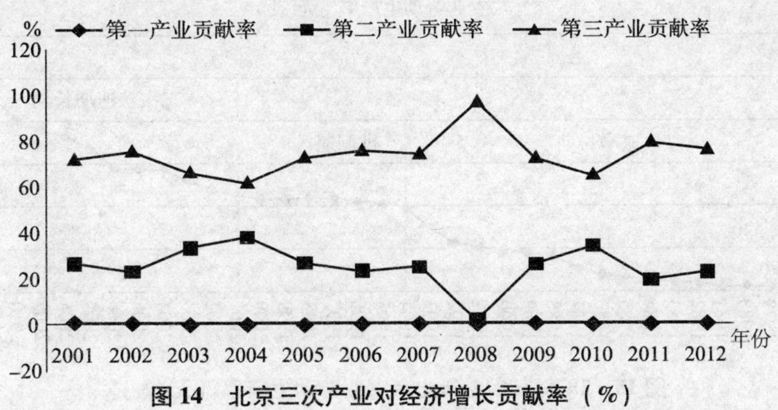

图14　北京三次产业对经济增长贡献率（%）

表 6　北京农村家庭人均纯收入构成表

	2004 年		2012 年	
	收入（元）	占比（%）	收入（元）	占比（%）
农村家庭人均纯收入	7172	100	16476	100
工资性收入	4358	60.76	10843	65.00
家庭经营纯收入	1783	24.86	1318	9.25
转移性收入	430	6.00	2598	15.32
财产性收入	601	8.38	1717	10.43

资料来源：北京市统计年鉴。

综上所述，北京农业对经济发展的绝对贡献增加；对经济发展总量的贡献表现为农业占国民经济比重下降，对首都经济增长贡献减少，对农户家庭收入贡献减少。

三、农业生产效率分析

农业生产功能的变化还体现在农业生产效率方面。农业生产效率包括农业劳动生产率和土地产出率，是衡量一个国家或地区农业生产力的综合经济指标。

农业劳动生产率，也叫劳均生产水平，即一产增加值/一产从业人员。农业劳动生产率表达了劳动支付和报酬获取之间的关系。1978—2011 年，北京农业劳动生产率稳步提升，31 年间增长 51 倍。其中 1978—1995 年为快速增长期，此时期劳动生产率为 444～9762 元/人，平均年增速 22.9%；1995—2000 年为徘徊期，劳动生产率处于 10223～10760 元/人之间，基本保持不变。21 世纪后，农业劳动生产率进入二次快速增长期，劳动生产率由 2001 年的 11214 元/人增加到 2011 年的 22622 元/人，平均年增速 7.1%。

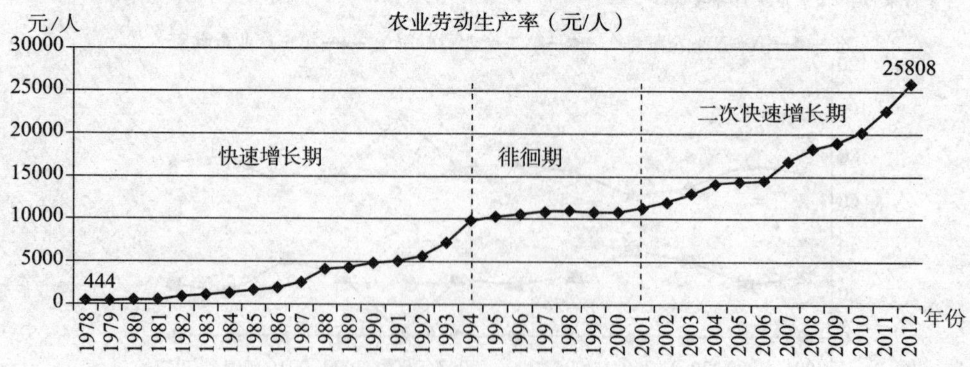

图 15　1978—2012 年北京农业劳动生产率（元/人）

土地产出率，又叫亩增加值，即一产增加值/耕地面积，反映单位耕地面积的产出情况。土地生产率体现为土地投入与产出成果之间的关系。北京农业土地产出率由1978年的87元/亩增加到2011年的4316元/亩，高于美、英、法、德四国，与中国台湾水平大致相当，为日本农业土地产出率的2/5、韩国的1/2。

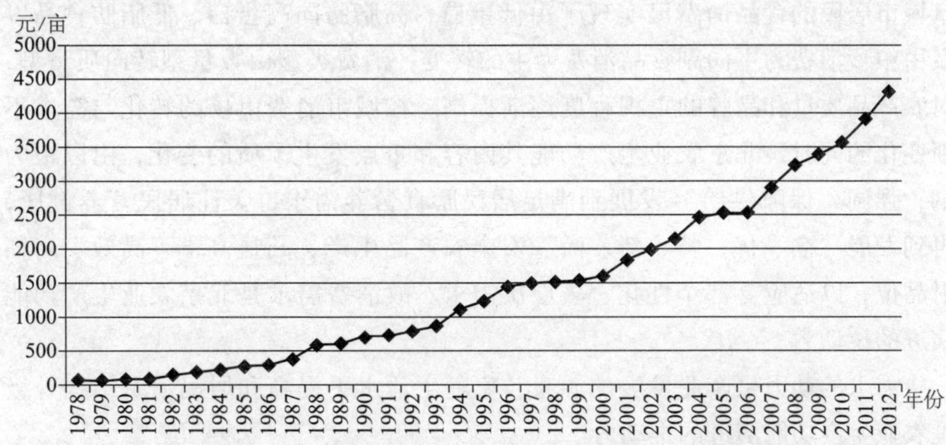

图16 1978—2012年北京土地产出率变化（元/亩）

表7 国家和地区土地产出率对比（2010年）

国家和地区	土地产出率（美元/亩）
日本	1271
韩国	977
英国	161
法国	158
德国	144
中国台湾	557
北京	574

资料来源：依据北京市统计局《北京市统计年鉴》、世界银行《世界发展指标》数据库整理。

综上所述，北京农业土地产出率和劳动生产率均有较大提高，但整体而言，目前北京农业存在土地产出率较高而农业劳动生产率相对较低的情况。

四、生产功能演进外界环境条件分析

北京农业一直扮演着为城市居民服务的角色。农业生产功能的演进，根本目的是不断满足人们的生活质量和消费水平。而人们生活质量的提高，又必然反过来刺激人们对消费提出更高、更新的要求。新中国成立60年来，北京城市居民的食品消费已实现了由低蛋白、高脂肪向高蛋白、低脂肪食品以及由粮食消费为主向副食品消费为主的转变，消费类型由数量型转向质量型，对农产品质量和品牌的重视程度逐渐提高。在城市消费市场的转化与需求不断变化的同时，北京农业生产功能其内容和重点发生了质的变化，由以粮为纲，强调“保障供给”发展到满足居民膳食营养需求，关注居民营养健康，再到发展“名、优、特、新、稀”安全农产品生产，凸显高端、高效、高辐射品位，以适应首都个性化、多层次需求。故消费需求是北京农业生产功能演进的拉动力。

需求的动力是产业发展的源泉，家庭生活水平提高和居民消费结构升级是农业生产功能演进的推动力。

家庭生活水平逐年提高，成为促进农业生产功能演进的重要因素。根据联合国粮农组织的标准划分：恩格尔系数在60%以上为贫困，在50%～59%为温饱，在40%～49%为小康，在30%～39%为富裕，30%以下为最富裕。1978—1984年，北京市城镇居民的恩格尔系数为55.3%～59.4%，即城市居民消费支出的一半以上用于食品支出，处于刚刚摆脱贫困、进入温饱的初期阶段；1985—1995年则开始下降，十年间恩格尔系数从1985年的50.6%下降到1995年的48.5%。进入小康阶段的初期。1996年后，北京市城市居民家庭恩格尔系数下降速度明显加快。2012年，北京城镇居民家庭恩格尔系数为31.3%，已处于富裕阶段，接近向最富裕阶段迈进。2012年与1978年相比，恩格尔系数下降了27个百分点。与此同时，城镇居民家庭人均可支配收入由1978年的366元增加到2012年的36439元，剔除物价指数影响（1978年:2012年=1:7），增加了14倍。

家庭生活水平的提高带来消费结构的普遍升级，进而推动农业内部生产结构调整。国际经验表明，一个国家或地区人均GDP达到1000美元时，即表明这个国家或地区进入消费型社会发展阶段。20世纪90年代后期，北京地区人均GDP即达到1000美元。进入到消费型社会发展阶段，人们对生活的追求已不限于能量、蛋白质的追求，而更多追求营养保健，个性多样化产品，开始向往更高的生活质量。社会消费结果向发展型、享受型升级。消费档次不断提升、消费观念不断更新。消费结构的这种升级推动农业内部生产结构的调整，北京发挥区位优势，瞄准首都消费需求多元化，消费水平多层次，重点发展高端、高效、高辐射农产品，打造不可替代的唯一性名特产品。

家庭生活水平的提高和消费结构升级的最终推动力为北京经济的快速发展和经济实力的增强。20 世纪 90 年代以后，北京市 GDP 基本保持年均 11% 的增速。2009 年，北京市人均 GDP 首次突破 10000 美元大关，2012 年北京市人均 GDP 达到 1.37 万美元，按世界银行划分各国贫富程度的标准，北京已经进入中上等富裕国家行列。

图 17　1978—2012 年北京 GDP 年增速（%）

三次产业就业结构为 5.2∶19.2∶75.6。2012 年，北京市常住人口 2069 万人，其中常住外来人口 774 万人。2011 年，北京市社会消费品零售额达到 77.3 亿元，北京市消费水平在国内排名第一，在国际 50 个大都市中排名第 19 位①。这充分说明，北京的社会经济已进入消费型快速发展期，跨入国际化大都市。根据北京市对高消费群体的市场需求调查发现，高消费群体对农产品的消费特征是消费品种齐全、消费数量大、消费支出费用高，并呈现出满足文化品位、表现个性化特征、地位身份象征的新趋势。消费型社会的快速发展引领着郊区农业向生态、安全、优质、集约、高效的方向发展。

随着城市性质的演进，北京已成为全国的政治中心、文化中心和国际交往中心，中央对北京工作的“四个要求”之一就是为日益扩大的国际交往服务。北京有外国大使馆 160 多个，2012 年星级饭店 612 家，其中五星级宾馆

① 资料来源：2009 年盖普咨询世界消费水平排名研究报告。

62家，饭店客房数11.6万间，接待入境旅游人数501万人次，创汇收入51.5亿美元。据出入境管理处的统计，目前常住北京的外籍居民超过11万人，与此同时，每天还有约1万名游客短期停留首都。随着北京在国际交往中扮演的角色越来越重要，外籍居民的数量仍会有很大的增长，国际交往中跨境消费对高档、优质、无污染农产品及其加工精品的需求将会越来越大。

农业生产功能的演进必须满足两个条件：一是要有需求拉动，引导农业生产功能演进；二是要能够生产出满足要求的农产品，这样农业生产功能的演进才能成为可能，二者缺一不可。即除了需求拉动外，农业生产功能的演进还需要多元支撑推动，包括技术、资金、政策支撑等。“十一五”末，北京农业R&D经费支出占一产增加值比重为1.6%，在国内排名第一①。2012年，北京市农村固定资产投资完成额达到609亿元。2004年至2013年，国家连续十年发布以“三农”为主题的中央一号文件，强调了“三农”问题在社会主义现代化时期“重中之重”的地位。在国家政策推动下，北京市率先在全国提出发展都市型现代农业，并相继下发了一系列推动北京市都市型现代农业发展的政策文件。

总结如下：

（1）经济发展水平是农业生产功能演进的时代背景。不同的经济发展水平，农业生产功能的内容可能不同。经济发展水平越高，对农业生产功能的要求越高。

（2）生活水平提高和消费结构升级是农业生产功能演进的拉动力。城市居民生活水平越高，居民的消费需求也越大。当居民消费结构由温饱向更高层次升级时，便会推动农业生产功能向更高级发展。农业生产功能的演进应适应消费需求的变化。

（3）与国际社会接轨日趋平凡，由此导致了日益增大的跨境消费，在一定程度上促进了北京农业生产功能向更高层次发展。

（4）技术、资金、政策支撑是北京农业生产功能得以演进的保障。

---

① 发达国家农业R&D经费支出，一般为其GDP的1.5%～2%或更多。

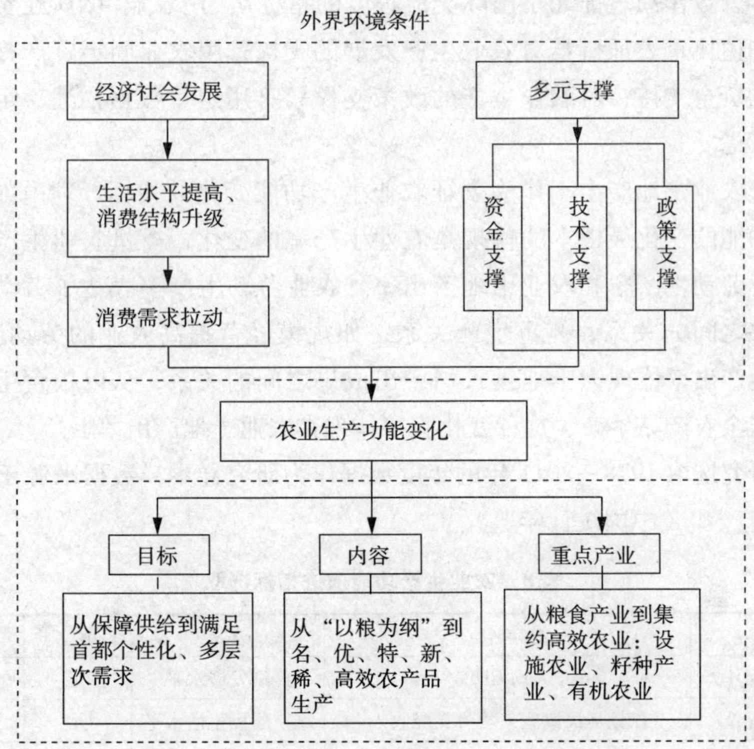

图 18 北京农业生产功能演进外界环境条件

五、生产功能演进与经济增长、消费需求变化关系实证研究——基于协整关系和 Grange 因果关系的实证分析

北京农业生产功能演进与经济增长、消费需求之间的关系如何？相互影响程度如何？本节采用协整理论和 Grange 因果关系分析模型，对北京农业生产功能演进与经济增长、消费需求等之间的关系进行实证分析。

（一）变量选取与数据处理

变量指标选取原则，一是保证数据的可获得性；二是保证数据的权威性，尽量使用官方数据；三是在力求全面反映影响农业生产功能演进的因素前提下，指标选取尽可能精简。

选取人均 GDP 作为衡量经济发展整体水平的指标；城镇居民家庭人均可支配收入标志着居民的购买力，是衡量城镇居民收入水平和生活水平的最重要的统计指标；城镇居民家庭恩格尔系数作为居民消费结构的指标；年接待外国游客人数作为表征北京国际交流程度的指标①。用农业 R&D 经费支出占一产增加值比重表征科技对农业生产发展的支撑；用农业固定资产投入表征对农业的资金支持；对农业生产的政策支撑较难用定量数据描述，定量分析中暂不考虑。

选择农业土地产出率作为表征农业生产功能变化的指标。理由如下：农业生产功能的变化最根本的体现是农业生产率的变化，衡量农业生产率的指标有农业劳动生产率和农业土地产出率。农业劳动生产率表达了劳动支付与报酬获取之间的关系，侧重生产关系，如规模经营提高农业的劳动生产率。农业土地产出率体现为土地投入与产出成果之间的关系，从以粮食生产为主到高效安全农产品生产，这种变化直接体现在农业土地产出率上。

本研究选取 1978—2011 年的年度数据作为研究样本，数据来源于《北京统计年鉴》和《中国统计年鉴》。

表 8 农业生产功能演进指标选取

	指标名称	含义	单位	缩写
解释变量 1	人均 GDP	经济发展水平	元	PCGDP
解释变量 2	城镇居民家庭人均可支配收入	城镇居民生活水平	元	DPI
解释变量 3	城镇居民家庭恩格尔系数	城镇居民消费结构	%	EC
解释变量 4	年接待外国游客人数	国际交流程度	万人次	NFT
解释变量 5	农业 R&D 经费支出/一产增加值	科技投入	%	R&D
解释变量 6	农业固定资产投入	资金支持	亿元	FAA
被解释变量	农业土地生产率	生产功能演进	元/亩	ALP

数据处理方面，因农业 R&D 经费支出占一产增加值比重无法收集全 1978—2011 年数据，2009 年，农业 R&D 经费支出占一产增加值比重为 1.6%，求出历年 R&D 经费支出占 GDP 增长率，以此作为农业 R&D 经费支出占一产增加值的增长率，由此推算出每年农业 R&D 经费支出占一产增加值具体值。

为了使计算分析具有可比性，消除价格影响，各产出数据均换算为 1985 年价格计算。同时，为了消除数据中存在的异方差，对所有变量均进行对数变换，得到新的变量序列，记为：LNPCGDP、LNDPI、LNEC、LNNFT、

① 反映国际交流程度的指标有年举办国际会议次数、世界 500 强驻京分支机构数、接待外国游客数、外籍居民数量占城市人口比重。本研究数据为时间序列数据，鉴于数据的可获得性，选取年接待外国游客人数作为表征北京国际化的一个指标。

LNRD、LNFAA、LNALP。

（二）绘序列图

为消除由于时间序列变量的非平稳性引起的“伪回归”现象，需要首先对时间序列数据进行平稳性检验。在进行规范的平稳性检验之前，先绘制序列图，可对数据的平稳性有直接感受。由下图可看出，不论解释时间序列变量还是被解释时间序列变量，在研究期内均表现出上升或下降趋势，从而说明其均值在发生变化，这可能说明，上述6个时间序列不是平稳的。

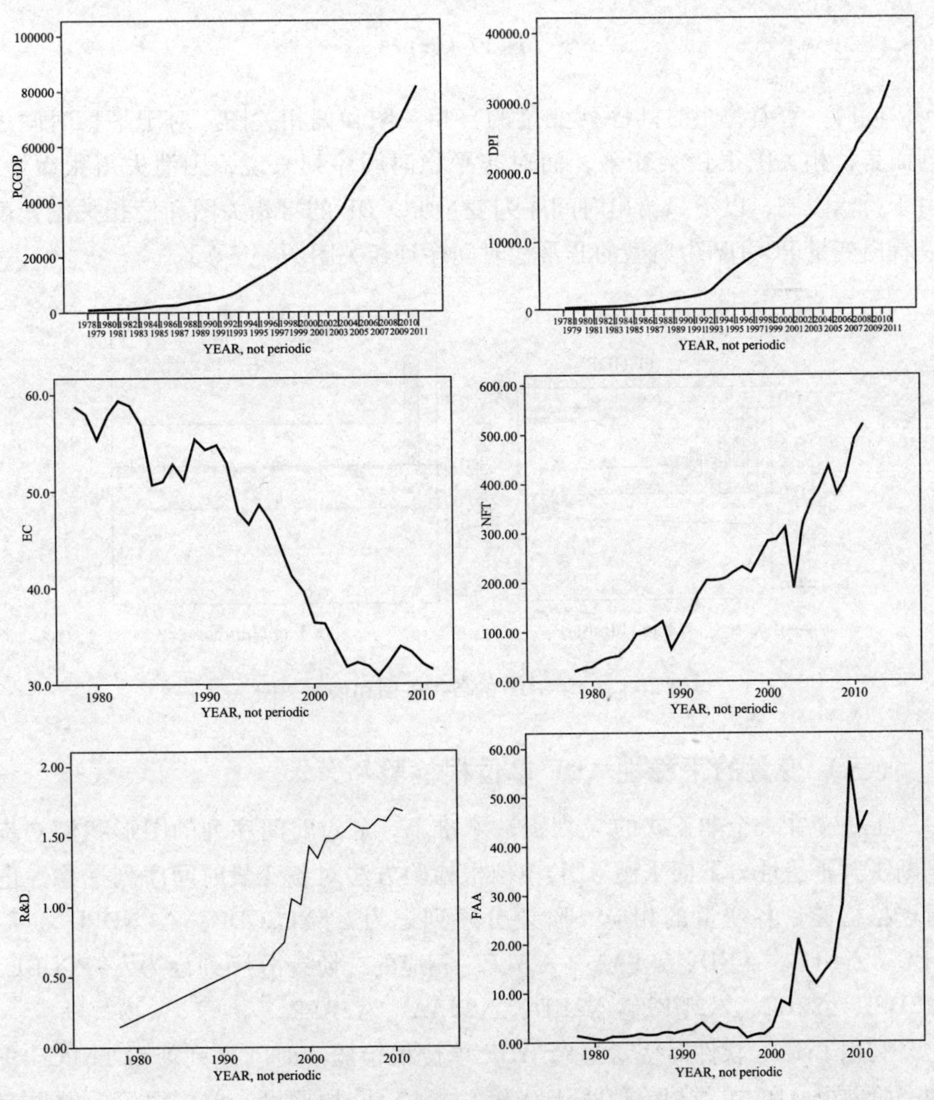

图19　时间序列平稳性的图形分析

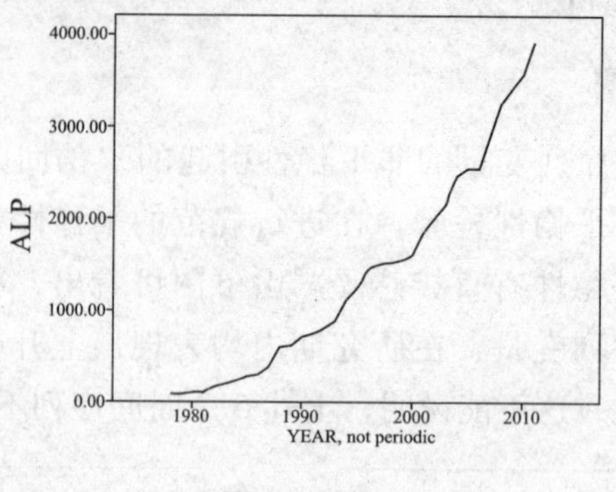

图 19（续）

同时，查看每个时间序列变量的自相关图和偏相关图。对于平稳时间序列而言，相关图很快会变平，而对非平稳时间序列来说，则消失得很缓慢。由于篇幅限制，以下只给出时间序列变量 PCGDP 的自相关图和偏相关图，可以看出变量 PCGDP 为典型的非平稳时间序列相关图。

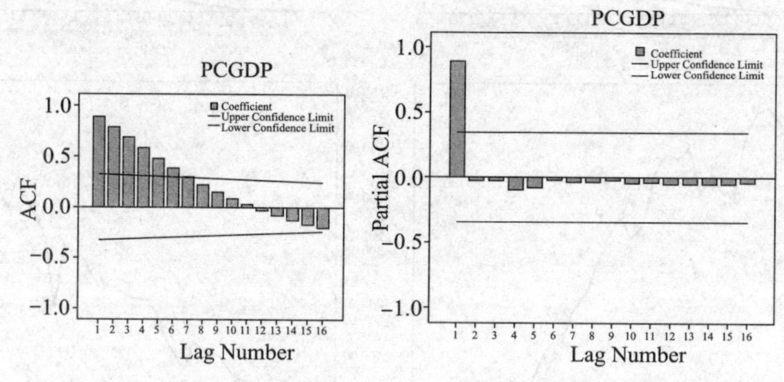

图 20　人均 GDP 的自相关图和偏相关图

（三）变量的平稳性 ADF 单位根检验

上一节在一个非正式的（判别）水准下，通过时间序列的图形我们初步判断了其平稳性。下面采用 ADF 单位根检验方法对各变量时间序列平稳性进行严格检验。各变量的相应一阶差分序列记为△LNPCGDP、△LNDPI、△LNEC、△NFT、△RD、△FAA、△ALP，相应的二阶差分序列记为△2PCGDP、△2DPI、△2EC、△2NFT、△2RD、△2FAA、△2ALP。

利用 Eviews 软件对变量进行 ADF 单位根检验。时间序列变量 LNPCGDP 的一阶差分 ADF 单位根 p 值小于 0.05，拒绝 H0 原假设。单位根检验结果表明在5%的显著水平下接受LNPCGDP为一阶平稳性假设。

依次将各个时间变量进行ADF单位根检验，检验结果如下表所示。从表中结果可以看到，所有变量的原序列数据的单位根检验ADF值均大于5%显著水平的临界值，说明所有变量的原时间序列均为非平稳序列；这与上节通过图形猜测结果一致。所有变量的单位根检验结果都表明在5%显著水平下接受一阶平稳性假设，即I（1）序列[①]。

表9　各变量时间序列数据的ADF单位根检验结果

变量	ADF检验	5%临界值	类型	是否平稳
LNPCGDP	-3.453465	-3.6121	(C, T, 0)	否
△LNPCGDP	-3.04576	-2.8985	(0, 0, 2)	是
LNDPI	-3.201428	-3.6584	(C, T, 0)	否
△LNDPI	-3.075364	-2.9958	(0, 0, 2)	是
LNEC	-1.7180828	-2.4596	(C, T, 0)	否
△LNEC	-1.706821	-1.4589	(0, 0, 1)	是
LNNFT	-1.622655	-3.6248	(C, T, 0)	否
△LNNFT	-4.828631	-2.9538	(0, 0, 1)	是
LNRD	-2.066464	-3.5943	(C, T, 0)	否
△LNRD	-3.695748	-2.9850	(0, 0, 1)	是
LNFAA	-3.508807	-3.5943	(C, T, 0)	否
△LNFAA	-4.828631	-2.4541	(0, 0, 2)	是
LNALP	-1.962189	-2.5678	(C, T, 0)	否
△LNALP	-1.889246	-1.7956	(0, 0, 1)	是

注：（1）括号内的整数位根据Schwarz信息准则确定的最优滞后步长，C代表常数项，T代表趋势项，k表示滞后阶数，滞后阶数根据上一节的自相关图和偏相关图确定。（2）ADF检验的原假设H0：含有单位根，则序列是非平稳时间序列。

（四）协整检验与估计

将一个非平稳的时间序列对另一个非平稳的时间序列进行回归可能导致谬误回归。协整检验可看成为避免“谬误回归”情形而进行的检验。协整是指多个非平稳的经济变量的某种线性组合是平稳的。协整检验主要用来分析时间序列之间的长期均衡关系。需要指出的是，只有所有变量是同阶的，才

① 一般常规是，一些价格指数常常是2阶单整的，以不变价格表示的消费额、收入等常表现为1阶单整。

有必要进行协整检验。对于不同阶的时间序列，不能进行协整检验。

采用 Johansen 方法建立 VAR 模型检验分析变量的协整性。为避免奇异矩阵情形出现，只选取 LNPCGDP、LNDPI、LNRD 与 LNALP 进行协整检验。依照 AIC 准则确定适合的滞后阶数，本次选择最佳的滞后阶数为 2。检验结果如下所示。

表 10　Johansen 协整检验结果

	特征值	似然比统计量	0.05 临界值	P 值
None	0.649117	47.26479	47.85613	0.0568
At most 1	0.357855	14.79841	29.79707	0.7930
At most 2	0.033821	1.067237	15.49471	0.9999
At most 3	2.13E-05	0.000660	3.841466	0.9809

由上表可看出，在 5% 检验水平下，四个似然比统计量的值分别为 47.26479、14.79841、1.067237、0.000660，四个似然比统计量均小于其相应的检验临界值，所以变量 LNALP 与 LNPCGDP、LNDPI、LNRD 之间存在唯一的协整关系。表明在 1978—2011 年的样本区间内，各变量之间存在着一个长期均衡关系。经标准化处理得到协整参数向量的系数估计值，写成矩阵形式为：T=（1.00，0.05，-0.14，-4.02，-4.96）。由此可以将变量之间的长期均衡关系用方程表示如下：

$$LNALPt = 4.96 + 0.05LNPCGDPt + 0.14LNDPIt + 4.02LNRDt \quad (1)$$

方程（1）显示，1978—2011 年，北京农业生产功能与人均 GDP、城镇居民可支配收入、农业 R&D 支出占一产增加值比重存在长期的均衡关系。农业生产功能与人均 GDP、城镇居民家庭可支配收入、农业 R&D 支出均呈正相关关系。方程（1）还表明，北京农业生产功能对人均 GDP、城镇居民可支配收入、农业 R&D 支出比重的长期弹性分别为 -0.05、0.14 和 4.02，即人均 GDP 每变动 1%，农业土地产出率将负向变动 0.05%；城镇居民家庭可支配收入每变动 1%，农业土地产出率将正向变动 0.14%；农业 R&D 支出比重每变动 1%，农业土地产出率将正向变动 4.02%。由此可以看出，农业 R&D 支出比重对农业生产功能的拉动作用最大，其次是城镇居民家庭人均可支配收入。从长期均衡看，人均 GDP 达到一定程度后，土地产出率会随着人均 GDP 的提高而下降。这也符合国外发达国家规律。例如，2009 年，北京的土地产出率均高于美国、德国、英国等发达国家。

表11 土地综合产出率对照表－2010年（现价美元）

国家和地区	一产增加值（亿美元）	耕地面积（万亩）	土地产出率（美元/亩）
美国	1562	244127	64
德国	258	17918	144
英国	146	9074	161
法国	435	27518	158
以色列	37	46	811
日本	818	6441	1271
韩国	234	2393	977
荷兰	137	1581	863
中国台湾	68	1220	557
北京	18	348	517

资料来源：依据北京市统计局《北京市统计年鉴》、世界银行《世界发展指标》数据库整理。

（五）建立误差修正模型

根据协整理论，若变量间存在协整关系，则可以用误差修正模型描述各变量间的长期均衡与短期波动关系。前面通过协整检验建立起来的北京农业生产功能与各个时间序列之间的长期均衡关系，在受到短期干扰时是否仍然成立，就可以通过在协整关系的基础上建立一个动态的向量误差修正模型来进行考察分析。

按照HendryAnderson从一般到特殊的建模技术，去除不太重要的向量EC、NFT和FAA，得到LNALP与LNPPCGDP、LNDPI、LNRD的向量误差修正模型VECM如下，

△LNALPt = △LNGDPt（－1） －2.74△LNDPIt（－1） +3.299△LNRDt（－1） －2.68VECMt

根据误差修正理论，误差修正模型各差分变量的系数反映了短期变动的影响，误差修正项VECM为负，体现了误差修正项对△LNALPt的控制为一个负反馈过程。

（六）Grange因果关系检验

变量之间回归分析考虑的是一个变量依赖于另一个变量，变量间的这种关系的存在不能够证明是因果关系或者影响的方向。Grange因果关系检验中Yi是Yj的原因，指的是除了这个系统中其他变量的历史之外，Yi包含着可预见Yj的有用的信息。

为了确定农业多功能演进与人均 GDP、居民家庭可支配收入、R&D 经费支出之间是否存在长期因果关系，本研究采用 Grange 因果关系检验来进一步验证。Grange 因果检验一般都是以变量相互不具有因果关系为原假设，这样的原假设下，主要看 P 值，P 值小于 0.05 说明具有因果关系。利用 Eviews 软件中的 Grange 模型对变量进行因果关系检验，这里滞后期选择 3 个①。检验结果如下。

表 12 Grange 因果关系检验结果

因果关系的方向	滞后期的数量	P 值	决定（5% 水平）
ALP→PCGDP	3	0.00716	拒绝
PCGDP→ALP	3	0.61688	不拒绝
ALP→DPI	3	0.03121	拒绝
DPI→ALP	3	0.41373	不拒绝
ALP→RD	3	0.03293	拒绝
RD→ALP	3	0.24707	不拒绝

Grange 因果关系检验结果显示，存在从人均 GDP（PCGDP）、城镇居民人均可支配收入（DPI）、农业 R&D 支出占一产增加值比重（RD）到北京农业生产功能演进的单向 Grange 因果关系。即人均 GDP、城镇居民人均可支配收入、农业 R&D 支出比重是北京农业生产功能演进的 Grange 原因。

六、生产功能演进的阶段性特征研究

上节通过 Grange 因果关系分析得出促进农业生产功能演进的 Grange 原因。在上述基础上，我们进一步分析北京农业生产功能演进的不同阶段所具有的经济社会特征。

表 13 样本描述性统计

项目	平均值	标准差	最小值	最大值
样本总体（1978—2011 年，n = 34）				
人均 GDP（美元/人）	3198.8	3316	797	12643
城镇居民家庭人均可支配收入（元）	8801	9540	365	32903
城镇居民家庭恩格尔系数	45.17	10.31	30.8	59.3

① 在因果关系检验中引入的滞后期的个数是一个重要的应用性问题。本次使用赤池准则作出选择。需要补充说明，因果关系的方向可能严格依赖于所包含的滞后期的个数。

续表

项目	平均值	标准差	最小值	最大值
农业 R&D 支出比重（%）	0.85	0.56	0.15	1.69
阶段Ⅰ（1949—1979 年）				
人均 GDP（美元/人）	853.5	78.5	797	908
城镇居民家庭人均可支配收入（元）	390	35.07	365	415
城镇居民家庭恩格尔系数	58.3	0.56	57.9	58.7
农业 R&D 支出比重（%）	0.16	0.02	0.14	0.17
阶段Ⅱ（1980—1994 年）				
人均 GDP（美元/人）	1015.9	152.5	821	1389
城镇居民家庭人均可支配收入（元）	1551	1187	501	4737
城镇居民家庭恩格尔系数	53.6	3.8	46.4	59.3
农业 R&D 支出比重（%）	0.41	0.13	0.20	0.58
阶段Ⅲ（1995 年—至今）				
人均 GDP（美元/人）	5400.7	3514.7	1520	12643
城镇居民家庭人均可支配收入（元）	16190	8390	5868	32903
城镇居民家庭恩格尔系数	36.2	5.7	30.8	48.5
农业 R&D 支出比重（%）	1.33	0.37	0.58	1.69

注：阶段Ⅰ的数据只统计 1978 年、1979 年两年数据。

城镇居民家庭人均可支配收入表征居民的购买力，是衡量城镇居民收入水平和生活水平的最重要和最常用的统计指标。收入是消费的前提，收入水平的提高带动居民食物消费结构的改善。而消费又反过来驱动经济增长。经济增长与居民收入、居民消费形成良性互动，从而推动社会的发展。

1. 人均 GDP 指标

从人均 GDP 指标看，北京农业生产功能以粮食生产为主阶段，即阶段Ⅰ，所对应的人均 GDP 小于 1000 美元；农业生产内容由以粮食为主向丰富种类为主转变，即阶段Ⅱ，所对应的人均 GDP 位于 829 ~ 1389 美元之间；农业生产向个性化、多层次需求生产为主，即阶段Ⅲ，所对应的人均 GDP 最低为 1500 美元。

从国外的发展经验看，人均 GDP 超过 1000 美元，经济将进入一个快速发展的阶段。人均 GDP 跨入 1000 美元，消费结构将向发展型、享受型升级，社会将进入一个重要的发展起点。但中国普遍存在的居民消费力偏弱的国情。

北京自1988年起人均GDP跨入1000美元，而北京市居民消费支出占GDP比重为39%，不仅低于世界平均水平，也低于低收入国家平均水平。也有观点认为，人均GDP 2000美元是一道槛，当人均GDP迈入2000美元时，经济发展则进入加速发展阶段。

考虑到中国普遍存在的居民消费力偏弱的国情，允许数据存在一定的置信区间，我们总结概括如下结论：当人均GDP小于1000美元时，农业生产以粮食生产为主，农业生产目的是满足温饱；当人均GDP位于1000～2000美元之间时，农业生产将向丰富种类为主转变；当人均GDP超过2000美元时，农业生产将向个性化、多层次需求生产为主。

2. 城镇居民家庭人均可支配收入

收入是决定消费的前提。从城镇居民家庭人均可支配收入指标看，北京农业生产功能以粮食生产为主阶段，即阶段Ⅰ，所对应的城镇居民家庭人均可支配收入最大值为415元；农业生产内容由以粮食为主向丰富种类为主转变，即阶段Ⅱ，所对应的城镇居民家庭人均可支配收入处于501～4737元之间；农业生产向个性化、多层次需求生产为主，即阶段Ⅲ，所对应的城镇居民家庭人均可支配收入最小值为5868元。

允许数据存在一定的置信区间（取区间的10%左右），我们总结概括如下结论，当城镇居民家庭人均可支配收入小于1000元时，农业生产以粮食生产为主，生产的目的是满足温饱；当城镇居民家庭人均可支配收入位于1000～6000元时，农业生产以丰富种类为主；当城镇居民家庭人均可支配收入超过10000元时①，农业生产开始向满足个性化、多层次需求为主。

需要说明的是，城镇居民家庭人均可支配收入指标不具有国际可比性。

3. 城镇居民家庭恩格尔系数

城镇居民家庭恩格尔系数指标具有国际可比性。按照联合国粮农组织提出的标准，恩格尔系数在59%以上为贫困，50%～59%为温饱，40%～49%为小康②，30%～39%为富裕，低于30%为最富裕。

从城镇居民家庭恩格尔系数指标看，北京农业生产功能以粮食生产为主阶段，即阶段Ⅰ，所对应的城镇居民家庭恩格尔系数位于57.9%～58.7%之间，即刚摆脱贫困，处于温饱阶段初期；农业生产内容由以粮食为主向丰富

① 考虑到现实情况，将2000年人均可支配收入超过万元作为阶段Ⅲ的节点。

② 一般而言，小康型社会消费层次的消费开支体现在健康休闲、文化娱乐等消费的增长上，反映基本生存需求的食品等基本生活用品支出所占比重大幅下降，而体现发展与享受的支出比重则上升。

种类为主转变，即阶段Ⅱ，所对应的城镇居民家庭恩格尔系数位于46.4%～59.3%之间，即处于温饱阶段和小康阶段时期；农业生产向个性化、多层次需求生产为主，即阶段Ⅲ，所对应的城镇居民家庭恩格尔系数小于41.1%①，即进入小康社会后期后，接近富裕阶段。

综合以上分析，可以得出如下结论：

（1）当人均GDP小于1000美元时，城镇居民家庭可支配收入小于1000元，城镇居民家庭恩格尔系数处于贫困阶段时，北京农业生产以粮食生产为主，农业生产目的是满足温饱；

（2）当人均GDP位于1000～2000美元之间时，城镇居民家庭可支配收入位于1000～6000元之间，城镇居民家庭恩格尔系数处于温饱阶段中后期，向接近小康阶段时，农业生产将向丰富种类为主转变；

（3）当人均GDP超过2000美元时，城镇居民家庭可支配收入超过10000元，城镇居民家庭恩格尔系数处于小康阶段后期，向富裕阶段迈进时农业生产将向个性化、多层次需求生产为主。

表14 北京农业生产功能演进阶段性特征

阶段	人均GDP	城镇居民家庭人均可支配收入	城镇居民家庭恩格尔系数
以粮食生产为主，满足温饱	小于1000美元	小于1000元	处于贫困阶段
丰富种类，满足营养	1000～2000美元	1000～6000元	温饱阶段和小康阶段
满足个性化、多层次需要	大于2000美元	超过10000元	小康阶段后期，向富裕阶段迈进

表15 联合国粮农组织恩格尔系数划分标准

	恩格尔系数
绝对贫困	大于60%
温饱	50%～59%
小康	40%～49%
富裕	30%～39%
最富裕	低于30%

① 考虑到1995—1998年这三年间城镇居民家庭恩格尔系数变化较大，1998年之后则变化较缓慢。为了消除数据影响，这里取1998年数据作为阶段Ⅲ的节点，1998年，北京城镇居民家庭恩格尔系数为41.1%。

表16　世界主要国家和地区人均GDP变化统计

	人均GDP1000美元的起始年	人均GDP达到2000美元起始年	人均GDP达到3000美元起始年	人均GDP达到4000美元起始年	人均GDP达到10000美元起始年
美国		1941年	1953年	1960年	1970年
法国	1953年	1966年	1973年	1976年	1983年
英国	1955年	1968年	1975年	1978年	1987年
西德	1957年	1966年	1972年	1975年	1982年
日本	1966年	1972年	1975年	1977年	1987年
中国香港	1971年	1975年	1979年	1982年	1993年
韩国	1977年	1985年	1989年	1991年	2000年
北京	1988年	1997年	2001年	2003年	2010年
上海	1977年	1993年	1997年	2000年	2007年

注：根据《国际经济和社会统计资料》(1950—1982)，中国财政经济出版社；《世界经济统计摘编》东方出版社，1987；《香港经济统计资料汇编》，中国统计出版社；《中国台湾、香港地区和新加坡、南朝鲜、泰国经济和社会统计资料汇编》整理。

表17　世界银行2011年国家发展程度划分标准

	国民生产总值（GNI）
低收入国家	小于1025美元
中等偏下收入国家	1026~4035美元
中等偏上收入国家	4036~12475美元
高收入国家	大于12476美元

七、小结

生产功能是农业的基础功能，农业作为首都经济社会发展的基础地位没有发生变化。

北京农业生产一直扮演着为城市服务的角色。城市居民的食品消费实现了由低蛋白、高脂肪向高蛋白、低脂肪食品以及由粮食消费为主向副食品消费为主的转变，对农产品质量和品牌的重视程度逐渐提高。城市消费市场的转化与需求构成了农业生产功能演进的强大推动力。在消费需求的强烈拉动下，北京农业的生产功能其内容和重点发生质的变化。大宗农产品生产开始淡化，转向“名、特、优、新、稀”的高产优质高效安全农产品生产，各种高端要素集聚的“名、优、特、新、稀”农产品成为满足消费者多层次、个性化的需要。农业承担的食品供给、健康营养和安全保证任务越来越重，农业作为首都鲜活安全农产品供给的基础保障功能进一步加强。大宗农产品适度供给和鲜活特色农产品稳定供给是北京农业履行首都“四个服务”职能的首要责任和义务。

从生产功能演进的外界环境条件分析，经济发展水平是农业生产功能演进的时代背景；生活水平提高和消费结构升级是农业生产功能演进的推动力；与国际社会接轨日趋频繁，由此导致了日益增大的跨境消费，在一定程度上促进了北京农业生产功能向更高层次发展；技术、资金、政策支撑是北京农业生产功能得以演进的保障条件。

基于协整理论和 Grange 因果关系时间序列分析模型得出，人均 GDP（PCGDP）、城镇居民家庭人均可支配收入（DPI）、农业 R&D 支出占一产增加值是北京农业生产功能演进的 Grange 原因。

北京农业生产功能演进的阶段性特征如下：

（1）当人均 GDP 小于 1000 美元时，城镇居民家庭人均可支配收入小于 1000 元，城镇居民家庭恩格尔系数处于贫困阶段时，北京农业生产以粮食生产为主，农业生产目的是满足温饱；

（2）当人均 GDP 位于 1000 ~ 2000 美元之间时，城镇居民家庭人均可支配收入位于 1000 ~ 6000 元之间，城镇居民家庭恩格尔系数处于温饱阶段中后期，接近小康阶段时，农业生产将向丰富种类为主转变；

（3）当人均 GDP 超过 2000 美元时，城镇居民家庭人均可支配收入超过 10000 元，城镇居民家庭恩格尔系数处于小康阶段后期，向富裕阶段迈进时，农业生产将向个性化、多层次需求生产为主。

第四章　北京农业生态功能由隐型向显型演进过程研究

生态功能是农业本身所固有功能之一，通常指农业在改善生态环境方面发挥的重要作用。农业不仅仅是物质生产过程，也是人与自然界生物圈的协调过程，更是人类生命与生活的延续过程。农业通过自然代谢对人类活动产生的废弃物和污染物予以接纳、贮存、净化、降解、吸收，并以新的形式重新返回自然环境之中，这便是农业的环境调节功能。此外，农业还具有涵养水源、保持水土、提供自然景观、维持生物多样性等功能。相对于经济功能而言，农业的生态功能早期呈现一种隐型或半隐型的客观存在，其变化很难直观地、短时期内被人类所认知。农业的存在与发展，同样起到了公园、绿地、森林、湿地的生态作用，是生态屏障的重要组成。同时，它所创造的农业景观，自然景观无法替代，也是人类的宝贵财富。农业的生态功能近年来越来越受到重视。

北京农业的生态功能，主要体现在首都的生态屏障功能和生态景观两个方面，为城市发展创造宜居生态环境。

一、学术界对生态功能的认知

自 1935 年农业生态学学科创建起，就有大量学者开始关注农业与生态环境之间的关系。1987 年世界环境与发展委员会提出可持续发展理念，既满足当代人的需要，又不对后代满足其发展需要的能力构成威胁的发展。可持续发展最根本的是生态环境的可持续。国内早在 20 世纪五六十年代就有学者关注农业的生态环境建设，但都没有将农业生态建设提升到功能定位的战略高度。文化于 1998 年发表《市场经济下北京农业的定位》一文中，首次明确提出将生态功能列入北京农业的重点功能之一，并指出在生态功能中应扩充进景观功能。自此，开始陆续有学者关注农业的生态功能，并开始讨论诸如农业生态服务价值等相关研究。

二、政府对农业生态功能的重视

（一）对山区生态涵养理念上的认识

由“靠山吃山”向“富民养山”转变，由以发展经济为主向以生态涵养为主，生态涵养和生态经济并行发展。

北京市山区面积约为1.01万平方公里，约占全市总面积的62%。北京山区具有丰富的农林、矿产资源和独特的人文、自然景观等旅游资源，而且也是首都的重要生态屏障和水源涵养地。

改革开放前，山区生态政策以发展经济为主。1957年市委农工部提出京郊山区“在做好水土保持力争粮油自给有余的基础上，有计划地因地制宜实行农林牧矿副相结合的多种经济全面发展的方针”。三年困难时期结束，市委、市政府出台相应政策，端正山区生产方针，要求：“山区建设应当以造林和水土保持为中心”，此外，应当积极有计划地修筑山区公路，为开发山区创造条件。在“农业学大寨”运动中，山区大规模地开展了平整土地、修筑梯田、植树造林活动，实施山水田林路综合治理，到20世纪80年代初，山区有林面积占郊区有林面积的86.8%，林木覆盖率达到25.5%。这一时期京郊山区的建设为后来深度开发建设打下了基础。改革开放后，北京市分阶段、有针对性地实施山区重点开发建设工程，改变山区面貌，富裕山区农民。1982年修订的《北京城市建设总体规划方案》凸显了京郊山区的重要生态功能，确立了京郊山区在首都总体发展战略中的重要地位，提出了“治山治水、防治污染、兴利除弊、提高环境质量”的目标。1994年部署北京市边远山区“四四奔小康攻坚计划”，保障低收入农民实现小康目标。“九五”开始，北京山区政策的制定开始尝试提出实现致富手段的调整，下大力气调整产业结构，培育山区主导产业。于1997年制定实施了《北京市山区水利富民综合开发工程（1997—2003年）》，山区开始实施水利富民综合开发工程。

“十五”时期，除一如既往关注山区的发展和农民致富以外，北京市政府开始重视山区的生态服务价值。为改善首都生态环境和植被景观，保障首都生态安全，北京市自2000年起开始关停废弃矿山。为有效保护山区造林绿化成果，提升北京山区绿色生态屏障建设和管理水平，2004年8月下发了《北京市人民政府关于建立山区生态林补偿机制的通知》，对为首都生态建设做出巨大贡献的山区农民给予合理的经济补偿，实现山区农民由“靠山吃山”向“养山就业”的重大转变。2005年出台的《关于加快山区发展实施富民养山工程的意见》《关于实施山区流域综合治理的意见》，进一步提出强化山区生态功能。进入“十一五”时期，关于山区生态环境方面的政策更是密集，市政府先后出台了《北京市山区生态林补偿机制办法》《北京市山区生态林补偿资金管理暂行办法》《生态清洁小流域建设规划（2009—2011 年）》。2007 年全面启动关停废弃矿山植被修复工程，并作为北京市生态建设重点工程之一。2008 年北京山区工作会议提出发展沟域经济，在保证山区生态环境的同时，利用山区的资源优势加快山区经济发展。山区生态环境政策由原来的“靠山吃山”转变为“富民养山”，山区发展由原来的以发展经济为主转变为以生态涵养为主，生态涵养和生态经济并行发展。从这一时期开始，山区的生态涵养功能定位以及围绕上述功能定位的发展思路相对明朗很多。目前，京郊山区以生态涵养为功能定位，生态、经济、社会协调发展为目标。

（二）农田景观服务功能

把农业的生产和生态功能紧密结合，农田景观本身就是城市一道亮丽的风景线。

农业景观是指由自然条件与人类的活动共同创造的，是人们利用土地作为农业活动而产生的农田与地产的景观类型。在景观的功能形成方面，多样性是核心，多样性使得景观具有更高的存在价值。北京的自然气候地理条件、动植物种类、种植养殖结构、生产方式、历史文化、农耕历史等形成了北京农业特有的农田景观，并保持了北京整体环境的多样性、生物的多样性以及文化多样性。人们发现郊区景观很舒适很美，是因为景观传递着积极的信号，显示着一个充满活力、适当利用自然资源的农村社会。

随着社会经济的不断发展和人民消费水平的持续提高，农业的生态与景观服务价值受到了社会各界的广泛关注，北京农业的功能已不再局限于生产多少产品，更重要的是为宜居城市提供生态屏障与优美景观环境，农田作为首都“山水林田路村城”大环境的重要组成部分，农田耕地景观越来越成为首都可持续发展不可或缺的生态系统和环境景观的重要组成部分。

北京在全国率先实现全面保护性耕作。2008 年，为更好地发挥农业的生态服务功能，实现抑制裸露、控制扬尘、保护生态的目标，促进首都环境更加宜居，北京又率先建立冬季作物生态补偿机制，对冬小麦进行补贴，全面维护和提升整个北京农业的生态价值[①]。据测算，2009 年北京市农林水生态

① 根据北京城市总体规划的首都职能要求，农业应对减少就地扬尘起沙做出贡献，农田治理基本实现“无裸露、无撂荒、无闲置”目标。

服务价值达1万亿元左右，与当年全市的GDP大体相当。尽管农业增加值不高，但有1万亿元生态服务价值，能够支撑2000多万人在城市中日常生活。

“一步一景，十步成画。”北京的现代农业成了首都的大景观。在京承高速路沿线，以籽种、设施、观光和科技农业为重点，精心布置11个景观农业节点，打造了68公里“都市型现代农业走廊”。2009年，根据《都市型现代农业基础建设及综合开发规划》，北京市启动了农田景观建设工程，开展土地规模整理、田间路网修补、林网修补完善、农田景观提升建设，打造田成方、林成网、渠相通、路相连、人与自然和谐的田园风光，使基本农田成为首都优良的生产性绿色空间。

研究显示，北京347.53万亩农田总服务价值120亿元，其中生态价值90亿元，是产品价值的3倍。

（三）农田环境

农田是社会生态环境的重要组成部分，农田生态系统可以在一定程度上净化空气、保持水土、涵养水源、消纳废物、改善区域小气候，并且农田土壤具有不可低估的固碳作用。在生物多样性方面，农田是连接城市与自然生态系统之间的一个缓冲区和隔离带，可扩大自然生态系统中生物移动和栖息的空间。通过合理耕作、平衡施肥、秸秆还田等农业技术措施的实施，可以提升土壤有机质含量，改善土壤理化性状，增强保水、保肥、通气能力，从而达到保护和改善农田环境的作用。通过完善农田林网建设，可以涵养水源、防风固沙、防御干热风，调节田间小气候，维护农田生态平衡，使得农田生态环境向良性发展。

建设资源节约型和环境友好型农业对节水、节肥、节药提出了要求。

在节肥方面，2005年北京市农村工作会议明确提出把测土配方施肥作为今后五年农村产业发展的主要任务。2006年，北京开始实施测土配方工程，不到3年即实现主要作物生产上全覆盖。至2011年，全市累计推广面积2223万亩，增产农作物9.78亿公斤，为农民增收节支18.08亿元。6年来累计节省化肥6.43万吨，减少二氧化碳排放23.73万吨。测土配方有效地减少了化肥投入，减少了对土壤和水造成污染的潜在风险。

在节药方面，为提高病虫害绿色防控水平，降低高毒农药的使用，最大限度地保障农业生产安全、农产品质量安全和农业生态安全，北京市于2009年启动为期四年的“田园清洁循环工程—控制农药面源污染”项目，农业病虫害生物控制比例提升到20%。

在节水方面，以设施农业、精品果园和基本农田为重点，大力推进高效节水灌溉工程建设。田间节水工程设施农业以微灌为主，精品果园以小管出流、滴灌为主，规模基本农田中两茬平播以喷灌为主、露地菜以管灌为主。根据北京市水务局数据，北京农业用水占全市总用水量的比重由2001年的44.7%下降到2011年的30.3%。，农业用水效率即万元农业GDP耗水由2001年的2153.5立方米下降为2012年的619.7立方米，与此同时，农业灌溉用水有效利用系数①，由2005年的0.65提高到0.68，比全国平均水平高出近40%，接近发达国家水平②。

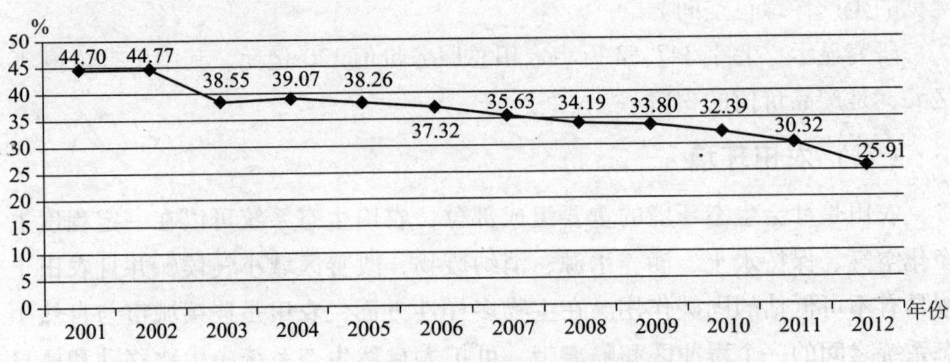

图21　2001—2012年北京农业用水占全市总用水量

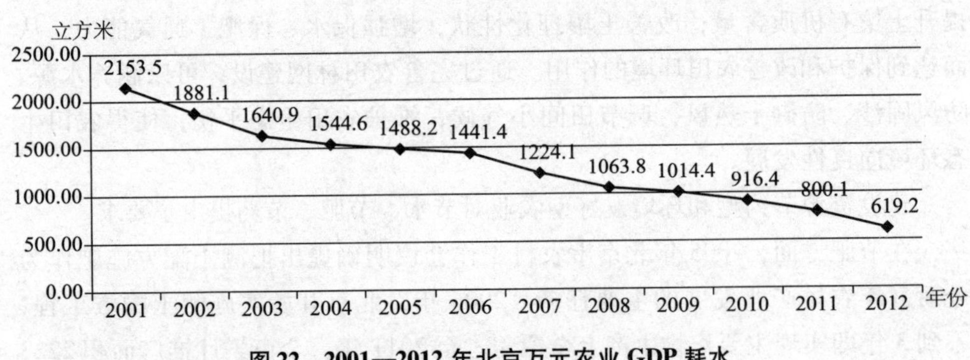

图22　2001—2012年北京万元农业GDP耗水

三、社会对生态功能的认知

1980年，大兴区留民营村即开展生态农业建设，并于1985年被联合国授

① 农业灌溉用水有效利用系数指在一次灌水期间被农作物利用的净水量与水源渠首处总引进水量的比值，是衡量灌区从水源引水到田间作物吸收利用水的过程中灌溉水利用承德的重要指标。

② 发达国家农业灌溉用水有效利用系数达到0.7~0.8。

予全球环境保护500佳。由于生态功能的非经济性产出品特征，故社会对农业生态功能的广泛认知需要政府的引导。

四、小结

北京农业之所以能够永续发展，关键也在于生态功能。北京农业的生态功能，主要体现在首都的生态屏障功能和生态景观两个方面，为城市发展创造宜居生态环境。

学术界对农业生态功能的认识早于政府。但鉴于生态功能的非经济性商品特征，政府对生态功能建设的一系列推动措施，引导建立了社会大众对生态功能的重视。将北京市政府对生态功能的重视时间节点作为北京农业生态功能呈现显型的节点。北京农业生态功能着重生态涵养和农田景观功能这两个功能。

生态涵养功能由隐型向显型演进的时间节点为2004年，标志是2004年8月下发《北京市人民政府关于建立山区生态林补偿机制的通知》，文中提到对为首都生态建设做出巨大贡献的山区农民给予合理的经济补偿，视为政府对生态功能认可的公开文件。

农田景观功能由隐型向显型演进的时间节点为2009年，标志为北京市启动了《都市型现代农业基础建设及综合开发规划》，农田的景观服务水平也得到明显改善。

综合以上时间节点，将2004年作为农业生态功能由隐性向显性的时间节点。北京市统计局自2006年开始对北京市农业生态服务价值开展监测，并每年发布北京市农业生态服务价值公报。“十二五”期间，市委、市政府做出了在平原地区实施百万亩造林和1460公里中小河道治理的重大决策，将成为改善首都生态环境的重要举措，对建设绿色北京、改善生态、美化环境发挥重大作用，北京都市型现代农业的生态服务功能将更加凸显。北京市“十二五”时期都市型现代农业发展规划提出，到“十二五”末，北京农业生态服务水平达到国内一流。

表18　北京农业生态服务价值贴现值（亿元）

	2006年	2007年	2008年	2009年	2010年	2011年	2012年
农业生态服务价值（亿元）	5813.96	6156.72	63.6.95	8596.81	8753.63	8968.15	9182.07

资料来源：北京市统计局。

图 23　北京农业生态功能演进过程示意图

第五章 北京农业社会功能由隐型向显型演进过程研究

农业社会功能包括安定社会、广泛就业、观光休闲、确保居民身心健康以及农业农村文化传承与保护等。在紧急情况下，如战争、地震、洪水等天灾人祸，可能会造成一个地区交通的暂时受阻或中断，或是被迫实行交通封锁，外界的物资输入不畅或中断。在这种情况下，封闭系统内人们的基本生活的物资保障，甚至生存，就只能依靠当地的农业。因此，农业又具有在非常时期安定社会的应急功能。区域农业若具有一定规模，其对外的依存度不太大，抵御突发事件的能力就强。无农不稳、无粮则乱说明农业关系到国家的稳定。2003 年春天的 SARS，北京的农业就起到了一定的应急保障和安定社会的作用。

广泛就业功能主要指农业不仅仅提供自身需要的就业岗位，而且还拉动了涉农二、三产业就业。据统计，美国一个一产从业人员，可拉动 6.4 个涉农产业的就业岗位。目前，北京一个一产从业人员，拉动了 0.9～2.0 个涉农产业的就业岗位。随着专业分工的越来越细，直接从事农业生产的人口越来越少，而为农业产前、产中、产后服务的涉农农业人数将更多。北京涉农产业的未来发展空间很大，拉动就业的空间潜力也很大。此外，农业还具有就业的蓄水池功能。农村剩余劳动力巨大，当非农产业经济景气时，农民就会转向非农产业部门就业。当非农产业不景气的时候，农民非农就业出现困难，农民就会转回农业，农业成为度过时下就业困难的有效选择。农业在农村劳动力转移方面起到了有益的蓄水池作用，发挥着缓冲器的作用。

农业的安定社会、广泛就业功能在社会存在时即发挥着作用，但至今基本尚处于隐型状态，在此不再多做研究。农业的观光休闲功能也称为农业的生活功能，是农业的拓展功能，其在一定的经济社会条件下，才呈现显型。本章将着重研究农业生活功能的演进过程。

一、农业观光休闲功能演进过程分析

农业具有观光休闲功能。在北京，农业的观光休闲功能也称为农业的生活功能。农业以其特有的自然优美田园风光、舒适怡人的清新气候、富有民俗风情，让人感受到返璞归真、回归自然的乐趣，并达到体验生活、休闲放松、增长见识、怡情怡智、陶冶情操的效果，营造人与自然和谐的功能。

早在19世纪30年代，欧洲就已开始农业旅游，意大利在1865年成立了农业与旅游全国协会，专门介绍城市居民到农村去体验农业野趣，与农民同吃、同住、同劳作。自20世纪70年代以来，休闲农业在日本、美国等发达国家形成了产业规模。欧盟为鼓励农民建设农业景观，对农民提供高达50%的经济补偿。法国农村的葡萄园和酿酒作坊，游客不仅可以参观和参与酿制葡萄酒的全过程，而且可以在作坊里品尝，在作坊里亲自酿酒并将酿好的酒带走，享受与城市商店买酒不一样的自然乐趣。中国台湾自20世纪70年代起，开始陆续将果园、农场于农闲或假日开放，让社会大众参与。

农业的生活功能是农业的拓展功能，农业以提供优质精神产品，满足都市居民休闲、度假、观光等需求，增加幸福指数。北京对农业生活功能的重视，最早开始于20世纪80年代后期，在昌平县十三陵区域出现了向游人开放的观光桃园，游客入园后可自行采摘、品尝。1988年，大兴举办第一届“西瓜节”，开展“瓜乡一日游”。随着人们物质文化生活水平和生活质量的不断提高，人们对旅游的需求日益增加。国家实行节日长假制度，以及自然、生态、健康的旅游理念深入人心，旅游呈井喷式发展，节假日出游，使得观光农业规模与效益迅速扩大，引起了政府和学者的高度关注。1998年，文化研究员在《市场经济下北京农业的定位》一文中，首次指出未来北京农业的内涵将大大扩展，除生活功能内容将发生质的变化外，还应增加服务功能和生活功能，并且原有的生态功能中，扩充进景观功能。1997年7月，北京市召开首届观光农业研讨会，原北京市委农工委副书记、市农村经济研究中心主任赵树枫研究员，做了“都市农业的意义与办好农业观光休闲项目的建议”演讲，其认为农业具有在社区生活环境、人文生活方面的调节身心、教化人民、协调人与自然关系的功能。1998年8月，市政府召开全市观光农业工作会议，强调发展观光农业可以不拘形式，鼓励创新，坚持原则，同年，北京市观光农业工作领导小组成立。为引导观光农业向规范化和品质化发展，2004年，北京市成立全国首家“北京观光休闲农业行业协会”，开展市级观光农业示范园和市级民俗旅游接待户的评定工作，首批30家观光农业示范园颁发了标示牌。2005年12月，北京市农村工作委员会发布《关于加快发展都市型现代农业的指导意见》，首次以官方文件明确了农业具有生产、生态、生活和示范多种功能。北京市统计局自2005年开始连年统计农业观光园和民俗旅游情况。2012年，北京市休闲农业总接待3512万人次，休闲农业总产值35.93亿元。每人次消费由2005年的66.74元增加到2012年的98.83元。休闲农业与农业总产值之比由2005年的0.04606增加到2011年的0.08372。

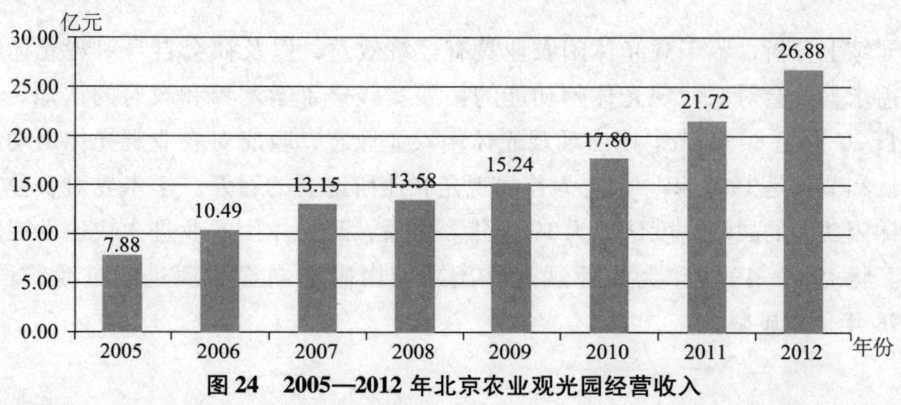

图24 2005—2012年北京农业观光园经营收入

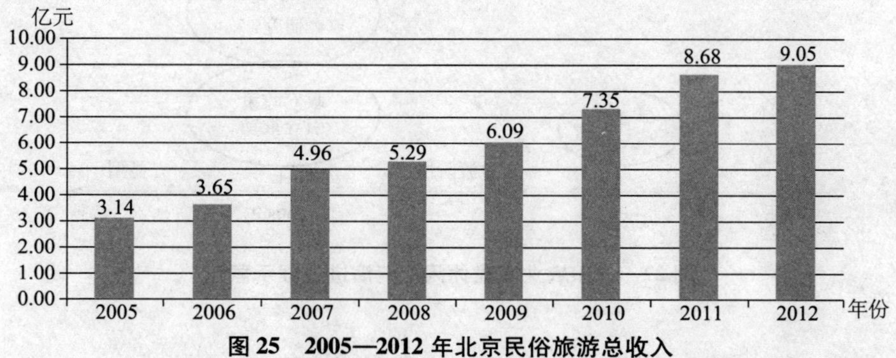

图25 2005—2012年北京民俗旅游总收入

图26 2005—2012年北京农业观光休闲人均消费量

表 19　2006—2012 年北京休闲农业与农业总产值之比

	2006 年	2007 年	2008 年	2009 年	2010 年	2011 年	2012 年
休闲农业（亿元）	14.15	18.10	18.87	21.33	25.14	30.40	35.93
农业总产值（亿元）	240.2	272.3	303.9	315.0	328.0	363.10	395.70
休闲农业与农业总产值之比	0.05890	0.06649	0.06210	0.06772	0.07666	0.08372	0.09080

资料来源：北京市统计年鉴。

综上分析，鉴于观光休闲农业具有经济效益，以及社会自身对观光休闲的需求，社会对农业观光休闲功能的拓展实践早于学术界和政府的认知。社会自 20 世纪 80 年代中期出现观光休闲农业业态，政府对农业观光休闲功能的认知节点是 1997 年，标志为首届观光农业研讨会的召开。学术界对农业观光休闲功能的战略高度认识为 1998 年。之后，观光休闲农业进入快速发展阶段。将 1988—1997 年为农业观光休闲功能由隐型向显型演进的过渡阶段，1998 年呈为显型。

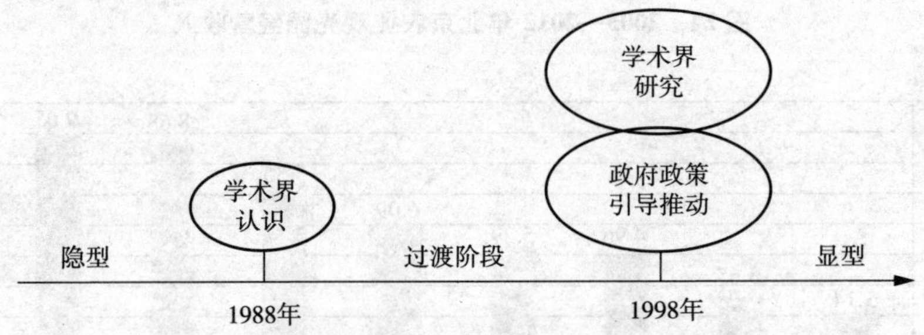

图 27　北京农业观光休闲功能演进过程示意图

二、农业观光休闲功能演进环境条件分析

观光休闲功能是农业的拓展功能，农业可提供精神产品，满足都市居民休闲、度假、观光需求，增加幸福指数。休闲定义为“非生产性的时间消费”。从经济的角度看，休闲需求是人类消费需求的高级形态。在经济发展水平较低、人们的温饱还成问题的情况下，经济的主要目标是满足生存的需要。而到了现代社会，尤其是进入后工业社会，物质消费已经不再是一个主要问题，于是人们的消费需要又向高一层次提升。根据马斯洛的消费需求层次理论，人们先有低层次的物质生活方面的需求，后有高层次的享受、自我实现和受人尊重方面的需求。当人们温饱问题得到解决后，人们更关注多样化的、

有创意的、高品位的文化享受，更关注身体保健和健康，更关注自然景观和人文风貌，更关注居住的舒适性。在人们的精神需求刺激下，农业的观光休闲功能逐渐呈为显型。

总之，农业多功能的拓展，根本目的是不断满足人们的生活质量和消费水平。而人们生活质量的提高，又必然反过来刺激人们对消费提出更高、更新的要求。这种要求不仅能够推动人们对物质享受的需求，而且能够激发人们对精神生活的追求。

休闲农业的发育阶段性特征是与宏观经济发展水平紧密关联的，总体上人均 GDP 3000 美元的休闲农业主要为观光采摘；7000 美元主要为操作体验度假；而超过 13000 美元以上则主要为租赁。

本观点认为，农业观光休闲功能呈为显型需要满足四个条件："有钱""有闲""有工具"和"有地方"。"有钱""有闲"是农业观光休闲功能的消费群形成的两大基本条件；"有工具"和"有地方"则进一步推动了农业观光休闲功能的发展。

"有钱"是针对消费者来说。收入是决定居民消费需求的最基本因素之一。所谓"有钱"是指人们生活水平必须达到一定水平，消费者手中有足够的钱去支付自己的精神消费。

恩格尔系数是指家庭食物消费支出占家庭消费总支出的比重。各国经验表明，恩格尔系数可以大致反映一定的社会阶段人们消费现状和消费发展的趋势，通过恩格尔系数的分析，基本能反映出一个国家或地区居民生活的贫富程度。按照联合国粮农组织提出的标准，恩格尔系数在 59% 以上为贫困，50% ~59% 为温饱，40% ~49% 为小康，30% ~39% 为富裕，低于 30% 为最富裕。从下图可以看出，1985 年以前北京城镇居民家庭恩格尔系数保持在 50% 以上，属于温饱阶段；1985 年至 20 世纪末，北京城镇居民家庭恩格尔系数处于 40% ~49% 之间，属于小康阶段；进入 21 世纪，北京城镇居民家庭恩格尔系数降至 40% 以下，进入富裕阶段。一般而言，小康型社会消费层次的消费开支体现在健康休闲、文化娱乐等消费的增长上，反映基本生存需求的食品等基本生活用品支出所占比重大幅下降，而体现发展与享受的支出比重则上升。进入 20 世纪 90 年代后，居民的消费结构发生了显著的改变，北京城镇居民消费结构已经出现休闲经济的特征。

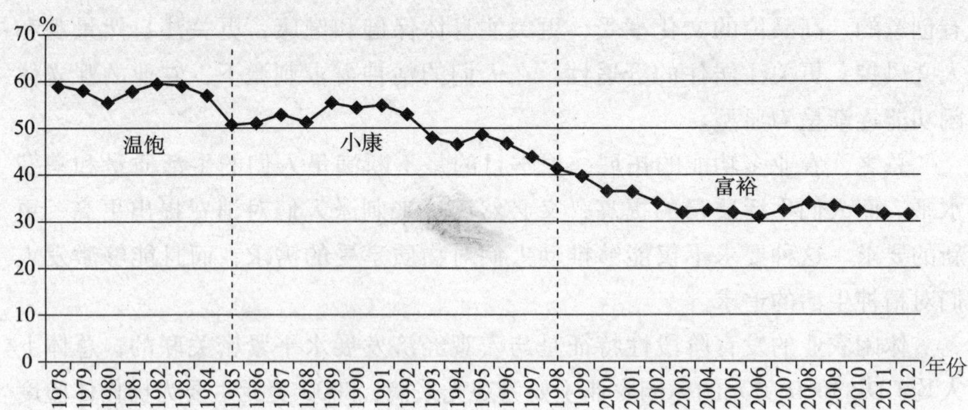

图 28　1978—2012 年北京城镇居民家庭恩格尔系数

与恩格尔系数迅速下降呈相反态势的是城镇居民人均可支配收入水平逐年上升，已从 1978 年的 365 元提高到 2011 年的 36469 元，增长幅度接近 90 倍。从国外的发展经验看，当人均 GDP 超过 1000 美元时，即表明这个国家或地区进入消费型社会发展阶段，社会将由生存消费为主导的消费结构向以发展、享受为主导的消费结构升级。作为发展型与享受型消费的重要形式，家庭居民消费性支出中教育文化娱乐和服务支出均出现了相应的上升。此外，也有数据显示，当人均 GDP 达到 6000 美元以上，这个国家就将进入休闲时代。美国在 20 世纪 60 年代，欧洲在 20 世纪 70 年代，日本在 20 世纪 80 年代都经过这个过程。显然，北京经济发展水平具备了休闲经济的条件。

"有闲"也是针对消费者来说。从本质上讲，休闲消费实际上就是对闲暇时间的消费。在生产力高度发达的今天，时间变得比货币更稀缺。消费者能实现休闲消费的实现条件之一就是具备闲暇时间。消费者必须有充足的闲暇时间，这样才能刺激消费者去追求这种精神消费。关于闲暇，马克思称之为"可以自由支配的时间""供自己发展的时间"。一般地，闲暇时间是指人们的全部生活时间减去必需的生存时间（吃饭、休息）和必要的工作时间（上班、家务）等之后的可自由支配的时间。闲暇消费是社会经济发展进步的标志，反映了人们生活质量的高低。闲暇时间是用来享受、娱乐、发展个性的时间。可据现有资料显示，北京市民 1982 年平均每天的可支配闲暇时间为 3 小时 30 分，1986 年平均每天的可支配闲暇时间为 3 小时 27 分，1996 年为 4 小时 51 分。而 2001 年，北京居民平均每天的闲暇时间超过工作时间。此外，社会劳动生产率的提高，也使人们从繁重的劳动中解脱出来，拥有了更多的闲暇时间。

表 20　北京市居民每周生活时间分配历史变动（分钟）

年份	工作（学习）时间	生活必需时间	家务劳动时间	闲暇时间
1986	453	589	190	207
1996	364	646	139	291
2001	301	671	123	345

资料来源：北京市统计局统计报告《北京城市居民时间分配状况分析》。

“有工具”，这里的工具主要指交通工具。按照一般市场规律，当人均 GDP 达到 1000 美元时，汽车开始进入家庭。而人均 GDP 达到 3000 美元的时候，私人购车将出现爆发性增长。2001 年，北京人均 GDP 达到 3000 美元。2003 年，北京私家车保有量突破 100 万辆，其中私人轿车 65.6 万辆。2005 年北京市平均每天新增机动车 1000 辆，平均约 8.5 人拥有一辆私家车。北京已经从“自行车王国”进入“汽车社会”。据调查，北京休闲农业的客源中自驾车的旅游者占最高比例，超过 2/3。另外，北京市交通条件便捷。首都 10 个远郊区县到市区行车时耗不超过 1 小时，且北京郊区农村已实现村村通公路，区域完善的路网结构为出行创造了良好条件。

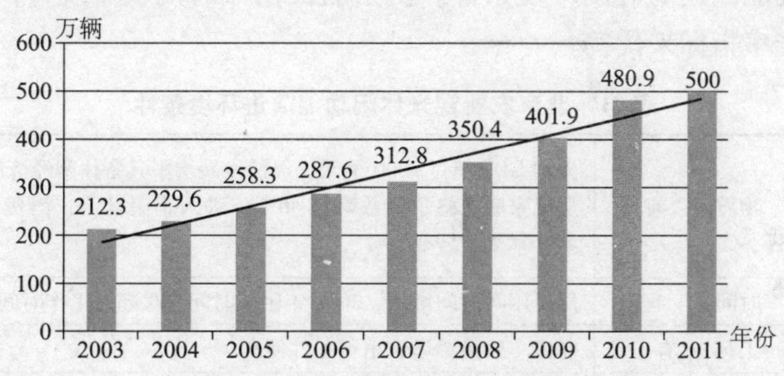

图 29　2003—2011 年北京机动车保有量

“有地方”。休闲消费不是生活必需消费，而是选择性消费。换言之，可以消费也可以不消费。休闲设施的供给推动了农业观光休闲功能的凸显。一是北京市大力兴建农业观光园，农业观光园个数不断增加，市民在游览采摘体验的同时还可以有知可学，有技可习。二是北京郊区农村环境优美，农村生活气息浓郁，休闲娱乐活动丰富多彩。京郊农村和农业特有的魅力吸引了越来越多的北京市民选择郊区游。乡村旅游接待能力不断提升。自 20 世纪 80 年代后期起步开始，到 2004 年底，北京市开展民俗旅游接待工作的行政村已经占全部行政村的 10%。2004 年底市级民俗旅游村占民俗村总数的 22.2%；

市级民俗旅游接待户占民俗旅游接待户总数的40%；从事民俗旅游接待服务工作的农业人口约4万人。在部分郊区民俗旅游村中，从事民俗旅游接待的农户已达到50%～80%。2004年郊区民俗旅游接待游客达到893.9万人次，同比增长40.8%；郊区民俗旅游收入7.57亿元，同比增长23.51%。

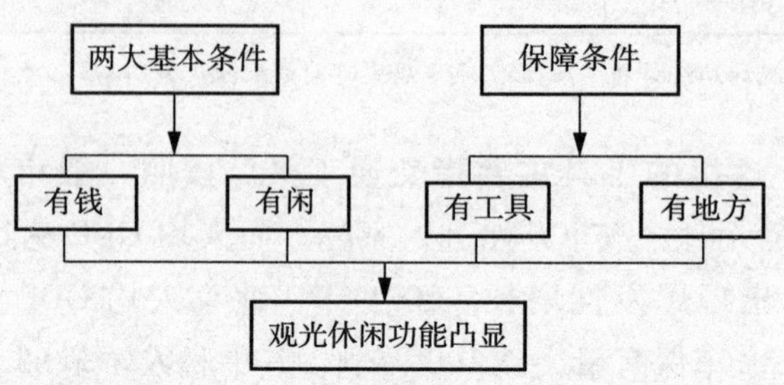

图30　农业观光休闲功能演进环境条件

由以上的分析得出，影响农业观光休闲功能演进的外界环境条件指标，包括人均GDP、城镇居民家庭可支配收入、城镇居民家庭恩格尔系数，这三个指标表征农业观光休闲功能凸显的物质环境条件。居民闲暇时间表征农业观光休闲功能凸显的时间环境条件。由于居民闲暇时间较难统计，可以用社会劳动生产率指标来代替。

表21　北京农业观光休闲功能演进环境条件

两大基本条件	物质	有钱	人均GDP超过3000美元，经济发展水平具备休闲经济的条件 居民家庭恩格尔系数降至40%，进入小康社会，消费结构向发展型、享受型转变
	时间	有闲	居民闲暇时间增加，2001年闲暇时间首次超过工作时间
保障条件	工具	有工具	私家车数量激增，出行条件便利
	保障	有地方	观光园数量猛增，民俗接待能力不断提升

表征农业观光休闲功能的指标为休闲农业总收入，北京市自2005年开始统计此指标。由于统计数据时间年限太短，本研究未对人均GDP、城镇居民可支配收入、恩格尔系数与农业观光休闲功能的关系进行定量研究。

三、农业生活功能演进的阶段性特征

我们进一步分析北京农业生活功能演进的不同阶段所具有的经济社会特征。

表22 农业观光休闲功能演进样本描述性统计

项目	平均值	标准差	最小值	最大值
样本总体（1978—2011年，n=34）				
人均GDP（美元/人）	319.9	3316	797	12643
城镇居民家庭人均可支配收入（元）	8801	9540	365	32903
城镇居民家庭恩格尔系数（%）	45.17	10.31	30.8	59.3
社会劳动生产率（元/人）	41415	45215	2504	154684
隐型阶段（1988年以前）				
人均GDP（美元/人）	901.4	69.9	797	1009
城镇居民家庭人均可支配收入（元）	680	279	365	1182
城镇居民家庭恩格尔系数	55.8	3.32	50.6	59.3
社会劳动生产率（元/人）	3632	1107	2504	5669
过渡阶段Ⅱ（1988—1998年）				
人均GDP（美元/人）	1407.1	438	1046	2310
城镇居民家庭人均可支配收入（元）	4208	2658	1437	8472
城镇居民家庭恩格尔系数	49.3	4.71	41.1	55.3
社会劳动生产率（元/人）	17599	10548	7046	37202
显型阶段（1999年—至今）				
人均GDP（美元/人）	6482	3326	2586	12643
城镇居民家庭人均可支配收入（元）	18930	7668	9183	32903
城镇居民家庭恩格尔系数	33.5	2.49	30.8	39.5
社会劳动生产率（元/人）	90631	34567	43179	154684

资料来源：北京市统计年鉴。

（一）人均GDP指标

从国外的发展经验看，当人均GDP超过1000美元时，即表明这个国家或地区进入消费型社会发展阶段，社会将由生存消费为主导的消费结构向以发展、享受为主导的消费结构升级。按照发展经济学的观点，当人均GDP超过3000美元，即进入中等发达国家水平。人均GDP 3000美元前后的发展过程，是经济社会现代化发展的一个标志性阶段，其城镇化、工业化的进程将出现加速发展，而产业结构、消费类型也将发生重大转变。消费类型的变化主要体现在居民对汽车等代表资产和财富的商品需求快速增长，对服务业的需求将大幅增加。根据联合国《国民核算年鉴》，对美国、日本、韩国等17个国家和地区人均GDP 3000美元之前的一个发展阶段进行分析，居民消费结构变化呈现以下特点：一是食品支出占全部支出的比重即恩格尔系数明显下降，由40.84%下降到32.67%；二是衣着类、家庭设备及服务类支出比重逐步下降；三是交通通信、文化娱乐教育、居住等其他消费比重迅速上升。消费向享受型、发展型快速转变。

从人均GDP指标看，北京农业观光休闲功能处于隐型阶段，此时对应的人均GDP在1000美元以下；农业的观光休闲功能处于隐型向显型过渡阶段，对应的人均GDP为1046~2310美元；农业的观光休闲功能呈现显型，此时对应的人均GDP超过2500美元。2004—2006年期间，北京市人均GDP接近6000美元，此时农业的观光休闲功能进一步提升。

由此可概括为：当人均GDP在1000美元以下时，北京农业观光休闲功能处于隐型；人均GDP为1000~3000美元，北京农业观光休闲功能处于由隐型向显型演进的过渡阶段；当人均GDP达到3000美元左右时，北京农业观光休闲功能呈现显型。当人均GDP达到6000美元时，此时农业的观光休闲功能进一步提升。

上述结论也表明，北京农业观光休闲功能的演进过程遵循了国际一般发展规律①。

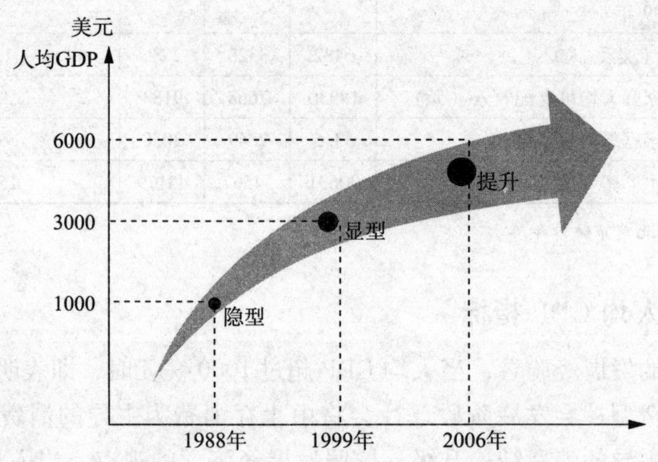

图31　北京农业观光休闲功能演进与人均GDP关系分析

① 纵观国外休闲观光农业的发展历程，休闲观光农业作为一种产业在全球兴起和发展大约在20世纪60年代以后。而法国、英国、德国、日本等这些国家在20世纪60年代人均GDP恰处于1000美元阶段。

（二）城镇居民家庭恩格尔系数

当北京农业观光休闲功能为隐型的时候，对应的城镇居民家庭恩格尔系数的最小值为50.6%；北京农业观光休闲功能位于由隐型向显型的过渡阶段，对应的城镇居民家庭恩格尔系数为41.1%～55.3%；北京农业观光休闲功能呈现显型，对应的城镇居民家庭恩格尔系数最大值为39.5%。

按照联合国粮农组织提出的标准，恩格尔系数在59%以上为贫困，50%～59%为温饱，40%～49%为小康①，30%～39%为富裕，低于30%为最富裕。故可以得出结论，当北京进入小康社会后，北京农业观光休闲功能开始由隐型向显型逐渐过渡，当北京步入富裕社会后，北京农业观光休闲功能呈现显型。

表23　北京农业观光休闲功能演进阶段性特征

阶段	人均GDP	城镇居民家庭恩格尔系数	闲暇时间
隐型	小于1000美元	50%以上（温饱）	
隐型向显型过渡	1000～3000美元	40%～49%（小康）	
显型	3000美元以上	40%以下（富裕）	闲暇时间超过工作时间
提升	6000美元以上	30%左右（接近最富裕）	

综上分析，当人均GDP小于1000美元，城镇居民家庭恩格尔系数位于50%以上时，北京农业的观光休闲功能处于隐型；当人均GDP位于1000～3000美元，城镇居民家庭恩格尔系数位于40%～49%时，北京农业的观光休闲功能处于由隐型向显型的过渡阶段；当人均GDP超过3000美元，城镇居民家庭恩格尔系数低于40%时，人们的闲暇时间超过工作时间，北京农业的观光休闲功能呈现显型；当人均GDP达到6000美元，城镇居民家庭恩格尔系数达到30%左右，北京农业的观光休闲功能处于提升阶段。

四、小结

休闲定义为“非生产性的时间消费”。从经济的角度看，休闲需求是人类消费需求的高级形态。根据马斯洛的消费需求层次理论，人们先有低层次的物质生活方面的需求，后有高层次的享受、自我实现和受人尊重方面的需求。当人们温饱问题得到解决后，人们更关注多样化的、有创意的、高品位的文

① 一般而言，小康型社会消费层次的消费开支体现在健康休闲、文化娱乐等消费的增长上，反映基本生存需求的食品等基本生活用品支出所占比重大幅下降，而体现发展与享受的支出比重则上升。

化享受，更关注身体保健和健康，更关注自然景观和人文风貌，更关注居住的舒适性。在人们的精神需求刺激下，农业的观光休闲功能逐渐呈现为显型。

结合世界城市的发展经验，有专家总结：世界城市不能建立在生态恶化的条件下，也不能建立在生活单调的条件下。农业不仅是农民赖以生存的基础，更是市民生活不可缺少的一部分。到农村旅游观光、休闲度假，了解农业知识，体验农耕文化，在人均 GDP 超 1.2 万美元、接近发达国家水平的北京，远不再是一种时尚。休闲农业已成为满足首都市民精神需求、提高城乡居民幸福指数的重要载体。

农业生活功能呈现为显型需要满足四个条件："有钱""有闲""有工具"和"有地方"。有钱、有闲是农业观光休闲功能的消费群形成的两大基本条件，即物质条件和时间条件；"有工具"和"有地方"则进一步推动了农业观光休闲功能的发展。由于统计数据时间年限太短，本研究未对人均 GDP、城镇居民可支配收入、恩格尔系数与农业生活功能的演进进行定量研究。

北京农业生活功能演进的阶段性特征如下：

（1）当人均 GDP 小于 1000 美元，城镇居民家庭恩格尔系数位于 50% 以上时，北京农业的观光休闲功能处于隐型。

（2）当人均 GDP 位于 1000 ~ 3000 美元，城镇居民家庭恩格尔系数位于 40% ~49% 时，北京农业的观光休闲功能处于由隐型向显型的过渡阶段。

（3）当人均 GDP 超过 3000 美元，城镇居民家庭恩格尔系数低于 40% 时，人们的闲暇时间超过工作时间，北京农业的观光休闲功能呈现显型。

（4）当人均 GDP 达到 6000 美元，城镇居民家庭恩格尔系数达到 30% 左右，北京农业的观光休闲功能处于强化阶段。

第六章　北京农业由单一功能向多功能演进研究

北京农业经历了六千多年的演进。农业的演进支持着都市的发展，维系着都市的需求与稳定。随着城市性质的演进，北京已成为全国的政治中心、文化中心和国际交往中心。这种作为首都的城市性质和需求，决定着首都农业必须服从和服务于都市的发展全局和需求。北京农业演进的动力除了解放和发展生产力之外，还受到城市性质与需求的提升与拉动。事实上，随着北京城市性质与需求的不断提升，京郊农业逐步形成了自己特有的功能特点。在首都性质的牵引下，创造了与首都地位相适应的农业多功能。

一、北京城市发展轨迹与农业的功能定位

北京城市发展轨迹与农业的功能定位如影随形。在农产品短缺时期，北京农业强调“保障供给”。1953 年春，北京市政府提出“郊区农业为首都服务”的方针，要求发展蔬菜、水果和肉、蛋、奶等副食品的生产，以增加对城市的供应。1981 年，北京市委在《关于进一步把郊区农业搞活、加快发展农业生产的决定》中进一步提出：“服务首都、富裕农民、建设社会主义新农村”，作为郊区发展的指导方针。1982 年版《北京城市建设总体规划方案》确定北京城市性质为“全国的政治中心和文化中心”，不再提“经济中心”和“现代化工业基地”。该规划明确指出：“农业的发展，应以面向首都市场、适应首都需要为基本方针。要促进农村多种经营和商品经济的迅速发展，努力把蔬菜、牛奶、禽蛋、肉食、水产、干鲜果品等生产搞上去，把郊区尽快建设成为首都服务的、稳定的副食品生产基地。

1993 年批复的《北京城市总体规划（1991—2010 年）》中，第一次明确了北京要成为国际交往中心的定位和现代化国际城市的目标；与此同时，北京也进入向市场经济转型时期。为了适应新形势，1992 年，北京市委将原有的农村工作指导方针修订为“服务首都、面向全国、走向世界、富裕农民、建设社会主义的新农村”。

随着北京工业化进程的不断加快，农业生产空间逐渐被压缩，生产资源受到限制、生产成本变高，传统农业逐渐失去了发展空间。与此同时，北京农业已经进入到农业和城市关系的高级阶段，用城乡一体化思路统筹城乡发展，进入到以工补农、以城带乡新阶段，农村开始共享城市发展成果。2003年，立足首都功能定位和城乡发展全局，以科学发展理念为指导，以市场需求为导向，以现代物质装备和科学技术为支撑，以现代产业体系和经营形式为载体，北京在全国最早提出建设都市型现代农业，全面拓展农业的生产、生态和生活功能，并把它作为农业发展核心战略和方向选择，在全市范围内铺开。2005 年，《关于加快发展都市型现代农业的指导意见》出台，北京都市型现代农业从此提档升级、加速发展，农业多功能性得到充分拓展。2007 年，北京市副市长牛有成提出“跳出农业看农业”，农业是少数但绝不等于小数，其不可替代的地位越发明显；农业隐型价值逐步显现，且不断增值；农业环境得天独厚，北京消费、科研、政策等优势无可比拟。初步奠定了北京发展都市型现代农业的理论基础和体系框架。2009 年 7 月，北京市委书记刘淇提出要重新认识首都“三农”问题：首都的农业是都市型现代农业，是一二三产业相互融合，充分体现人文、科技、绿色特征的低碳产业。

《北京城市总体规划（2004—2020 年）》将未来北京的发展目标定位于“国家首都、世界城市、文化名城、宜居城市”。“建设中国特色世界城市”的发展目标被正式提出。在建设世界城市背景下，北京市提出“瞄准世界先进水平发展现代农业、按照城乡统筹思路建设新农村、适应建设中国特色世界城市要求培育新型农民”的北京“新三农”发展目标，紧密贴合首都最新定位和宏伟目标。世界城市不能建立在生态恶化的条件下，也不能建立在生活单调的条件下。于是农业的生态功能和生活功能日益凸显。在全新历史条件下，2011 年北京市农村工作会议上，副市长夏占义对北京都市型现代农业提出了更高定位：“把首都农业建成世界城市的特色产业、首都生态宜居的重要基础、首都高端农产品供应和应急安全的基本保障，打造成为一二三产相互融合的、充分体现人文、科技、绿色特征的低碳产业。2012 年北京市第十一次党代会强调着重增强首都农业的应急保障、生态休闲、科技示范等功能。

由此可见，北京农业一直扮演着为首都服务的角色，处于从属于城市发展的地位。城市的发展轨迹和农业的功能定位如影随形。北京城市性质的变化和需求的不断提升，创造了与首都地位相适应的农业多功能。

表 24　北京城市定位与农业功能定位

时间	时代背景	城市定位	农业功能定位
1953 年	农产品短缺时期		郊区农业为首都服务
1982 年	进入改革开放时期	全国的政治中心和文化中心	农业的发展，应以面向首都市场、适应首都需要为方针，把郊区尽快建成为首都服务的、稳定的副食品生产基地
1993 年	进入市场经济转型期	国际交往中心和现代化国际城市	服务首都、走向世界、富裕农民，建设社会主义新农村
2003 年	工业化进程加快，农业发展空间受限，北京进入统筹城乡发展阶段		都市型现代农业生产、生态、生活、示范
2011 年		世界城市	应急保障、生态休闲和科技示范功能

二、生活水平提高和消费结构升级

农业多功能的拓展，根本目的是不断满足人们的生活质量和消费水平。而人们生活质量的提高，又必然反过来刺激人们对消费提出更高、更新的要求。这种要求不仅能够推动人们对物质享受的需求，而且能够激发人们对精神生活的追求。

按照美国心理学家马斯洛的消费需求层次理论，人们的消费需求是随着人们生活水平的提高而不断变化的。先有低层次的物质生活方面的需求，后有高层次的享受、自我实现和受人尊重方面的需求。也就是说，在后工业化社会或信息社会，人们的生活水平提高后，更关注专业知识和技能的掌握，从而促进了教育培训业的快速发展；人们更关注多样化的、有创意的、高品位的文化享受，从而促进了文化娱乐业的快速发展；人们更关注身体保健和健康，从而促进了医疗保健业和体育业的快速发展；人们更关注世界的自然景观和人文风貌，从而促进了旅游业的快速发展；人们更关注居住的舒适性，从而促进了环境管理业的快速发展。正是靠这种消费需求的升级和拉动，才创造出巨大的、新兴的、多样化的消费市场。

城市居民消费需求是北京农业功能拓展的推动力。经济社会的发展使得城市居民收入提高，收入的提高导致消费结构的变化又进而引起农业生产结构的调整和农业多功能的拓展。就首都经济发展的状况而言，随着首都经济的发展和人均收入水平、人均 GDP 水平的不断提高，北京已经步入工业化后期，距离基本实现现代化的目标越来越近，并要构建世界城市、宜居城市和以人为本的和谐社会的“首善”之区，这种发展水平和发展目标的提高，必然会带来消费市场和产业升级的变化，消费需求不断向高层次、高质量、多样化、国际化和个性化方向转变。

三、农业由单一功能向多功能演进环境条件分析

通过前面几章的分析，本研究认为，北京农业由单一功能向多功能演进的动力有两个方面。一是受经济社会发展收入水平提高和消费结构升级的推动；二是受北京特殊的城市性质与需求的提升与拉动。

国际经验表明，一个国家或地区人均 GDP 达到 1000 美元时，即表明这个国家或地区进入消费型社会发展阶段。社会消费结构向发展型、享受型升级。从国外的发展经验看，这个阶段是经济社会的一个重要转型期，城市化开始加速，工业结构升级，是传统农业社会向现代工业社会加速转变的关键时期。

当一个国家或地区的人均 GDP 超过 3000 美元的时候，其城镇化、工业化的进程将出现加速发展，而产业结构、消费类型也将发生重大转变。这种消费结构的升级主要体现在对住房、汽车、运动、休闲、文化、教育消费等方面需求增加。按照世界各国的经验，当人均 GDP 超过 3000 美元的时候，汽车消费将进入快速增长期。交通工具的发展，促进旅游的进一步发展。同时，文化消费快速增长。当人均 GDP 接近或超过 5000 美元时，文化消费则会井喷。

当人均 GDP 达到 6000 美元时，即达到中等发达国家水平，消费升级空间广阔。消费档次不断提升、消费观念不断更新。同时，在这个时期，对环境的重视逐渐加大。例如，著名的“库兹涅茨环境曲线”理论认为，在经济发展的初期，环境质量可能随着经济增长而不断下降和恶化，但到了一定拐点时，环境质量又有可能随经济的进一步发展而逐渐改善。美国出现这个拐点是在人均 GDP 10000 美元时，还有一些国家是在人均 GDP 6000 美元时。这种改善得益于环境意识的增强。

经济社会的发展带动消费结构的升级，进而推动农业多功能拓展。

（1）人们由关注温饱向追求营养保健，个性多样化产品转变，推动农业内部生产结构的调整，适应首都消费需求多元化，消费水平多层次特点，由大宗农产品生产转向“名、特、优、新、稀”的高产优质高效安全农产品生产，打造不可替代的唯一性名特产品。

（2）人们的物质需求是有限的，而精神需求是无限的。当人们的物质需

求得到满足后，就会追求更高层次的精神需求。城市居民对崇尚自然、返璞归真的精神需求，使得农业的生活功能日益显现。

北京特有的城市性质与需求拉动农业多功能不断拓展。首都的城市性质与需求，规定着北京农业必须按照中央对北京工作提出的“四个服务”的要求，服从和服务于都市的发展全局和需求。

（1）北京作为国际交往中心，北京农业必须为日益扩大的国家交往中跨境消费对高档、优质、无污染农产品及其加工精品的需求服务，农业的首都鲜活安全农产品供给的基础保障功能进一步加强。

（2）北京要为国家教育、科技和文化的发展服务，使得农业的科技示范功能不断加强，为服务首都、富裕农民、对外交流及辐射带动发挥着示范窗口的作用。

北京是全国的文化中心。北京农业距今至少有六七千年以上的历史，源远流长的农耕文明在北京扎根。农耕文化是北京文化的源文化之一。农业的文化传承功能日益凸显。

（3）北京宜居城市的建设目标使得农业生态功能日益凸显，农田景观本身就是城市一道亮丽的风景线。

（4）世界城市不能建立在生活单调的条件下。农业以其特有的自然优美的田园风光、舒适怡人的清新气候、富有民俗风情，成为京郊休闲旅游“首选地”。休闲农业已成为满足首都市民精神需求、提高城乡居民幸福指数的重要载体。农业不仅是农民赖以生存的基础，更是市民生活不可缺少的一部分。

四、农业由单一功能向多功能演进阶段特征

在分析了北京农业生产功能、生态功能和生活功能的演进过程基础上，我们直接给出北京农业由单一功能向多功能演进的阶段划分。

生活功能：1988 年以前，农业的生活功能以隐型价值形式存在；之后，农业的生活功能开始凸显，1988—1997 年为农业生活功能由隐型向显型演进的过渡阶段；1998 年之后，北京农业的生活功能呈现为显型。

生态功能：农业的生态功能最初以一种半隐型的形式存在；1998 年后，农业的生态功能开始逐渐凸显；1998—2004 年，为农业生态功能由隐型向显型演进的过渡阶段；2004 年以后，北京农业的生态功能呈现为显型。

由此看出，1988 年以前，北京农业呈现单一功能；1988—2004 年为北京农业由隐型向显型演进的过渡阶段；2004 年以后，北京农业呈现多功能。

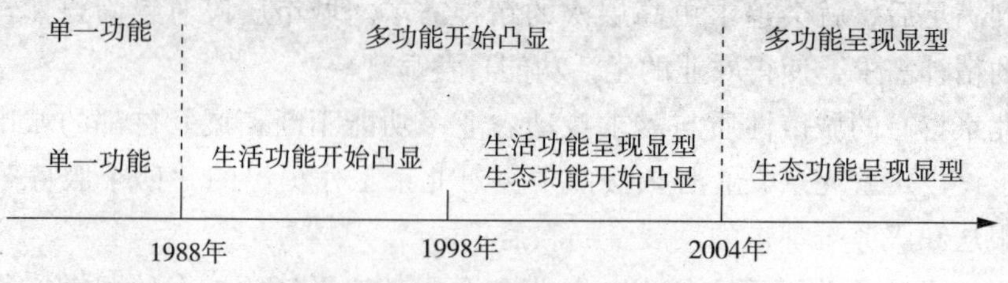

图 32　北京农业由单一功能向多功能演进阶段划分

下面分析北京农业由单一功能向多功能演进的阶段性特征。下表给出了北京农业多功能演进的样本描述性统计。

表 25　样本描述性统计

项目	平均值	标准差	最小值	最大值
样本总体（1978—2011 年，n = 34）				
人均 GDP（美元/人）	3198. 8	3316	797	12643
城镇居民家庭人均可支配收入（元）	8801	9540	365	32903
城镇居民家庭恩格尔系数	45. 17	10. 31	30. 8	59. 3
阶段Ⅰ（1988 年以前）				
人均 GDP（美元/人）	901	69. 9	797	1009
城镇居民家庭人均可支配收入（元）	680	279. 8	365	1181
城镇居民家庭恩格尔系数	55. 87	3. 33	50. 6	59. 3
阶段Ⅱ（1988—2004 年）				
人均 GDP（美元/人）	2009	1043. 7	969	4202
城镇居民家庭人均可支配收入（元）	6484	4213. 5	1437	13883
城镇居民家庭恩格尔系数	44. 98	7. 7	31. 7	55. 3
阶段Ⅲ（2004 年至今）				
人均 GDP（美元/人）	8448	2689. 6	4943	12643
城镇居民家庭人均可支配收入（元）	2359	5880. 8	15637	32903
城镇居民家庭恩格尔系数	32. 19	0. 95	30. 8	33. 8

注：阶段Ⅰ的数据只统计 1978—1988 年数据。

（一）人均 GDP 指标

人均 GDP 是表征社会经济发展水平的综合指标。从人均 GDP 指标看，1988 年以前，北京农业呈现单一功能，此时对应的人均 GDP 最高值为 1009 美元；1988—2004 年，北京农业处于由单一功能向多功能的过渡阶段，此时对应的人均 GDP 位于 969 ~ 4202 美元之间；2004 年以后，北京农业多功能呈现显型，此时对应的人均 GDP 最低为 4943 美元。

允许节点之间存在一定的置信区间，由此可概括总结为：当人均 GDP 小于 1000 美元时，北京农业具有单一功能；当人均 GDP 超过 1000 美元，农业的多功能开始逐渐凸显，1000 ~ 5000 美元为北京农业由单一功能向多功能演进的过渡阶段特征；当人均 GDP 超过 5000 美元后，北京农业的多功能呈现显型。

（二）城镇居民家庭恩格尔系数

城镇居民家庭恩格尔系数是表征居民消费结构的指标。从城镇居民家庭恩格尔系数指标看，北京农业呈现单一功能，此时对应的城镇居民家庭恩格尔系数最低为 50.9%，根据联合国粮农组织恩格尔系数划分标准，处于已满足温饱，接近小康社会阶段；北京农业由单一功能向多功能演进的过渡阶段，此时对应的城镇居民家庭恩格尔系数最低为 31.7%；北京农业多功能呈现显型，此时对应的城镇居民家庭恩格尔系数最低为 30.8%。

由此可概括为：当城镇居民家庭恩格尔系数大于 50% 时，即处于温饱阶段，北京农业为单一功能；当城镇居民家庭恩格尔系数位于 50% ~ 35% 之间，即处于小康社会和富裕社会的中期这一时间段，北京农业处于由单一功能向多功能演进的过渡阶段；当城镇居民家庭恩格尔系数低于 35%，处于富裕社会的中后期，北京农业多功能呈现显型。

表 26　北京农业多功能演进阶段性特征

阶段	人均 GDP	城镇居民恩格尔系数	城镇居民可支配收入
单一功能	小于 1000 美元	大于 50%（温饱）	小于 1000 元
向多功能过渡	1000 ~ 5000 美元	35% ~ 50%（小康 + 富裕中期）	1000 ~ 15000 元
多功能农业	5000 美元以上	35% 以下（富裕中后期）	大于 15000 元

五、小结

按照“四个服务”的要求，北京农业服从和服务于北京都市的发展全局和需求。北京城市发展轨迹与农业的功能定位如影随形。

北京农业由单一功能向多功能演进的动力有两个方面。一是受经济社会发展收入水平提高和消费结构升级的推动；二是受北京特殊的城市性质与需求的提升与拉动。1988 年以前，北京农业呈现单一功能；1988—2004 年为北京农业由隐型向显型演进的过渡阶段；2004 年以后，北京农业呈现多功能。

（1）当人均 GDP 小于 1000 美元，城镇居民家庭恩格尔系数大于 50%，处于温饱阶段时，北京农业呈现单一功能；

（2）当人均 GDP 超过 1000 美元，城镇居民家庭恩格尔系数为 50% ~ 35%，即处于小康社会和富裕社会的中期，北京农业由单一功能向多功能过渡；

（3）当人均 GDP 达到 5000 美元，城镇居民家庭恩格尔系数低于 35%，位于富裕阶段中后期，北京农业呈现为多功能农业。

专题Ⅱ

北京循环农业的发展与实践*

* 本报告是北京市科委“基于新农村建设的循环农业技术集成与示范”课题（编号：Z090605006009018）的主要研究成果。

目　录

一、循环农业的概念、原则与理论

（一）循环农业的概念与原则

1. 循环农业的概念

循环经济把清洁生产、资源综合利益、生态设计和可持续消费等融为一体，运用生态学规律来指导人类社会的经济活动。其本质是一种生态经济，是相对于传统的线性经济而言的，是物质闭环流动型经济的简称。它改变了传统经济“资源—产品—污染排放”式的单向流动，实现了“资源—产品—废物—再生资源—再生产品”的良性循环。因此，农业领域的循环经济（或简称为“循环农业”）其概念应为：以农业生态经济系统为整体，以循环经济和生态学原理为指导，在系统内部避免或尽可能减少废弃物的产生、实现废弃物循环利用和最终处置，确保农业系统内部物能价值流合理最佳流动的农业经济活动。相对于现代开放的农业经济系统而言，是一种物质闭环流动型经济。

2. 循环农业的原则

循环农业遵循循环经济的3R原则。即：

（1）减量化原则：减少进入生产和消费过程的物质能量。提高单位产品资源利用率，预防废物产生。通过技术改造、先进工艺、清洁生产、简易包装等减少单位产品原料使用量和污染排放量。

（2）再利用原则：多次多种方式利用，避免过早成为废品。制造过程实行标准化标准件生产，实现机件零部件通用性、替代性、耐用性、节能性。构建节约型社会，相应经济法律道德约束。维修再使用和返回市场二手货利用。

（3）资源化原则：废物再加工处理作为再生资源。原级资源化最理想，物耗能耗均低。次级资源化将废弃物生产为与原产品性质不同的其他产品。鼓励消费者购买再生资源产品，使工业生产和生活消费过程走向生态化，实现整个过程封闭循环。

（二）循环农业的理论基础

循环农业是农业领域的循环经济，因此，其理论体系应该包括农业理论及经济学的理论。就循环农业的内容而言，其理论体系应该包括生态学理论、“三种生产”理论、环境价值论、可持续发展理论、完全循环定理、物质减项定理、接口工程理论等。

1. 生态学理论

该理论认为，现代生态系统是在一定空间内，生物成分（生物群落）和非生物成分（物理环境）通过物质循环、能量流动和信息传递形成的一个功能整体。生态系统具有自我调节功能。外来干扰在一定限度以内，通过生态系统的反馈机制，经过系统自我调节后可恢复到原初稳定状态。当外来干扰超过系统自我调节能力时，系统不能恢复到原初状态，此时，生态系统表现为生态失调或生态平衡的破坏。生态学及生态系统所蕴含和揭示的科学道理，正是循环农业实践的指南。循环经济就是要处理好眼前和长远、局部与整体、速度与效率、环境与发展、自然与社会间复杂的生态冲突关系。

2.“三种生产”理论

该理论认为，在人和环境组成的世界系统的基本层次上，可以概括为三种生产：物质生产、人的生产和环境生产。物质生产与人的生产的同时，都会产生废弃物返回环境。资源利用率越高，则意味着同等产出水平下，从环境索取的资源相对较少，加载到环境中的加工废弃物也相对较少。

环境生产，是指在自然力和人力共同作用下，环境对自然结构和状态的维持与改善，包括消纳污染和产生资源。当环境所接受的废弃物的数量和种类超过其污染消纳力后，就会使环境品质急剧降低。当物质生产过程从环境中索取资源的速度超过了环境的资源生产力时，就会导致作为资源的环境要素的存量降低。

三种生产的关系呈环状结构。人和环境这个系统的畅通程序取决于三种生产之间的和谐程度。要使三种生产的运行关系由不和谐转变为和谐，就要正确处理三者之间的联系方式和内容，这是循环农业系统和谐运营的基础。

3. 环境价值论

传统经济价值观认为无劳动无价值，不能交易的自然资源无价值。

传统农业和价值观一直认为，没有劳动参与的东西没有价值，或认为不能交易的东西没有价值，两者都认为环境资源，特别是自然资源没有价值。而环境价值论认为，环境作为一种资源不是取之不尽、用之不竭的，具有稀缺性。自然环境既能满足人类的需要，又是稀缺的，因而是有价值的。

从环境价值论出发，循环农业发展就是要正确处理自然资源利用与生产废弃物排放之间的关系，强化环境的价值观念，促进资源的有效利用。要将环境价值合理量化并与经济利益联系，经济核算中考虑环境成本及人类生产生活造成的环境价值损失，建立合理补偿机制，定量环境价值损失及存量，为循环经济提供决策依据。

4. 可持续发展理论

可持续发展是一个综合的概念，其内涵包括生态可持续性、经济可持续性和社会可持续性。三者相互联系、相互制约，共同组成了一个复合系统。在这个系统中，生态可持续性是基础，它强调发展要与资源环境的承载力相协调；经济可持续性是条件，它强调发展不仅要重视增长数量，更要追求改善质量、提高效益、节约能源、减少废物，改变传统的生产和消费模式，实施清洁生产和文明消费；社会可持续性是目的，它强调发展要以改善和提高生活质量为目的，与社会进步相适应。

循环经济正是伴随着可持续发展理论而兴起的，也促进了循环农业的兴起和发展。

5. 完全循环定理

完全循环经济的含义是：人类发展经济所用的物质完全由循环利用的物质组成；人类发展经济中用到的所有物质完全是可以循环利用的。这是人类达到可持续发展的充分必要条件。减量、再用、循环的3R原则不但仍然适用，而且其重要性更加突出。具体含义有以下两个方面：

从自然资源的角度看，科学地、最大限度地增加生物质等可再生物质在人类物质消费总量中的比例，合理地最大限度地循环利用可循环利用的不可再生物质，停止使用不可循环利用的不可再生物质。

从环境质量角度看，各类物质代谢产生的废弃物在数量上低于环境容量，在毒性上小于动植物的阈值。这就意味着人类对水、大气和生态环境质量的扰动必须在各类环境功能区划和环境标准允许的范围内，人类所处的生态环境质量优美良好，使用后在理想的时间内恢复循环到原来状态。

6. 物质减项定理

按照物质是否可再生的循环利用的属性，经济学家们将所有的物质分成三类：可再生物质、可循环利用的不可再生物质以及不可循环利用的不可再生物质。

该理论认为：（1）能源在使用过程中熵以极快的速度增加，以人类现有的知识和技术，无论是在空间尺度还是在时间跨度上都无法通过循环和再生将其重新使用；（2）热力学第二定律表明，任何能量在其转换过程中效率永远小于100%，任何形式的能源在其梯级利用过程中都遵循这一定律；（3）自然界中的一切物质，它们的存在和它们各种各样的运动形式，无不永恒地需要能量；（4）矿物质能源资源的储量有限，总有一天会消费殆尽。由此，引出了“物质减项定理”，其内涵是停止使用不可循环利用的不可再生物质是人类实现可持续发展的必要条件。当前人类使用的是三类物质，到实现了可持续发展时，人类就仅使用可再生物质以及可循环利用的不可再生物质这两项物质。

发展循环农业也是要尽可能使用可再生物质以及可循环利用的不可再生物质，尽量避免使用不可循环利用的不可再生物质，如化石能源。

7. 农业接口工程理论

该理论认为，现代集约持续农业中，能量、物质和信息的汇集交换场所称之为接口；运用系统科学和生态经济学原理，在接口配套建设的现代工业和工程设施及其调控技术，即接口工程。

农业接口工程由肥料工程、饲料工程、加工工程和贮藏工程四部分组成。各工程相互衔接，既是系统的组成，也是系统的调节器。各个接口工程的功能经综合集成形成一个整体时，这些功能之间又相互作用，协力产生新的功能。进行接口工程的建设和调控，不但能对物质和能量实现多层次多渠道的充分利用，而且还可协调系统与外环境、系统各成分之间的关系。通过调整接口工程的结构，可减少内耗，节约资源，提高效率，改善生态。农业接口工程就是在两个环节之间、系统与外界环境之间建立起既有生态学意义又有经济价值的实体，通过对环节的调控，实现物质循环。

农业接口工程理论适用于并指导着循环农业中循环链条的构建与调节。

二、北京循环农业技术与主要模式

（一）蔬菜废弃物不同处理技术与模式

课题组选取京郊以工厂化运作的大型蔬菜园区、以村集体经营为主的中小型蔬菜园区，或是农户自建的蔬菜大棚等不同生产类型，对其蔬菜废弃物处理技术进行了实地调研。比较了具有代表性的 7 种蔬菜废弃物处理技术。

1. 棚式堆肥技术（小汤山特菜大观园）

技术机理：好氧堆肥法。方法是在园区建一个面积为 300 平方米的塑料大棚，将蔬菜废弃物粉碎后在大棚内进行堆沤。大棚内地面进行了硬化，以防止肥水流失和渗漏；四周用砖砌起 1 米高的围墙，便于堆肥靠墙堆放；围墙上加装钢架塑料大棚。该技术使用人工进行翻堆，以保证堆垛通气防止局部厌氧的发生。因塑料大棚内温度较高，堆肥的腐熟速度较快，夏天大约 15

天可堆制完毕，冬天温度稍低，但也不超过一个月。

运行情况：运行良好。该蔬菜废弃物处理技术总投资20万，包括建大棚、存放肥料的库房，购买粉碎机等。生产的堆肥全部用于园区内的大棚蔬菜种植。

图1 蔬菜废弃物棚式堆肥技术

优点：因需要一定的设备及相应的建设投资，故适用于蔬菜废弃物产量较多的净菜加工工厂或园区蔬菜废弃物量大且集中的设施群。

2. 棚内秸秆堆沤模式（密云农科所基地）

技术机理：接种微生物自然堆沤处理。将蔬菜废弃物堆放于池中，并按操作规程添加微生物菌剂，加速有机质分解。分解产生的液体肥料稀释后作为液肥直接返田，堆沤产生的CO_2可作为农作物的气肥。

实际运行中，该基地尝试进行了以下两种棚内秸秆堆沤模式。

（1）棚内秸秆明堆模式

在大棚内入口处靠山墙位置用塑料布搭建一个长约3米，宽约1.5米的长方形池。将晒干的玉米秸秆和半干（约含60%的水分）的蔬菜秸秆分层放置在长方形池内，并逐层加入菌种，以促进秸秆腐熟。每隔3~5天往池内喷洒一些水，以保证发酵湿度。长方形池下挖一个大约50厘米深的池子，并在池子上面加过滤网。秸秆大约3个月即全部腐熟完毕。在地上长方形池子的底部安装一个风机，风机上连接一个长长的筒状塑料薄膜管道（见图2），将发酵产生的CO_2抽出，输送到温室各部。在风机口塞入管子则可将堆沤产生的液体抽出，稀释6倍后灌溉蔬菜。设备投入包括风机、滤网、塑料薄膜、菌剂等共计600元。

图2 棚内秸秆堆沤技术

（2）棚内秸秆暗埋模式

在起垄时挖一个沟槽，深50厘米，宽60厘米。将蔬菜秸秆、牛粪、菜秧、干叶子等全部埋进沟槽里。菜种植在垄上两侧。大约3~4个月所埋秸秆即可腐熟。适用于起垄栽培模式。

优点：一是通过发酵释放 CO_2 和矿质营养回归植物和土壤，有利于土壤培肥；二是通过发酵液追肥，解决了有机生产中缺少有机液体追肥的问题；三是相比于小汤山蔬菜废弃物处理技术而言，该技术设施简易，投入资金少，农民可切身体会到增收，易于在广大农村推广。据测算，棚内 CO_2 浓度比常规大棚高15%～20%，冬季可提高大棚温度2℃左右；种植的蔬菜口感好，产量可提高15%，增收效果明显。

缺点：一方面，蔬菜秸秆暗埋方式需要人工挖槽，较费工；另一方面，由于在自然堆沤状态下，尤其是暗埋方式，因堆肥温度上升不明显，不能有效地杀灭堆料中的致病菌，还田易加重蔬菜病害。

在进行棚内秸秆堆沤时，秸秆不需要提前粉碎，因粉碎后的秸秆腐熟速度太快，不利于 CO_2 的均匀释放和利用。所以建议直接将秸秆放置沟槽内，均匀发酵最好。

3. 太阳能秸秆处理装置（密云农科所基地）

技术机理：为了防止蔬菜秸秆中有害生物，如病毒、细菌、真菌、害虫等继续在棚室、下茬作物上侵染，利用太阳能产生的高温将蔬菜秸秆中携带的各种有害生物全部杀灭，达到蔬菜秸秆无害化处理，发酵后产生的肥料再用于农业生产。

运行要点：该装置包括一个秸秆粉碎机，一个输送带，一个发酵池，16组太阳能管。由粉碎机将蔬菜废弃物（干、湿均可）粉碎后，由传送带送到发酵池中。发酵池底部有三个阀门，开启后放出液肥，用于设施蔬菜追肥（见图3）。该设备总投资25万。现在基本处于停用状态。原因是基地停电导致停水，进而引起太阳能管炸裂。此外，管内水的多少不容易掌握，多或少都会导致太阳管炸裂。该装置在太阳能系统失效的情况下，夏天可使用5个月左右，冬季由于气温低不能使用。

图3　蔬菜废弃物太阳能处理技术

优点：该装置能有效杀灭蔬菜废弃物中的多种病菌和害虫等有害生物，

有效减少园区内病虫害循环发生、降低农药使用量；且发酵时间短，较适合农业设施园区、观光园区、合作社和大型基地使用。

缺点：停水、水多或水少都易引起太阳能管炸裂，而且在设备和运行成本方面都不具有优势。

4. 地下暗埋式大型沼气池模式（密云农科所基地）

技术机理：厌氧处理。蔬菜废弃物含水率高，符合一般厌氧处理的固体含量（10%左右），可以不经预处理就能实现比较完全的废物稳定化和能源利用（见图4）。

图4　地下暗埋式大型沼气池技术

运行情况：该园区在日光温室内兴建了一个地下300立方米的发酵池，结构示意图如图5所示，将秸秆粉碎后，填入进料口，经沉降池后进入发酵池。秸秆所携带的土石块集中在沉降池中，便于清理。在发酵池中加入菌种进行厌氧发酵，两头用水压把气体经致密的填充层压入气柜。每5天进料500公斤（鲜重）。日产气70～80立方米，可以满足基地食堂的燃料需求。沼液10天出一次，每次大约出10立方米，沼液按照1:6的比例兑水稀释后追肥。蔬菜废弃物发酵后，沼渣很少，一年只需清理一次即可。产生的沼气可供一个0.5吨的蒸汽锅炉和基地食堂使用。一年可节省燃煤50吨、化肥30吨左右。此基地建有占地200亩的设施蔬菜日光温室群，一年约产600多吨鲜秸秆，该沼气池可消化一多半。

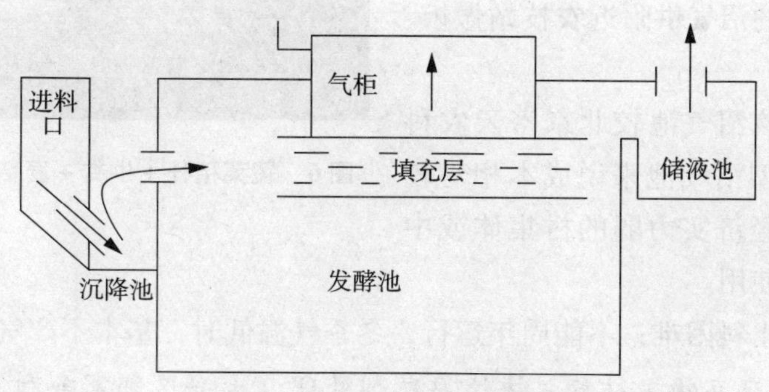

图5　沼气池内部结构示意图

优点：因蔬菜高含水率这一特点，该沼气化处理产生的沼渣非常少，沼渣出料问题不突出；产生的沼气可作为生活能源。

缺点：由于发酵没有经过高温灭菌，因此沼液和沼渣仍具有一定的生物毒性。其次设备比较复杂，需要工厂化运作，较适合于大型连锁超市、食品加工企业或大型设施园区的蔬菜废弃物集成化处理。

5. 蔬菜废弃物+干沼渣的堆肥利用技术（平谷区西柏店村）

技术机理：蔬菜秸秆中水分较大，考虑引入干的沼渣进行混合发酵，以调节发酵过程 C/N 比，然后进行堆肥处理。

运行情况：西柏店村东建有一个 220 立方米的沼气站，每隔 3 天出一次沼渣。沼气站旁边建有一个堆肥场。村民把自家温室里的菜秧、秸秆、菜叶等废弃物运至堆肥场，由沼气站人员将蔬菜废弃物粉碎，加入适量干沼渣进行调和搅拌，以调节其 C/N 比，并加入适量微生物菌剂加快发酵过程。最后在上面盖上塑料膜，用石块压实，2 周后沤制成有机肥。沤制的肥料供农民免费使用。

优点：结合本村实际，该技术的应用一方面解决了村沼渣的处理，另一方面循环利用了蔬菜废弃物。

6. 蔬菜废弃物+牛粪+麦秸的沼气处理技术（大兴区郭家务村）

技术机理：利用蔬菜废弃物高含水率的特点，对其进行厌氧处理，回收沼气能源。

运行情况：在温室大棚边建了 6 个沼气池，每个沼气池 8 立方米。将蔬菜秸秆粉碎后，加入适量牛粪和麦秸，以调节 C/N 比例，然后发酵产生沼气。产生的沼气供附近农技站做饭、取暖。

图 6　蔬菜秸秆+牛粪+麦秸处理技术

优点：该沼气池较北京密云农科所基地的大型沼气池来说成本相对较低。较适合经济实力弱的村集体或中小型设施园使用。

缺点：出料困难；不能周年运行，冬季气温低时，基本不产气。

7. 蔬菜废弃物+秸秆+快速腐熟剂处理（大兴区郭家务村）

技术机理：高含水量和高含 N 量的蔬菜废弃物，加入低含水量及高 C 含量的秸秆，平衡了水分和C/N比，经厌氧处理，堆制肥料。

运行情况：为防止堆制过程中肥水的流失，在两个温室之间修建了一个堆肥池，入料口稍高于内部，使肥水集中流向堆肥池较低的部位，并在此部分留一个出水口，接蓄肥水。将晒制半干的蔬菜废弃物粉碎与小麦秸秆混合，同时喷洒加速腐熟的菌剂。然后用塑料膜覆盖，堆沤。充分腐熟后即可施用。

图7 蔬菜废弃物＋秸秆＋腐熟剂处理技术

优点：适用于农户大棚蔬菜废弃的处理，投资小，干净整洁。

缺点：如果不及时排出肥水，则会影响堆肥温度的升高，从而影响腐熟效果。

（二）以食用菌为纽带的废弃物循环利用技术与模式

1.“栗—菌—肥/基质”循环农业模式

板栗是北京北部山区的主要经济树种，对山区农民的增收具有重要作用。板栗废弃物量大，林下空间充足。针对这一特点进行食用菌生产，构建基于板栗废弃物资源化利用的“栗—菌—肥/基质”循环农业模式（如图8所示）。课题组对不同栗木屑配比、适宜栽培条件、菌渣利用等技术进行了研究。

该模式是利用板栗废弃枝条粉碎后制作栗蘑菌棒，利用板栗林下进行栗蘑生产，产生的菌渣一方面可以直接施入板栗林，培肥土壤；另一方面，还可以制作花卉基质，进行花卉生产。

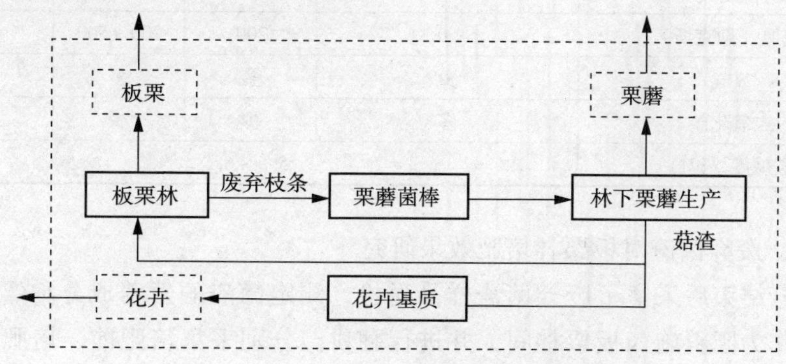

图8 “栗—菌—肥/基质”循环农业模式图

（1）利用板栗废弃物生产菌棒技术研究

试验目的是为了研究不同栗木屑配比的基质对栗蘑生长的影响。

试验处理为3种不同栗木屑配比的菌棒基质成分含量，对照为常规基质。试验菌棒基质配比见表1。

表1　栗蘑不同菌棒基质配比

	杂木屑	栗木屑	棉籽皮	麸皮	玉米粉	黄豆粉	其他辅料
A		30%	45%	10%	10%	2%	3%
B		45%	30%	10%	10%	2%	3%
C		60%	15%	10%	10%	2%	3%
CK	45%		30%	10%	10%	2%	3%

结果表明：不同栗木屑配比的菌棒生产出的栗蘑的各项指标（子实体产量和品质指标，如总糖、粗蛋白、维生素 B_1、Zn 等）均没有显著差异，说明在栗木屑供试配比为30% ~60% 的范围内，对栗蘑的产量与品质基本没有影响。可见，栗蘑对培养基质配比比例的要求较低，因此在实际菌棒制作过程中，栗木屑完全可以作为基质的一大来源，并可在较宽泛的含量范围内变动，对实际生产影响不大。这一结论对菌棒制作有重要的实际意义。

（2）栗蘑适宜环境条件

经过2年的探索，摸清了栗蘑山区林下栽培的适宜环境条件。

表2　栗蘑生长适宜环境条件

阶段 条件	菌丝生长阶段		原基	菇体生长阶段	
	范围	适宜	分化	范围	适宜
温度（℃）	5 ~35	20 ~25	18 ~22	10 ~26	18 ~22
相对湿度（%）	60		80 ~90	80 ~95	85 ~95
光照（勒克斯）	50		200	200 ~500	
氧气	少		多	多	
二氧化碳	多		少	少	
酸碱度（pH）	5.5 ~6.5				

（3）废弃菌渣对板栗林培肥效果研究

出菇结束后采集了废弃菌渣样品送检，测定菌渣的营养成分。然后将废弃菌渣作为肥料施入板栗林间，并进行翻耕。分别采集培肥前、培肥后（还田一年以后）的土壤样品送检，检测结果（见表3）表明：施入菌渣后，土壤的全磷含量、全钾含量、碱解氮含量均有所提高，分别提高19%、20%、3%。可见，废弃菌渣有较好的地力培肥作用。

表3　废弃菌渣培肥板栗园土壤检测结果

	检验项目及结果					
	全氮（g/kg）	全磷（g/kg）	全钾（g/kg）	碱解氮（mg/kg）	有效磷（mg/kg）	有效钾（mg/kg）
培肥前	1.45	0.388	18.6	94.9	14.5	159
培肥后	1.00	0.463	22.3	97.9	10.8	80.4

（4）模式价值产投比分析

课题组选择"栗—菌—花（基质）"系统，对板栗生产子系统、栗蘑生产子系统、花卉生产子系统及"栗—菌—花（基质）"复合系统的价值产投比进行了比较。

结果表明，板栗生产子系统的价值产投比为35:1，栗蘑生产子系统的产投比为1.43:1，花卉生产子系统的产投比为1.48:1，而"栗—菌—花（基质）"复合系统的产投比为1.54:1。可见，在"栗—菌—花（基质）"复合生态系统中，由于废弃物的循环利用，价值产投比较单一的栗蘑生产系统和花卉生产系统有所提高，但是，较板栗林子系统的价值产投比要小（原因是目前的板栗生产大多是粗放管理，投入少，因而产投比高）。

2."牛粪—食用菌—燃料/肥料"循环农业模式

将养殖业所产生的粪便用来生产食用菌，是循环农业的普遍做法。用牛粪加秸秆生产双孢菇是比较成熟的技术，生产上已有应用。但食用菌生产所产生的废弃菌棒如何再利用，还是一个正在探索的课题。北京市密云县溪翁庄镇尖岩村，利用食用菌环节将本村的养殖业与种植业连接起来，形成了"牛粪—食用菌—燃料/肥料"循环农业模式（如图9所示）。

该模式是利用牛场产生的牛粪和玉米秸秆相混合，用来制作双孢菇菌棒，生产双孢菇，产生的菌渣，一方面压块后成为燃料，供应农户和牛场用作生活和生产能源；另一方面，菌渣堆肥后还田，培肥地力，种植玉米；生产的玉米供农户消费或作为牛场饲料。

课题组对废弃菌棒的两种利用方式（一是压块做燃料，二是堆肥还田）的相关参数及效应进行了研究。

（1）废弃菌棒的燃料压块研究

采用"9YK—1500型"（电机功率30千瓦）秸秆牧草压缩设备分别测定

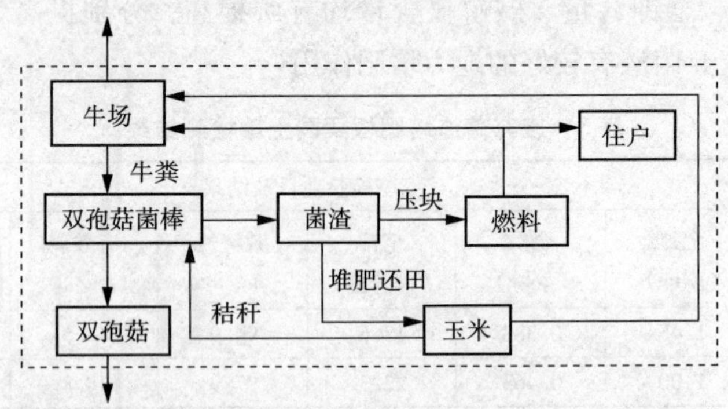

图9 “牛粪—食用菌—燃料/肥料”循环农业模式图

废弃菌棒的压缩效率、耗费电能、压块投资及燃烧效率。

压缩效率：秸秆压缩设备运行稳定后，记录其3分钟内压缩的废弃菌棒重量，测定单位时间内压缩效率。结果表明：每小时能将平均湿重为0.8吨的废弃菌棒压缩成块，自然风干后质量为0.61吨，故该设备对废弃菌棒的平均压缩效率为每小时0.61吨。按每天工作8小时，年工作日250天计算，年产量约1200吨。

耗费电能：采用峰谷表进行电费计价，每小时平均耗费电能36千瓦时。

压块成本：考虑人工、用电投入和设备折旧作为压块投资。设备价格9.8万元，折旧年限10年，残值率5%，则每吨压块的折旧摊销为7.7元。压块由三个工人完成，按每人每天工作8小时，工资80元/天计算；电费成本取平均值0.8元/千瓦时。则每吨干废料块的投资为104.1元，其中电费47.2元，人工费用49.2元，设备折旧7.7元。

燃烧效率：对压块进行热值测定，平均热值为1430千卡/千克，约为标煤（7000千卡/千克）的1/5。将压块和煤同时用于同等数量（2680棒）平菇菌棒（含干料1.2千克/棒）的灭菌。结果表明，压块用量400公斤、煤用量为205公斤，按热值计算，说明压块的燃烧效率要高于燃煤；而且其投资仅为燃煤投资（按800元/吨计算）的25%，平均每千棒灭菌比燃煤节约投资45.7元。

（2）废弃菌棒堆肥还田后的产量效应

试验设5个处理，分别为：不施肥（CK1）、当地农民习惯施用15千克/亩二铵（CK2）、3500棒/亩、4000棒/亩、4500棒/亩；3个重复。废弃菌棒打碎后，均匀撒入玉米田，耕翻。在生育期（出苗期、拔节期、大喇叭口期、抽雄期、灌浆期、成熟期）进行叶片和株高监测，最后进行室内考种与产量实测。

长势比较：根据不同生育期对株高、叶片数目的监测，结果表明，苗期和拔节期表现最好的是3500棒/亩和4000棒/亩的处理，4500棒/亩处理次之，然后是农民习惯施肥的处理，不施肥处理最差；大喇叭口期开始，叶片数目和株高优劣次序达到稳定状态，依次为4000棒/亩＞3500棒/亩＞4500棒/亩＞CK2＞CK1。说明，经过两年连续施用菌棒，施用不同处理菌棒能够有效改善植株生长状况，其中4000棒/亩的处理，植株叶片数目和株高表现最佳，改善效果显著优于农民习惯施用化肥的处理。

产量比较：通过对不同处理的玉米进行室内考种，穗重、穗长、穗粒重和千粒重优劣顺序，基本上均为4000棒/亩＞3500棒/亩＞4500棒/亩＞CK2＞CK1。实际测产结果也表明：施用菌棒的各处理玉米产量均高于对照。其中，施用4000棒/亩的处理玉米产量最高，2011年达到了593千克/亩，比CK1增产76.5%；其次是4500棒/亩和3500棒/亩处理，分别达到534千克/亩和539千克/亩，比CK1增产58.8%和60.4%。说明施用废弃菌棒能够有效改善土壤物理性状，提高土壤肥力，从而大幅提高作物产量，其增产效果明显优于农民习惯施用化肥处理。

（3）废弃菌棒还田后土壤环境效应

连续两年将废弃菌棒还田后，在玉米收获期取土样进行养分测定。结果表明，不施用任何肥料（CK1），土壤N、P、K养分均为亏损状态；农民习惯施肥（CK2）土壤N、K养分为亏损状态，P盈余；施用菌棒处理土壤N、P、K养分总体为盈余状态。说明，不施肥处理和农民习惯施肥处理容易造成土壤养分贫瘠或失衡；与之相反，施用废弃菌棒处理则对土壤具有一定程度的培肥作用。

综合上述研究结果，废弃菌棒的最佳还田量为4000棒/亩。

（三）生态养殖技术与模式

近几年，京郊新兴起了发酵床养殖技术，成为生态养殖循环农业的一个新亮点。北京市农林科学院对此项技术与模式进行了研究。结果表明，发酵床养猪与水泥地面猪舍的养殖方式相比，猪只的死淘率降低，出栏率提高8.3%；达到相同的重量出栏时，发酵床养殖的猪只比水泥地面猪舍中的猪只提前出栏4天，同时节约饲料13%。

1. 发酵床不同垫料的对比

（1）花生壳和麦秸做垫料的对比试验

由于发酵床垫料锯末短缺，并且价格较高，课题组尝试用花生壳和麦秸等农业废弃物作为垫料，代替常规的垫料锯末，并做了不同垫料配比试验。

结果表明：不同垫料组合的猪群生产性能存在一定差异。小麦秸秆垫料组在试验的中后期生长速度明显优于纯花生壳垫料组，前期生产性能较低可能受初始体重较低的影响。平均日增重两组差异不明显，但是中后期平均日耗料小麦秸秆组分别比花生壳垫料组低 11.02% 和 15.96%，中后期料重比分别低 12.56% 和 16.75%，差异非常明显。而且小麦秸秆的垫料组均靠近猪舍门口，环境温度较猪舍中间低 1 ~2℃。

原因分析认为，与垫料床的发酵温度有直接关系。小麦秸秆和花生壳中细菌可利用的有机碳含量高，因此升温快，温度高，这对于刚刚转圈的仔猪尤为重要，减少寒冷应激，助其尽快适应环境。饲养过程观察到秸秆垫料较松软，仔猪可以翻拱的较深，经常给自己制造一个温暖的安乐窝。而纯花生壳垫料使用一段时间以后变得透气性差，虽然猪也能翻拱，但很难翻得很深。秸秆垫料床面温度较高，减少了仔猪的热量消耗，显著降低其采食量。

以小麦秸秆为主的垫料消耗较快，饲养过程中垫料床面很快下降，需要经常补充。而且小麦秸秆的吸水性比花生壳低，对垫料管理要求存在差异。

试验结果提示：小麦秸秆制作微生态发酵床垫料是经济可行的，而且在寒冷季节还会有较好的效果。但是在秸秆的加工方法，替代锯末的比例仍有待进一步摸索。

（2）桃木废弃枝条锯末与普通锯末、稻壳的垫料对比

课题组比较分析了桃木修剪枝碎锯末、普通锯末、稻壳三种不同垫料对猪的健康和生长的影响。

将三种垫料：桃木锯末（60%）+稻壳（40%）；普通锯末（60%）+稻壳（40%）；稻壳 100% 分别加入发酵床专用益生菌液，采用层铺法制作发酵床。试验猪只处于同一育肥期，体重相近（40 公斤左右），90 头。试验设三次重复。对垫料发酵情况进行每周跟踪检测，内容包括：垫料中有机碳、总氮、碳氮比含量变化；垫料养殖过程中垫料床温度的变化规律。对试验采集的数据进行统计处理，分析不同垫料对猪的健康和生长的影响程度，比较不同垫料的养分变化规律。

表4 不同垫料对育肥猪生产性能的影响

组别	初始重 千克	期末体重 千克	日增重 千克/日	日耗料 千克/日	料重比
桃木锯末+稻壳	38.73±5.72	85.12±4.72	0.80±0.03	2.36±0.24	2.94±0.24
全稻壳	38.33±1.42	78.07±1.95	0.71±0.02	2.19±0.03	3.11±0.15
普通锯末+稻壳	38.51±4.78	81.22±2.78	0.77±0.03	2.30±0.21	2.99±0.22
平均	38.62±4.83	83.19±5.21	0.78±0.05	2.31±0.21	2.98±0.23

试验结果（见表4）表明：不同垫料组合的猪群生产性能存在一定差异，但未达到显著水平，修剪桃木枝条粉碎料组各种指标相对于普通锯末和纯稻壳组，具有较好的日增重和料重比。分析原因可能如下：发酵床的运行状况好坏与垫料的吸附性和通透性直接相关，稻壳的通透性极好，但吸附性差，而锯末的吸附性好，但通透性差。三组中桃木废弃枝条锯末的性能效果最好，可能是残枝直接粉碎的颗粒相对普通锯末要大，既具备一定的吸附性，通透性也优于市售的锯末，同时与稻壳的适度配比，也使得垫料的两种性能得到很好的调整。而纯稻壳的吸附性差，随着猪群逐渐长大，粪尿量增加，使得其发酵效果越来越差，垫料状况出现过湿的现象，影响了猪的生长。

（3）三种垫料的经济性评价

三种试验垫料都能够满足猪只的生长需求，但是普通锯末组合和桃木锯末组合比纯稻壳组合日耗料低，平均料重比低。但对于猪只的日增重影响相同。普通锯末组和桃木锯末组的猪只日耗料更低。

因为三种试验组合，每组试验猪只体重相近、头数相同，育肥天数、人工投入、投药成本以及出栏收入基本相同，只是垫料成本不同，因此只从垫料投入成本角度计算三种垫料的经济性问题：

普通锯末组：每组需用垫料1.5×10立方米，其中9立方米锯末重1.8吨，6立方米稻壳重1吨；垫料普通锯末850元/吨，稻壳500元/吨，共需2030元；菌剂75元；每组10头猪垫料共需2105元，头均210.5元。

桃木锯末组：每组需用垫料1.5×10立方米，其中9立方米锯末重1.8吨，6立方米稻壳重1吨；风干的桃木废枝条每吨350元，粉碎需用电12度（粉碎机30千瓦），人工15元；桃木锯末成本377元/吨，稻壳500元/吨，共需1179元；菌剂75元；每组10头猪的垫料共需1254元，头均125.4元。

稻壳组：每个试验组需用垫料1.5×10立方米，重2.5吨，稻壳500元/吨，共需1250元；菌剂75元；每组10头猪的垫料共需1325元，头均132.5

元。然而稻壳组每头猪耗料比其他两组多15.7%，平均一头猪多投入猪饲料合10元。为了可比，将其折算入成本，则头均142.5元。

从经济性评价来说，桃木锯末组的每组垫料经济投入最少，只有125.4元；纯稻壳组垫料每组经济投入居中142.5元；普通锯末组每组的垫料经济投入最高210.5元。三种垫料均能利用三年。

结论：通过试验，筛选出两种生产性能较好、经济投入较低的垫料组合：60%废弃桃枝条锯末+40%稻壳的组合垫料最优，100%稻壳垫料次之，分别较普通锯末组合成本降低40.4%和32.3%，平均每头猪的垫料成本可分别节省85元、68元。

2. 垫料专用发酵菌剂的应用

北京市农林科学院对高效低成本垫料床专用发酵菌剂进行了研制及应用。通过查阅文献，确定发酵菌剂的主要成分由厌氧菌、兼性厌氧菌、好氧菌组成，主要包括乳酸球菌、啤酒酵母、纳豆芽孢杆菌和枯草芽孢杆菌四种。试验开始时，分别培养，按照乳酸: 酵母: 纳豆: 枯草为2: 1: 1: 1的比例复配后，混菌发酵，10倍扩繁，用于发酵垫料的制作。并做了用此种配方制作的菌剂与河北益微增产菌生物制剂厂生产的益微牌生态养猪菌剂做养殖影响对比试验。

结果表明：从两种菌剂对于育肥猪生产性能的影响来看，自制菌剂与益微牌生态养猪菌剂的效果相似，完全能够满足猪只生产性能的要求，可以作为生态养猪的垫料菌剂。菌剂由于自培、自配，投入成本节约40%左右。

3. 陈化垫料的利用技术初探

课题组取用满三年而成为陈化垫料（稻壳垫料）样品，并从试验组中取出正在使用2个月的稻壳垫料样品，一并送检。检测结果表明，陈化的稻壳垫料全氮、全磷、全钾及有机质含量均较高，而pH值接近中性，各种有害重金属均在国家肥料允许范围之内，不存在超标问题，是理想的有机肥制作原料。

课题组进行了陈化垫料堆肥的初步试验。将废弃西瓜秧晒半干粉碎、加上陈化垫料、少量的污泥或细土，泼洒少量石灰水、猪粪尿等，用塑料密封后进行堆沤，充分腐熟后施用。

有机肥处理设计三个水平，高肥区（2000千克/亩）、中肥区（1000千克/亩）、低肥区（500千克/亩）；三次重复；蔬菜品种上茬为番茄，下茬分别为油菜、菠菜、茴香。

从试验蔬菜的生长状况及产量看，试验的三个蔬菜品种对陈化垫料有机肥表现出较好的适用性。在 500 千克～2000 千克/亩的有机肥施用量内，油菜和茴香的产量随着施用量的增加而增加；而菠菜更适应中肥 1000 千克/亩的有机肥施用量，亩产达 4444 千克。

（四）基于物质循环的林下经济模式

林下经济主要是利用林下空间及其小气候条件进行间作套种或养殖，从而增加单位面积上的农产品产出及效益，是有效利用资源的混合农业系统，可有效缓解区域内耕地资源紧张的矛盾。京郊林下经济主要有以下 5 种模式。

1. 林菌模式

该模式主要是利用有一定郁闭度的林下空间，建遮荫棚，种植食用菌；食用菌种植形成的湿润小气候，也十分有利于树木的生长；采菇后的废弃菌棒直接还田，培肥林间土壤。该模式适用于有一定面积、且林下郁闭度较好的经济林或生态林。

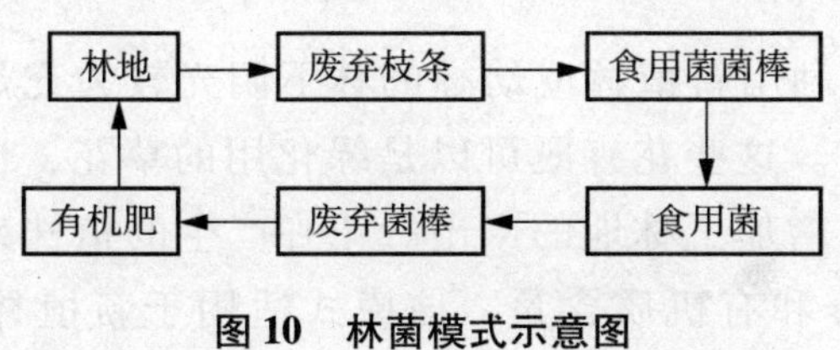

图 10　林菌模式示意图

2. 林禽模式

该模式主要利用林地空间，在树下养殖禽类，大大改善了禽类生长环境，提高了禽类产品的品质。禽类自由采食林下杂草和昆虫，既可以减少饲料投入，也减少了去除杂草的人工投入和农药投入，同时也提高了禽类产品的安全性的质量；禽类产生的粪便直接还田，肥沃了林间土壤，也减少了经济林或生态林的肥料投入。该模式尤其适用于无水浇条件的林地且劳力较多的农户。

林禽模式还要注意以下几点：一是单位林地面积的合理散养量，以不破坏植被为前提，每亩养殖密度不宜超过 50 只。如果养殖量过大，大量采食林下杂草，会造成地表裸露和水土流失。二是加强防疫，预防禽流感的发生。三是最好采取轮牧的方式。四是仍需要合理补饲。

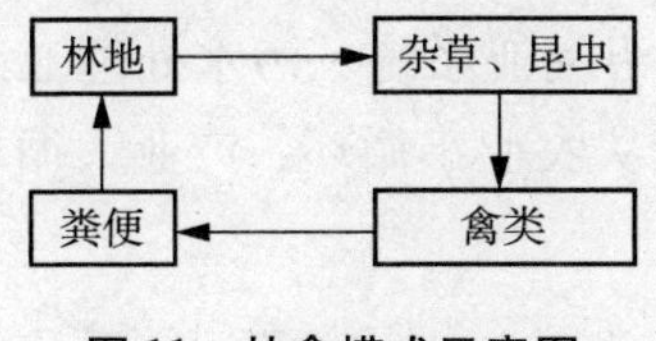

图 11　林禽模式示意图

3. 林粮模式

该模式主要利用郁闭度不高的林下空间和幼龄期果园，有较充足的阳光，种植小麦、谷子、花生、大豆或者红薯等杂粮作物。这些作物根系较浅，不与林木争肥争水，且覆盖地表，防止水土流失。粮食收获后的秸秆粉碎后直接还田，有利于提高林下土壤有机质。适用于新栽经济林或生态林的林下空间利用。

4. 林药模式

该模式一般利用有一定郁闭度的林间空地，种植比较耐阴的中药材，比如紫苏、桔梗、黄芩、荆芥、板蓝根、白芍、金银花、黄芪等药材，这些中药材一般都有较好的驱虫抑病效果，可以实现林药互养互惠。对这些药材实行半野化栽培，管理起来相对简单。该模式适用于新植林地或幼林的林下空间，但由于中药材不耐连作，应实行轮作和倒茬换地。

5. 林花模式

该模式主要是利用新植林或幼林的林下阳光较为充足的条件，种植花卉或进行林木育苗。这些花卉既可以是绿化用的草花，也可以是茶菊，美化环境的同时，也增加了林地的产出。花卉产生的植株残体就地还田，有利于增加土壤养分和有机质含量。该模式适用于新植林地或幼林的林下空间。

（五）京郊循环农业典型案例

通过几年的建设，涌现出了蟹岛、新华营村、北郎中村、庙耳岗村、留民营村等循环农业的典型。

1. 蟹岛农业循环经济发展模式

北京蟹岛绿色生态度假村有限公司位于朝阳区金盏乡，占地面积3000亩，其中90%用于农业，10%用于旅游休闲度假业。度假村将农业、农业旅游和农产品加工业衔接起来，以循环经济为理念，将农业生产、资源再生和环境保护融为一体，根据循环经济“再使用、再循环、减量化”的3S原则，构建和发展农业，取得了良好的成效。

蟹岛的循环农业系统有六个部分组成，分别是农田亚系统、畜禽养殖亚系统、水产养殖亚系统、沼气亚系统、污水处理亚系统和旅游亚系统，如图12所示。这六个亚系统可从农业小循环、产业大循环和资源循环再生利用三个方面进行详细阐述。

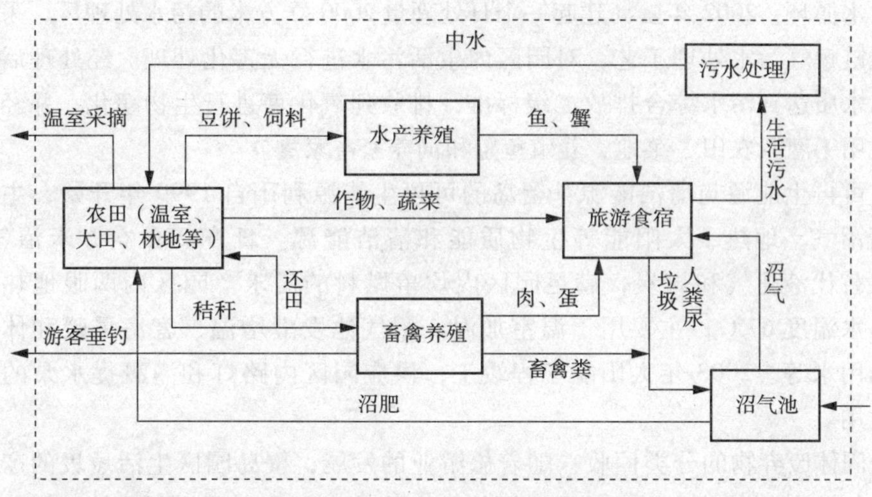

图 12　蟹岛循环农业系统结构简图

（1）生态农业——农业小循环

种养结合的生态农业：蟹岛园区内种植业为养殖业提供饲料来源的同时，也解决了种植业废弃物的处理问题，而养殖业的排泄物可用于种植业的肥料。此外，还运用共生互利原理形成了稻田养蟹模式，稻田里的杂草、浮萍以及昆虫是蟹的优质饵料，而蟹能疏松土壤和水稻根部，具有除草、灭虫、保肥、造肥、中耕的作用，促进水稻的生长发育和增产。

沼气池生态工程系统：蟹岛的养殖业和旅游业各个过程中产生的粪尿和其他有机废弃物经过沼气池（300 立方米）发酵，产生沼气、沼液和沼渣，可以作为能源和肥料。园区内的各个部门之间通过沼气池的连接转换作用，形成了物质循环利用的立体网络结构，使各亚系统之间的联系得到加强，从而提高系统内部废物的循环利用率，增强了系统的稳定性。

（2）农游结合——产业大循环

1998 年，蟹岛园区在生态农业的基础上，以产销“有机食品”为特色，发展以休闲农业为主的都市农业，农业、农产品加工业、休闲农业的产业链基本形成，农产品的附加价值大幅度增加，经济效益可观。这种农游结合模式实现了同一园区内的多业联合生产和消费，省去了农产品和半成品的中间运输环节，农业观光旅游提高农业的附加值，从而降低农业的风险。相对单纯的农业生产或单纯的旅游而言，更具有高效益、低风险的优势。

北京循环农业的发展与实践蟹岛通过水资源循环利用、可再生能源与清洁能源利用和固体废弃物分类回收利用实现了资源的循环再生利用。

水循环：2002年蟹岛建起一个日处理量2000立方米的污水处理厂，采用悬挂链曝气污水处理工艺，对园区内生活污水进行无害化处理。经处理后的出水水质达到污水综合排放二级标准，排放到氧化塘进行生物净化，并经沙滤后用于灌溉农田、菜地、养殖鱼蟹和饲养家畜家禽。

可再生能源与清洁能源：蟹岛的可再生能源利用自1999年开始，主要包括沼气、地热、太阳能等生物质能和清洁能源。日产200立方米沼气，可以替代液化气和煤炭，满足园区内炊事燃料的需求。园区内两眼地热井出口水温度67℃，主要用于温室加温、沼气池发酵增温、客房采暖和休闲娱乐用水等。2003年太阳能工程竣工，供应园区内路灯和灌溉提水泵的电力使用。

固体废弃物的分类回收：随着旅游业的发展，蟹岛园区生活垃圾的产生量每年以40%的速度增长。通过固体废弃物分类，将不可再利用的垃圾如碎石和土渣直接运至垃圾场填埋，可回收部分送至废品站回收。农业废弃物则全部经发酵制成有机肥替代化肥的使用。

2. 新华营村农业循环经济发展模式

北京市延庆县新华营村有800余户，主要产业是种植业和养殖业。全村有700余头奶牛、6000余头猪，年产生1万多吨的养殖粪污，同时还有700多亩的玉米。该村从2006年底开始引进沼气能源，建立了户用沼气池；同时，引进食用菌栽培技术，建立了20多栋蘑菇生产大棚。该模式立足本村的养殖业与种植业，引入沼气和食用菌两个环节，构建了农业与农村生活的循环经济发展模式，实现了物质的多级利用和村庄内的物质循环，是村庄循环经济的典型模式。

以沼气为纽带的循环系统：奶牛场、猪场、住户产生的粪便及生活污水，以及粮食蔬菜种植产生的植株残体，进入沼气池进行发酵，产生的沼气可以供应养殖场和农户的照明和取暖，沼气发酵后产生的沼渣和沼液则是优质肥料，既可以还田作为粮菜和食用菌种植的肥料，也可以将沼渣作为食用菌生产的基质。此系统实现了养殖业与种植业、农村生活的物质循环。

以食用菌为纽带的循环系统：奶牛场、猪场产生的粪便，堆沤后还田，供应粮食蔬菜生产。种植业产生的秸秆和植株残体，在处理车间进行处理后，一部分加工成食用菌基质，进行食用菌生产，产菇后的废弃菌棒则作为菌渣肥还田，培肥地力，供应粮食和蔬菜养分；另一条途径，加工成粗饲料，供奶牛场和猪场，降低饲料成本。此系统实现了物质在种植业与养殖业间的循环。

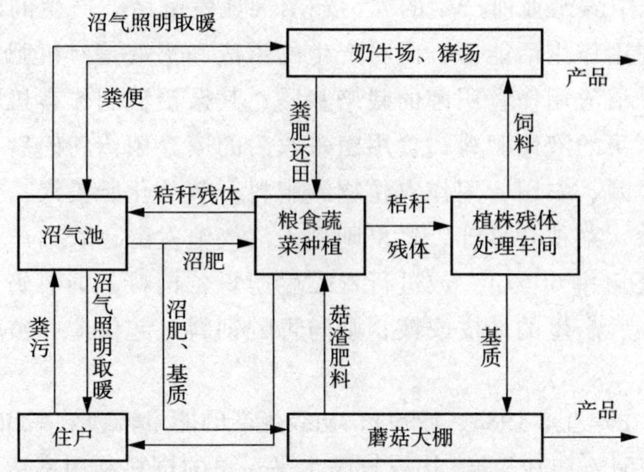

图 13　新华营村循环农业模式示意图

3. 留民营村农业循环经济发展模式

北京市大兴区长子营镇留民营村是一个只有 200 多户农户的村庄，种植业和养殖业是其传统产业。目前，菜田面积 350 多亩，粮田 870 亩；蛋鸡存栏 20 万 ~30 万只，奶牛 100 头，猪 2000 头。从 1982 年起，该村开始发展循环经济。先后引入沼气工程、食用菌种植，串联形成了农、林、牧、副、渔业等大农业循环经济发展模式。成为世界闻名的“全球环保五百佳”，“中国生态农业第一村”。

为处理养殖业所产生的粪污，该村于 1992 年建成沼气站，并于 1997 年和 2009 年进行了扩建。发酵罐容积 1900 立方米，日可处理各类粪污 34 吨，其中鸡粪 22 吨，牛粪 6 吨，猪粪 6 吨。年产沼气 92 万立方米，年生产固态有机肥 2135 吨，年产液态有机肥 3. 2 万吨。

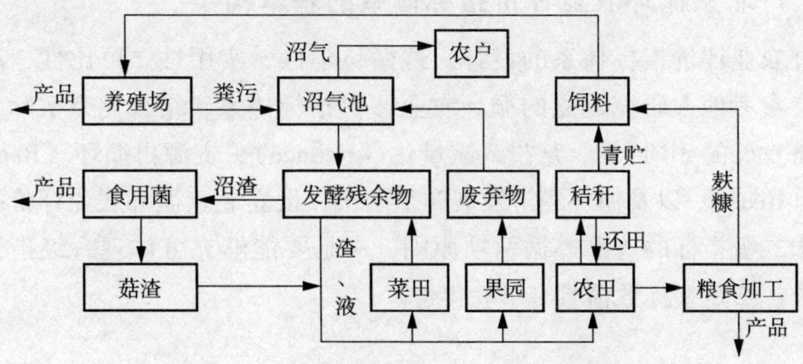

图 14　留民营村循环农业模式示意图

在该模式中养殖业所产生的粪污经沼气池发酵后，产生的沼气供应本村及周边农户用作生活能源；同时产生的沼渣和沼液是有机肥料，经固液分离后，部分沼渣用作食用菌的栽培基质，其余沼渣制作有机肥；沼液经处理后作为蔬菜的液体肥料；食用菌采收后的废弃菌棒粉碎后与沼肥一起施入菜田、果园、农田，用作农作物的肥料，节约化肥投入；果园、菜田所产生的菜叶、菜秧和落叶、烂果则进入沼气池发酵；农田产生的秸秆或直接还田（还田率60%），或进行青贮生产青贮饲料，饲喂奶牛；农田生产的粮食加工后产生的麸皮或糠，则与青贮饲料一起供应养殖场，减少饲料成本投入。

据测算（卞有生，1988、1999），初级生产的能量转换效率和光能利用率分别达到了1.54%和0.7%，均属较高水平；总的饲料利用率达到10.28%。模式中各子系统的能量产投比均高于1，整个模式的能量产投比高于2，能量利用效率属较高水平。

三、北京循环农业综合评价与分析

循环农业是循环经济在农业领域的实践，倡导资源的循环利用。循环农业的发展对于转变农业发展方式、建设乡村的生态文明，提高农业的生态服务价值都具有重要作用。

循环农业评价指标体系作为一种综合反映循环农业发展水平的评价方法和依据，日益受到循环经济研究领域的广泛关注，构建一套科学、完整的循环农业评价指标体系和方法，对区域循环农业发展水平和质量进行科学评判，找出其存在的制约因素，从而促进循环农业的健康发展，具有重要的理论和现实的指导意义。

（一）北京循环农业评价指标体系的基本构架

循环农业评价指标体系的设计，遵循科学性、实用性、可比性、动态性等原则，参考他人研究建立的循环农业评价指标体系，结合北京实际，依据循环经济发展的3R原则，从投入减量化（Reduce）、资源再循环（Recycle）、再利用（Reuse）以及循环经济发展四个层次，设立北京循环农业评价指标体系。其中二级指标的选取遵循两项原则，一是要能够充分体现一级指标的含义和要求；二是指标数值具有可获得性。

表5 北京循环农业评价指标体系

目标层	准则层	指标层
	一级指标	二级指标
北京循环农业评价指标体系	减量化投入	亩均化肥施用量
		亩均农药施用量
		万元一产增加值耗能
	资源再循环	秸秆还田率
		水资源利用效率
	资源再利用	资源化利用率
	经济发展	亩均一产增加值
		劳均一产增加值
		农民人均纯收入

（二）指标界定、计算方法

（1）亩均化肥施用量：指农作物单位种植面积的化肥施用量。此指标为负效益指标，值越小越理想。计算公式为：亩均化肥施用量＝化肥施用总量（折纯）/（耕地＋果园）

（2）亩均农药施用量：指农作物单位种植面积的农药施用量。此指标为负效益指标，值越小越理想。计算公式为：亩均农药施用量＝农药施用量/（耕地＋果园）

（3）万元一产增加值耗能：指每产出农业增加值所消耗的标准煤（能耗）。此指标为负效益指标，值越小越理想。计算公式为：万元一产增加值耗能＝一产耗能（标煤）/一产增加值（万元）

（4）秸秆还田率：这里主要指玉米和小麦秸秆直接还田的比重。计算公式为：秸秆还田率＝（玉米秸秆还田量＋小麦秸秆还田量）/小麦玉米秸秆总量×100%

（5）水资源利用率：指每消耗1方水所能产生的农业增加值，反映水的经济效能。计算公式为：水资源利用率＝农业增加值/农业耗水量

（6）资源化利用率：指可循环利用的农业废弃物（这里主要考虑蔬菜废弃物和畜禽粪污）重新被利用（包含肥料化、燃料化、饲料化、基质化四化）的比率。其中，（1）肥料化利用率：指粪污直接制肥（而不再增加其他利用环节），包括堆肥、制干肥、粪稀等；（2）燃料化利用率：作物秸秆、林果废弃物等直接作为燃料，以及畜禽粪便的沼气化；（3）饲料化利用率：指农作

物残体总量中用于饲喂牲畜的比重；（4）基质化利用率：指农业废弃物中用于食用菌栽培和花卉栽培的基质的比重。计算公式为

资源化利用率＝（蔬菜废弃物四化率＋畜禽粪污四化率＋林木废弃物四化率）/3

（7）亩均一产增加值：指单位面积的土地产出水平。计算公式为

亩均一产增加值＝一产增加值/（耕地＋果园）

（8）劳均一产增加值：指每个从业人员所创造的一产增加值。计算公式为

劳均一产增加值＝一产增加值/从业人员数

（9）农民人均纯收入：采用统计数据，当年价。

（三）权重与目标值的确定

1. 指标权重的确定

从易操作性角度考虑，指标权重的确定根据经验采用同级指标比较法，即将同一级指标进行比较，根据重要性大小赋予相应的相对权重。指标的相对权重与上级指标的相对权重之积作为指标的绝对权重。指标权重的确定结果见表6。

表6　各级指标的权重

一级指标	权重	二级指标	权重	绝对权重
减量化投入	0.2	亩均化肥施用量	0.3	0.06
		亩均农药施用量	0.3	0.06
		万元一产增加值耗能	0.4	0.08
资源再循环	0.35	秸秆还田率	0.5	0.175
		水资源利用效率	0.5	0.175
资源再利用	0.35	资源化利用率	1	0.35
经济发展	0.1	亩均一产增加值	0.4	0.04
		劳均一产增加值	0.2	0.02
		农民人均纯收入	0.4	0.04

2. 目标值的确定

本研究中各指标目标值的确定分为三种情况：一是具有国际可比性的指标，参考高收入国家的现阶段水平；二是在北京市相关文件或规划中已设定发展目标的指标，取既定目标作为目标值；三是其余指标均取2020年末状态为目标值。

表7　各级指标的目标值与现值

一级指标	二级指标	目标值	现值（2010年）
减量化投入	亩均化肥施用量（千克/亩）	15	23.84
	亩均农药施用量（千克/亩）	0.5	1.33
	万元一产增加值耗能（吨标煤/万元）	0.5	0.807
资源再循环	秸秆还田率（%）	100	80
	水资源利用效率（美元/立方米）	2.36	1.44
资源再利用	资源化利用率（%）	100	30
经济发展	亩均一产增加值（美元/亩）	648	514
	劳均一产增加值（万美元/劳）	4.2	0.28
	农民人均纯收入（元/人）	29747	11986

目标值确定依据：

（1）亩均化肥施用量：以发达国家化肥安全施用上限15千克/亩为目标值。

（2）亩均农药施用量：据《北京市农田基础设施建设及综合治理规划(2009—2012年)》，用四年的时间使北京市亩均农药施用量从1.33千克/亩降至0.93千克/亩，预期2020年可达到0.5千克/亩，以此为目标值。

（3）万元一产增加值能耗：北京市历年的农业增加值能耗约是全市万元GDP能耗的2倍，按照国家"2020年GDP能耗比2005年减半"的目标，农业GDP能耗也将减半，预期2020年北京万元农业增加值能耗的目标值可定为0.5吨标煤/万元，即2010年北京市三次产业"万元GDP能耗"的平均值为目标值。

（4）秸秆还田率：主张小麦玉米秸秆全部还田，除养分还田外，主要是为提高土壤的有机质含量，理想值为100%。

（5）水资源利用效率：选取荷兰、以色列、意大利三国与北京农业类型相仿的国家，取此三国农业用水效率的平均水平作为目标值。

（6）资源化利用率：主张农业生产过程中的可利用废弃物全部达到再利用、再循环，理想值为100%。

（7）亩均一产增加值：选取与北京市人均耕地资源相仿的德国、意大利、日本、荷兰、韩国，以此5国2008年的亩均一产增加值648美元/亩为目标值。

（8）劳均一产增加值：选取与北京市人均耕地资源相仿的德国、意大利、日本、荷兰、韩国，以此5国2010年的劳均一产增加值4.2万美元/亩为目标值。

（9）农民人均纯收入：根据“全国2020年农民人均纯收入比2008年翻一番”的目标计算而得北京市2020年农民人均纯收入水平，这是最低目标值，实际应超过这一数值。

（四）计算模型

1. 测算方法

本研究采用综合评价指标法进行测算。

（1）指标实现度的计算

在进行实现度（S）的计算时，分正向指标和反向指标两种情况：

正向指标实现度：$Pij = Xij/Xij'$

反向指标实现度：$Pij = 1 - Xij'/Xij$

其中，Xij 为现值，Xij' 为目标值。此外，实现度超过100%时，一律按100%计算。以防止某一项指标超额完成，遮蔽其他指标完成的不足，从而更加强调整体水平。

（2）综合指数（总实现度）的计算

运用综合评价法对循环农业的发展进程或水平进行评价。综合评价指数（Z）为各指标得分之和，各单项指标得分（Fi, j）等于各指标实现度（Si, j）与指标绝对权重（Qi, j）之积。

$$Fi, j = Si, j \times Qi, j \times 100$$

$$Z = \Sigma F_{i,j}$$

2. 制约度的计算

农业循环经济发展评价是对区域循环农业发展水平现状的考察，在综合评价的基础上，找出循环农业发展的障碍因素，有的放矢地对北京循环农业发展进程中的行为与政策进行相应调整，从而有效地提高循环农业效率与效益。

为方便和简化问题的表达，本研究采用因子贡献度、指标偏离度和制约度三个指标来诊断农业循环经济发展的主要制约因素。制约度分别表示单项指标和分类指标对农业循环经济发展水平的影响值，该指标是农业循环经济发展障碍诊断的目标和结果。计算公式如下

二级指标制约度 $Mj = Vj \times Qj/\Sigma(Vj \times Qj) \times 100\%$

一级指标制约度 $Bi = \Sigma Mij$

其中：Qj 为因子贡献度（即二级指标的绝对权重），代表单项因素对总目标的影响程度，即单因素对总目标的权重；Vj 为指标偏离度，指标偏离度表示单项指标与农业循环经济发展目标之间的差距，定义为单项指标实现度与100%之差。

$Qj = Ri \times Wj \quad Vj = 1 - Pij$

其中：Ri 为第 i 项一级指标的权重，Wj 为第 i 项分类指标所属的第 j 个单项指标的权重；Pij 为单项指标的实现度。

3. 阶段划分

将循环农业的发展阶段划分为起步阶段、初级阶段、发展阶段和实现阶段。循环农业的起步阶段 $0 \leqslant Z < 40$；循环农业的初级阶段 $40 \leqslant Z < 60$；循环农业的发展阶段 $60 \leqslant Z < 80$；循环农业的实现阶段 $80 \leqslant Z < 100$。

（五）结果与分析

1. 测算结果

用以上循环农业评价指标体系来量化评价北京市循环农业发展进程，2010 年的测算结果为 48 分。表明：2010 年，北京市循环农业已走过起步阶段，步入了初级发展阶段。

2. 结论与分析

同时对一级和二级指标实现度、偏离度等进行了测算和比较。结果如图 15 所示。

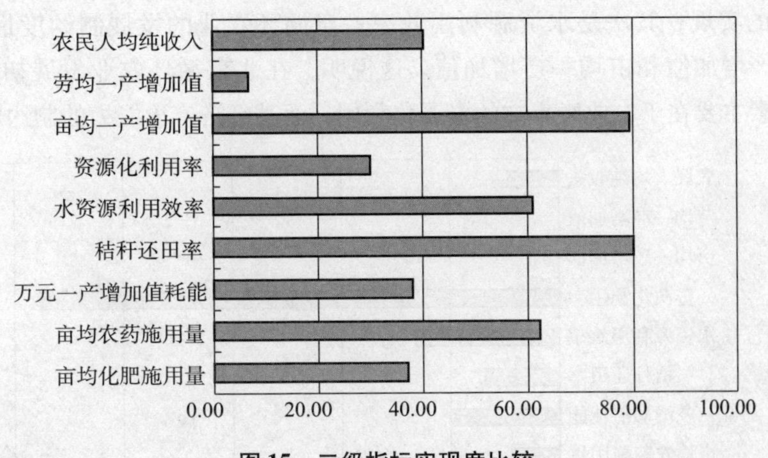

图 15　二级指标实现度比较

以上述阶段划分为标准，二级指标中实现度超过整体进程的有 4 个，从高到低分别是秸秆还田率、亩均一产增加值、亩均农药施用量和水资源利用效率；实现度低于整体进程的指标也有 4 个，从低到高分别是资源化利用率、亩均化肥施用量、万元一产增加值耗能、农民人均纯收入。

3. 诊断

对一级指标的制约度进行了比较（如图 16 所示），可以看出，制约度由高到低的是资源再利用、减量化投入、资源再循环和经济发展。说明北京市循环农业的发展在资源再利用方面还存在着较大不足，但在促进经济发展上起到了较好的作用。这在一定程度上说明了北京市农业废弃物的本地化利用不足。

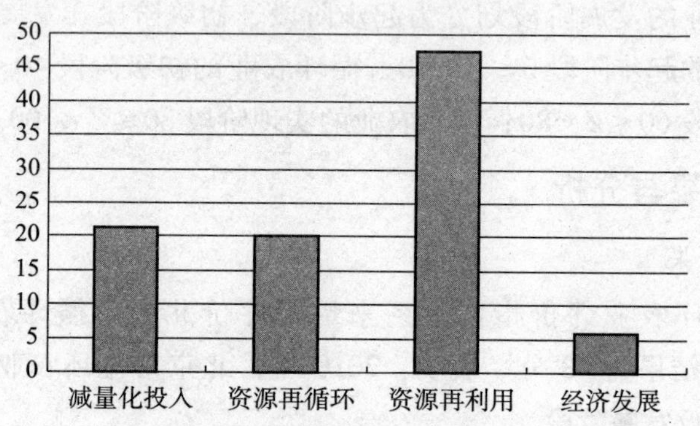

图 16　一级指标制约度

比较二级指标的制约度（如图 17 所示）可以看出，制约度最大的是资源化利用率，表明目前北京市农业资源化利用率还不高，严重制约和影响着循环农业的实现；其次是水资源利用效率；对循环农业的发展制约度最小的是劳均一产增加值和亩均一产增加值。这说明，在北京循环农业发展初级阶段，制约因素主要在于农业废弃物的资源化利用，而其经济产出能力的制约还很小。

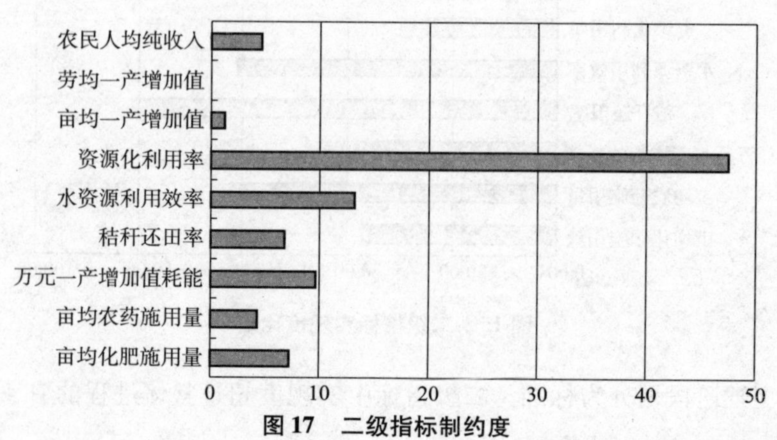

图 17　二级指标制约度

（六）结语与讨论

（1）围绕循环农业的投入减量化、资源再循环、再利用以及循环经济发展等四个层次目标，建立了循环农业评价指标体系，经测算，北京市循环农业的发展尚处在初级阶段。

（2）通过对指标制约度的计算，目前北京市循环农业发展的制约因素主要是资源化利用率低，其次是水资源利用效率较低。

（3）为推进北京市循环农业的发展，应进一步加大节水宣传，改善节水设施，推广节水技术；加大对可再利用农业废弃物的资源化技术研究，并通过模式推广，扩大对农业废弃物的资源化利用规模。

参考文献

[1] 高旺盛. 坚持走中国特色的循环农业科技创新之路 [J]. 农业现代化研究，2010，31（2）：129－133.

[2] 高旺盛，陈源泉，梁龙. 论发展循环农业的基本原理与技术体系 [J]. 农业现代化研究，2007，28（6）：731－734.

[3] 尹昌斌，唐华俊，周颖. 循环农业内涵、发展途径与政策建议 [J]. 中国农业资源与区划，2006，27（1）：4－8.

[4] 周震峰，王军，周燕，等. 关于发展循环型农业的思考 [J]. 农业现代化研究，2004，25（5）：348－351.

[5] 程序. 中国生态农业与生物质工程对循环经济的作用 [J]. 中国生态农业学报，2007，15（2）：1－4.

[6] 郭铁民、王永龙. 福建发展循环农业的战略规划思路与模式选择 [J]. 福建论坛（人文社会科学版），2004，（11）：83－87.

[7] 宣亚南，欧名豪，曲福田. 循环型农业的含义、经济学解读及其政策含义 [J]. 中国人口资源与环境，2005，15（2）：27－31.

[8] 乔瑞中，姜国刚，张兴福. 循环经济发展水平评价方法研究 [J]. 东北林业大学学报，2009，（12）：109－110，121.

[9] 钟太洋，黄贤金，李璐璐，王晨. 区域循环经济发展评价方法、指标体系与实证研究 [J]. 资源科学，2006，28（2）：154－162.

[10] 冯艳飞，贺丹. 基于熵值法的区域循环经济发展综合评价 [J]. 环境科学与管理，2006，31（6）：177－179.

[11] 柴玲玲，万忠，张禄祥. 区域农业循环经济发展评价研究综述 [J]. 广东农业科学，2009，（6）：235－239.

[12] 杨华峰，张华玲. 论循环经济评价指标体系的构建 [J]. 经济管理，2005，（9）：123－128.

[13] 张立超，翟印礼. 我国循环农业综合评价研究 [J]. 统计与决策，2010，（10）：73－74.

[14] 王永龙，单胜道. 浙江循环农业发展评价研究 [J]. 湖州师范学院学报，2006，28（6）：80－86.

[15] 王宝海，李冬梅．山东省循环农业的综合评价及实证分析 [J]．青岛农业大学学报，2008，(3)：43－46.

[16] 李波，张俊飚，李海鹏．湖北省循环农业发展状况评价与政策建议 [J]．农业现代化研究，2008，29 (1)：69－72.

[17] 赵金燕，高建中．陕西省循环农业发展综合评价 [J]．北方园艺，2011，(13)：208－210.

[18] 黄海峰，李慧颖，刘娜．北京发展循环经济的分析与评价 [J]．北京工业大学学报，2007，33 (9)：979－984.

[19] 张凯．循环经济理论研究与实践 [M]，北京：中国环境科学出版社，2004.

[20] 李娅婷，张妍．北京农业循环经济发展评价研究 [J]．环境科学与管理，2009，34 (1)：109－112.

[21] 马丁丑，王文略，马丽荣．甘肃农业循环经济发展综合评价和制约因素诊断及对策 [J]．农业现代化研究，2011，32 (2)：204－208.

[22] 马其芳，黄贤金，张丽君，等．区域农业循环经济发展评价及其障碍度诊断 [J]．南京农业大学学报，2006，29 (2)：108－114.

[23] 文化，钱友山．农业接口工程 [M]．北京：北京科学技术出版社，1996.

[24] 张一帆，曹均．循环农业 [M]．北京：中国农业出版社，2009.

[25] 尹昌斌，周颖．循环农业发展理论与模式 [M]．北京：中国农业出版社，2008.

[26] 罗艺，王阳铭，潘学华，等．林下生态养鸡合理密度探索 [J]．上海畜牧兽医通讯，2012，(2)：39－40.

[27] 卞有生．留民营农业生态工程能量流分析与计算 [J]．生态农业研究，1999，7 (3)：71－76.

[28] 卞有生．农业生态工程中生态效率的计算与分析 [J]．农村生态环境，1999，15 (1)：1－4.

[29] 卞有生．留民营生态农业系统中人工辅助能产投比的计算、分析与研究 [J]．农村生态环境，1989，(1)：15－19.

[30] 袁顺全，王锐，韩洁，等．适合生态涵养区农业发展的林下经济模式 [J]．中国食物与营养，2010，(11)：26－29.

专题Ⅲ

《北京高效清洁生产技术体系的研究》研究报告（节选）

北京市自然科学基金项目编号：9042004

目　录

第一章　农业清洁生产

清洁生产，是发达国家于20世纪60年代和70年代初，针对工业生产对自然资源的过度消耗，尤其是对生态环境的严重污染，采用末端治理的方法却始终未达到预期的成效，提出的一种全新的理念。经过30余年的实践，全球形成共识。1997年，联合国环境规划署综合各种说法，定义为“持续地应用整合且预防的环境策略于制造过程、产品及服务，以增加生态效益和减少对人类及环境的危害”。

即，它将整体预防的环境战略持续应用于生产过程、产品和服务之中，通过不断地改善管理和技术进步，提高资源利用率，减少污染物排放，以增加生态效率和减少对人类及环境形成的风险。其核心，是从源头抓起，预防为主，生产全过程控制，减轻末端治理的压力，实现经济效益和环境效益的统一。对生产过程，清洁生产要求节约原材料和能源，淘汰有毒原材料，减少或降低所产废弃物的数量和毒性。对产品，清洁生产要求减少从原材料提炼到产品最终处置的全生命周期的不利影响。对服务，清洁生产要求将环境因素纳入设计和所提供的服务之中。

清洁生产，在国外目前仅限于工业范畴。将其引入农业领域，既是一种创新，也是现代农业可持续发展的需要。

在国外，美国加利福尼亚州的一些学者提出清洁农业的概念。加州在美国各州之中，农业规模最大，以8%的土地产出全国22%的农产品；农业年总收入达280亿美元，比全美第二、三大生产州之和还多50%。但是，近年来，其农业的发展陷入了困境。“全球化的竞争，城市外围拓延，愈加严格的法规，日益增加的投入成本，使加州的农业生产越发困难，且收益越来越低。同时，农业生产过程中产生的农药污染，给本州的地表水和地下水、空气质量和人类健康，造成了重大损害。”“诸多压力的集中，正在并将继续促使农民更多地种植高附加值的作物；而按常规经营模式，种植高附加值的作物每公顷会施用更多的农药。”然而，农业造成的地表水污染，已影响到2000万加州居民的社会供水，也制约了其他经济（如渔业和休闲娱乐业）的发展。此外，地下水的开采速度大于其补给速度，有些农区的空气质量还糟于城市地区。

针对上述问题，一些学者提出“人口增长、城市发展、公众对食品和水体质量的关注等社会发展趋势，将迫使加州农民采用清洁生产方式”。因而，“必须利用更多的信息和知识，来降低土地、水、农药和燃料等生产要素的投入”；当前，要通过推广农作物病虫害综合防治方法，来减少农药的使用量，从而实现清洁生产。其具体办法有二：

一方面，在前三年把农药的批发价提高7.9%；并将所增加的农药销售收入（约1.3亿美元），大部分返还给志愿参与减少10%以上农药投入量项目的农民，其余部分则用于培训这些农民。

另一方面，通过制定强制性的安全标准，来降低农药使用量。

这样做，既具有显著的生态效益，又可获得明显的经济效益和社会效益。

据专家估测，苹果、葡萄、柑橘、梨、桃五类果树采用病虫害综合防治技术，农药使用量下降10.4%（柑橘）、22.6%（苹果）：若采用最高效的利用技术，还可进一步降低33%。总的农药使用量降低潜力可达40%~50%。

“几项研究均表明，农民听从那些既是所谓的病虫害防治顾问又是农药销售者的建议，要比不听的多施用25%~50%的农药。”

一些案例表明，在防控柑橘红斑病、果园叶螨虫害时，综合防治技术比单纯使用农药可分别降低80%、50%~66%的成本；杏树的经济效益更显著，报酬率可高达500%~600%。

对全美的农药施用成本的评估表明，“农民每花1美元购买农药将导致2美元的社会成本。这些外部成本，包括医疗费以及对依赖自然资源运作的产业（垂钓、休闲与观光旅游）所造成的损失”。减少农药的使用量，必然会降低它造成的社会成本。

一、农业清洁生产提出的背景

（一）农业自身污染日益严重

随着工业和城市污染控制的发展，农业的自身污染问题开始突出，并且大有超过工业和城市污染的趋势。农业自身污染，主要指在农业生产过程中使用的一些化学物质及本身产生的废弃物所造成的污染。一类是环境污染，又分为大气污染、水体（包括地上与地下）污染和土壤污染；另一类是农产品污染。这都直接关系着人们的身体健康与生命安全。具体表现在：

1. 化肥污染

化肥是现代农业的重要支柱，农业增产至少有40%应归功于化肥。但超量施用化肥，使其中的营养元素经地表径流和淋溶进入水体，引起地表水体富营养化和地下水硝酸盐污染；过量施用氮素化肥还会引起NOx的反硝化，造成一定的大气污染。

超量使用化肥（尤其是氮素化肥）还会造成农产品污染。北京、上海、江苏、河北、山东部分地区的调查显示，蔬菜特别是大棚种植的菠菜、芹菜、黄瓜等硝酸盐超标严重。例如，对北京市737块菜地施肥量的调查表明，平均每季施氮量为45千克/亩，远远超出作物需求；对1256个样本的蔬菜硝酸盐含量测试表明，叶菜和根菜类蔬菜硝酸盐污染十分严重。北京市人均每日从蔬菜中摄入的硝酸盐为885毫克，超出WHO规定的成人人均摄入量的302%；若以加热减少65%计算，人均每日摄入量为310毫克，仍超标41%。

2. 农药污染

其表现在土壤、大气、水体和农产品污染四个方面。据统计，我国每年杀虫剂有效成分的使用量达30万吨左右，其中仅有1%作用于靶标，30%残留在植物上，其余部分则飘浮在空气中，或进入土壤和包括地下水在内的江河湖海等各种水系，直接或间接（通过食物链形成富集效应）危害人们的健康。我国主要农产品的农药残留超标率高达20%，中毒事件时有发生。而受农药污染的耕地达2.4亿亩，占耕地面积的12%（马七军，2002）。有学者调查发现，农村中40%~50%的儿童白血病与农药有关，畸形儿出生率农村比城市高1倍，也与农药有关。

农药污染还有更加深远的影响。一是有害生物的抗药性增强，使得病虫草害的去除更加困难；二是导致大量有害生物的天敌死亡，从而进一步影响生态平衡；三是杀死了大量土壤微生物，影响到土壤的理化性质甚至土壤生态。

3. 环境激素污染

人们将那些进入环境中并会干扰人类和动物的生殖系统的化学品，统称为“环境激素”。目前已经确认的环境激素物质将近70种，如多氯联苯、滴滴涕和二噁英。这些有毒化学品污染土壤和水源，通过食物链传递，危害人和动物的生存繁衍及生命安全。农业曾经大量使用的六六六和滴滴涕类有机氯农药，以及仍在使用的某些农药（如溴氰菊酯等）是造成环境激素污染的一个重要来源。这类污染更为隐蔽，但长期积累可以形成“化学定时炸弹”。对于这类污染目前还没有治理的办法，只有减排和控制使用。

4. 地膜污染

残留地膜给农业生产和生态环境造成了不良影响。土壤中残膜在50年内不会分解，多年累积会破坏土壤结构而使土壤保水保肥能力下降，妨碍作物根系生长和土壤中水分、空气、营养元素的正常分布运行。据调查，使用地膜1年的地块，每亩残留地膜片约2.17千克，使作物减产6.43%；连续使用5年地膜的地块，每亩残留废膜21.69千克，可使作物减产24.70%。

5. 畜禽粪便污染

各地实施“菜篮子工程”以来，建起了不少大中型畜禽养殖场。由于畜禽粪便处置不当或未经处理，随意排放现象比较普遍，已对水源、空气和区域环境造成了严重污染，个别地区还造成人畜共患疾病的发生。北京市近几年来畜禽养殖业发展迅速，据不完全统计，目前全市共有规模化养殖场814家，养殖小区1000余个，年排泄鲜粪尿900多万吨，产生污水1570万吨，年排放COD总量近19万吨。这些污水除部分直接排入河道污染河流水体外，大部分渗入地下，污染地下水，直接威胁饮用水安全。

另外，饲料添加剂中的激素、抗生素、重金属等也随畜禽粪便的排放及厩肥的施用而进入土壤和水体之中。它们一方面破坏生态环境，另一方面也威胁着人们的健康。

6. 重金属污染

重金属污染主要存在于土壤和农产品两个方面。污染物种类以镉和汞最为严重，其次是铅污染，其他重金属铜、锌及砷也造成局部污染。引起这类污染的因素很多，主要有农药、化肥（主要是磷肥）、污水灌溉等。我国受重金属污染的耕地已占耕地总面积的20%（马七军，2002）。广东省1999年对有一定代表性的5个市部分基本农田保护区土壤环境质量进行监测，结果表明：土壤重金属超标的农田面积占整个监测区的80%；部分农田土壤镉污染严重，最高检出值超过标准5.5倍。

相对于工业的点源污染而言，农业面源污染发生的范围较广，持续时间长，治理难度大，已成为农业可持续发展的严重障碍。

（二）替代农业各有弊端

针对常规农业出现的上述弊端，20世纪后半叶，尤其近20年以来，相继提出了生态农业、有机农业、生物动力农业、自然农业等，以及近些年来被广泛接受的可持续农业。就产品而言，出现了有机食品（Organicfood）和绿色食品（中国）。

发达国家的有机农业，其规模通常都不大，在本国面积的比重亦很低，20世纪末一般在2%～4%；只有澳大利亚和意大利较高，也仅在12%～

16%。有机食品的价格通常比常规食品高15% ~30%，少数高0.7 ~1.0倍；2000年美、法、意、德、日五国人均年消费12 ~36美元，德国最高，美国次之。

绿色食品在我国只有10多年的历史。它是我国农业部参照有机食品的标准，结合中国国情提出来的。它分A级与AA级两类。AA级的标准较高，接近有机食品的要求；A级则标准较低，因为它的生产并不排斥、拒绝使用人工合成化学品。有机食品在我国只有10年的历史。它的研究、开发、检测、审查和颁证由国家环保局下设的有机食品发展中心（OFDC）负责，在云南、黑龙江等11个省、市建立了分中心。

北京市已有了一批自产的绿色食品（A级），主要集中在蔬菜和水果类农产品。市政府根据市场消费趋势和北京市自身的特点，出台了食用农产品安全标准。该标准在化肥、化学农药及畜禽、水产的药物与饲料添加剂的使用上，以及食用农产品的各种有害物质的残留方面，都做了相应具体规定（其严格程度接近绿色食品的A级标准）。与此同时，近年来在郊区开展了食用农产品安全生产体系（包括生产基地和流通环节）的建设。

有机农业与生态农业，即有机食品和绿色食品的生产与加工，近些年来在一些国家和地区发展较快。但就全球而言，普及的面并不广，地区之间发展得也很不平衡；其绝对规模虽有增长，然而相对规模（占食品消费总量的比重）增幅缓慢。究其原因，大致可以归纳为以下几点。

1. 目标单一

仅仅追求生产环境、生产过程和生产产品（包括包装）达到有机食品标准，而未将经济效益作为追求目标，实行多目标决策。

2. 产量低、生长慢、效率低

由于一概拒绝现代化学工业先进技术成果的运用，又没有等效的其他生产要素的替代投入，必然会以牺牲一定的单位产出作为代价，因而单产降低，畜禽生长发育减缓，导致效率降低。据报道，作物单产通常降低30% ~40%甚至更多，畜禽生长速度减慢30% ~50%。

3. 成本加大，价格升高

正是由于上述原因，造成劳动力的投入增加；加之单位产出减少，生产周期延长，最终导致价格增高，从而限制了消费群体的增长速度。当前，最乐意、最有前景的消费群体仅限于受过较高教育的年轻人。

4. 生产方式与手段单一

达到有机食品的标准，在生产方式与手段上仅仅靠阻断或截断污染（限制或禁止使用人工化学合成制品）来实现，陷入消极与被动态势。而未从技术创新角度去主动研发其配套的生产技术体系。

5. 技术不完整，整合性差

由于拒绝化学工业的先进技术成果的运用，所需的特有技术有效供给与支撑不足，造成有机食品生产技术体系的不完整性。而现有的有机食品原料生产中的各项技术，相互之间又缺乏联系，因而其整合性不强。

导致上述问题的根本原因，在于其思维方式上的缺陷。有机食品生产的基本思路是一种单向的逆向思维，即仅仅从“结果”（产品达标否）来要求“过程”（生产），因而也就不可避免地陷入消极的被动状态。

绿色食品发展上存在的问题，基本上类似于有机食品。

基于有机农业、生态农业的上述弊端，现代农业的发展必须要有新的思路。提出持续发展的新模式，将清洁生产的理念引入农业，是我国农业应对加入世界贸易组织、进行现代化建设、提高农业整体素质和效益、增加农民收入的必然选择和发展趋势。作为向国际化大都市迈进的首都北京，农业正在由传统的城郊型向都市型现代农业转变，更有必要率先作出清洁生产的选择。

二、农业清洁生产的定义与内容

（一）农业清洁生产的定义

由于基本上仍处于概念创新阶段，实证研究刚刚起步，因此对于农业清洁生产概念的界定众说不一。我国 2002 年颁布的《清洁生产促进法》，明确提出该法的适用领域包括农业。其中规定，农业生产者应当科学地使用化肥、农药、农用薄膜和饲料添加剂，改进种植和养殖技术，实现农产品的优质、无害和农业生产废弃物的资源化，防止农业环境污染。

农业清洁生产，是当前我国农业发展中出现的一种新思路。它将污染预防战略持续地应用于农业生产全过程以及产品设计与服务之中，通过不断地改善管理和技术进步，提高资源利用率，在产业链的每一个环节上都努力减少污染物的排放，以降低对环境和人类的危害，达到环境健康和食品安全的目的，实现经济效益和环境效益的统一。

归纳起来，农业清洁生产是通过基地选择、良种选育、病虫草害防治、肥料、饲料（含添加剂）的选用、种养技术创新、质量控制、贮运加工和生产过程内部循环利用等环节的科学化与合理化，使整个产业链最终产生的污染物最少的农业生产方法和管理措施。

（二）农业清洁生产的内容

与工业领域推行清洁生产一样，农业领域推行清洁生产的内容也主要是三个环节：

1. 清洁的投入品

尽量少用和不用有毒、有害的投入品。使用“绿色”农用化学品，如有机肥、环境友好型化肥，生物农药及高效、低毒、低残留化学农药，以及物理防治方法和天敌利用；动物饲料中，拒绝使用抗生素、激素类添加剂，以中草药类添加剂替代。

农业生产用能，尽可能采用清洁的不竭能源，如太阳能、风能等；或者采用再生能源，如沼气等。

2. 清洁的生产过程

尽量运用农艺措施和生态链原理来培肥土壤和防治病虫草害，减少农业污染的产生，减少农业生产及其产品和服务过程对环境和人类健康的风险；尽量采用可靠和简单的生产操作和控制方法；运用生态链原理，对物料在农业生态系统内部进行循环利用；完善生产管理，不断提高农业生产管理水平。

3. 清洁的农产品

包括三层含义：一是农产品质量是安全的，达到无公害、绿色或有机产品标准，不含危害人体健康的因素；二是农产品在消费过程中以及使用后不产生破坏生态环境的因素；三是农产品的包装设计和贮运应考虑节约原材料和能源，少用昂贵、稀缺或对环境造成污染的原料，而且在使用后便于回收、再利用。

总而言之，农业清洁生产的实质，是在农业生产的全过程中，通过生产和使用对环境友好的“绿色”农用品（如绿色化肥、绿色农药、绿色地膜、绿色添加剂等），改善农业生产技术，减少农业污染物的产生，减少农业生产和产品、服务过程对环境和人类的风险。

三、农业清洁生产的特点

相对于工业，农业有其自身的特点。因而，相对于工业清洁生产，农业清洁生产具有以下特点：

（一）农业清洁生产是一个相对的、动态的概念

所谓清洁的农业生产技术、生产过程和清洁的农产品，是与现有农业生

产技术、生产过程和农产品比较而言的。推行农业清洁生产，本身是一个不断完善的过程，随着社会经济发展和科学技术的进步，需要适时地提出新的目标，争取达到更高的水平，满足不断增长和提高的消费需求。

（二）农业比工业更需要清洁生产技术

原因有二：一是农业污染不同于工业污染，农业污染主要以面源污染为主，影响面大，治理困难；二是与工业产品一般仅具有使用价值不同，农产品多数是供人们直接食用的，其质量安全直接关系到人的健康与生命安全。

因此，控制农业污染要从源头抓起，大力推行农业清洁生产技术。

（三）农业清洁生产的控制难度较大

工业生产一般有明确的投入品，生产过程在一个相对封闭的空间里进行，近乎于“白箱”，清洁生产的控制相对容易；而农业生产其投入品相对复杂（水资源条件、土壤条件等），生产过程又在一个自然、完全开放的环境里进行的，是个颜色很深的“灰箱”，因而清洁生产的控制难度相对较大。

四、理论基础

农业清洁生产，既是一种理念，也是一种生产方式，它的应用与实践有着较为丰富的理论基础。根据农业清洁生产的定义、内容与特点，其理论基础主要有生态农业理论、农业生态经济理论、循环经济理论和农业接口工程[①]原理。

（一）生态农业理论

农业，是一个开放的人工复合生态系统。因而，生态农业是遵循生态学原理，进行集约经营管理的综合农业生产体系。其目的在于提高太阳能和生物能的转化率，因地制宜地充分利用自然资源，并实现农业废弃物的再生循环利用，以提高农业生产力，获得更多的农产品，同时保护资源与环境实现可持续发展。生态农业理论中与清洁生产有关的主要理论如下：

1. 食物链（网）理论

生态系统中同时存在多种生物，占据不同的生态位，它们之间通过食物营养关系，相互依存和相互制约，构成一定的食物链；多条食物链，相互有

① 农业接口工程，是北京市自然科学基金委员会1992—1996年支持立项的课题《农业现代化进程中的接口工程》之科研成果，1998年获北京市科技进步三等奖。

序交织又构成食物链网；网中任一链节的变化，都会引起部分和全部食物链网的改变。网中营养级之间能量衰减，遵守十分之一定律。农业系统中的能量转换存在于食物链和食物网之中，表现为生产者、消费者和分解者。即，植物为生产者、畜禽鱼为消费者、微生物为分解者，三者形成能量转化的链条和网络。

2. 能量多级利用与物质循环再生

物质在农业生态系统中具有沿着特定途径，从周围环境到生物体，再从生物体回到环境的物质循环规律。农业生态系统中的能量，经过食物链条被逐级利用，一部分能量被转化成不同的储能形态，大部分能量在转化中散失。越是成熟和稳定的生态系统，其食物链（网）越庞大、越复杂，能量被利用的梯级也越多。物质作为能量的储存形态，在能量的转化过程中不断变化，可循环、再生，并遵循物质不灭原理。

3. 结构稳定与功能协调

生态系统的功能和运行，由它的结构决定，只有结构协调、合理，才能发挥稳定、持续和高效的功能。农业生态系统本身是一个人工复合的生态系统，要维持农业生态系统的结构稳定，必然需要系统外的能量输入，即农业投入品。通过人工干预，使其具有一个能保证物质循环和能量流转畅通的良好结构，才能产出更多的农产品，更好地发挥农业生态系统的效能。

4. 物种相互作用

在农业生态系统中，不同的生物之间存在着拮抗和共生关系。生态农业的目标就是控制、协调和利用好这些关系，以求获得最大的经济和生态效益。物种间的相互作用，尤其是拮抗作用，常被用于病虫草鼠害的防治。

（二）农业生态经济理论

农业生态经济理论，是指导农业生态和农业经济两者之间协调发展、共生共荣的理论，是清洁生产和循环经济的理论基础。与清洁生产密切相关的理论主要有：

1. 生态效益与经济效益“双效协同”原理

农业生产具有两个基本目的：一是通过提高经济产量，满足人们的物质、精神生活和增加收入的需要；二是通过农业生态系统的服务功能，提高系统的生态效益。只注重经济效益的生产不具有可持续性，而只注重生态效益而忽视经济效益的生产，同样也没有生命力。

2. 资源配置、分配与规模

配置，是指资源在可选的产品间的分割。好的配置是有效率的配置，即资源在最终产品间的分配要与消费者的偏好和购买力一致，也就是说，要最能满足消费者的需要。

分配，是指资源在不同人之间的相对分割，体现在最终产品和服务上。好的分配，应是合理和公正的。

规模，是指物质的生产量，它与生态系统对投入物的再生产能力和废弃物的吸收能力的可持续性有关。最理想的规模，应是可持续性的，不会破坏环境的长期承载力。即，未来的环境承载力不能因为当前的价值计量而大打折扣。需要强调，承载力是动态、可变的。

3. 生态价值理论

不同的生态系统，有着不同的生态价值。将生态价值进行量化（能值或货币化），是生态经济学的突出贡献。尤其是将生态价值货币化后，可直观地比较农业生态系统的生态价值与经济价值。

4. 市场失灵与政策失效

经济学强调市场在资源配置中的作用。但市场在环境资源的配置中，由于农业的生态效益的外部性与农产品公共物品属性，市场的调节作用往往失灵。政策作为市场调节的补充形式，在环境资源的配置中，不当的政策不但不能纠正市场失灵，反而把市场进一步扭曲，此时就称之为政策失效。政策失效，是指一些社会、经济政策的执行，使生产者的边际成本低于生产要素的真实成本，导致生产要素无效率使用和过度使用，引起资源退化和环境污染。

（三）循环经济理论

循环经济把清洁生产、资源综合利益、生态设计和可持续消费等融为一体，运用生态学规律来指导人类社会的经济活动。其本质是一种生态经济，是相对于传统的线性经济而言的，是物质闭环流动型经济的简称。它以能量梯次传递和物质闭路循环使用为特征，在环境方面表现为污染低排放，甚至零排放；旨在建立一种以物质循环流动为特征的经济，把传统的依赖资源消耗的线性增长经济，转变为依靠生态型资源循环，从而实现可持续发展所要求的环境与经济双赢，形成人类活动与生态保育的良性循环。

通俗地说，循环经济就是要减轻环境的负荷，维护生态平衡；以技术为核心，减少污染排放量，合理利用能源和资源，更多地回收废弃物和产品；

以环境可接受的方式处理废弃物；其目标旨在取得经济与生态的协调发展，从而最终走可持续发展的道路。

循环经济的原则为“3R”原则，即减量化原则（Reduce）、再利用原则（Reuse）和资源化原则（Recycle）。

循环经济的主要特征有四个：①可以有效消除外部不经济现象；②生态工业是循环经济的重要形式；③清洁生产是发展循环经济的重要、基本手段；④环境无害化或环境优化技术，是循环经济的技术载体。

（四）农业接口工程

1. 定义与内涵

定义：现代集约持续农业中，能量、物质和信息的汇集交换场所称之为接口；运用系统科学和生态经济学原理，在接口配套建设的现代工业和工程设施及其调控技术，即接口工程。

农业接口工程，由肥料工程、饲料工程、加工工程和贮藏工程四个部分有机、有序组成。肥料工程，将畜禽粪便加工成种植业的肥料，完成养殖业到种植业的接口；同时也将作物秸秆和其他废弃物加工还田，完成不同作物之间、上下茬作物之间的接口。饲料工程，将种植业的主、副产品加处理，将加工工程的废弃物加工处理，为养殖业提供饲料，完成种植业向养殖业、加工工程到养殖业的接口；同时，又将畜禽粪便、屠宰下脚饲料化，完成养殖业内部不同畜种间的接口。加工工程，将种、养二业的产品加工后投放市场，完成系统向外环境的接口。贮藏工程，既可贮存生产原料和投入品，又可对农产品起保存（鲜）、后熟作用，实现种、养二业之间以及系统与外环境的接口。因此，它们既是系统的组成，又是系统的调节器。

四种工程都有自己的工程技术系列，四个技术系列组成了接口工程技术体系。

此外，该体系中还包括给定区域的接口工程总体设计技术，以及对能、物流的调控技术。

2. 应用的主要原理

农业接口工程涉及的科学领域十分广泛，如生物科学、机械与工程科学、环境科学、系统科学和社会人文科学等。其中，主要是农学、畜牧兽医、农业生态、农业机械与工程、农业经济、市场学和农业系统工程等学科，尤其是农业生态学、农业机械工程和系统工程。

应用农业生态学的主要原理，有整体效应、边缘效应、互惠共生、食物链、限制因子作用、结构稳定性、效益协调等原理，以及能量、物质和信息三流的分析技术。

3. 主要功能及作用

农业接口工程中的四个子工程，若按系统的生物质、能的流向和在系统中的作用，可划分成三类：

（1）确保生物质、能量在系统内流动、交换，农业接口工程主要用于协调系统内各组分之间（尤其从业之间）的关系，如饲料工程。此外，从系统外输入必要的物质，如蛋白饲料、添加剂等可大幅度提高饲料转化率。

（2）确保生物质、能量流向外环境，农业接口工程主要用于协调系统与外环境的关系，如肥料工程和加工工程。前者生物质、能量从系统流向土壤、大气和水体（包括地下水）。通过它既能增加土壤肥力，提高化肥的利用率，对系统内又可以提高作物产量并改善产品品质；与此同时，还减少对大气和水体的污染，保护了环境。后者的生物质、能量则主要流向系统外的大市场。因此，这种生物质、能量应是高品位、高技术含量的。协调过程中，它与市场是一种双重关系：以被市场导向和左右为主；在注入足够大的科技因素时又可指导消费。加工工程也是我国大农业中最为薄弱的环节，尤以食品制造为最。

（3）确保生物质、能量既在系统内流动也流向系统外，它既可用来协调系统内各组分间关系，也可协调系统与外环境（市场）之间的关系，如贮藏工程。它贮存原料和产品，起到保存（鲜）、后熟作用。除此之外，为获得较大的经济效益，它的功能不应局限于对内的单一服务型，只贮存自己的原料与产品；而应是经营服务型，也可贮存外埠的商品从而成为其他多个系统之间的中转站，起到调节空间与时间的作用。

各个接口工程的功能在综合集成于一起形成一个整体时，这些功能之间又相互作用，协力产生新的功能。它可以反馈到系统自身，通过接口工程的建设来调整结构，不但能调节系统的发展速度，提高系统的综合生产能力和持续发展能力，甚至还可以改变系统的发展方向。

进行接口工程的建设和调控，不但能对生物质、生物能实现多层次、多渠道的充分利用，而且还可以协调系统与外环境（包括市场）、系统各成分之间的关系。通过调整结构，减少内耗，优势互补；发展生产，产品增值，增加收入；改善生态，节省资源，提高效率；调节时空，抗御风险，持续发展，实现高产、优质、高效、安全的现代化农业。与此同时，对于农业综合生产能力上一个新台阶，巩固农业的基础地位；对于乡镇的工业化、城镇化；山区开发建设，以及城乡一体化，具有重要的战略意义和现实意义。

4. 主要特点

(1) 它将资源、环境的内容同经济发展问题有机地糅合在一起。通过多渠道、多层次地综合利用、优化配置各种资源（尤其是生物资源），尽可能地提高资源的利用率，最大限度地减少农业自身污染，具有显著的生态效益；与此同时，又通过系统的输入、输出元件的设置和建设，同市场紧密结合——以市场为导向，提高农产品的商品率并多次增值，因而还具有良好的经济效益。故它在高效完成物质循环和能量传递的同时，兼备生态学意义和经济价值。

(2) 它是具有一定规模的、工厂化的调节单元，其产品技术含量较高。因此，一般来说，它的性质不是劳动密集型的，而是知识与技术较为密集和集约型的。因为只有一定规模才能做到生物质、能的多渠道多层次利用，规模小时副产品综合利用便容易缺乏经济意义。

(3) 它是种养加、产供销、贸工农、农科教一体化的经营体系的核心、“龙头”。因此，进行农业接口工程的建设、实施，可以有力地推进农业基地化、产业化、标准化和集团化的形成。

(4) 接口工程不但是系统的组成，也是系统的控制器；既可用来调节系统的运行，也能用于调整系统的结构乃至发展方向。调控过程中，主要运用能量、物质和信息（含资金）三流的系统分析方法，利用农业综合发展反馈环原理不断优化。

(5) 它具有较强的可操作性。因此，在设计时必须首先分析当地的各种资源。“资源”不仅包括气候、土壤、生物、水、能源等自然资源，也包括资金、信息、交通、通信、科技、人才等社会资源。在此基础上扬长避短，做到资源优化配置。这里强调一点——农业接口工程的企业，其原料来源不局限于是否在本地生产及生产量。在当地不具备原料的生产条件，或虽能生产但其成本高于外埠（含国外）的运抵价时，只要符合市场经济规律能获取较高的经济效益时，均可安排这种加工企业。当地具备某些原料的生产条件，且生产成本等于或低于外埠运抵价，具有生产的技术与经济可行性时，就应安排生产并达一定的规模，并且可借此调整农业结构，甚至改变系统的发展方向。

(6) 在一个地区，农业接口工程往往呈综合集成型的基地（又称“生态园”）形式存在。各个关联企业相对集中连片，相互衔接构成一个有序、有机、高度集成的整体，以增强互补作用，充分发挥整体效益和整体优势。

五、清洁生产与生态农业、有机农业的区别

根据定义可知，农业清洁生产与生态农业、有机农业在基本手段上，它们之间虽有许多相似之处，但差别亦很大。主要有以下几点。

（一）思维方式及理念上的差异

生态农业、有机农业在思维方式上，属于单一的逆向思维——出现污染如何防治；而农业清洁生产不仅要考虑污染防治，更重要的是从源头思考，如何避免或减少废弃物与污染物的产生，属于逆向思维与正向思维相结合的双向思维。

在理念上，农业清洁生产从本质上和全过程上认识农业。即，将人通过劳动，与自然界进行物质、能量代谢的整个过程，加以优化并全面改善。也就是说，它包括了产品、人和自然界三大要素。对于人，它不仅强调身体健康，也十分看重对客观世界的认知、美学享受、体验等的心理健康；因而对于自然界，它不仅强调资源与环境的可持续，也十分注重景观；对于劳动，它不仅强调结果，更看重过程。生态农业与有机农业，对于心理健康、景观、劳动的过程这三个方面，或未加考虑或重视不足。

（二）污染物的控制

生态农业、有机农业对污染物的控制往往是对症下药、末端治理，采用“头痛医头，脚痛医脚”的被动方法治理；农业清洁生产则是从源头抓起，全过程零排放或减量排放。

（三）病虫草害的防治

生态农业、有机农业在动植物发生病虫草害时，着重诊断病因，然后考虑用什么药（生物农药还是化学农药）来治；农业清洁生产则侧重思考前面哪些生产环节出了问题造成了损害，如何纠正和预防。

（四）对于人工合成化学品的态度

对于动植物生产中人工合成化学品要素的投入，有机农业一概拒绝，生态农业尽可能减少使用；而农业清洁生产则是在不产生污染的前提下，不排斥使用一切具有先进科技特征的人工合成化学品。

六、农业清洁生产与循环农业的关系

循环农业，是在生态农业、有机农业、可持续农业和清洁生产的基础上

发展起来的一种新概念，是循环经济的组成之一。清洁生产是循环农业的基石，是实现循环农业的基本途径之一；循环农业，则是清洁生产的扩展。在农业进步的过程中，二者各有侧重、相互促进，呈互动式发展。但二者之间亦有区别，主要体现在以下几个方面。

（一）目的

循环农业的目的，是将所有的投入品与产出品（包括废弃物和污染物）都尽可能地利用起来，从而提高资源的利用效率；而清洁生产的目的，则是使污染物达到减量排放甚至零排放。

（二）产业链条

循环农业在理论上，是诸多产业链条相互有序交织构成封闭的环网，上游产业的副产品是下游产业的投入品，没有明显的始端和终端；而清洁生产则不一定是封闭的产业链，多数情况下是一个两端开放的链条，有明显的始端和终端。

（三）对废弃物产生的态度

循环农业原则上不限制废弃物的产生，而是更注重于通过产业环网将废弃物再利用起来，使之资源化；清洁生产则在生产的全过程中，严格控制废弃物的产生。

（四）适用的范围

循环农业一般是大农业的循环，物质在种植业（含食用菌）与养殖业之间循环利用；清洁生产在实施时，多是在某一企业内部，或者在某个产业内部进行。因而，循环农业涵盖面广泛，多是在产业之间至少在大企业之间进行。

此外，就地域范围而言，循环农业通常适用于在较大的宏、中观地域，例如县域、市域或更大的地区；清洁生产则相对微观，往往局限在产地。

七、我国农业清洁生产的发展概况

我国的农业清洁生产总体上还处于“思考”阶段（张哲等，2000；齐晓辉，2002；章玲，2001；莫测辉，2000）。

江苏省2002年设立“江苏省农产品清洁生产创新研究与实施”专项，省科协、省农科院、省农林厅、省质量技术监督局、省淡水水产研究所和中科院南京土壤研究所6家机构共同合作研究与实施。经过3年多，他们建立了农业清洁生产的五大技术体系——

（1）农产品质量安全生产技术体系。它包括了水稻、夏白菜、茶、砂梨、富士苹果及淡水鱼虾、虾、蟹等43个清洁生产技术规程。

（2）农产品安全标准。在这43个技术规程中，建立了33个农产品质量标准。

（3）清洁农产品检测体系。它包括了覆盖面广、层次清晰、重点突出、完整有效的省、市、县三级检测网络体系，对农产品产前、产中、产后的检测进行了分工、协作；在检测方法上，制定了有机磷、五氯酚钠的快速便捷的检测方法。

（4）农产品清洁生产经营模式。以菜、米、果、茶、肉、水产6种农产品为重点，探索、总结、归纳出“产加销一体化”“企业（公司）+基地（中介）+农民”及“公司+专业大户+农民”三类经营模式；同时，推行农产品市场质量准入制度。

（5）农产品清洁生产政策法规保障体系。包括制定、完善本省农产品清洁生产条例、执法监管、政府对农业清洁生产的扶持、清洁农产品的市场载体、清洁农业预警系统等政策与法规。

通过采用生产技术配套与示范基地结合、品牌产品与市场开拓结合、科技创新与清洁生产结合、基地建设与全过程清洁生产结合、突出加强组织领导、加强农业标准化、摸索无公害农产品的经营模式，项目组在10个市、县建立了11个示范基地，带动了4万亩农田、3700亩果园、19290亩养殖水面；形成了10个农业产业化龙头企业或实体；有13个农产品获得了无公害质量认证；创建了10个省市级无公害农产品品牌。

然而，我国大部分地区的农业清洁生产实践，主要是通过发展有机农业、生态农业和可持续农业来进行的。

（一）有机农业

有机农业（organic agriculture），是指遵循自然规律和生态学原理，不使用化学合成的农药、化肥、生长调节剂、饲料添加剂等物质，主要或完全依靠来源于生物的有机物质和有机能量提高产量的农业生产技术体系。其特点是尽量减少非再生资源的投入，主要靠改善植物和动物的内在生育力以及外在生育环境来提高土地生产率。有机农业对节约能源、降低成本、减少污染、提高土壤肥力和农产品品质有良好效果。随着食品安全事故的频繁发生、消费者的健康和环保意识的日益加强，以及国内外市场对有机食品需求的增长，我国的有机农业从无到有，逐步发展起来。1994年国家环境保护局成立了有机食品发展中心（简称OFDC），并先后在北京等地设立了18个分中心。目前已在全国范围内初步建立起有机食品认证、技术研究、产品开发与咨询服务体系。1995年，原国家环境保护局发布了《有机食品标志管理章程》和《有机食品生产和加工技术规范》，初步建立了有机食品生产标准和认证管理体系。“十五”期间，国家环保总局先后制定了《有机食品认证管理办法》《有机食品技术规范》和《国家有机食品生产基地考核管理规定（试行）》，会同商务部等11个部委联合印发了《关于积极推进有机食品产业发展的若干意见》，开展国家有机食品生产基地创建工作，已命名43个国家级有机食品生产基地。近年来，与有机食品相关的管理和发展机制不断完善，出台了《有机食品国家标准》（2005年发布，包括生产、加工、标识和销售、管理体系等环节）。到目前为止，全国目前有28家有机食品认证机构，已通过认证的有机产品主要有粮食、蔬菜、水果、奶制品、禽畜产品、蜂蜜、水产品、调料、中草药等100多个品种；全国有机认证面积超过0.45亿亩，野生采集面积超过525万亩，据不完全统计，全国有机产品总产值约30亿元，出口总值接近2亿美元，国内销售额约为3亿~4亿元。

（二）生态农业

所谓生态农业（ecolog agriculture），就是按照生态学原理，在给定的区域内，建立一个生态上能够自我维持、经济上可行的农业生产系统，该系统能在长时间内不对其周围环境造成明显改变的情况下具有最大的生产力。从20世纪80年代初开始，我国开始发展生态农业，在全国开展生态农业示范，研究并推广了生态农业建设的多种模式和技术。生态农业模式的很多，主要有以下三种类型：

（1）时空结构型

这是一种根据生物种群的生物学、生态学特征和生物之间的互利共生关系，有合理组建的农业生态系统，使处于不同生态位的生物种群在系统中各得其所，相得益彰，更加充分地利用太阳能、水分和矿物质营养元素；是在时间上多序列、空间上多层次的三维结构，其经济效益和生态效益均较佳。具体有果林立体间套模式、农田立体间套模式、水域立体养殖模式、农户庭院立体种养模式等。

（2）食物链型

它是按照农业生态系统的能量流动和物质循环规律，设计的一种良性循环的农业生态系统。系统中一个生产环节的产出，是另一个生产环节的投入，使得系统中的废弃物多次循环利用，从而提高能量的转换率和资源利用率，并获得较高的经济效益，同时防止或减少农业废弃物对生态环境的污染。具体的模式，有种植业内部物质循环利用模式、养殖业内部物质循环利用模式、种养加三结合的物质循环利用模式等。

(3) 时空食物链综合型

这是时空结构型和食物链型的有机结合，使系统中的物质得以高效生产和多次利用，是一种适度投入、高产出、少废物、无污染、高效益的模式类型。

我国生态农业发展20多年来成效显著，初步形成了生态农业理论指导体系、生态农业模式分类体系、生态农业技术体系、生态农业建设体系和生态农业保障体系。目前，全国生态农业建设县达到400多个，开展示范区建设的县、市达500多个，其中国家级生态农业县102个，国家级生态示范区233个。

实践证明，生态农业既可以避免石油农业所带来的弊病，又能够有效地发展农业生产，充分合理地利用自然资源，提高农业生产力，而且能起到维护自然界的生态平衡、保护环境、消纳污染并净化、提高生物能的利用效率和物质循环利用的效率，以创建一个优美、舒适、文明和高功能的生存环境。

（三）可持续农业

"石油农业"带来的一系列生态问题，使人们对这种农业生产方式开始反思。在"可持续发展"思潮的引导下，1991年在荷兰举行的联合国粮农组织农业与环境会议上，通过了《登博斯宣言和行动纲领》，提出了"可持续农业"（sustainable agriculture）的概念，并将它定义为："管理和保护自然资源基础，调整技术和机制变化的方向，以便确保获得并持续地满足目前和今后世世代代人们的需要。因此这是一种能够保护土地、水和动植物资源，不会造成环境退化；同时在技术上可行、经济上有活力、社会上能广泛接受的农业。"可持续农业强调农业的多功能性，以及生态、经济、社会效益的可持续性。

中国农业大学程序教授认为，"中国生态农业同国际上的可持续农业在本质上基本是趋同的"（2007年），同时他引用美国学者D. Taylor的一段话："中国生态农业同西方的可持续农业几乎可以说是彼此平行的概念，也许主要的不同点在于前者受政府的推动更大，更强调和突出生态学的理论指导，不像后者那样更强调减少农业化学品的投入。而且前者重视农村多业的有机结合和物质循环利用；此外，前者更重视为农村多余劳动力提供工作机会和增加农业收入中的作用。”

本项目研究者基本赞同程序教授和 D. Taylor 先生的上述评论。但两者内涵上的差异还在于，西方可持续农业在理论基础上，还包括了伦理学、人类生态学和社会学；侧重面上，包含社会的公正性和农村发展；在支撑体系上，包含了体制、机制的改革。这可能是社会、经济发展阶段以及人文理念的差异造成的。

综上所述，中国的可持续农业更相似于中国开放性较强的生态农业。

总体上，无论生态农业、有机农业还是循环农业，它们的落脚点都是农业的清洁生产。

第二章　农业高效清洁生产

20 世纪 90 年代以后，我国农产品由数量不足转向总量平衡，丰年有余，由注重数量向高产、优质、高效的方向发展。为此，国务院于 1992 年出台了《关于发展高产优质高效农业的决定》。高效农业包含两个方面的内容，一是资源利用的效率高，二是经济效益高。北京市也提出了相应的落实措施，出台了《关于“高效农业园”工程的实施意见》，制定了高效农业园的建设标准和扶持政策。到 2001 年，北京市建成各类高效农业园 416 个，资产规模达到 46.9 亿元。与一般的农业生产方式相比，高效农业园经济效益明显较高，平均投资利润率为 20% 左右。带动 4 万户农民走上致富路。高效农业园以高新技术为依托，定位于发展名特优新产品，产品科技含量高，市场竞争力强，有力地促进了北京市高效农业的发展。

以高效农业为基础，发展农业高效清洁生产，目的是在实施清洁生产的同时，追求高的资源利用效率和经济效益。

一、北京发展农业高效清洁生产的必要性

我国经济较发达地区的农业，正在受到自然资源、生态环境和国内外市场三重强烈约束；农民增收、建设社会主义新农村的压力更大。这些地区的农业，实行清洁生产是必然的选择。

（一）定义

农业高效清洁生产，是农业清洁生产的一种高级模式。它更强调农业清洁生产中资源的高效利用、环境的有效保护和综合效益更佳。换言之，它不仅将污染预防战略持续地应用于农业生产的全过程以及产品设计于服务之中，通过不断地改善管理和技术进步，采用集约化手段，大幅度地提高资源利用率；在产业链的每一个环节上，都显著地减少污染物的排放乃至零排放，以降低对环境和人类的危害，达到环境健康和食品安全的目的，实现人与自然环境的和谐；而且，在确保获得显著生态效益和社会效益的前提下，还有很高的经济效益，实现经济、生态、社会效益的统一与协调。

（二）内涵

农业高效清洁生产的内涵，在清洁的投入品、生产过程、农产品三个领域与农业清洁生产基本相同。不同之处，仅在于前者更强调高效。它主要体现在以下三个方面。

1. 资源的高效利用

所谓高效利用，是指它比一般清洁生产所消耗的资源更节省，或在等量的消耗下产出率更高。

（1）土地资源。在占用等量的耕地时，从空间上采用混、间作方式以及立体种养；在时间上，采用套作方式、保护地生产等。

（2）水资源。运用工程、生物、农艺、管理等措施，节省水资源的消耗。

（3）能量。①对于煤、石油等不可再生的化石能，或者更节省（如3S农业、复式作业机械等），或者能量转化率更高（如热交换）。②对于可再生的生物能源，采用梯级循环利用（如沼气工程的气、渣、液综合利用）。③对于不竭的太阳能、风能，采用提高利用率（如日光温室）或提高转化率（如作物的超高产品种）。

2. 环境的有效保护

（1）在达到同等效果的基础上，投入品的减量使用。例如，环境友好型化肥，既减少了化肥的投入量，由减少了N素的淋溶及NO_x的排放。低量、对靶喷雾，既减少了农药的使用量，又减少了对大气、土壤、作物的污染。动物精准营养，既减少了对饲料的消耗、提高了饲料的转化率，又减少了粪便的排泄量。

（2）废弃物的综合利用，既减排又变废为宝。例如，畜禽粪便、作物秸秆、废弃菌棒、屠宰下脚料的利用。

3. 综合效益更佳

在获得良好的生态效益和社会效益的前提下，整体上还有很高的经济效益。农业高效清洁生产不刻意追求减少资金的投入，更多情况下反而是高投入；然而，其投资回报率、经济产投比、项目收益率等经济指标，应达到或超过期望值。

（三）特征

从农业高效清洁生产的定义与内涵可知，同一般的清洁生产相比，它主要具有以下五个特征。

1. 规模大

它虽然不排斥农户经营，但更关注规模效益，因而其生产规模一般都较大。

2. 知识、技术密集，高度集约，劳动生产率高

农业高效清洁生产属于知识、技术密集型，而非劳动密集型；生产要素高度集约。加之规模大，故其劳动生产率亦高。

3. 资源利用、环境保护、综合效益“三高”

（1）它对于自然资源的利用更节省，或转化率更高。

（2）投入品的减量使用、废弃物的综合利用，使污染物的排放总量有更多的减少，从而使生态环境得到有效的保护。

（3）多数情况下，它属于高投入、高回报，因而其经济效益较高；在某些情况下，项目自身的经济效益可能欠佳，但会使整体的经济效益较高，从而，它能够实现经济、生态、社会三效益的统一与协调。

4. 可持续性强

由于支撑它的技术体系，在设计与构建时充分考虑了其动态特点，使之具有柔性，故应变能力强。因而，农业高效清洁生产的可持续性更强。

5. 具有示范性、引领性

农业高效清洁生产的上述四个特征，使之对经济较发达地区乃至全国的农业发展，具有示范性与引领性。

二、北京发展农业高效清洁生产的必要性

北京的建设与发展目标是“国家首都、历史名城、世界都市、宜居城市”，并要发挥好中央、国务院确定的四大职能。据此，北京市政府决定，北京农业要由城郊型农业转型为都市型现代农业。实行清洁生产，且集约、高效，是冲破资源与环境约束、建设都市型现代农业、农民增收、发挥示范引领作用所必需的。

（一）缓解资源、环境约束的需要

1. 缓解资源约束的需要

资源对北京农业发展所形成的约束，主要表现在两个方面：

（1）水土资源严重匮乏

以 2005 年人口为基数，全市人均水资源量不足 170 立方米（按国际通行

方法，不计入地下水），属资源型重度缺水地区。耕地减少的趋势不可逆转：按农村人口计，人均约1亩，低于全国平均水平，且中低产田比重较大。“十五”期间耕地面积年递减6.8%左右。且随着城市化进程的加快和气候干暖化的加剧，耕地面积减少和水资源匮乏的趋势不可逆转。

（2）资源的机会成本高

广义的农业资源中，包含社会资源，北京的二、三产业发达，因此水、土地、劳动力等生产要素的机会成本高；其中劳动成本在全国各省市及大中城市中为最高，比周边均值高1.7倍。如果仅从经济学角度考虑，按照市场配置资源的原则，这些资源将流出农业领域，造成资源匮乏的进一步加剧。只有“高效”才能使有限的资源发挥更大的效能。

因此，北京农业的清洁生产必须追求高效。

2. 控制环境面源污染的需要

改革开放以来，由于过于偏重经济的发展，尤其是GDP的增长，北京同全国一样，环境污染已严重地制约着社会、经济的和谐发展。耗水、耗能、高污染的大中型制造业企业，通过治理、转产、外迁等措施，点源污染得到了一定程度的遏制。从而，使得面源污染问题日益突出，而且呈现逐年加重、蔓延的趋势，给水体、土壤、大气及食用农产品的安全造成严重的威胁，损害着“国家首都、历史名城、世界都市、宜居城市”的建设。

相对于点源污染，面源污染具有涉及面广、扩散途径复杂、辨析和监控困难的特点。因而，对其认识与治理的难度都大。就目前人们的认识水平而言，造成面源污染的诸多成因，主要有城乡生活污水、垃圾，交通等，以及与农事活动有关的化肥、农药、地膜、未利用的秸秆、畜禽粪便等养殖废弃物、旅游和冬春季裸地等。据北京市农林科学院植物营养与资源研究所近期的研究成果，北京市面源污染的规模及主要因子的贡献率，农业生产形成的面源污染颇为严重，且占有很高的比重（见表1）。

表1　北京市面源污染规模及主要因子的贡献率

	规模（万吨/年）	主要因子的贡献率	
		与农事有关	农业生产
污染物排放总量	5603	生活污水+垃圾　82%	畜禽粪便14%，秸秆2%
污染物流失总量	2049	生活污水+垃圾　78%	畜禽粪便20%
全N负荷量	9.6		畜禽粪便35%，化肥56%，水产饵料与肥料5%
全P负荷量	1.5		畜禽粪便67%，化肥13%，水产饵料与肥料13%

续表

	规模（万吨/年）	主要因子的贡献率	
		与农事有关	农业生产
BOD_5 负荷量	11.2		畜禽粪便 73%
COD_G 负荷量	12.3		畜禽粪便 87%

资料来源：北京市农林科学院植物营养与资源研究所、延庆县种植业服务中心《我国北方地区（延庆县）控制农村面源污染研究与示范技术》项目成果（2006 年）。

控制农业、农村面源污染的最有效途径，只能是实行农业清洁生产。

（二）建设都市型现代农业的需要

随着农产品全面进入买方市场，特别是面临加入世界贸易组织后的挑战，迫切需要实现农业的转型、升级；同时，随着人们生活水平的提高，对农业和农产品的质量和安全，提出了更高的要求。北京市政府提出城郊农业要转型、提升，发展都市型现代农业。都市型现代农业具有生产、服务、生态和社会等多项功能，其传统的生产功能逐渐弱化，内涵要有质的提升；而服务、生态与社会等功能要显著增强。在这种情况下，农业资源利用效率、面源污染的控制和经济效益低下的状况也亟须改变。因此，农业高效清洁生产，是实现都市型现代农业的必要途径。

（三）农民增收的需要

农民增收是“三农”问题的核心，是构建和谐社会的重要内容之一。因而，其成为各级政府工作的重中之重。北京市农民人均纯收入 2006 年达到 8620 元，是全国人均的 2.4 倍，但城乡居民收入差距近 20 年逐渐拉大，目前表观差距达到 2.3∶1，且差距仍有不断扩大的趋势。高效农业清洁生产不仅会在资源利用、控制环境污染方面发挥作用，而且能降低农业生产成本，提高农业的经济产出率，能给农民带来更多的收入。

（四）发挥示范、引领作用的需要

就规模而言，北京农业在全国农业中的份额甚小。但作为首都的独特地位，她对于全国的农业现代化建设，具有示范、引领作用。在和谐为主旋律的新时代，实行高效清洁生产是我国农业的发展方向。为此，北京要为全国农业实施这一战略选择，率先进行高效清洁生产的探索，并起好示范、引领作用，这也是时代赋予的历史责任。

三、北京发展农业高效清洁生产的可行性

（一）农业科技资源丰富

北京作为全国的科教文化中心，有着绝对的科技资源优势。除了市属单位外，还有为数众多的中央在京单位。现有29家涉农研究机构，13家市级农业技术推广单位和110家区、县级农业技术推广单位；农业领域共有11个国家重点实验室，8个国家工程技术研究中心以及一大批市级重点实验室。北京市已形成一个包括中央、市属、民营、跨国公司合办四个层次的科研机构网络，涉及农、林、牧、渔、水利和气象诸方面。2005年北京地区有农业专业技术人员5562人，占一产从业人员的0.89%，其“浓度”全国最高，较全国平均高10~12倍。同时，北京地区在科技资金、科技信息、科技成果、农业仪器设备等资源方面具有领先于全国的显著优势。丰富的农业科技资源经过有效整合，可以为北京发展农业高效清洁生产提供强有力的技术支撑。

（二）城乡统筹发展提供新契机

北京市提出城乡统筹发展的新思路以来，不断加大对郊区的投入。近年来，中央提出的社会主义新农村建设，为北京发展农业高效清洁生产提供了良好契机。

在市发改委安排的政府投资中，郊区与城区的比例2003年为1∶4；2004年为2∶3；2005年为1∶1，首次出现对等。而在2006年，这个比值首次发生逆转，政府固定资产用于郊区的比例达到52%，比城区多了4个百分点。全社会固定资产总投资中，2001—2005年农村投资的绝对数量，由93.7亿元增至231.8亿元；其所占的份额，亦由6.1%提高到8.2%，增加了2.1个百分点。同时，新农村建设开展以来，北京市政府更加大了对农村基础设施、公共服务、产业发展和生态建设等重点领域的支持。雄厚的资金支持和政府的高度重视，也为北京发展高效清洁生产提供了良好的条件。

综上所述，北京农业开展高效清洁生产，从突破资源、环境约束，由传统的城郊型农业向都市型现代农业演进，农业功能进一步拓展、提质增效，农民增收，推进社会主义新农村建设，实现城乡统筹发展；并在全国农村、农业发展中，起好探索、示范、引领作用，是时代赋予的光荣使命，十分必要。同时，北京独有的、极其丰富的科技资源和充实的财力，为农业开展高效的清洁生产，提供了坚实的基础和充要条件，使之成为可能。

第三章 北京农业高效清洁生产的技术需求

北京由城郊型农业向都市型现代农业转型，既是发展的必然，也是时代的需求。支撑都市型现代农业的清洁生产技术体系，必须服从、体现最高层次的时代需求，以和谐作为主线，并继续满足增产、增效、增收的要求。

扼要地说，就是需要既“清洁”又“集约、高效”的技术。这个技术体系，为了便于分析和表述，可分别从领域和成长型产业两个视角进行。

一、领域的技术需求

按照上述理念，本报告分析了北京农业未来20～30年技术需求的框架，即主要领域及其重点技术。为了便于表述，该框架包括环境友好型投入品、节约型农业技术、生态环境保育技术、光机电一体化技术、新材料、检测监测技术、现代生物技术和农业信息技术。在多学科相互加快融合的大趋势下，它们之间彼此渗透、交叉，此8大领域的边界很难准确划清。为了避免重复，凡在某一领域做了较详细表述的，其他领域涉及时便从简。

1. 环境友好型投入品

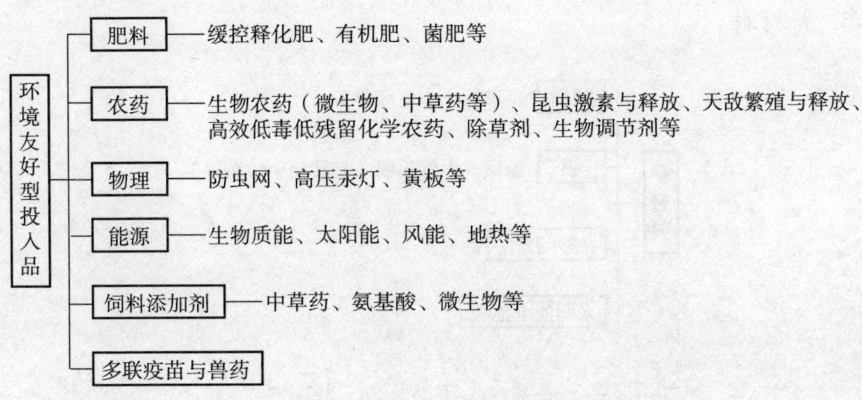

2. 节约型农业技术

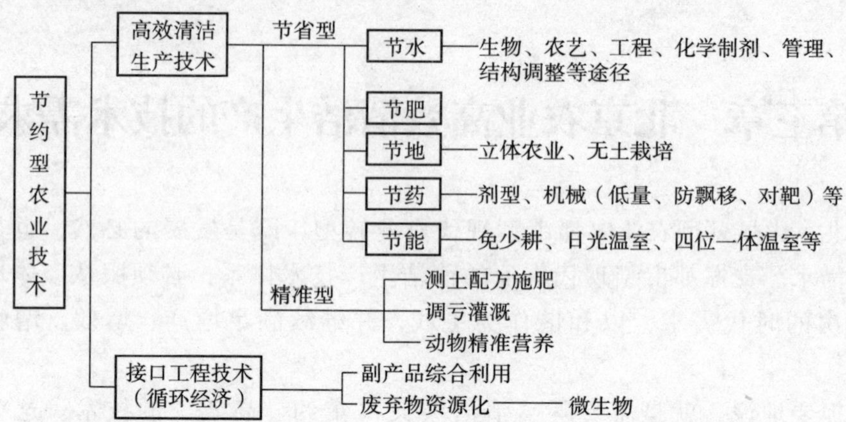

3. 农业生态环境保育技术

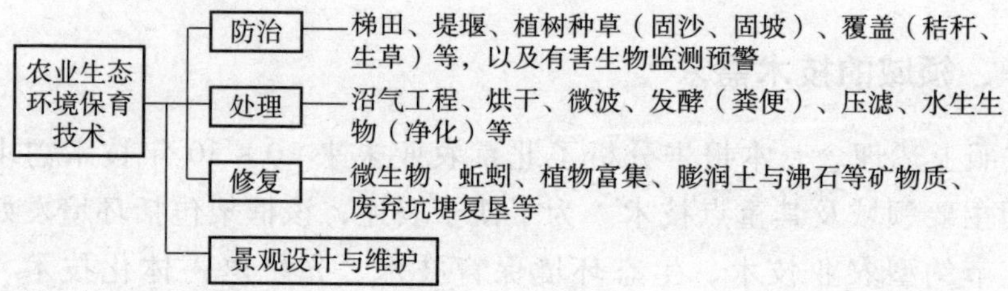

4. 光机电一体化技术

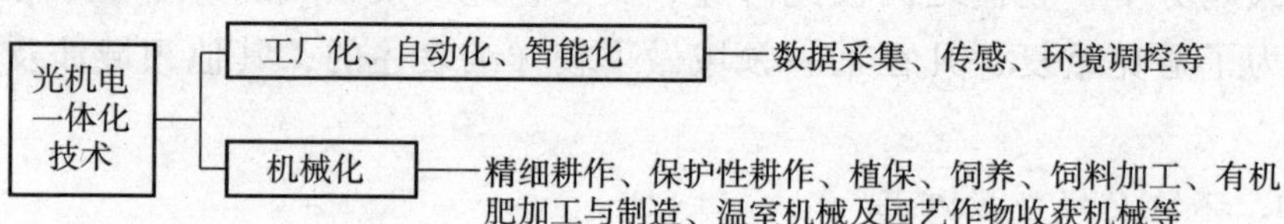

5. 新材料

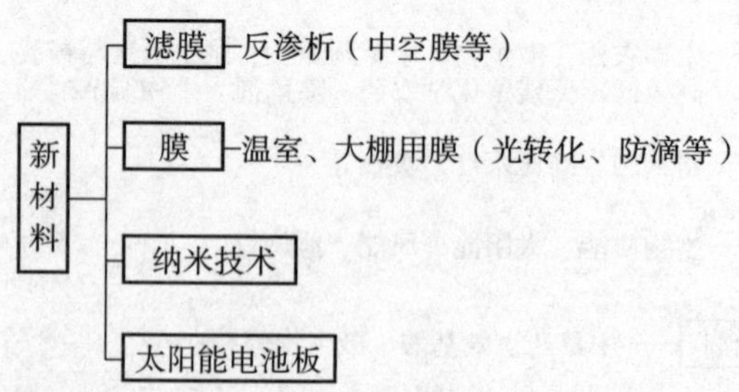

6. 检测监测技术

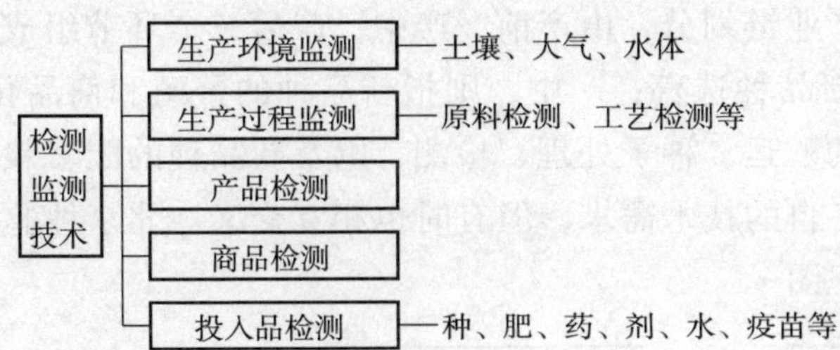

要求准、快、简，并尽可能无损伤。

7. 现代生物技术

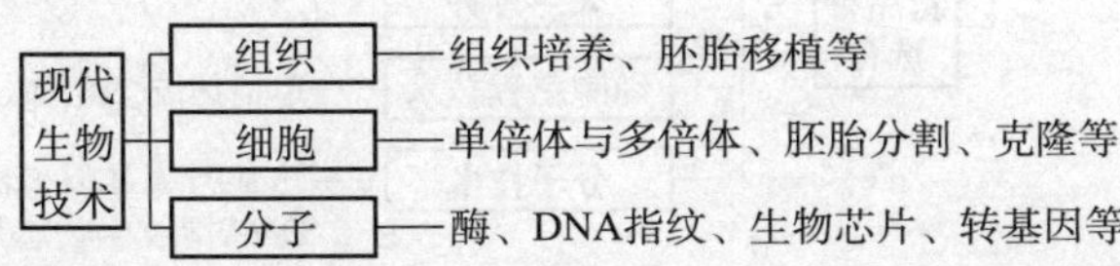

8. 农业信息技术

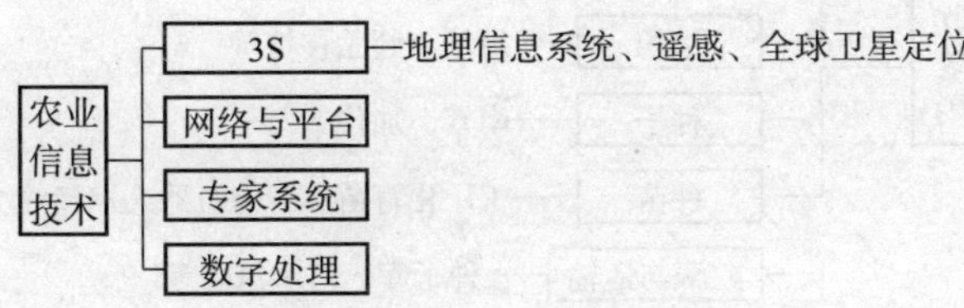

二、成长型产业的技术需求

对于北京当前已形成相当规模的农业产业，如粮食、瓜菜、养殖（畜牧与水产）、饲草、果林等产业，它们的高效清洁生产技术需求，在领域技术需求部分已经涵盖，故此处不再单独分析、预测；而着重分析和预测建设都市型现代农业将重点发展的产业——种业、设施农业、休闲农业以及产后的加工与物流配送四种产业之技术需求。

这些产业目前正处于成长阶段。按照实现经济、生态、社会、区域和谐发展的要求，它们的成长空间与潜力都颇大。种业属于知识、技术、资本密集型产业，农产品加工是农业向二产的延伸与融合；它们是提高农产品附加值、发挥北京农业服务功能、体现区域农业一体化的重要途径。休闲农业和农产品物流配送业，是农业向三产的延伸与融合，既能有效地抗御加入世界贸易组织后经济全球化中国外农产品的冲击，也是农产品增值、农民增收、农业劳动力转移的重要途径。设施农业亦属于知识、技术、资本密集型产业，当前及未来一段时间还将保留劳动密集型特征，是农业增效、农民增收的有效途径。

1. 种业的技术需求

种业若按产业链划分，由产前、产中、产后三个环节组成。产前，包括了种质资源和新品种选育；产中，则指新品种的繁殖和商品化生产；产后，包括了商品种的贮运、种子处理、检测，以及新品种的配套栽培/饲养技术。不同环节，有各自的技术需求，但有时也相互交叉。北京种业的未来技术需求，见下面的框图。

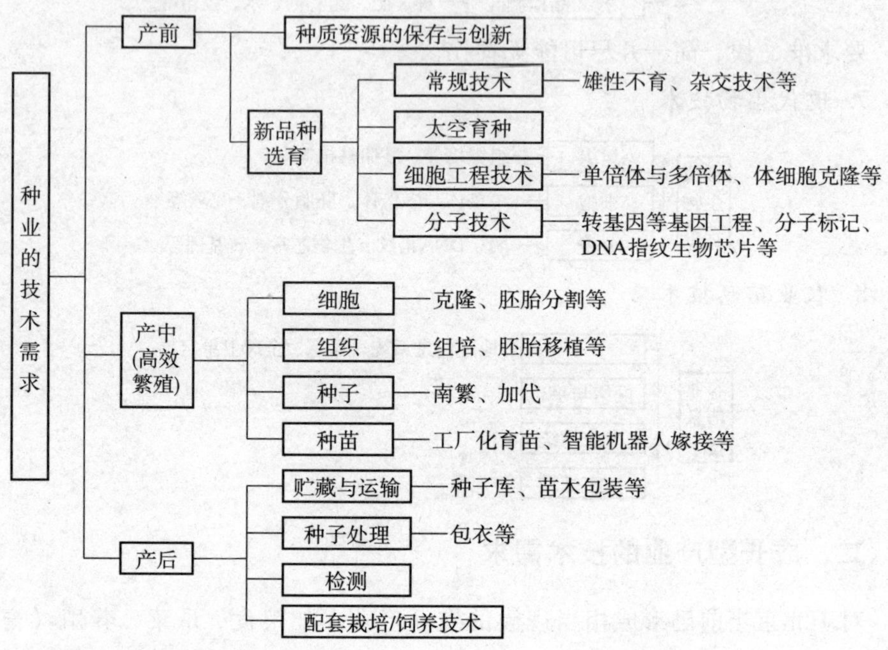

2. 设施农业的技术需求

未来较长一段时间，北京设施农业仍将以节能日光温室为主体，大棚辅之；大型连栋温室，主要用于育苗、高档花卉和观光休闲。

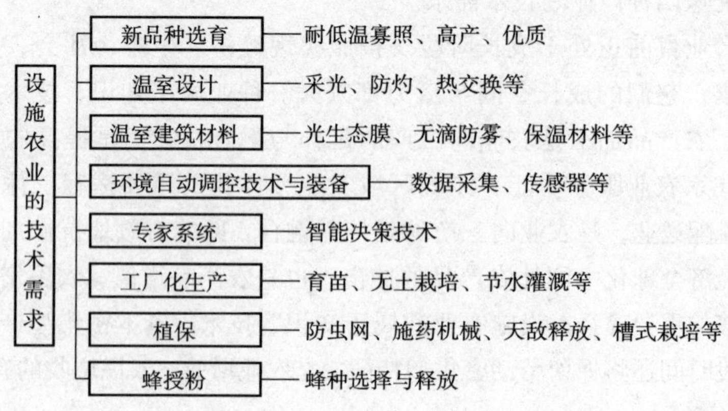

3. 休闲农业的技术需求

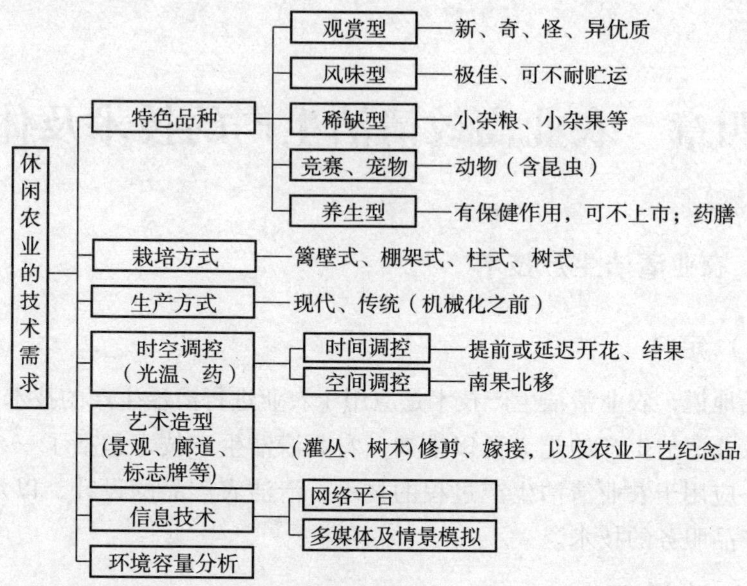

4. 农产品加工及物流配送业的技术需求

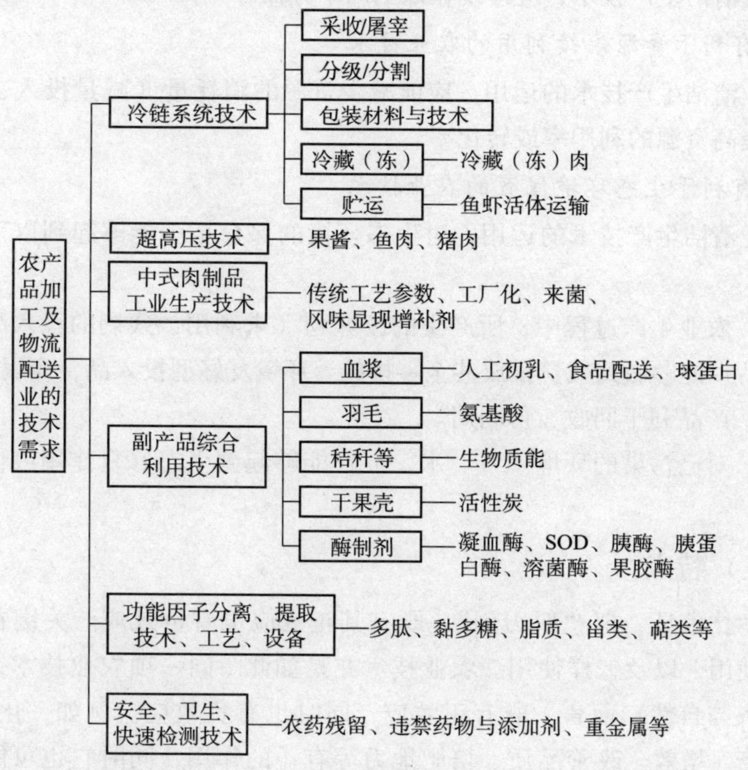

第四章 农业高效清洁生产的技术及体系

一、农业清洁生产技术

（一）定义

概括地说，农业清洁生产技术是应用于农业进行清洁生产的技术。

从农业清洁生产的定义可以推知，农业清洁生产技术包括了三个方面的技术——应用于农业清洁生产过程的技术、清洁农产品的设计，以及应用于清洁农产品服务的技术。

（二）内涵

农业清洁生产技术，应体现在以下两个方面。

1. 有利于资源永续利用的农业技术

农业清洁生产技术的运用，应能减少资源的消耗量（减量投入、节耗），或者能提高资源的利用率或转化率。

2. 有利于生态环境保育的农业技术

农业清洁生产技术的运用，对生态环境的保育至少能够起到以下任何一项作用。

（1）农业生产过程中，所产生的废弃物（未利用、残剩的投入品或产生的副产品）能够做到减量排放甚至零排放。环境友好型投入品，应属于此类。

（2）产品利于回收、再利用。

（3）对已污染的环境（气、水、土）能够起到生态修复作用或恢复健康的作用。

（三）特点

科学技术是一把“双刃剑”，既有其正效应也有负效应。关键在于谁掌握、谁使用，以及怎样使用。农业技术亦是如此。同一项农业技术，对于生物圈（人与自然）而言，既有正效应，同时也有负效应。例如，化学肥料，它有增产、增效、改善品质、培肥地力等有益的作用，同时它也可能会降低品质和污染环境（土壤、水体、大气），尤其在使用不当（过量施肥及养分比例不合理）时，它的负作用更突出。又如，转基因技术，既可使新品种高产、品质改善、具有多重抗性等诸多优点，但同时也具有食用安全、生物污染等生态风险。

综上，农业清洁生产技术具有以下三个主要特点。

1. 相对“清洁”

农业清洁生产技术，不可能做到绝对清洁，即绝对无污染和完全零排放。多数情况下，只能做到废弃物或污染物减量排放，污染少；资源利用率或转化率可以提高，但不可能做到100%。例如，环境友好型化肥，它可以做到减量投入的同时提高N素的利用率，并减少淋溶、NO_x的排放，但不可能完全杜绝淋溶与反硝化。

2. 清洁，但不完美

世上没有十全十美的人和物，也没有完美的技术。

农业清洁生产技术，在生态效益（自然资源与生态环境）方面会很突出；但在经济性、适用性、复杂性、协调性与安全性等性状上，不可避免地或多或少有缺陷、不足。换个角度说，它在应用于实践时，必须与常规技术结合，实现互补；同时，还得有有效的补救措施，如生态补偿政策与制度。

3. 动态性

任何一项技术，都有其生命周期。即，它具有新生期、成长期、旺盛期、衰老期直至死亡（退出）五个阶段。农业清洁生产技术，同样具有这一生命特征。其原因有以下两点：

（1）随着人类认知水平的提高、文明的进步，科技不断创新与进步，更先进的新技术将不断涌现，从而替代陈旧、老化的技术。也就是说，技术总是在不断地新陈代谢、推陈出新。

（2）社会的发展、生活水平的提高，必将使经济结构随之演变。新行业、新产业不断诞生、成长，原有的一些产业将被替代或退出。“皮之不存，毛将焉附”，产业退出了，支撑它的技术便自然消亡了。例如，棉花、水稻在北京的先后退出，其生产、栽培的配套技术即使再先进，在京郊也无用武之地了。

二、农业高效清洁生产技术

（一）定义

简言之，农业清洁生产技术，是应用于农业进行清洁生产的技术。

农业高效清洁生产技术，是指应用于农业的清洁生产过程的技术、清洁农产品的设计及清洁农产品服务时的一类具有高效率、高效益的技术。

（二）特征

除去相对清洁、不完美、动态的三个特征之外，农业高效清洁生产技术还具有以下“三高”的特点。

1. 高效率

对于自然资源的利用更节省，或转化效率更高。

2. 高效益

产生的废弃物更少，生态环境得到更有效的保护，因而生态效益更高；它的应用，可能会获得较高的经济效益。或者，经济效益虽然欠佳，但对整体获得更高的经济效益做出较大的贡献。总之，会有较高的综合效益。

3. 科技含量高

农业清洁生产技术在以高效为目标进行研发时，或者诸多单项技术在综合集成时，创新难度往往较大，因而其科技含量必然较高。

三、北京农业高效清洁生产技术体系

（一）定义

支撑北京农业在产业化经营中实行高效清洁生产，自然科学与社会人文科学等诸多学科相互交叉、融合，传统技术、常规技术、实用技术、高新技术与生态工程技术相结合，呈立体、有序网状结构的技术集群，便是北京农业高效清洁生产技术体系。

（二）内涵与主要特征

1. 涉及的学科领域极广

北京农业高效清洁生产技术体系，既涉及植物学、动物学、农学、生理学、生态学、卫生学等生命科学以及物理学、化学、机械工程学、气候学、系统论等自然科学，也涉及市场学、经济学、伦理学等人文社会科学，并将自然科学与社会科学相互交叉、融合。因而，其涉及的科学领域极为广泛。

2. 组成多元，追求整体最优

该体系将传统技术、常规技术、实用技术、高新技术与生态工程技术有机结合。只要能使区域农业实行高效清洁生产，整体上获得经济、生态、社会三效益统一、协调、最佳，它不排斥任何一类技术，也不拒绝某些性状暂有缺陷但可补救的技术。

3. 技术链完整，能够支持产业的可持续发展

它按产前、产中、产后整个产业链建设的需要，设计、构建其技术链（系列），使产业链的每一个环（工序）都有相对应的配套技术。因此，可以有效地支撑产业的高效清洁生产，从而实现可持续发展。

4. 具有立体、有序的网状结构

北京农业的结构多元化，产业之间要按循环经济和清洁生产的理念相互衔接，形成立体、有序的网状结构。对北京农业实行高效清洁生产，能够起到有效、有力支撑作用的技术体系，必然要在产业之间的接口处有相应的接口工程技术，起到保障其正常运转的作用。因此，北京农业高效清洁生产技术体系必定具有立体、有序的网状结构。

5. 具有柔性

依据北京农业的持续发展需要，各个产业的链条当中每一个环节（工序），尤其是产业内部之间以及产业之间的接口处，都对应有若干项具体的技术，以便当技术进步、市场与发展环境发生变化时，若原有技术不适应了，就由其他同类技术予以替代。从而，以技术体系的柔性，确保北京农业及其产业发展的应变能力。

6. 动态

正如前面"农业清洁生产技术"一节关于其特点的表述，任何一项技术都有其生命周期。在北京农业高效清洁生产技术体系中，必须有大量的各种性状都较好的、正在广泛应用的成熟技术，同时也有一批有缺陷、尚待改进的高新技术，还有一批即将退出的老化、陈旧技术或不适应的技术。这三种类型的技术，在技术不断创新与进步的过程中，新陈代谢、推陈出新。因此，北京农业高效清洁生产技术体系是动态的，不断有新技术的加入、推广，陈旧或不适应的技术陆续退出。

四、北京农业高效清洁生产技术体系的架构

北京农业高效清洁生产技术体系的架构，从不同视角可划分出具有不同特点的架构。本项研究，从产业类型、产业链构成、重点技术领域三个角度，提出了各自的技术体系架构。

（一）按产业类型划分

农业按生产类型划分，有进行植物性生产的种植业，进行动物性生产的

养殖业，动、植物复合生产的立体农业，以及农业与第三产业旅游业融合的休闲农业。此四种产业都相应有自己的技术系列。其架构如图 1 所示。

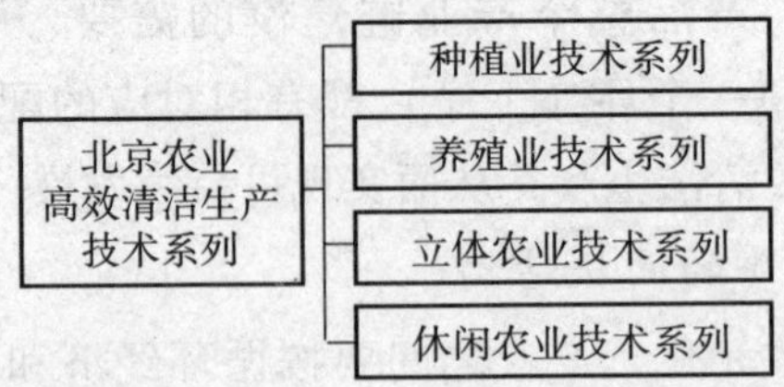

图 1　北京农业高效清洁生产技术体系的架构（按产业类型划分）

（二）按产业链构成划分

按产业链构成划分，可分为产前、产中与产后三个环节。它们都有各自相应的技术系列，即产前技术系列、产中技术系列、产后技术系列。其架构如图 2 所示。

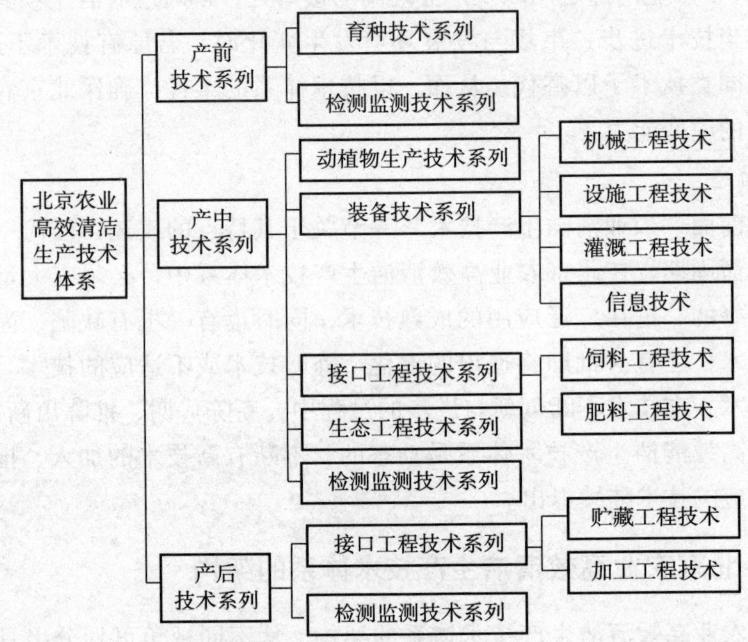

图 2　北京农业高效清洁生产技术体系的架构（按产业链构成划分）

（三）按重点技术领域划分

根据都市型现代农业建设的技术需求，北京农业高效清洁生产技术体系按重点技术领域划分，则有育种技术、动植物生产技术、装备技术、接口工程技术、生态工程技术和检测监测技术六大系列。其架构如图3所示。

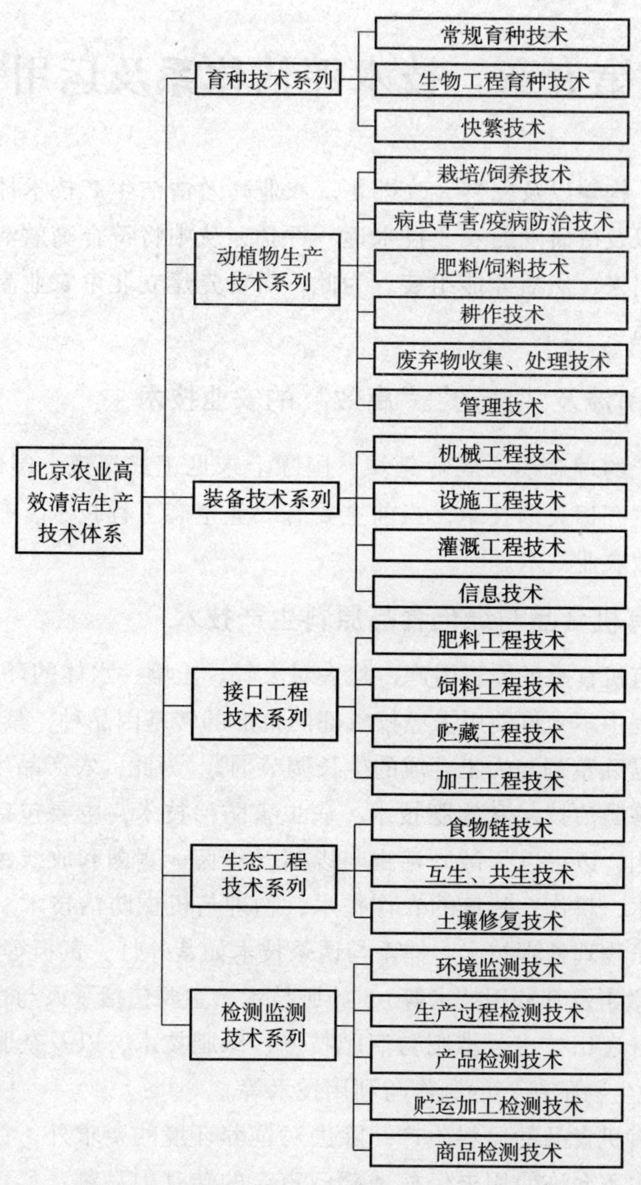

图3　北京农业高效清洁生产技术体系的架构（按重点技术领域划分）

第五章 技术评估体系及运用

在设计、构建以及完善、改进北京农业高效清洁生产技术体系时，必须先对现有的以及待研发的农业技术逐一评估，从中将符合高效清洁生产要求的技术筛选出来，然后才能组装。为此，需首先建立北京农业高效清洁生产技术评估体系。

一、当前涉及“清洁”“高效”的农业技术

清洁生产的理念引入农业领域，国际上未见正式报道，国内正在探索。与农业清洁生产相关的技术，当前主要有农业生态工程技术、有机农业技术以及持续高效农业技术。

（一）有机食品与绿色食品原料生产技术

植物性有机食品的原料生产，除去对大气、土壤、水体的环境要求之外，在其生产过程中不允许使用未经权威部门批准的转基因品种，禁止使用化肥、化学农药（含除草剂与人工合成的生长调节剂）。为此，农产品生产技术中常用的是病虫害防治技术和施肥技术。病虫害防治技术，主要包括了抗性品种的选育与利用，以虫（天敌）治虫与以菌（细菌、真菌和放线菌等）治虫的生物防治技术，耕作、栽培的农作技术，物理与机械防治技术（隔离技术如防虫网、种子物理处理技术、捕杀与诱杀技术如紫外灯、黄板等），以及化学技术（性外激素及其利用技术等）。施肥技术，主要包括了人与畜禽粪便的处理技术、秸秆还田技术、堆肥与沤肥技术、绿肥技术，以及杂肥与生物肥料（包括各种微生物肥料）的制作与利用技术等。

动物性有机食品的原料生产，除去对饲养环境的要求外，在动物产品的生产过程中也不允许使用未经权威部门审定的转基因品种；禁止使用化学合成添加剂、激素和抗生素、生长调节剂，以及工业合成的氨基酸与维生素；其饲料在种植生产中不能施用一切人工合成的肥料与农药；而且，对圈舍也有严格要求，不得使用塑料覆盖物，食槽和饮水系统亦不得使用塑料制品。

而绿色食品，尤其是A级绿色食品的标准由于低于有机食品的要求，故

其原料生产的技术要求不像有机食品原料生产技术那样严格。总体上说，它们常采用的技术主要是选用抗性强的优良品种，培育壮苗；植物保护上，以防为主、防治结合，预防时以生防为主，必要时配合施用少量高效、低毒、低残留的化学农药；施肥时，以有机肥为主，少施或不施化学肥料，化肥则以包膜缓释肥为主，以不产生有害的环境效应为准则。

（二）持续高效农业技术

可持续农业是在生态农业的基础上发展起来的，有机农业是其重要组成部分。实际上，可持续农业技术是将常规农业技术与农业生态工程技术、有机农业技术三者相结合。

可持续农业技术是对农业发挥多种功能的集成和应用。在我国，目前应用比较广泛可持续农业技术有：（1）作物多样化。种植多种作物可以帮助农民降低灾害性天气的影响、降低市场风险和作物病虫的侵袭。作物及其他植物种类的多样化，如树木、灌木丛等，还可以保持水土、创造野生动物的栖息地以及增加益鸟、益虫的数量等。（2）填闲作物。当谷物或蔬菜收获以后，在农田种植诸如黑麦草、苜蓿、豌豆等作物，可以控制杂草生长，减少土壤侵蚀，提高土壤养分含量，改善土壤物理性状。（3）多种作物轮作。有助于控制杂草和病虫害，提供植物养分，减少水土流失和降低水质污染的风险。（4）害虫综合治理（IPM）。这是将生物、种植、物理和化学手段结合应用的一种害虫治理措施，它以最小的经济成本实现人类健康和环境安全。（5）养分管理。对作物氮素及其他养分的合理管理，可以改善土壤肥力，防止肥料流失造成的水体污染，还可通过利用农场内的养分资源（有机肥和豆科作物），减少购买化肥的成本。（6）水土保持。许多水土保持措施，如修建梯田、带状耕作、少耕、免耕等，可以减少风蚀和水蚀导致的土壤流失。

北京农业、其他大城市郊区农业以及我国东部经济较发达地区的农业，不但要求资源与环境的可持续，而且要求经济上的可持续。于是，持续与高效，是其农业的基本特征之一。因而，便引进、研发并示范、推广符合这一特征要求的相应的农业技术。例如，既要满足节水、节肥、节能要求又要高效的滴、渗灌工程及结合施肥、施药技术，无土（基质或水培）栽培技术，节能日光温室与智能温室为代表的农业设施工程技术及工厂化生产技术，3S（GIS、RS、GPS）精准农业技术；在动物生产上，采用动物精准营养配方技术，无抗健康肉生产技术，中草药饲料添加剂技术，猪粪人工拣拾技术等。这些技术，大多数都已在生产中广泛应用，属于成熟技术；还有一些尚待改进、提高。

上述有机食品、绿色食品、安全无公害食品生产技术，以及持续高效农业技术，在创建农业清洁生产技术体系时，它们中的大多数经筛选后都可以当作“部件”来组装。然而，正如前面所分析的“技术不完整，整合性差”的不足，就农业清洁生产而言，它们至多也仅是散落在各地的“部件”，尚未形成产前、产中、产后完整产业链（育种—生产—贮藏（保鲜）—加工—运销）协调、高效的技术系列；按农业清洁生产要求，还缺乏一批与人和环境友好型的待研发的技术，即构建农业清洁生产技术体系还缺少一批合格的“部件”。

二、技术评估指标体系

（一）评估指标体系的构成

北京农业高效清洁生产技术评估指标体系，在设计的指导思想上，需遵循科学性、地域性与通用性、时效性、实用性和可操作性的原则。因此，该体系应尽可能简明，抓住要点，基本反映全貌。

这样，该技术评估指标体系由三个层次构成。一级指标六个，分别是经济性、生态性、适用性、复杂性、协调性和安全性。其中，仅生态性指标下设了二级指标，即环境污染与生物资源；这2个二级指标，又分别下设了2~3个三级指标。详见表2。末级指标共10项。

表2　北京农业高效清洁生产技术评估体系的构成

一级指标			二级指标		三级指标		
序号	项目	权重	项目	权重	项目	权重	绝对权重
1	经济性	0.25					0.250
2	生态性	0.30	环境污染	0.70	产品污染	0.50	0.105
					水、气、土污染	0.40	0.084
					生物污染	0.10	0.021
			生物资源	0.30	生物多样性	0.20	0.018
					资源二次、多次利用	0.80	0.072
3	适用性	0.15					0.150
4	复杂性	0.15					0.150
5	协调性	0.10					0.100
6	安全性	0.05					0.050

（二）指标的界定

1. 经济性

经济效益，是衡量技术生命力的重要尺度。

不同类型的技术，其经济效益的表现方式不同，故评估时选用不同的标准。

（1）栽培/饲养等管理类技术　采用经济产投比。

（2）工程类技术　采用投资回收期。

（3）机械、信息类技术　采用效率。

评估时，按不同类型的技术，选择相应的标准。

2. 生态性

生态功能，是北京农业的重要功能之一。

清洁生产，是保障生态功能发挥的重要途径。然而，技术是一把“双刃剑”。它既能造福于人类，推动社会进步；同时，也可能会对环境与资源造成损害。

（1）环境污染

农业技术的实施，可能会在三个方面对环境同时或分别造成污染。故，其下设了3个三级指标。

①产品安全　指所获得的产品之安全程度，它既包括了农业初级产品，也包括了加工产品。

②大气、水体（地上、地下水）、土壤污染　该项指标包含二次污染。

③生物污染　主要指外来物种的入侵，以及基因污染。

（2）生物资源

技术对自然资源的影响，从清洁生产的内涵出发，评估时更关注于对生物资源的影响。其下设了2个三级指标。

①对生物多样性的影响。

②生物资源的二次或多次利用。

3. 适用性

给定技术应用时，可适用的地理空间范围之大小（地域性）。

4. 复杂性

给定技术在推广时，生产者掌握、操作的难易程度（可操作性）。

5. 协调性

在技术链设计时，给定技术同其上游技术及下游技术的和谐程度（整合性）。

6. 安全性

给定技术在实施过程中，是否会威胁到操作者及相关人员的健康，包括是否容易导致职业病。

（三）指标的权重

通过座谈与走访有关专家，一致认为在6项一级指标中，技术的生态性最重要，其次是经济性；然后，依次为适用性与复杂性、协调性、安全性。在生态性指标中，现阶段环境保育较生物资源保护更重要；污染类型中，产品的安全性当前最为突出，其次是气、水、土的污染；生物资源中，多次重复利用较多样性的维护更重要。

依此，课题组将各级指标的权重进行了分配。如表1所示。

（四）评估方法

1. 量化

除经济性指标外，其余5项指标均用等级法量化。全部10项末级指标均划分成7个等级。量化时，最佳者分值最高，为6分；最差者分值最低，为0；其余依次为5至1分。总体原则见表3。

表3　评判等级的量化分值

正效应	甚佳	佳	较好	中	较差	差	甚差
负效应	最弱	弱	较弱	中	较强	强	甚强
评分	6	5	4	3	2	1	0

评分时，只确定整数，不设小数点。下同。

生态性、适用性、复杂性、协调性和安全性的具体评判标准，请分别见表4～表12。

表4　产品及环境污染的评判标准

标准	可达到欧盟有机食品认证标准	可达到国家有机食品或绿色AA标准	可达到绿色A级标准	可达到安全生产认证标准	可导致个别指标略有超标	有一定污染	有污染
评分	6	5	4	3	2	1	0

表5　投入品对环境污染的评价标准

标准	无污染	有污染，但甚小	污染小，自然条件下降解快	污染小，自然条件可降解	有污染，但有补救措施	污染较重，自然条件下可降解	污染重，自然条件下降解甚慢
评分	6	5	4	3	2	1	0

表6 生物污染的评判标准

标准	无风险	风险小	有一定风险	难定论	有较大风险	风险大	已造成污染
评分	6	5	4	3	2	1	0

表7 对生物多样性影响的评判标准

标准	无影响	影响小	影响不大	难定论	有一定影响	影响较大	影响大
评分	6	5	4	3	2	1	0

表8 资源利用的评判标准

标准	可多次、反复利用	易再次利用	可再次利用	节耗≥15%	节耗5%~15%	节耗<5%	高耗
评分	6	5	4	3	2	1	0

表9 适用性评判标准

适用地域范围	全国	长江以北	华北	北京	北京平原	北京山区	区、县
评分	6	5	4	3	2	1	0

表10 复杂性评判标准

可操作性	很强	强	较强	一般	较差	差	很差
掌握难易程度	很易	易	较易	一般	较难	难	很难
评分	6	5	4	3	2	1	0

表11 协调性评判标准

对配套技术的要求	任意	无特殊要求	选择性不强	有选择	选择性强	专一	排斥现有技术
评分	6	5	4	3	2	1	0

表12 安全性评判标准

对人身的伤害	无	基本无影响	要求有防护设备	对防护设备的要求较高	易致职业病或累积中毒	会危害健康	可能危及生命
评分	6	5	4	3	2	1	0

2. 衡量经济性指标的等级划分（见表13）

表13　经济性评判等级的量化

评判等级	甚佳	佳	较好	中	较差	差	甚差
经济产投比	>2.8	2.41~2.80	2.01~2.40	1.81~2.0	1.41~1.80	1.01~1.40	≤1.00
投资回收期（年）	≤3.0	3.1~4.5	4.6~6.0	6.1~7.5	7.6~9.0	9.1~10.5	>10.5或无盈利
效率（提高倍数）	>10.0	7.6~10.0	5.6~7.5	4.5~5.5	2.1~4.4	0.5~2.0	<0.5

3. 指数计算

$$\rho = \sum_{i=1}^{6} f_i \times Q_i$$

ρ——指数　f——评判指标　Q——绝对权重　i——一级指标

其中，生态性指标（f_2）

$$f_2 = \sum_{m=1,n=1}^{m=2,n=3} f_{m,n} \times Q_{m,n}$$

m——二级指标，n——三级指标

第六章　技术体系的组成与结构

一、组成

北京农业高效清洁生产技术体系的组成，按技术领域划分，重点有以下六个技术系列——动植物育种技术系列、动植物生产技术系列、装备技术系列、接口工程技术系列、检测监测技术系列和生态工程技术系列。每个技术系列（重点技术领域）的内涵，分别表述如下。

（一）动植物育种技术系列

动植物新品种选育的目标，通常集中在“高产、超高产，营养、商品、加工品质佳，抗病虫害、耐旱、耐瘠薄、耐盐碱、耐低温寡照等抗逆性，耐贮运，节耗、高效（高转化率）”。对于休闲农业而言，它更强调“乡土特色、鲜食风味、观赏、养生、宠物、竞赛与争斗”。

该技术系列，按技术链划分，由上、中、下游三个环节组成。

1. 上游——种质资源保存与创新技术

2. 中游——新品种选育技术

（1）常规育种技术

①雄性不育技术。

②无性、有性杂交（含远缘杂交）技术。

（2）太空育种技术

（3）细胞工程

①单倍体与多倍体技术。

②体细胞克隆技术。

（4）分子技术

①转基因等基因工程技术。

②分子标记技术。

③DNA 指纹技术。

④生物芯片技术。

3. 下游——快繁技术

(1) 细胞技术

①克隆技术。

②胚胎分割技术。

③人工授精技术。

(2) 组织技术

①组织培养技术。

②胚胎移植技术。

(3) 种子繁殖技术（南繁加代技术）

(4) 种苗生产技术

①工厂化育苗技术。

②智能机器人嫁接技术。

③根、茎压条与扦插技术。

(二) 动植物生产技术系列

本技术系列的技术选择原则，一要满足清洁生产的要求，二要符合集约、高效的要求；为了简明、突出重点，常规技术予以省略。

1. 栽培/饲养技术

(1) 种子包衣技术。

(2) 水肥耦合技术。

(3) 农艺节水技术，如非充分灌溉技术。

(4) 设施栽培技术，包括无土栽培技术。

(5) 蜂授粉技术。

(6) 动物精准营养技术。

2. 病虫草害/疫病防治技术

(1) 重大生物灾害/疫病监测与预警技术。

(2) 物理防治技术，如杀虫灯、防虫网、防鸟网、黄板以及紫外灭菌灯等。

(3) 化学防治技术，如高效、低毒、低残留化学农药，昆虫激素（性诱剂）以及消毒池等。

(4) 生物防治技术，如天敌繁殖与释放技术，生物农药（中草药、微生物等）；多联疫苗，兽药等。

(5) 农艺技术，如槽式栽培，嫁接，轮作、倒茬、间作等。

3. 肥料/饲料技术

（1）环境友好型肥料，如缓控释化肥、有机肥、菌肥等及其施用技术。

（2）测土配方施肥技术。

（3）饲料添加剂，如中草药（营养促进、保健、催乳、驱虫、防霉、抗氧化、着色、调味等），微生物等。

（4）青贮、微贮技术。

4. 耕作技术

（1）保护性耕作技术，如免、少耕，秸秆覆盖，果园生草覆盖。

（2）混、间、套作技术。

5. 管理技术

（1）多目标决策技术，如结构调整与优化技术。

（2）（畜禽）环境承载力分析与测算。

（3）农业旅游环境容量分析与测算。

6. 农业废弃物收集与处理技术

（1）规模猪场干拣粪技术。

（2）其他技术见“接口工程技术系列”。

（三）装备技术系列

本技术系列不包括农业生产的常规装备，如耕、耙、播、中耕除草、植保、喷灌、收获等作业机械，连栋温室、日光温室、大中小棚等保护地设施，干、支、斗、农、毛渠等排灌工程；仅列入与“高效”“清洁”生产有关的装备与技术。

1. 机械工程技术

（1）高效植保机械与技术，如低量喷雾技术、雾滴防飘移技术、对靶喷雾技术、生物农药雾化技术等。

（2）免耕覆盖播/收复合作业机械。

（3）有机肥制作及施用技术。

2. 设施工程技术

（1）多功能日光温室设计，集生产（采光、透光、防灼）、节能（保温、蓄热、热交换）、节水（集雨）、旅游休闲等多功能于一体。

（2）新材料，如光生态膜、无滴防雾膜、温室保温材料等。

（3）温室环境智能自动化控制技术，如数据采集、传感技术等。

3. 灌溉工程技术

（1）渠系防渗工程技术。

（2）田间节水工程技术，如微喷、滴灌（含膜下滴灌）、渗灌、小管出流等。

（3）新材料，如渗水地膜。

（4）三水联调技术，如地表水、地下水、降水联合优化调配。

4. 农业信息技术

（1）3S 技术。地理信息系统（气候、土地利用、土壤养分等），遥感技术（水分、产量、品质、灾害、污染等），全球卫星定位系统。

（2）网络、平台技术。

（3）专家智能决策系统。

5. 产后装备部分，见“接口工程技术系列”

（四）接口工程技术系列

本技术系列，主要侧重于资源的循环利用及废弃物减排。

1. 肥料工程技术

（1）规模畜禽饲养场的粪便收集工程技术。

（2）粪便、秸秆等有机肥制作工程技术，如堆肥、沤肥。

（3）工厂化周年生产沼气发酵工程技术。

（4）微生物肥料（菌肥）制作工程技术。

（5）缓控释化肥的配方与制造工程技术。

2. 饲料工程技术

（1）非常规饲料制作工程技术，如秸秆揉搓机，秸秆氨化处理工程技术（反刍动物），鸡粪微波处理工程技术（反刍动物），酒糟饲料加工技术，屠宰下脚料饲料化利用技术等。

（2）复合营养舔块制作工程技术。

3. 贮藏工程技术

（1）辐照保鲜技术，如 60Co，137Cs 的运用。

（2）复膜法。虫胶、生物蜡质、植物脂类、明胶、变性淀粉等成膜剂的选择与运用。

（3）天然保鲜剂的选择与运用技术，如溶菌酶、壳聚糖等。

（4）冷链系统技术。从采收/屠宰起，经分级/分割—包装—冷藏（冻）—贮运，直至货架，从而形成完整的物流冷链。

4. 加工工程技术

（1）净菜加工技术。

（2）超高压技术。果酱、鱼肉、猪肉的加工处理。

（3）副产品综合利用技术。

①血浆——提取或制作血粉、球蛋白、人工出乳、食品配料等。

②脏器——制作动物蛋白饲料，提取多种酶制剂（凝血酶、SOD、胰酶、胰蛋白酶、溶菌酶等）。

③骨——制作明胶、骨粉。

④羽、毛——水解制取氨基酸。

⑤皮——制作皮革、皮胶、阿胶（驴）。

⑥虾、蟹、贝壳——提取壳聚糖。

⑦秸秆——利用生物质能。

⑧废弃菌棒——制作饲料、肥料。

⑨干果壳——制作活性炭。

⑩工艺品制作——麦秸画、豆画，草垫，多种包。

（4）深加工技术　变性淀粉制取、中草药制药、活性成分提取。

（五）检测监测技术系列

此技术系列的发展目标，一是随着人类认识的扩展与深入，检测监测的范围不断扩大；二是要求更精准、更简捷，且尽可能做到检测品（尤其产品与商品）无损伤。

1. 生产环境监测技术

（1）土壤污染监测。重点是Hg、Cd、Pb、Cu等重金属、有机氯、二噁英等环境激素。

（2）水体质量监测。重点是Hg、Cd、Pb、Cu等重金属，N（NH＋+4、NO－2、NO－3），有机氯，酚类，以及COD、BOD等。

（3）大气质量监测。重点是SO_2、NO_x、CO_2与CH_4等温室气体，以及可悬浮颗粒物。

2. 生产过程检测技术

（1）原料检测。

（2）投入品检测，如种子、肥料、饲料、农/兽药、添加剂、疫苗及水等。

（3）工艺检测。

3. 产品检测技术

（1）农药残留检测。

（2）违禁药物与添加剂检测。

（3）重金属检测。

（4）硝酸盐检测。

（5）其他有害物检测。

4. 产后检测技术

（1）贮藏环节检测。

（2）运输环节检测。

（3）加工环节检测。

5. 商品检测技术

（六）生态工程技术系列

前五个技术系列中，凡已涉及的技术，为避免重复，本技术系列均予以省略。此外，与“清洁”关系不密切的乡村景观设计与维护技术，也未予以列入。

1. 食物链设计与组装技术

天然大水面（湖泊、水库等）生物操纵技术。通过调整鱼类群落结构，控制水体富养化，改善水质。

2. 互生、共生技术

（1）林（果）菌间作技术。

（2）林（果）禽散养技术。

（3）稻田养蟹技术。

3. 土壤修复技术

（1）废弃坑塘复垦技术。

（2）退化土壤健康度恢复技术，如盐碱地治理，重金属固定与吸附、富集等。

二、结构

本研究报告从产业、产业链、重点技术领域的三个不同视角，得出了具有各自特点的三种高效清洁生产技术体系的基本框架。

然而，北京农业是一个复杂巨系统。其组成的各个产业之间、产业链的诸多环节之间，是紧密联系的有机整体。因此，支撑北京农业实施安全生产、发展循环农业的高效清洁生产技术体系，其组成的各个单元也不是孤立的；各个技术系列之间、组成各技术系列的诸项技术之间，也是紧密联系的，在一定程度上可相互替代。因而，它是一个完整、协调、有序、具有柔性的立体网状结构。如图 4 所示。

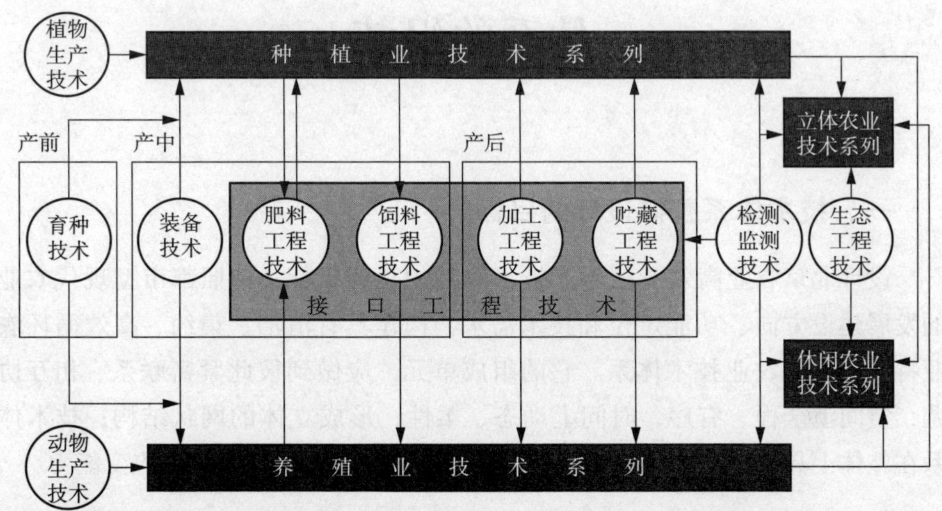

图 4 都市型现代农业高效清洁生产技术体系的结构

三、说明

从北京农业高效清洁生产技术体系的组成与结构可以看出，它是由诸多产业高效清洁生产技术系列综合集成的。因此，实际上，它就相当于北京循环农业技术体系。

第七章　北京农业高效清洁生产技术体系的组装

一、技术体系整体设计的目标

设计北京农业高效清洁生产技术体系的总体目标，依照都市型现代农业的发展建设方向、功能定位和技术需求，构建具有清洁、集约、高效循环农业特征的北京农业技术体系。它的组成单元，应做到彼此紧密联系、相互协调，空间上全程、有序，时间上动态、柔性，形成立体的网状结构；技术体系在整体上具有先进性、科学性、可操作性、生态与经济融合和应变能力。

二、技术体系设计与构建的原则

高效清洁生产技术体系，在设计、构建过程中，应遵循以下四项原则。

（一）全程性

应按产前、产中、产后的完整产业链条，构建北京农业重点产业的全程性技术系列。即，重点产业产业链中的每一个环节（工序），都应有对应的清洁生产技术或替代技术。

（二）实用性

农业清洁生产技术是动态的。随着社会、经济、科技的进步，它在不断丰富、更新和发展。因此，在组装高效清洁生产技术系列和体系时，必须将传统技术、适用技术、常规技术和先进技术相结合，方能保证技术体系的实用性。换言之，不刻意追求产业链每一个环节（工序）都应用清洁生产技术，但重点和关键环节（工序）必须采用。

（三）入选技术的综合性最佳

组装技术系列时，切不可盲目追求入选技术的高、新。拟选的技术，必须是经生产实践检验是成熟或较为成熟的技术，而且综合性最佳。即，它必须按技术评估体系所列的经济性、生态性、适用性、复杂性、协调性、安全性均良好；或者，上述六项指标中有若干项很突出，少数不足的指标在实施时有可行的补救措施。

例如，工厂化沼气发酵工程技术，其生态性状极佳，多数性状亦良好，仅经济效益极差。不但一次性投资高，而且运行成本亦高，几无盈利。对于这类外部性很强的技术，如果在工程建设期和运行期均有补贴，却是一项可行的先进、优良技术。

（四）技术体系及其系列应是动态的，具有柔性

技术体系及其系列在设计时，对应产业链中的每一个环节（工序），不宜只有一项技术，而应有若干项技术。因为，一切技术均是有生命的，都有婴儿期、青年期、壮年期和衰老期，直至死亡（退出）。技术一旦老化，便会被淘汰；或者市场变化，或者应用环境发生变化，使之不再适用。而一些高、新技术，今天可能显得过于超前；一段时间之后，随着社会、经济、科技的进步，有可能具有可行性。

因此，产业链的每一个环节（工序），若都对应若干项技术，那么这个产业技术系列以及由它们构成的技术体系，就具有柔性和较强的应变能力。

三、组装的方法与步骤

为了明晰与醒目，北京农业高效清洁生产技术体系的组装方法与步骤，以框图形式表示，如图5所示。

第一步，确定技术需求。

农业技术十分丰富，但针对区域农业而言，只能收集并从中筛选与本地农业产业结构相关的技术，不相关的技术不予考虑。目的是减少工作量，避免无效劳动。

首先，找出本地农业的重点产业。其次，分析各产业的产业链组成与结构；按产前、产中、产后顺序，确定组成产业链的各个环节（工序、工艺）。最后，确定各个环节（工序）所需要的技术，尤其是符合清洁生产要求的技术。

第二步，从现有技术中，筛选所需的多项技术。

首先，在现有的技术库中（包括传统技术、常规技术、实用技术和高新技术），收集本地重点产业所需的技术；其次，运用高效清洁生产技术评估体系，对所收集的各项技术进行评估，从中筛选出符合要求的多项技术。

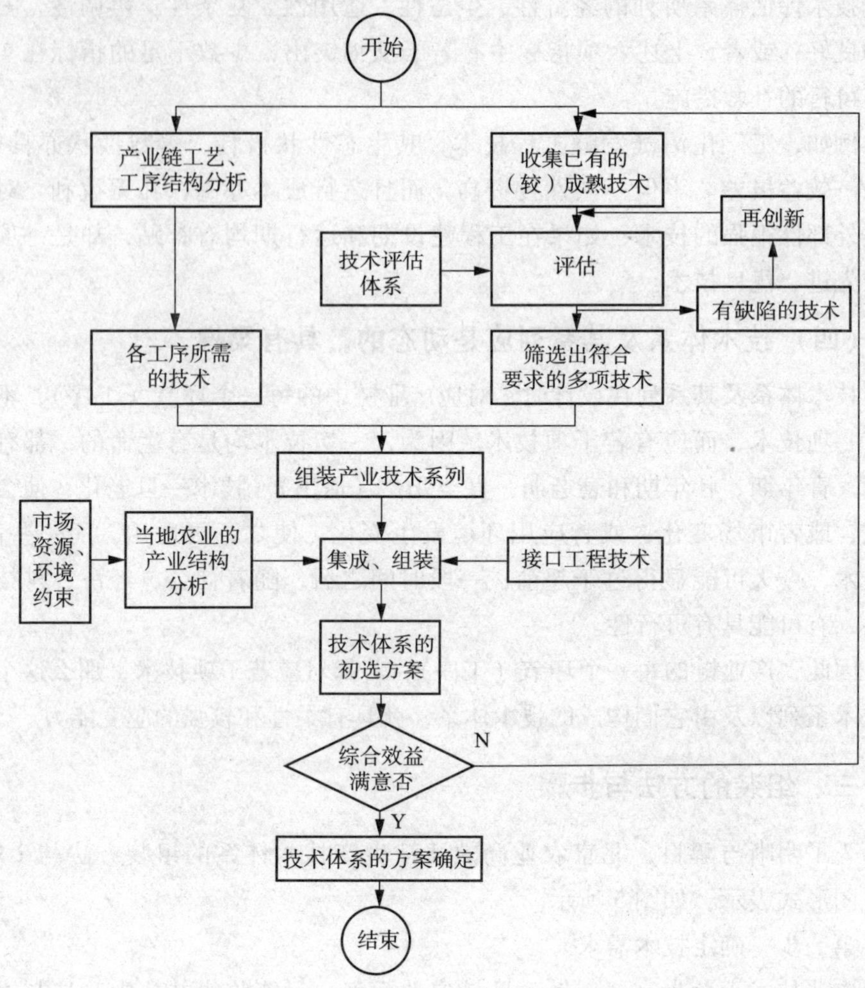

图 5　北京农业高效清洁生产技术体系的组装方法与步骤

本项研究对诸多现有的农业技术，运用高效清洁生产技术评估体系进行了测算、评估。其中值得关注、讨论的具有代表性的典型农业技术，有 14 项（结果见表 14）。

表 14　一些代表性技术的评估结果

技术	作物良种	缓控释化肥	N化肥	林菌结合	雨养农业	滴灌	果园生草覆盖
评分（指数）	5.06	4.70	4.04	4.30	4.02	4.08	4.03

续表

技术	作物良种	缓控释化肥	N化肥	林菌结合	雨养农业	滴灌	果园生草覆盖
技术	天敌利用	日光温室	连栋温室	四位一体温室	工厂化沼气工程	农户沼气池	资源管理信息化
评分（指数）	4.29	4.80	3.01	2.88	3.48	2.68	4.68

这14项农业技术中，评估等级（指数）最高的是作物良种（佳，5.06），较佳等级（4.0＜指数≤5.0）的有9项，中等等级（3.0＜指数≤4.0）的有2项，较差等级（2.0＜指数≤3.0）的亦有2项，分别是“四位一体温室”和“农户沼气池”。

值得一提的是N化肥。其评估指数为4.04，居较佳等级。这同当前的否定、排斥化肥的思潮相悖。但如果客观、全面、公正地进行分析：该项技术的经济性、适用的地域范围二指标，均为最高的“甚佳”等级；造成生物污染与使用时的人身安全二指标，为“佳”等级。施用N化肥会对产品造成一定污染，但适量施用，可用于生产“绿A”和无公害食品。欲科学地使用N化肥，必须测土并与P、K等肥料合理搭配，因而其产品污染与复杂性、协调性三指标，均居“中等”等级。在当今的科技水平下，不论N化肥使用多么合理，也会对环境造成一定的污染，因而处于“较差”等级；在资源重复利用上，则居最低等级。综合评估，此技术为“较佳”等级。为此，不必惧怕否定、排斥化肥的思潮，要大胆肯定化肥在农业演进、人类社会发展中的进步作用。任何科学技术都是“双刃剑”，既有正效应，也有负效应。化肥亦不例外。因此，可以理直气壮地说，科学、合理地使用化肥（尤其N化肥），是现代农业的标志之一。

依据上述研究与分析，在组装该技术体系进行技术选择时，似乎可以采取以下标准：

（1）评估等级在中等以下（指数＜3.0）的技术，不适宜在本地（北京）大面积推广应用，至少暂时不考虑入选。

（2）评估等级在中等等级（3.0＜指数≤4.0）的技术宜慎重考虑，应有相应的政策支持。

（3）评估等级在较佳或更高（指数＞4.0）的技术可以入选。评估指数最高的技术，可作为产业技术系列中的主导技术。

第三步，组装产业技术系列。

对每一个重点产业，按其结构与工艺流程，将所筛选出的技术组装成产业技术系列。组装时，应特别注意，每道工序都应对应有若干项技术：这些技术当中，最理想的为主技术，其余为替代技术，从而保证组装成的产业技术系列具有柔性。

第四步，提出本地高效清洁生产技术体系的初步方案。

将组装成的产业技术系列，运用接口工程技术加以综合集成，提出本地高效清洁生产技术体系的初步方案。

第五步，确定本地高效清洁生产技术体系。

根据本地的社会、经济发展水平及发展趋势，对技术体系初步方案的综合效益进行测算或量化评估，反复改进；从中筛选出最满意的方案，即本地农业高效清洁生产技术体系。

需指出的是，对收集到的现有技术进行评估时，未入选的技术（特别是关键技术），必定有某些缺陷或不足。如果通过再创新，对这些缺陷或不足加以改进，便仍有可能入选。这种评估后筛选下的“副产品”，便提出了技术研发的新课题。

参考文献

［1］李正方．论中国有机食品的开发［J］．农村生态环境，1996.（12）：12－16.

［2］刘连馥．部分国家有机食品的发展概况［J］．中国食物与营养，1999.（1）：20－24.

［3］李消治．新世纪新时尚：有机食品［J］．环境，1999.（12）：17－18.

［4］娄源功，等．中国A级和AA级绿色食品生产及其发展思路［J］．郑州粮食学院学报，1997，（3）：54－59.

［5］全国生态县建设领导小组办公室．中国生态农业［M］．北京：中国农业科技出版社，1996：223－224.

［6］刘浩元．浅谈畜禽有机食品［J］．汇西畜牧兽医杂志，1999，（2）：1－2.

［7］Broker-R. Prospects for ecological livestock farming-limit to ecological livestock farming［J］．Deutsche-Tieralliche-wWochenschrifi. 1998，105（8）：330－331.

［8］Nakqiima-K. Consumer behaviour and information on organic and hygiene［health］［J］．products. Medit，1999，10（2）：10－15，21 ref.

［9］Nakqiima-K. Recent problems related to organic farming and products［J］．Food-Policy-study，1998.（94）：6－63.

［10］国家经贸委关于实施清洁生产示范试点计划的通知［S］．中国——加拿大清洁生产合作项目（网），http：//www. Chinacp. com（以下11，12、13同）.

［11］国际社会推行清洁生产概况．

［12］工业污染治理所面临的问题，我国经济发展所面临的挑战．

［13］贯彻经济结构调整方针，促进技术创新，推进中国清洁生产工作．

［14］张哲，魏莉．关于大连市农业清洁生产的思考［J］．辽宁城乡环境科技，2000，20（5）：7－9.

［15］齐晓辉．对兵团农业清洁生产的思考［J］．新疆农垦经济，2002，（2）.

［16］章玲．关于农业清洁生产的思考［J］．中国农村经济，2001，

（2）：38－42.

［17］莫测辉．关于我国21世纪农业清洁生产的思考［J］．中国人口、资源与环境，2000，10（1）：42－45.

［18］吴天马．实施农业清洁生产势在必行［J］．环境导报，2000，（4）：1－4.

［19］杨秀媛，韩兰荣，等．浅谈农业清洁生产问题［J］．太原科技，2000，（1）：13－14.

［20］陈克亮，杨学春，等．农业清洁生产工程体系［J］．重庆环境科学，2001，23（6）：57－60.

［21］史蓉蓉，张秋根，等．推行农业清洁生产、促进农业可持续发展［J］．南昌航空工业学院学报，2001，3（4）：43－45.

［22］张秋根．试论农业清洁生产的理论基础［J］．自然生态保护，2002，2：31－32，33.

［23］郁建强．食用菌产业及其在实现我国农业清洁生产中的作用［J］．农业现代化研究，1999，20（6）：380－382.

［24］赵其国，周建民，等．江苏省农业清洁生产技术与管理体系的研究与试验示范［J］．土壤，2001，（6）：281－285.

［25］赵其国．重视农业"安全质量"，加强农业"清洁生产"［J］．土壤，2001，（5）：225－226.

［26］梅冰．中国专家对环境荷尔蒙的潜在威胁发出警示［N］．中国环境报（地球村周刊），2001－09－20.

［27］江苏省科学技术协会，等．江苏省农产品清洁生产创新研究与实施［M］．北京：中国科学技术出版社，2005.

［28］程序．中国农业与可持续发展［M］．北京：科学出版社，2007.

［29］翁伯琦，等．循环经济与现代农业［M］．北京：中国农业科学技术出版社，2006.

［30］文化，等．聚焦都市农业［M］．北京：中国经济出版社，2005.

［31］文化，等．农业接口工程［M］．北京：北京科学技术出版社，1996.

［32］Gary Wolff，P. E.，Ph. D. INVESTING IN CLEAN AGRICULTURE［J］. January 2005，Pacific Institute for Studies in Development，Environment，and Security.

专题Ⅳ

农业信息化的发展趋势

目　录

农业信息化的发展趋势

信息科学技术的广泛应用和深度渗透，将重塑世界社会经济发展新格局。至2050年，每一个产业都要接受信息化的洗礼和改造。但对于农业而言，难度远大于其他行业，因为农业是主要依靠自然资源、从事生命物质和非生命物质生产的产业，地域性、季节性、变异性很强，人文底蕴丰厚，可控性和稳定性很差。然而，正是由于这个非常复杂的系统，才更需要信息技术武装和支撑，实现农业信息化。用信息技术服务农业，用智能技术装备农业，用网络技术连接城乡，用数字技术建设新农村是我国未来农业发展的必然选择。

综观国际发展趋势，至2050年，农业信息技术和农业智能装备的需求，主要以农业信息快速精准获取、失真信息的甄别校正、信息通信、无线传感器网络、网络安全、电子标签、测控技术、农业专家系统、模拟系统、智能装备等技术为核心，对农业产前、产中、产后进行全面改造，实现农业的全程信息化、智能化、规模化和精准化。

一、农业信息化的定义、特点与分类

（一）农业信息化定义

中共中央办公厅、国务院办公厅2006年印发的《2006—2020年国家信息化发展战略》对信息化做了如下定义：信息化是充分利用信息技术，开发利用信息资源，促进信息交流和知识共享，提高经济增长质量，推动经济社会发展转型的历史进程。

农业信息化主要是培育、发展以计算机为主的智能化工具，使之应用于农业产前、产中、产后以及与二、三产业融合的各个过程，并形成新的生产力的历史过程。它是农业全过程的信息化，在农业领域全面地发展和应用现代信息技术，使之渗透到农业生产、消费、市场等各个环节，以加速对传统农业改造，大幅度地提高农业生产效率和农业生产力水平，确保产品安全，促进农业持续、稳定、高效发展的过程。

2010 年，农业部在《中国农业农村信息化发展报告（2009）》中首次提出农业农村信息化的概念，指出农业农村信息化是现代信息技术在农业生产经营、政务管理及农村信息服务中实现应用普及的程度和过程。

结合多年来我国农业农村信息化的实践经验，从体系化和系统化的角度考虑，农业农村信息化概念逐步演变为农村信息化的概念，并且具有狭义和广义之分。狭义的农业信息化与传统的农业生产相对，主要指农业生产、经营、管理及服务信息化，更多地侧重于信息技术指导和促进农业产业发展。广义的农业信息化则着眼于整个农村地区，包括农业生产经营，农村社会管理，如政务管理、医疗卫生、教育、文化等方方面面，充分反映信息化对农村整体发展的促进。因此，广义的农业信息化，即指通过加强农村广播电视网、电信网和计算机网等信息基础设施建设，充分开发和利用信息资源，构建信息服务体系，促进信息交流和知识共享，使现代信息技术在农业生产经营及农村社会管理与服务等各个方面实现普及应用的程度和过程。本专题重点指狭义的农业信息化。

（二）农业信息技术的主要特征

农业信息技术，是以通信技术和电子信息技术为基础的现代高新技术，可以有效消除农业发展约束，进一步优化农业资源要素配置，其不断的产业化过程既是国家高新技术发展的象征，也是国民经济现代化的重要体现。随着农业信息化政策环境进一步优化，现代信息技术改造传统农业必将成为持续提升农业综合生产能力、带动农业经济发展的先导力量。总体来看，农业信息技术产业具有“高投入、风险大、更新快、系统性强”等特征。

1. 农业信息技术开发投入高

由于当前农业信息化严重滞后、信息化水平地区差异性大、技术复杂性强、科研成果转化难度高等特点，不论是农业信息化基础设施建设，还是信息技术及其产品的研发、推广和应用，都需要稳定的政策保障、持续的高额资金以及强力的人力支撑等投入。

2. 农业信息技术具有高风险性

农业信息技术产业化过程，是研究、试用、应用推广、再创新等阶段的完整循环过程，其周期相对较长，技术上的研发费用高且技术研发的失败率也高。另外，农业信息化不同于国民经济其他部门的信息化，它受到很多自然因素、技术因素和市场因素的限制和影响，整个生产过程还具有明显的季节性；再考虑农业信息化这一重大工程本身实施比较迟，农业的公益性与弱质性，农村经济发展较城市发展落后，其地域特殊性和复杂性也很强，这就必然存在许多项目的经济可行性不高，产品研发失败率高、技术利用率低、应急能力脆弱和服务短效等高风险。

3. 农业信息技术产品生命周期短和工艺更新快

信息技术的高速发展，随之带来的软件、硬件和系统建设的更新速度越来越快。基于各地农村的生产特点和经济运作方式，面对农村巨大信息量需求和不同信息类型的需求，农业信息技术发展迅速，创新技术、组装改进技术、技术发明层出不穷，原有农业信息技术被后继技术竞相替代，因而所研发的产品、设备和工艺生命周期短，更新换代日新月异。

4. 农业信息技术产业综合性、系统性强

农业信息技术产业化是一个涉及多部门、多学科、多主体的综合性系统工程，也是一项知识高度密集的、大规模综合集成的系统工程。对信息技术的需求覆盖了农业生产和农民生活的全过程，农业信息资源的获取、开发以及利用都需要多种现代技术的协同和融合。而且农业信息技术产业还受政策、体制、人才、资金、软硬件环境和市场等多因素的驱动，只有这些因素之间相互协调、相互配合，才能保证农业信息技术产业的持续、健康发展。所以，农业信息化高新技术不断的产业化过程是技术层面、资金层面、政策层面、管理层面等多方面综合作用的结果。

（三）农业信息技术的应用特点

1. 信息技术广泛应用于农业生产和农村生活诸多领域

目前，欧美国家的农业信息技术已进入产业化发展阶段，部分国家农业信息化强度高于其他产业。这些国家通过利用信息技术，对农村资源开发和生态环境保育进行辅助决策，对气象灾害、生物灾害提供相关信息与预测，根据预测结果辅助决策等目标已得到实现，致力于为农民生产、生活提供全方位的服务。如美国利用全国作物品种资源信息管理系统，专门向农民提供育种技术服务；日本农民通过计算机网络能够便捷地获取耕作技术、良种、气象预报、市场价格等信息。

2. 大批公共数据库支撑农村信息化

世界各国正在加紧建设农业信息服务系统数据库，数据存储不断扩大、信息资源不断增加、网络资源实现共享。如美国国家海洋与大气管理局数据库（NO－AA）、地质调查局数据库（USGS）等数据库，英联邦农业局（CAB）等数据库，对世界农村科技信息高效共享具有重大推进作用。

3. 技术趋向集成化、专业化、市场化

发达国家在推进农村生产、管理、经济、文化、服务等农业信息化过程中，摆脱单一技术的束缚，加强对多项技术的综合化和集成化，如精准农业集成3S、人工智能、自动化控制等多项技术；同时开发研制出多项专业化的系统模型和技术，在农业生产管理、安全监控、流程追溯等领域得到专业化、市场化的应用，为农民对接市场发挥了重要作用。

4. 重视信息化高新技术在环境保护和农业可持续发展领域的应用

国外农业信息技术的应用正逐步向生态型发展，计算机数据模型、生产诊断决策系统及农作物病虫害预警预报等多项技术在研发应用过程中，注重考虑环境保护和可持续发展的需求。如精准农业技术，能够控制同一地块中不同位置所需施肥量和农药的施用量，以避免由于过多施用所造成的环境污染和经济浪费。

5. 物联网成为未来发展的热点

物联网又称为传感网，是继计算机、互联网与移动通信网之后的又一次信息产业浪潮。在发达国家，物联网技术发展较快，农业物联网应用已初具规模，将引领未来信息农业的飞跃发展。如美国加州的草莓生产商安装了作物管理物联网系统，可以实时追踪植物的生长状况；根据空气和土壤的状况，可自动触发相关行为，如灌溉、调节温度等。

（四）农业信息化产业的分类

综合上述对农业信息技术的定义以及农业信息化自身的特殊性与应用特点，将农业信息技术产业分为三个部分：农业信息化硬件产业、农业信息化软件产业、农业信息化服务产业。其内涵是采用先进的信息技术（云技术、物联网技术、遥感技术、通信技术、光电技术等）提高农业生产、经济、科技、文化、政治、社会、综合等多方面信息化水平，不断形成新的产业形态与产业模式，为农业现代化建设提供关键科技支撑（如图1所示）。

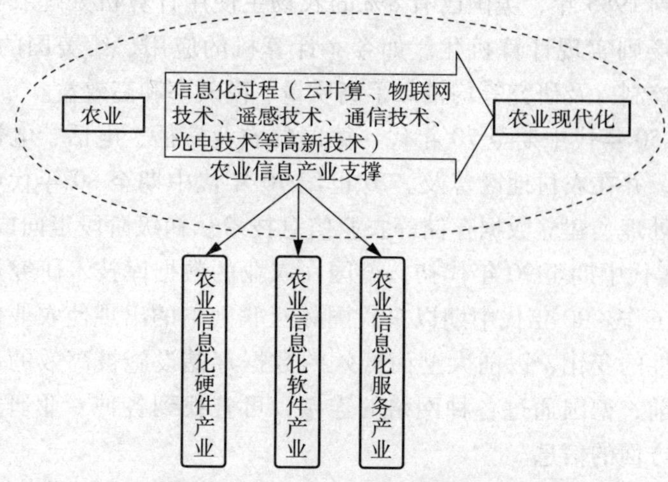

图1 农业信息技术产业分类示意图

二、国内外农业信息化发展现状分析

（一）国外农业信息化发展现状

1. 发达国家农业信息化发展历程

发达国家农业信息化的发展大致经历了 3 个阶段。第一阶段为 20 世纪 50—60年代，主要是以科学计算为主的农业计算机应用；第二阶段为 20 世纪 70—80 年代，主要开展数据处理、模拟模型研究和知识处理的研究；第三阶段为 20 世纪 90 年代以来新的发展时期，研究重点转向知识的处理、自动控制的开发以及网络技术的应用。随着信息技术的突破性进展，信息技术快速向农业渗透。

纵观世界农业信息化的发展历程，即便是发达国家之间也参差不齐，而且均有各自的发展重点与优势。美国是农业信息技术的领头羊，德国、日本等发达国家紧随其后。

美国自从 1844 年莫尔斯（S. F. B. Morse）发明电报起，此后随着图像传递技术的发明，无线电声像广播得到了迅猛发展，并在农村地区得到了普及，极大地推动了美国的农业信息化进程；1984 年苹果（Apple Macintosh）系列的推出，电子计算机的商业化经营和实用化推广，带动了美国农业数据库、计算机网络等方面的建设。1985 年，美国对世界上已发表的 428 个计算机化的农业数据库进行了编目。20 世纪 70 年代以来美国的计算机应用逐步推广到农场范围；到 1985 年，美国已有 8% 的农场主使用计算机处理农业生产，其中一些大农场则实现计算机化。如今，计算机的应用，给美国的农场管理、生产与过程控制以及研究等均带来了高质量、高效率和高效益。

20 世纪 50 年代中期至 70 年代，德国的农业广播、电话、电视等通信技术发展迅速，并在农村地区普及。20 世纪 70 年代中期至 80 年代中期，德国计算机数据处理、建立数据存储等农业信息技术从初级阶段走向成熟的阶段。20 世纪 80 年代中期至 90 年代初，德国在农业的数据库技术研究开发建设方面做了很多工作。90 年代中期以来，国际互联网络的出现使农业信息的传播发生了根本性的变化，以前大型而低效的数据存储设施被高效的计算机系统所取代。目前，德国通过各种网络的连接，可查找到各种专业研究、科技管理和经济等方面的信息。

日本农林水产省对农村地区的信息化建设，从 20 世纪 50 年代中期的农事广播（有线放送）的基础建设开始。60 年代后期，日本提出“GreenUtopia”的构想，顺应了当时新闻传媒的潮流，对农村信息化的发展起到了巨大的推动作用。到 80 年代末，由于各种信息技术的迅速普及和网络化的发展，农村信息化政策也不断地进行扩充，农村地区的信息化程度也进入快速发展阶段。90 年代初，建立了农业技术信息服务全国联机网络，即电信电话公司的实时管理系统（DRESS）。其大型电子计算机可收集、处理、储存和传递来自全国各地的农业技术信息。

目前，欧美等发达国家的信息技术应用已进入产业化发展阶段，各类信息技术和相关产品已经在农业生产和各类经营管理中得到广泛应用，力图实现农业信息的数字化、网络化、综合化和全程智能化。美国以其强大的经济和科技实力为后盾，几乎在农业信息技术的各个方面均引领世界潮流。各国农业信息技术的发展也都以美国的发展方向为参考，美国提出的新概念和新技术对世界各国产生巨大影响力。相对来说，加拿大的 3S 技术比较成熟；法国的农业信息技术起步比较晚，但由于其科技实力和国民素质，信息技术发展很快，特别体现在基础设施建设和虚拟农业研究上；德国的计算机自动控制技术应用相对广泛；日本应用计算机与移动通信相结合的特点更引人注目；韩国目前还侧重于管理信息系统和远程咨询系统的应用。

2. 国外农业信息产业现状

欧美等发达国家通过采取一系列战略措施促进农业信息化产业发展，极大地转变了传统农业生产粗放的作业方式，已经初步形成了农业信息化发展的技术体系，并实现了相关软硬件产品和信息服务的产业化拓展。

（1）农业信息化硬件产业

美国、荷兰、澳大利亚、法国、日本等发达国家在农业信息化硬件开发方面的研究水平处于世界前列，并已将现代信息技术成功地应用于农业生产、资源环境、社会服务的定量化管理与分析，取得了显著的经济效益和生态效益。

目前，美国农场的各个环节，已全面进入机械化、自动化、社会化的阶段。与此同时，美国的农机制造、科研部门正在探索把信息技术应用到拖拉机等农机具上，实现农机的无人驾驶、自动操作、自动监控等，使各种农业机械能更准确、迅速地实施各类作业，农业出现了向精准方向发展的趋势。

法国在农业生产中，信息和通信技术的应用程度很高。其主要是利用通信卫星技术对灾害性天气进行预报，对病虫害灾情进行测报；利用专家系统进行自动化施肥、灌溉、打药等田间管理；利用信息技术对土壤环境进行精确的数据分析，根据种植品种的具体需求，调节和改善种植环境。在农产品的生产、收获、贮藏和加工等各个环节实现了计算机全程实时监控。

德国农业信息化在计算机自动控制、计算机辅助决策、计算机模拟和模型技术、遥感技术、精准农业技术、农机管理自动化等方面都走在世界前列。

（2）农业信息化软件产业

世界各国普遍重视农业信息化软件产业。与此相关的信息网络、农业专家系统、农业系统模拟、农业决策支持系统等得到了大规模研发和应用推广。

美国以政府为主体，构建国家、地区、州三级农业信息网，同时构建庞大、完整、规范的农业信息网络体系，形成了完整、健全、规范的信息体系和信息制度。在此基础上，重点支持遥感信息获取及处理、宏观决策支持、农业商务和政务等相关信息技术的开发和应用。

德国作为欧洲信息化发展的成功典型，农业信息网络不断扩大，农业生产、科研、教学领域等相当多的操作可通过计算机来完成，农业信息技术正在普及并向农业全面信息化迈进。

日本因地制宜发展地域农业信息系统，支撑现代农业的发展。目前，日本地域农业信息系统主要有以下三种形式：以有线电视利用为中心的农业信息系统；以计算机通信利用为中心的地域信息系统；以多功能传真利用为中心的农业信息系统。同时，大力发展农产品电子商务，推动农产品流通方式的根本变革。日本农产品电子商务的形式多种多样，有利用大型综合网网上交易和综合性网上超市来销售农产品的，其借助于综合性网上交易平台的规模和品牌优势，促进农产品销售；也有专门从事农产品销售的农产品电子交易所和农产品网上商店等平台。

（3）农业信息化服务产业

随着现代信息技术在世界范围内的高速发展和普遍应用，农业信息化服务产业也逐步兴起。

各发达国家的农业网络信息服务有一个共同点，即各国均有自己完善的信息化服务体系，其中尤以美国、加拿大、法国突出。美国以国家为主体的信息化体系不仅规范、标准，而且合理适用，特别是制度的完善会大大提高工作效率，还能很好地把握信息技术的发展方向。加拿大和法国的信息化主体更加多元化，充分利用各种信息化传播渠道，为农民提供更好的信息服务。德国和日本的计算机普及率比较高，使得农户更方便快捷地获取信息。日本信息技术研发的重点是农业信息服务，确保农户获得及时、准确的市场信息是其主要特点。建立了农业技术信息服务全国联机网络，每个县都设有分中心，可迅速得到有关信息，并随时交换信息。农业信息服务主要由市场销售信息服务系统和“日本农协”两个系统组成。尤其乡镇级以及地方综合农协在信息通信设施建设方面发展迅速。凭借这两个系统提供及时、准确的市场信息，每一个农户都对国内市场乃至世界市场每种农产品的价格和生产数量可以有比较全面准确的了解，由此调整生产品种及产量。韩国的信息化体系还处于高速发展期，计算机的应用虽然还处于层次较低的管理信息系统，但比较适用本国国情，能切实提高其工作效率。

印度在农业信息化服务领域取得显著成果。信息技术传输渠道建设方面，开通中央政府农业部门之间的网络。80%农业研究委员会通过拨号实现了连接，其他通过卫星实现了连接。国家信息中心的网络与一个区级机构和一个地区的70个村庄实现了连接。借助中央—联邦政府—地区农业发展部和村民自治组织的行政运行体系，建立了21个农业信息中心，主要为贫困地区的农业与部落服务。信息服务的费用少，随时接收，没有时间限制。使得农民有很强的上网积极性。在数据库及网站建设方面，由国家农业研究委员会统管，将全国的研究机构和区域试验站、农业大学有机地组织起来，分工协作、各负其责、实行统一的软硬件和标准的录入格式，所建立的7个数据库实现全国资源快速传递和共建共享。一些农业网站已经开通并开始为用户提供服务。

（二）国内农业信息化发展现状

1. 我国农业信息化发展历程

信息化阶段理论是美国哈佛大学商学院科学家理查德·诺兰（Richard

Nolan）创立的，对信息化发展阶段划分最早、最著名的也是诺兰模型。根据诺兰阶段理论，我国农业信息化的发展历程主要可以划分为以下几个阶段：

（1）新中国成立初期至20世纪70年代——农业信息化萌芽阶段：此阶段国家农业信息服务模式是硬性和指令性的，服务对象是广大的农民，服务手段主要是简报、黑板报、喇叭、报纸以及广播电台。

（2）20世纪80年代——农业信息化起步阶段：农业多媒体技术开始应用，遥感技术引进并应用于农业，首开信息化农业的先河；"农业专家系统"作为国家科技攻关的专题进行研发，出台了农业信息化相关政策并制定了星火计划。

（3）20世纪90年代——农业信息化发育阶段：国家对农业信息化政策逐步推进，现代信息网络建设快速发展，农村信息化基础建设方面有了显著提高，现代信息技术的应用逐渐加强，信息资源的收集与开发利用也有所改善。

（4）21世纪以来——农业信息化快速发展阶段：政府充分意识到信息化对农业的重要性，加大了对农村信息化推进的政府支持力度，国家部委在农业信息化领域的重大工程推进了农业信息化的快速发展，农村信息化基础设施建设效果显著，"最后一公里"正在解决；农业信息化的学术成果显著，国际交流与合作日益增多。

新中国成立60多年来，尤其是20世纪90年代以来，"信息"一词渗入到"三农"的方方面面。农业信息化是解决"三农"问题的重要纽带，其对实现农业增效、农村发展和农民增收起到了不可替代的作用。中央一号文件连续9年锁定"三农"，但谈及农业信息化还是近几年的内容，即2007年推进农业科技创新，强化建设现代农业的科技支撑中提到"加强农村一体化的信息基础设施建设，创新服务模式，启动农村信息化示范工程"；2008年着力强化农业科技和服务体系基本支撑中的第6条"积极推进农村信息化"；2009年强化现代农业物质支撑和服务体系第23条中提到"发展农村信息化"；2010年由社会科学文献出版社出版的《信息化蓝皮书》在京发布，蓝皮书指出，中国的信息化水平已超过了世界平均水平，基本上达到了世界中等发达国家的水平，一些经济发达的城市和地区，信息化的水平已经可以和发达国家的部分地区一较长短。2011年底，国家颁布了《全国农业农村信息化发展"十二五"规划》。规划提出，到2015年，农业农村信息化建设将取得明显进展，全国农业生产经营信息化整体水平翻两番，农业农村信息化总体水平从现在的20%提高到35%，基本完成农业农村信息化从起步阶段向快速推进阶段的过渡。2012 年党的十八大提出“新型工业化、信息化、城镇化、农业现代化同步发展”的战略部署；2013 年一号文件提出，加快用信息化手段推进现代农业建设，启动金农工程二期，推动国家农村信息化试点省建设；发展农业信息服务，重点开发信息采集、精准作业、农村远程教育、医疗的数字化和可视化、气象预测预报、灾害预警等技术；加快宽带网络等农村信息基础设施建设。

中国互联网络信息中心的数据显示，2009 年 12 月底，中国农村网民数首次超过 1 亿；而时过两年半，截至 2012 年 6 月底，农村网民规模已达到 1.46 亿，增加 46%，占整体网民比例为 27.1%（如图 2 所示）。

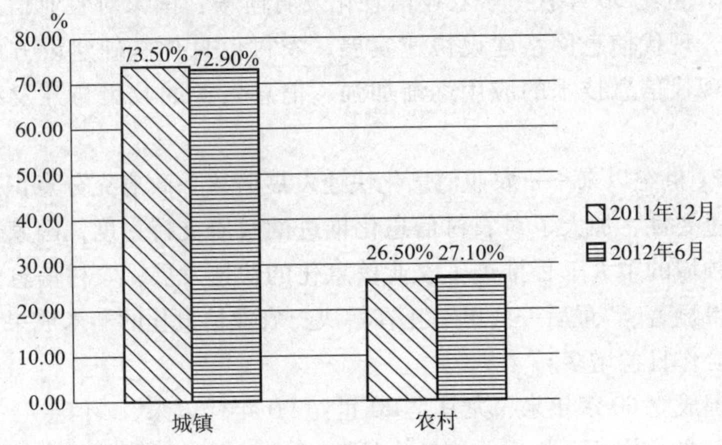

图 2　2011.12—2012.6 网民城乡结构

资料来源：CNNC 中国互联网发展状况统计调查 2012.6。

移动互联网和手机终端的发展，对中国互联网的普及具有重要的意义。对于中国广阔的农村地区，以及庞大的流动人口来说，使用手机接入互联网是更为廉价和简便的方式。在 2012 年刚开始上网的新网民中，农村网民比例达到 51.8%，这一群体中使用手机上网的比例高达 60.4%，使用台式电脑和笔记本电脑的比例只有 45.7% 和 8.7%，而新网民中城镇人口使用手机上网的比例只有 47.2%。这一结果显示出，相比于电脑，手机对农村网民的增长发挥了更加重要的作用。虽然中国农村地区的信息化基础设施建设、电子设备的普及已经有了长足的发展，但是通过电脑使用固网的成本依然较高，在这样的限制下，通过手机终端接入移动互联网是在农村地区普及互联网更加现实的方式（如图 3 所示）。据中国互联网络信息中心最新公布，截至 2014 年 6 月中国网民规模达 6.32 亿，其中手机使用率达 83.4%，首次超过个人计算机。

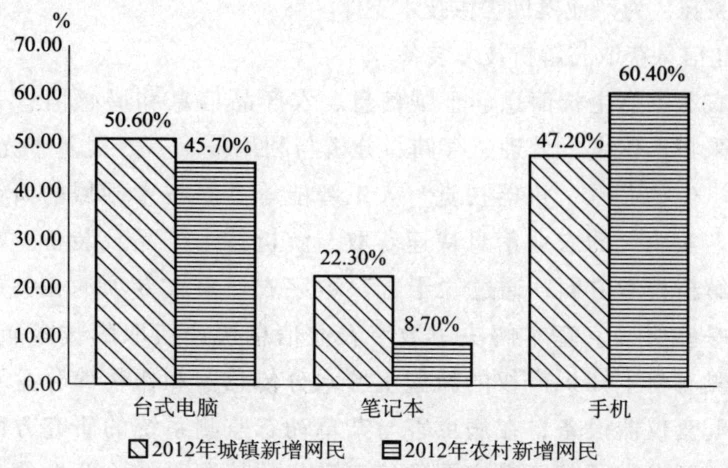

图3　2012年城镇和农村网民上网设备比较

资料来源：中国互联网络发展状况统计报告2010.7。

受制于经济社会发展水平滞后、互联网接入条件不足、硬件设备落后等因素，农村地区网民的增长仍显得较为缓慢，增幅小于城镇地区。除了部分青年农民，大部分农民仍未养成上网的习惯，而即使是有上网习惯的农民，也更多将其视为娱乐方式而非“致富路”。值得期待的是，随着国家对农业农村信息化的支持和推进，农村上网人数的不断增加，一系列推进农业信息化的方针政策和重大项目获得通过，并在部分农村地区进行试点推广，这将为我国农业信息化的发展带来新的契机，未来农业信息化规模有望继续扩大。

2. 我国农业信息产业现状

随着信息技术的发展以及向农业农村的渗透，我国的农业信息技术产业化加快，逐步形成农业信息硬件、农业信息软件、农业信息服务三种类型的农业信息化产业并存和演进升级的产业格局。三大产业在关键技术领域取得了显著成果，初步形成了较为完善的产业发展模式，产业规模达到了一定水平。各产业主要特征、关键技术、主要产品和核心内容具体如下。

（1）农业信息化硬件产业

我国的农业信息硬件产业科技发展势头良好，产业总体布局趋于合理。设备技术和产品有相对固定的专业应用领域，逐渐向智能化、高精度方向发展；在信息采集、精准农业、智能装备、自动控制、物联网等关键技术方面取得重要突破，为产业发展提供技术支撑。

• 农业信息获取与解析技术装备

围绕农业生物生长信息、土壤信息、农产品信息和遥感信息获取与解析所需的采集、识别、处理、存储、分析与利用技术，开展基于光谱分析、遥感监测、生物芯片、机器视觉、人工智能等高新技术领域的研究。开发出智能化、实用化的农业信息快速获取与解析技术产品及装备。在农田信息获取与解析技术方面，通过"十五"数字农业重大专项的相关研究，已经取得了一些突破。基本解决了数字农业信息快速获取的技术瓶颈问题，开发出了具有自主知识产权的新型土壤水分传感器和作物养分盈亏信息快速采集的配套仪器设备；在病虫害与杂草动态监测系统的研究方面取得了重大进展，开发出了基于数字图像信息采集的诊断系统；开发的基于称重传感器高精度智能测产系统，解决了智能测产与谷物品质监测系统的精度难题。

• 精准农业技术装备

我国精准农业技术主要应用于大田作物生产，在精准播种、施药、施肥、用水、除草等方面得到了规模的应用，并在生产中创造性地推出了技术套餐模式，不同应用领域或区域采用不同的套餐组合，采用技术集成模式、技术"套餐组合"模式和单项技术模式，在大田作物管理、测土配方施肥、设施农业建设等方面发挥了重要作用，提高了我国都市型现代农业的科技含量和可持续发展能力，使农业高技术和装备得到了有效的应用。

• 农业智能技术装备

随着自动控制技术的快速发展，精准农业智能装备得到大范围研发，其推广应用对于提高我国农业机械装备的智能化水平起到了示范作用。继实施国家863计划"精准农业技术与装备"重大专项以来，在全国启动了我国主要粮食作物（水稻、小麦、玉米和大豆）和设施农业产区的精准农业技术应用示范，开展了农机装备的总线技术研究，开发出水稻智能对行插秧机、圆盘式变量施肥抛撒机、小麦半预置式变量施肥机等一批精准农业智能装备。初步形成从数字化设计到大型农机先进制造及产业化应用示范的配套集群。

• 自动控制技术装备

目前我国农业自动控制技术研发已进入蓬勃发展时期。研发出 WJG－1

型实验温室环境监控计算机管理系统、植物工厂系统、日光温室环境数字式监控系统等设施农业典型产品，新一代监控设备成本低，部分产品已经开始对外出口。沿海发达地区和内地部分地区创办的农业高新技术园区和现代农业示范园区，“国家农业智能装备技术研究中心”“中国农业科学院设施农业环境工程研究中心”“国家设施农业工程技术研究中心”等科研机构，积极组织高校、科研单位、龙头企业、示范基地，投资大量人力和物力，运用自动控制技术与装备提高了设施产品的科技含量和生产效益；以节能为中心、低投入和高产出等具有高附加值的设施园艺和渔业等成为园区的特色，设施类型向大型化、自动化和智能化发展。

• 物联网技术装备

我国物联网技术围绕“高产、优质、高效、生态、安全”的要求，在现代农业领域的应用研究已经具备了一定基础，示范应用取得良好的效果。“十二五”将重点推进农业物联网感知层次及无线传感网关键技术，着力突破农田现场信息采集、农产品冷链物流、智能农机制造、农产品安全监控等物联网技术产业化应用。

（2）农业信息化软件产业

我国农业信息软件产业，主要关注农业农村生产、管理、经营、服务的信息软件研发与应用，有效集成数据库技术、多媒体技术、虚拟农业技术、系统开发技术等高新技术，以大幅提高农业生产效率和农民生活水平。

• 平台建设

农业生产管理平台：农业生产管理平台为生产经营管理等提供了有力的支持。精准农业专用控制系统、小麦玉米品种选育专家系统、水稻主要病虫害诊治专家系统等一批专家系统已得到应用，部分达到了国际先进水平；猪、奶牛等动物联合育种网络平台和健康养殖信息管理系统的应用，整体提升了畜牧业生产力水平；淡水鱼健康养殖网络管理与疾病辅助诊治系统、饲料配方和精准投喂养系统的应用，促进了我国水产养殖行业的信息化管理水平。

农村市场流通平台：农村市场流通系统应用覆盖面不断加大，畅通了农村市场信息渠道；建立了农产品质量安全跟踪与溯源平台，其中农产品质量快速检测技术和设备、电子标签中间件、产地和产品数字化认证技术等一批农产品质量安全管理和溯源技术，在北京、天津、广州、济南等城市得到应用，为保障我国农产品质量安全提供了技术支持；农产品物流信息管理平台的应用，有效减少了农产品在流通过程中的损失，提高了周转效率。

农村社会管理平台：乡镇电子政务及电子农务平台、村级电子政务平台、规划建设信息管理平台、“221 信息平台”决策系统、农村生态环境在线监测系统、地质灾害预警监测网络平台等广泛应用，提高了村镇社会服务和政务管理水平。

• 资源建设

数据库资源：我国数据库建设内容逐渐丰富，涵盖了农村发展各领域，对土地资源、动植物品种、气候资源、人力资源、政策法规、农业标准、涉农机构、农产品市场信息、农资信息和农业科技等信息都加强了数据库建设。目前我国比较有代表性的数据库有：《农产品集市贸易价格行情数据库》《农业合作经济数据库》《中国农林文献数据库》《中国农业文摘数据库》《中国农作物种质资源数据库》《农副产品深加工题录数据库》《植物检疫病虫草害名录数据库》《农牧渔业科技成果数据库》《中国畜牧业综合数据库》《全国农业经济统计资料数据库》等。

文化信息资源：全国文化信息资源共享工程应用现代科学技术，将中华优秀文化信息资源进行数字化加工整合，通过工程网络体系，以互联网、卫星、移动存储、镜像、光盘、有线电视/数字电视网等方式，实现优秀文化信息资源在全国范围内的共建共享；农村数字图书馆、文化知识网格等，通过信息技术，运用互联网等数字化手段，整合知识信息资源，为农村提供文化信息资源。

科技信息资源：随着数字技术、多媒体技术和网络技术的发展，农业科技信息资源共享网络、农业科技推广服务平台等逐步建设完善，通过科技信息的采集、分析和加工，整合开发农村科技信息资源，为农村信息化提供科技信息支撑。

(3) 农村信息化服务产业

农村信息服务产业，集信息搜集、加工、反馈和咨询服务为一体，面对当前强烈的市场需求，初步形成了能盈利的服务模式。信息服务企业、科研机构、电信运营商、农民专业合作组织等多主体参与，逐步走向公益服务与市场服务并行，为该产业的发展注入强劲的活力。

• 信息内容服务

针对各地区涉农用户的个性化需求，加强信息资源开发，通过信息采集、分析、加工，开发了农业科技、农产品市场、特色农产品、农业政策、农业标准等一系列专业数据库，面向涉农企业、政府部门、专业户、农民专业合作组织等不同应用主体提供信息内容服务，为农村信息化提供了支撑。

- 信息咨询服务

主要面向农业生产经营咨询、科技咨询、市场咨询、工程咨询、专家咨询和政策咨询等服务内容。科技中介机构、咨询公司、信息服务提供商等多方社会化主体广泛参与，共同构成农业综合信息服务的产业链。

- 信息通道服务——云服务

基于云计算技术的信息通道服务，农村信息服务正在起步。云模式的农村科技信息综合服务平台（农信云）正在逐步推广应用，并带动电信运营商的业务向差异化、行业化发展。我国农村地区经济发展不平衡，受农村信息化程度和农民信息技术水平的限制，要完全解决信息服务“最后一公里”的问题，需要不断创新信息服务模式。云计算和物联网技术的发展，为整合互联网、电信网、广电网等多种传输渠道，建设功能完备的信息服务网络体系，创新农村信息服务模式提供了技术条件。国家正加大支持云计算服务平台的研究和应用，将有力推动农村“三网融合”和农村信息服务产业发展。

3. 我国农业信息产业面临的主要问题

（1）面临全球化带来的激烈竞争

国外IT企业，如英特尔、微软、惠普等企业积极加入我国农业信息化产业市场，竞争日趋剧烈。英特尔通过“产品+宽带+综合信息服务平台”的模式在中国农村编织起一张庞大的农村综合信息服务网，切入农村远程教育、农村远程医疗等涉农信息服务。微软正着手开发农村信息服务软件以及农村视频培训系统，在成都微软技术中心开发了农村信息服务软件，内容涵盖生活、教育、医疗、娱乐等综合信息，满足了不同家庭成员的需求，充斥国内信息化市场。

相比国外，我国农业信息技术企业规模较小，资金短缺，研发能力较为薄弱。面对国外企业的挑战，国内的信息企业难以通过规模和技术取胜，需要另辟蹊径通过差异化服务来争取农村市场。如北京人大金仓信息技术股份有限公司建成第一个全国性病虫害监控领域国家级信息系统——“中国农作物有害生物监控信息系统”，填补了我国植保领域的一项空白。金算盘软件有限公司在充分调研的基础上推出了具有独立知识产权的土地承包及管理系统，并在重庆市北碚区取得了良好的示范效果。上海农业信息有限公司致力打造农产品电子商务专业品牌，解决从农田到餐桌“最后一公里”的难题，让农民、城市居民、涉农企业以及整个产业链良性互动共同受益。

总体来看，目前国内有竞争力的涉农信息技术企业数量不多，企业的自主研发能力弱，企业 R&D 经费所占份额很小，我国农业信息产业在全球化竞争中处于不利地位。

（2）人才短缺

据相关统计，我国每年至少存在 100 万计算机应用专业人才的缺口和 20 万软件人才的缺口。面对庞大的农业人口和广阔的农村地域，我国农业信息技术人才队伍规模远远不够。

（3）应用需求差异大

农业的专业门类多，加之中国农村地域广阔，对应用软件需求繁多但不尽相同，地区之间对信息技术的需求存在差异。此外，由于不同地区经济发展不平衡，造成信息技术应用水平和网络普及程度也是不平衡的。如何开发出简易、适用、具有差异化的软件以及配套的服务成为制胜的关键。

（4）农业信息技术深入开发不足

我国农业信息化较发达国家相比起步较晚，由于农村经济较落后，农村居民的文化素质偏低，使得农业信息技术的深入开发与应用受到限制。在硬件与软件技术开发方面，由于研究基础差，缺乏可靠的技术装备，多数处于起步阶段，尚未进入大规模实用化阶段。

（5）缺乏低成本信息服务终端

目前，困扰农村信息用户的“最后一公里”问题，已成为农业信息化发展的瓶颈，广大农民在农业生产、销售过程中，依靠因特网获取信息进行决策的不到 1%。“最后一公里”是农业信息化的最后一环，也是公认为最艰难的一环。我国农民信息消费能力低，农村接入网络宽带等信息化基础设施的成本又太高，种种复杂的农村环境往往让农业信息链的最后一公里断裂。

（三）国内外农业信息技术比较分析

国内农业信息技术研发和应用水平与先进国家相比还存在较大差距，主要表现在以下几方面（见表 1）：

表1 国内外农业信息技术比较分析

<table>
<tr><th>类别</th><th colspan="2">技术装备</th><th>发达国家</th><th>中国</th><th>差距</th></tr>
<tr><td rowspan="19">1. 农业信息化硬件产业</td><td rowspan="4">1）农业信息获取与解析技术装备</td><td>生长信息</td><td>可对作物长势、理化、病虫草传感器智能检测</td><td>可完成植物长势的传感器测试</td><td>测试传感器精度低，加工成本高</td></tr>
<tr><td>土壤信息</td><td>传感器系统在线测定土壤主要理化性能</td><td>传感器只可测定土壤水分及硬度</td><td>研究基础差，技术积累不足</td></tr>
<tr><td>农产品信息</td><td>纳米及生物芯片测定等先进技术获得广泛应用</td><td>测定基本上采用传统方法，成本高，误差大</td><td>该领域研究几乎空白</td></tr>
<tr><td>遥感信息</td><td>遥测土壤理化性能和作物长势，并可网上推荐施肥</td><td>遥感作物分类，面积估测，大范围长势检测</td><td>平台单一，模型缺乏，长势监测精度差</td></tr>
<tr><td rowspan="4">2）精准农业技术装备</td><td>实施技术</td><td>精准播种作业应用已普及；可实现变量施肥、精准灌溉、智能喷药、机械除草</td><td>只实现激光平整地；只实现单一肥料的变量施用</td><td>控制技术不成熟，液压控制技术基础差</td></tr>
<tr><td>管理分区</td><td>管理分区及处方图技术应用普及</td><td>单一地块的变量施肥，处于应用示范阶段</td><td>管理分区理论缺乏，系统应用成本高</td></tr>
<tr><td>导航系统</td><td>实现农田作业的自动和辅助导航</td><td>辅助作业导航进行区域示范</td><td>精准作业系统可靠性差</td></tr>
<tr><td>集成系统</td><td>技术应用已涉及大田、果园、设施、畜牧、水产、林业</td><td>仅在主要大田作物进行示范</td><td>缺乏核心关键技术</td></tr>
<tr><td rowspan="2">3）农业智能技术装备</td><td>检测技术</td><td>检测智能化，操作简单</td><td>未实现智能化环境监测</td><td>传感器技术成本高</td></tr>
<tr><td>机器人技术</td><td>多领域研发出智能机器人</td><td>研发之中，未有成熟产品</td><td>品种单一及可靠性低</td></tr>
<tr><td rowspan="2">4）自动控制技术装备</td><td>控制技术</td><td>基于长势及环境联动组控</td><td>未与长势结合进行控制</td><td>模型技术基础差</td></tr>
<tr><td>监测技术</td><td>多参数联测，无线网络化</td><td>单点监测可无线传输</td><td>联网与维护成本高</td></tr>
<tr><td rowspan="3">5）物联网技术装备</td><td>远程实时报送</td><td>农田环境信息实时监测，远程传输</td><td>农田环境信息实时采集、监测</td><td>智能物联网维护成本高，可靠性低</td></tr>
<tr><td>多技术融合</td><td>无线传感器网络技术融合多设备，精细化管理调控</td><td>多点智能传感器技术，未实现技术融合调控</td><td>传感器网络系统尚未形成</td></tr>
<tr><td>追溯技术</td><td>农产品全程追溯无缝衔接</td><td>农产品各环节的部分监控追溯</td><td>尚未形成全程监控追溯装备</td></tr>
</table>

续表

类别	技术装备		发达国家	中国	差距
2. 农业信息化软件产业	1）平台建设	农业生产管理平台	已开发出各种智能化农业决策系统、模型数据库	已开发出中国农电管理决策支持系统、专家系统等，应用效果好	智能软件开发有待提高；还处于小范围应用阶段
		农村市场流通平台	有各种商业机构为农户提供各种功能齐全的网上商业性服务，并且协助农场主获得各种国际资讯	农村市场流通、电子商务平台处于快速发展阶段	电子商务网站数量多，但是涉农专业平台少，存在网站特色不明显和诚信监管等问题
		农村社会管理平台	政府投入稳定；没有明显城乡差别，凭借发达的基础网络实现农村社区管理与服务的信息化	随着基础网络向农村的延伸，逐步推进和探索农村社会管理信息化，但“最后一公里”问题未有实质性突破	缺乏成熟的农村社会管理软件产品，难以满足农村差异化需求；农民的素质不高，目前的应用还局限在一般性的村务、政务公开
	2）资源建设		实现多源信息融合服务，海量知识库的共建，知识网格计算	信息分散，集成性差；知识库结构单一和不统一；知识网格技术开始起步	信息利用率低；无法实现知识共享；农业领域应用空白
3. 农村信息化服务产业	1）信息内容服务		信息全面，涉及农业生产、市场、科技、政策等；数据采集更新及时、加工准确；服务具有针对性、个性化，信息更新、传送及时	信息基本全面，涉及农村领域的方方面面；数据采集更新的及时性和准确性在不同地区差异显著；服务缺乏针对性	信息采集缺乏统筹，准确性、及时性、针对性有待提高
	2）信息咨询服务		开展了多种技术手段的信息咨询服务，服务面广、内容丰富、及时准确	信息咨询服务主要侧重农业生产和销售，但服务质量和内容仍有待提升和丰富，技术手段较差	缺乏政策支持、没有行业标准、缺少推广产品、实际应用较难
	3）信息通道服务		应用云计算、无线智能网络等技术，开发出适合多主体的信息通道	网络接入服务取得良好效果，但信息技术开发应用较少	缺乏低成本智能信息终端技术和产品

三、未来我国农业信息化的发展趋势

当前，我国农业现代化进程明显加快，但仍未摆脱弱质产业的地位，面临着资源、环境与市场的多重约束，保障粮食安全、食品安全、生态安全的压力依然存在。推进我国农业信息化工作，以产业转型和提质升级，培育农业的多功能性，保障农产品有效供给、农产品质量安全、农业生态安全、丰富农业的非物质文化产品和农民增收为目标；重点突破农业物联网、数字农业、精准作业技术等一批前沿技术，以提高劳动效率为核心，全面提高土地产出率、劳动生产率和资源利用率，迫切需要加强面向农业生产经营、质量安全控制、市场流通等关键环节的全产业链信息技术集成。

（一）总体目标

围绕农业“生产—经营”产业链全程，加强精准作业、农业智能装备、农业物联网等关键技术和产品的研究与集成应用，建立面向农业资源与生态环境监测、农牧业精细生产管理、农产品质量安全追溯、农业产业化经营等方面的智慧农业技术体系；加强现代信息技术和产品在信息推送、农村管理、农民教育、农技推广和信息服务站建设等方面的集成应用与示范；围绕农产品供给、农产品质量安全、农业资源管理、农业安全生产、提升农民素质等方面的需求，进行信息的采集、分析、决策、预警等信息系统集群建设与业务系统的运行。通过一系列具体举措和实践，发展和应用现代农业信息技术，促进农业生产方式逐渐由经验型、定性化向知识型、定量化转变，农业管理经营方式由粗放式转向精细化，在持续提高土地产出率的基础上大幅度提高农业资源利用率和劳动生产率。

通过关键技术的突破和高技术的武装，我国农业信息产业将走向“四化一台”的发展之路：农业生产管理精细化、农业资源管理数字化、农业机械装备智能化、农业信息服务网络化、农业虚拟化研究网络平台。

1. 农业生产管理精细化

完成动植物生产过程中的信息采集系统、模拟模型、管理决策、预警预报等系统建设，并与智能化机械装备相结合，实现农业生产过程的精准化管理、自动化控制，大幅度提高资源利用效率和劳动效率。

2. 农业资源管理数字化

基于空间技术、遥感技术、传感技术、GPS、GIS及智能化技术等，攻克信息采集重大关键技术，完成土壤、水资源、气象等农业资源的数字化系统建设，全面监测我国农业资源、农业生态环境的动态变化，预警气象和病虫草害等自然灾害，估测作物种植面积、长势和产量。

3. 农业机械装备智能化

完成支持我国主要大田作物、设施农业精准生产和园艺的重要智能化装备、农业机械和系统原型开发，加大力度进行推广示范，从而在农林牧渔生产中大面积使用，全面提升我国农业的现代化装备和机械化水平。

4. 农业信息服务网络化

完成农业信息化共性网络软件支撑平台和服务“三农”的农业信息网络系统建设，实现农业信息服务网络化、农产品流通现代化和农业宏观决策科学化，推动信息技术在农业、农村各个领域的全面渗透和广泛应用。

5. 农业虚拟化研究网络平台

建立具有良好自主性、交互性、可扩展性和安全性的农业虚拟化研究网络平台，实现基于互联网的实验仪器、数据资源、计算资源和服务资源的有效聚合与广泛共享，解决科研资源不均衡、协作不方便等问题，以及地域、时间、气候环境等条件对农业科研活动的限制，促进团队合作，为农业科学研究及技术创新提供强大的技术支撑。

（二）农业信息化的发展趋势

1. 智能农业向智慧农业迅速发展

智能农业（或称工厂化农业），是指在相对可控的环境条件下，采用工业化生产，实现集约高效可持续发展的现代超前农业生产方式，就是农业先进设施与露地相配套、具有高度的技术规范和高效益的集约化规模经营的生产方式。而智慧农业则是农业生产的高级阶段，是将农业专家智能系统、农业生产物联控制系统和有机农产品安全溯源系统三大系统集成，利用网络平台技术和云计算方法，实现农业信息数字化、农业生产自动化、农业管理智能化，从而构建低碳节能、高效高产、绿色生态的现代农业体系。

智慧农业建设方案要求：成本低廉，是大众都能负担的价格；控制简单，让每一位刚接触的人都能轻松使用；功耗更低、组网更方便、网络更健壮，带来高科技的全新感受。例如，在温室大棚的智慧农业解决方案中，生产者能够准确及时地操控所有设备，在此过程中，网络信号能够保持持续的稳定性。智慧农业能有效连接物联 Internet 通信网关和超出物联 Internet 通信网关有效控制区域的其他网络设备，实现中继组网，扩大覆盖区域，并传输网关的控制命令到相关网络设备，达到预期传输和控制的效果。基于先进的物联网技术，物联无线中继器无须接入网线，就可自行中继组网，扩散网络信号，使网络灵活顺畅运行，保障所有设备正常运行。

在物联网等现代技术的引领下，现代化的精准农业提出了温室大棚的智慧农业解决方案（如图4所示）。可以在阳光不足的时候，通过物联产品自动补充人造光线，促进光合作用；可以在湿度不够的时候，通过物联产品自动为农作物补充水分；更可以创造一个恒温的空间，让农作物一年四季不停地生长，生生不息……

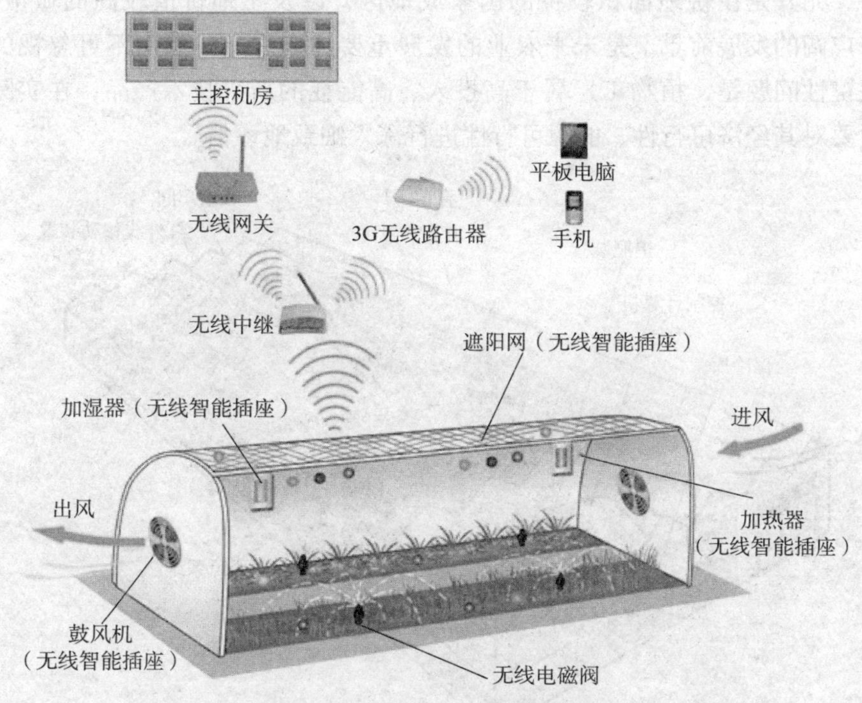

图4 温室大棚的智慧农业解决方案

（1）农业生产规模化、工厂化

农业生产的规模化和集约化，是农业现代化的根本标志。传统农业由于经营规模狭小和落后的经营方式，在全面的市场经济时代，已严重地阻碍了农业生产的进一步发展。因此，规模化、工厂化农业生产将成为我国未来农业的主要发展方向。工厂化农业生产是综合运用现代高科技、新设备和管理方法而发展起来的一种全面机械化、自动化技术、资金高度密集型生产方式，能够在人工创造的环境中进行全过程的连续农业作业，从而摆脱自然条件的制约，提高单位面积土地上的产出率和劳动生产率。

在农业生产的工厂化过程中，植物工厂是现代农业的一个典型代表。植物工厂（如图5所示）是设施农业发展的高级阶段，是一种高投入、高技术、精装备的生产体系，集生物技术、工程技术和系统管理于一体，使农业生产从自然生态束缚中脱离出来，按计划周年性进行植物产品生产的工厂化农业系统。它是农业产业化进程中吸收应用高新技术成果最具活力和潜力的领域之一，尤其是在耕地面积较少的国家或地区，以及土地价值较高的城市中，具有广阔的发展前景，是未来农业的发展重要方向之一。然而不可忽视的一个关键性问题是，植物工厂属于高投入、高能耗的新兴技术产品，在实际运用时要对其经济可行性、能源可行性进行深入细致地评估。

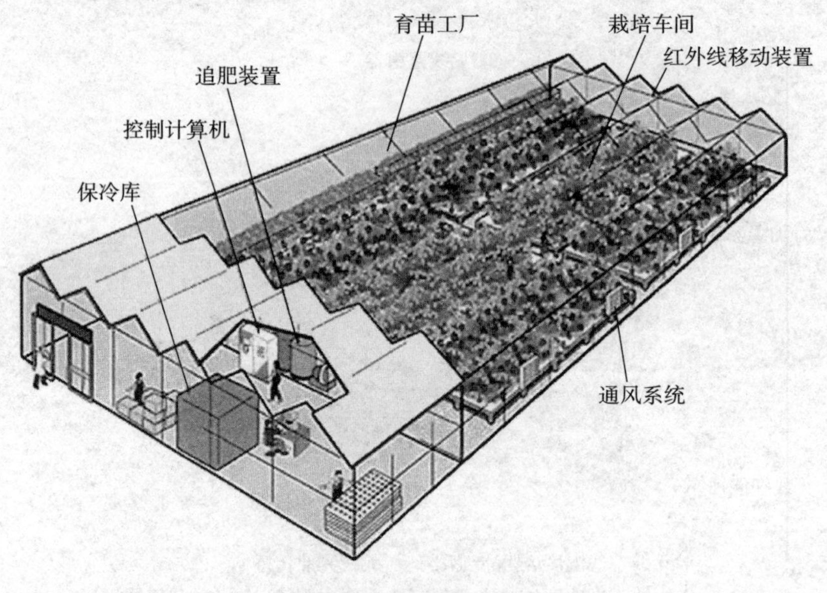

图5　植物工厂

植物工厂技术的突破将会解决人类发展面临的诸多瓶颈，甚至可以实现在荒漠、戈壁、海岛、水面等非可耕地，以及在城市的摩天大楼里进行正常生产。利用取之不尽的太阳能和其他各种清洁能源，加上一定的种子、水源和矿质营养，就可源源不断地为人类生产所需要的农产品。因此被认为是21世纪解决粮食安全、人口、资源、环境问题的重要途径，也是未来航天工程、月球和其他星球探索过程中实现食物自给的重要手段。

（2）农产品安全溯源系统全程化、普适化

食品安全溯源系统是依托现代数据库管理技术、网络技术和条码技术，将整个食品链，从生产、加工、包装、储运、流通和销售所有环节进行信息记录、采集和查询的系统，可以溯源查询到食品源头和流向，当食品发生问题时，可以追溯查询到从田间到餐桌的每个环节，为食品的安全保障提供了有效的监管。

通过在生产（加工）环节给农产品本身或货运包装中加装 RFID 电子标签，并在运输、仓储、销售等环节不断添加、更新信息，从而搭建农产品安全全程溯源信息系统和网络交换平台。通过建立全国统一的、全程化、普适化的“农产品质量安全信息平台”，对食用农副产品的生产过程监控、条码识别和网络查询进行系统管理，是农产品安全溯源系统发展的主要趋势。

农业企业通过“食用农副产品安全信息条形码”给每个产品建立起相应的生产档案。同时，通过信息技术，消费者能够对自己所购买的食用农副产品进行“身份查询”。另外，在农产品销售市场、超市等建立“电子档案”，同时对全国规模化养殖建立电子档案。通过电子档案和 zigbee 等物联网技术，使各环节紧密地衔接在一起，避免农产品流通过程中的数据丢失或人为干预流通，实现对农产品种养加的全程化监控管理，从而保证农畜产品安全的全程可溯源性。

随着人们对农产品安全越来越重视，农产品安全溯源系统将逐步向全程化和普适化方向发展，从而加强了农业生产、加工、运输到销售全流程数据共享与透明管理，实现农产品全流程可追溯，提高农业生产的管理效率，促进农产品的品牌建设，提升农产品的附加值。

（3）农业生产管理设备小型化、便携化

通过 3G 技术、物联网、云计算等现代信息技术在农业生产领域的广泛应用，农业生产管理信息化设备将逐渐向小型化、便携化、轻量化、移动化、全程化的趋势发展。

基于农业生产成本低廉、农户和农业生产分散等特点，开发成本低廉、操作简单、可靠性高的农业生产管理设备及环境监测控制系统，是我国农业现代化的一个重要环节。例如，针对当前国内外温室生产和管理模式上的差距以及相应的采集控制系统的特点和存在的不足，结合国内温室“小而散”的现状，设计出一系列小型化智能农业设施监控设备及系统，由 PC 机作为上位机、以控制芯片的读卡器和有源标签节点组成温室集群控制系统，从而形成具有结构简单、成本低廉、实时性好、操作简单、易于维护、经济效益高等特点的适用性农业生产信息化设备产品。

（4）农业机械装备逐渐集成化、智能化

目前，国际上精准作业技术装备已趋于成熟，各种电子监视、控制装置已应用于复杂农业机械上，变量播种机、施肥机、施药机和联合收割机等高度智能化农业机械已逐步进入国际市场。

信息技术在养殖业中的应用已遍及畜禽饲养、水产养殖、育种以及经济决策等各方面。未来的发展趋势是以养殖过程中的关键控制点为突破口，研制一批满足当地实际要求的监测与调控设备，开发面向养殖过程不同环节的智能系统和动物健康养殖调控技术体系，从而完成由传统养殖到现代养殖的过渡，实现远程遥控、监测、管理并可全程追溯的信息化养殖技术体系，提升生产管理水平，最终实现养殖生产过程的精准化、智能化。

可以预见，精准农业技术以及相关的现代农业生产装备，特别是集成型农业智能装备将会得到快速发展，精准农业技术产品包括智能化农业机器人等将会进入国内外市场，农业技术装备将会从传统功能型逐步向集成化、智能化、通用化、精确化和多功能化方向发展。

2. 云服务与物联网促进资源共享

云计算就是一个集中的数据中心，供不同地方的用户共享使用。它提供了一个更简单、更廉价、更多的资源共享方式，它超越了网络资源共享阶段中需要用户自购并自己维护软件、硬件的局限性，但又紧紧地依托于网络技术，促进信息资源共享服务的进一步发展，为全球化的资源共享做出了不可替代的贡献。

基于物联网技术，通过各种无线传感器实时采集农业生产现场的光照、温度、湿度等参数及农产品的生长状况等信息，远程监控生产环境。将采集的参数和信息进行数字化转化后，实时传输到网络平台进行汇总整合，利用农业专家智能系统按照动植物生长的各项指标要求，进行定时、定量、定位云计算处理，及时精确地遥控指定农业设备自动开启或者关闭（如远程控制节水浇灌、节能增氧、卷帘开关等），实现智能化、自动化的农业生产过程。

物联网技术的应用（如图 6 所示），一是全面感知，即利用 RFID、传感器、二维码等随时随地获取物体的信息；二是可靠传递，通过各种电信网络与互联网的融合，将物体的信息实时准确地传递出去；三是智能处理，利用云计算、模糊识别等各种智能计算技术，对海量的数据和信息进行分析和处理，对物体实施智能化的控制。

例如，2007 年，位于美国加州 Oxnard 的草莓农场主安装一套物联网系统，实时追踪植物的生长状况。该系统还可以根据空气和土壤的状况，自动触发相关行为，如浇水或调节温度。这套系统由 ClimateMinder 开发，目的是帮助农场主更好地管理植物的生长情况。2009 年，耿丽微等提出并建立了一种基于无线射频识别技术的奶牛的身份识别系统。该系统通过采用瘤胃式动物电子标识来为每头奶牛建立一个永久性的数码档案，实行一畜一标，并通过采用 RFID 技术以及单片机与 PC 机的通信技术对存储奶牛信息的电子标签进行远距离识别，从而及时地实现对每头奶牛的监控与管理。

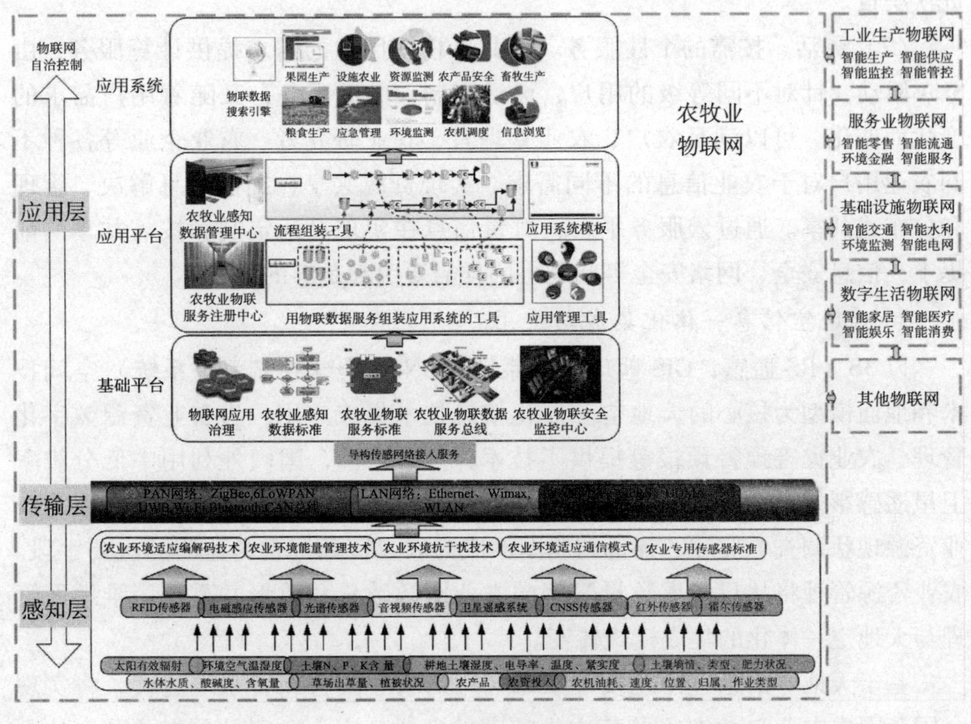

图 6　农牧业物联网

云服务和物联网技术，具有较高可靠性、安全性、动态性、可扩展性等基本特征。其中，其突出的特征有二：

（1）节省成本和能源。从企业用户角度来看，传统商业模型中企业要开展一项新业务，就要一次性投入很多资金。而实现云共享后，所有资源由商业基础设施提供商提供，并供多用户共享。用户租用其中的软件系统、硬件空间，实现用户端零安装、零维护和零剩余。这种按需求租用、按使用支付费用的模式，比企业自己部署和管理资源的模式更为廉价、实用。从云计算提供商的角度来看，大规模地、系统地共享基础设施以及在多个操作系统和应用程序之间共享虚拟化服务器，大大减少了服务器的数量。这意味着更少的空间、更少的成本、更少的电能和更少的污染。尤其对于农业这样一个在资源共享中需要尽可能低成本的行业来说，云服务和物联网的应用能够最大限度的降低信息化运营成本，提高经济效益。2013 年 3 月，北京国家现代农业科技城建设工作中，北京农业信息技术研究中心的网络中心技术人员为此次会议提供了云服务平台的技术支撑，陕西杨凌、山东滨州、东营，以及北京昌平、顺义、密云等园区工作人员通过农科城多媒体视频会议系统参加了此次会议。

（2）灵活、按需的个性服务。云共享根据用户的需求提供计算服务，由 SLA 驱动，针对不同等级的用户，灵活定制、灵活服务，又随着用户需求的变化而变化。可以满足农户、农业管理者、农业研究者、农业企业等各种不同农业用户对于农业信息的不同需求，实现资源共享，提供信息解决、管理和分布式共享。通过云服务平台，海量信息在实现灵活定制和按需共享的前提下，信息安全、网络安全等问题也同样需要引起足够的重视。

3. 天地空信息一体化集成与应用

以 3S（RS 遥感，GIS 地理信息系统，GNNS 全球导航卫星系统）空间技术和地面模型为核心的天地空一体化信息技术集成应用，为农业资源数字化管理、农业灾害预警预报等提供了技术保障。目前，国内外利用中低分辨率卫星遥感影像，结合 GIS 进行林业、草业、土地利用、土地覆盖和土壤等农业资源现状调查、监测、评价与制图已成为农业资源调查与监测的主要手段。农业资源管理将从只注重数量管理向农业资源数量和质量并重、一维地面管理与天地空一体化的集成模式转变。

基于天地空信息一体化技术集成应用的农业灾害预警系统建设，将实现全国范围内农业自然灾害及其次生灾害的定时、定点、定量预报预警，从而实现对农业灾害的精细、准确、及时监控和预警预报，为政府防灾减灾决策提供科学依据和咨询建议。通过综合运用数据库技术与 3S 技术、地面模型等天地空一体化集成技术模式，使农业灾害预警预报系统逐步向高精度、高网速、广覆盖趋势发展。

天地空信息一体化技术的集成与应用，不仅扩展了农业领域信息获取的空间范围和尺度，即由一维空间向三维立体空间扩展，同时促进信息获取精准度和时效性的提高，更好地支撑农业生产和政府监管；通过全国农业灾害及次生灾害综合信息资源整合，优化资源配置，构建科学合理的信息共享系统；建设针对农业气象灾害、农业病虫草灾害的监测系统，特别要加强城镇农业灾害监测系统建设，加强灾害易发地区以及农林牧副渔业生产重要地段的监测站高速网络建设，增加观测站点数量，实现农业灾害预警在全国的广泛覆盖。

农业灾害预警预报系统以更高的精度完成数据采集测定功能，更高的网速完成数据上报、数据查询、统计分析，从而实现大面积农业灾害及时预警预报、信息发布等功能，提高农业灾害监测预警预报能力，满足农业从业人员的需要和社会公众对相关信息的需求，为农业监督管理部门提供技术支撑和决策依据。

在农业灾害预警预报的基础上，基于农业气象、农户、农产品及企业、市场的数据库等建设农业风险管理平台（如图7所示），对农业自然风险、农户生产风险和市场风险进行科学测算与评估，从而在最大收益基础上来降低农业风险，指导生产实践，促进农民增产增收。

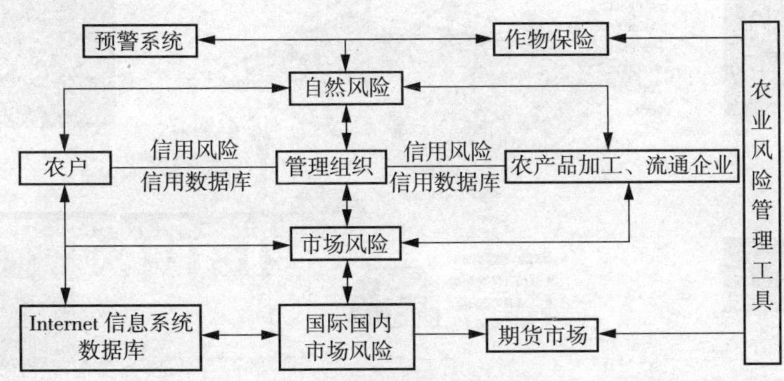

图7 农业风险管理平台

但就目前而言，国内外在天地空信息一体化的集成与应用方面仍然处于探索和研发阶段，即使是应用也仅在小区域内实现。例如，2011年，广州市在原有市环境空气自动监测网络的基础上，通过对环境空气自动监测网络的集成优化，增设站点、扩展监测项目和引入新技术，建立了一个“金字塔形”的集天地空一体化的环境空气监测网络，弥补了原有监测网络在反映环境空气质量总体水平、污染来源解析、预报预警所需的环境质量信息、对环境空气质量的评估等方面的不足，该网络已成功应用于广州亚运会的空气质量保障。未来天地空一体化仍然是我国乃至世界农业信息化领域的重点发展方向之一。

未来30～50年，建立国家、省、县和乡镇四级的农业资源数据库，提出相应的数据库标准规范，构建农业资源数据库集成与共享技术框架模型，提出数据共享实现策略，突破农业资源数据融合分析理论技术，发展农业资源高效利用模型，开发基于按需服务的农业资源管理数字化平台，全面实现农业资源管理数字化，将成为主要发展趋势。

4. 农业高速网络提升信息化服务

经过多年的努力，我国农业信息化在基础理论、关键技术研究、技术产品研发和应用方面也取得了重要突破。以互联网为主，广播电视网、电信网、卫星网为辅的专业化农村信息服务机构开始出现。

基于无线传感器网络的应用（如图8所示），农业高速网络的发展将逐渐向广域、自组织、高可靠性、节能方向迈进；实现短程通信与远程通信相结合，固定终端与移动终端相结合。

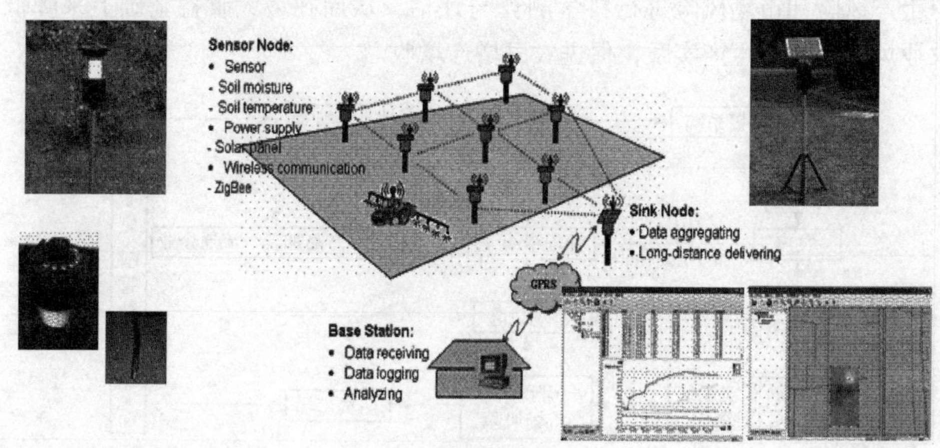

图8　无线传感器网络应用

今后我国农业信息化网络服务的发展方向：

（1）农业信息服务方式向智能化、网络化和多网融合方向发展；

（2）农业信息服务资源向标准化、多媒体化与共享方向发展；

（3）农业信息服务终端向便携式、低成本方向发展；

（4）向现代信息新技术，如智能搜索、网格等信息技术的应用方向发展。

农业的高速网络信息化服务，可使农业的发展能最大限度地缓解“资源约束”，以最小的资源消耗、最低的生态代价和社会成本取得最大的农业产出。

5. 虚拟农业技术搭建产学研平台

近年来，国内外都将虚拟化研究列入科学发展优先规划中。2000年，英国科学家提出了e-Science的概念，即建立一个基于Internet全新的信息化科研环境，解决科学研究中处理问题的规模和可扩展性，实现不同节点的异实验平台数据设备共享。英国2004—2014年的科学规划中，明确提出要将e-Science升级为科研信息化的基础设施。美国自然科学基金会（NSF）在2005—2009年期间保持每年1.2亿美元投入，用于支持网格的研究、开发、应用、平台建设和维护。韩国政府也计划投入1027亿韩元，2010年建设成新一代的信息化科研环境。

我国学者1998年就提出构建虚拟科研环境的设想，1999年国家863计划启动了“国家高性能计算环境”重点项目，2003年国家自然科学基金委员会启动了“以网络为基础的科学活动环境研究”重大研究计划，2008年教育部设立了虚拟试验教学环境关键技术研究与应用示范的重点研究项目。因此，将虚拟化研究引入农业科研活动，建立虚拟农业研究平台将是未来农业科学研究的发展趋势。

通过在计算机中通过虚拟仿真技术模拟生产条件，进行虚拟种植（如图9所示），同时运用适宜性分析工具等进行评估，在农业区划、新品种引种等领域，将大大地提高生产和研发效率。传统农业种植及科研工作，如新品种引种等，都需要进行多年定位试验，不仅耗时、耗力、耗资，还容易受其他因素干扰影响。而通过虚拟农业技术，不仅可以快速模拟实际生产，并能够对结果进行准确定量化评估，从而大幅提升传统农业生产及研发效率。因而，它是未来现代农业发展的主要趋势之一。

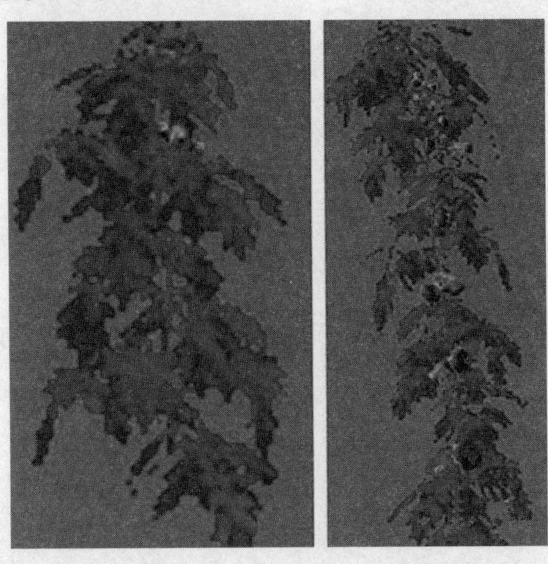

图9　虚拟仿真技术

随着信息技术的发展，农业生产管理、环境监控、生物信息检测正朝着无损化、实时化和功能复合化方向发展，农作模型及决策系统的发展趋势表现为由局部性到系统化、数字化、智能化，由经验性向普适性、虚拟化发展。但不容忽视的是，当前的生命科学研究领域，仍然有很多基础理论、机理机制没有被完全破解，尤其是在生理、生化的探索研究方面仍然存在很多未知的盲区，使得虚拟化技术在应用时受到制约。

虚拟化农业研究平台的搭建，在科研领域中的应用：通过信息化手段进行虚拟种植和适宜性分析，可大大地缩短传统育种、引种等研究的科研进程，提升科学方法和科学技能，解决研究经费不足以及受生产、经营方面制约，科研成果转化难等问题。在教学领域应用时，通过虚拟农业技术，将实际农田带到课堂，可在一定程度上解决教学与实践的脱节问题，实现学而致用，理论联系实际。在农业产业领域应用时，企业通过虚拟化农业研究平台与科研院所进行共享与对接，不仅能够解决技术性制约，迅速及时地将科研成果转化为生产力，促进农业发展，同时能够反过来加速科研进程和教学发展。

如何进一步推进产学研合作的集成创新，这是政府、大学、研究院所、企业及社会各界普遍关注的问题。虚拟化农业研究平台的建设，使产、学、研各自的特长和优势得以充分发挥，有效地促进企业核心竞争力的提升，加快科研领域的研究进程，解决教学与农业实践脱节问题，从而提升产、学、研合作的效率和效果，加快农业现代化进程。

参考文献

[1] 梅方权. 农业信息技术 [M]. 郑州：河南出版社，2000.

[2] 王人潮，史舟. 农业信息科学与农业信息技术 [M]. 北京：中国农业出版社，2003.

[3] 贾善刚. 国内外农业信息网络系统发展特点及趋势. 信息技术与信息管理 [M]. 北京：中国农业出版社，2002.

[4] 李道亮. 中国农村信息化发展报告（2010）[M]. 北京：北京理工大学出版社，2011.

[5] 李道亮. 中国农村信息化发展报告（2009）[M]. 北京：电子工业出版社，2010.

[6] 科学技术部中国农村技术开发中心. 农村信息化技术 [M]. 北京：中国农业科学技术出版社，2007.

[7] 杨正洪，周发武. 云计算和物联网 [M]. 北京：清华大学出版社，2011.

[8] 中国科学院农业领域战略研究组. 中国至2050年农业科技发展路线图 [M]. 北京：科学技术出版社，2009.

[9] 中国互联网信息网络中心. 中国互联网络发展状况统计报告 [R]. 2012-07.

[10] 中国互联网信息网络中心. 中国互联网络发展状况统计报告 [R]. 2011-01.

[11] 中国互联网信息网络中心. 中国互联网络发展状况统计报告 [R]. 2010-07.

[12] 梅方权. 从农业现代化走向农业信息化——迎接新的技术革命和信息社会的到来 [J]. 农业图书情报学刊，1997，(5)：1-4.

[13] 梅方权. 中国农业信息化建设的前景展望 [J]. 计算机与农业，1997，(3)：1-3.

[14] 梅方权. 农业信息化带动农业现代化的战略分析 [J]. 中国农村经济，2001，(12)：22-26.

[15] 沈瑛. 国外农业信息化发展趋势 [J]. 世界农业，2002，(1)：43

-45.

[16] 严泰来. 关于农业信息化的几个问题 [J]. 中国农业科学，2001，34 (21)：88-91.

[17] 宗颖生. 农业信息化问题研究 [J]. 山西农业大学学报，2001，(4)：323-325.

[18] 章德宾. 我国农村农业信息化问题研究 [J]. 武汉理工大学学报(信息与管理工程版)，2004，(3)：71-74.

[19] 李应博，乔忠. 我国农业信息资源配置问题探讨 [J]. 中国农村经济，2004，(7)：74-79.

[20] 郭建. 构筑现代农业的信息平台 [J]. 江苏农村经济，2005，(7)：49-50.

[21] 汪懋华，李莉. 加快推进农业机械化发展的思考 [J]. 山东农机化，2010 (1)：8-10.

[22] 汪懋华. 把握发展机遇加快推进农业机械化 [J]. 农机科技推广，2008，(12)：4-6.

[23] 聂凤英，刘继芬，等. 世界主要国家农业信息化的进程和发展 [J]. 农业网络信息，2004，(9)：15-17.

[24] 杨孝光，廖红丰. 关于推进农业科技化的思考 [J]. 合作经济与科技，2004，(21)：4-6.

[25] 张爱桥. 我国农业信息化发展研究 [D]. 杨凌：西北农林科技大学硕士学位论文，2012.

[26] Ding Kang, Zhu Xiaoyong. A phase difference correcting method on discrete spectrum adapting to any window function [J]. Acta Electronica Sinica, 2001, 29 (7): 32-36.

[27] 金攀. 物联网与设施农业 [J]. 农业科技推广，2010，(2)：45.

[28] 钱平，郑业鲁，熊本海，等. 射频识别技术及其在农业上应用 [J]. 农业图书情报学刊，2005，(2)：16-19.

[29] 王文洋. 基于 RFID 技术的物联网探析 [J]. 科技信息，2009，(26)：203.

[30] Parsons J., Kimberling C., Parsons G., et al Coloradosheep ID project: Using RFID for tracking sheep [J]. Journal of Animal Science, 2005, 83: 119-120.

[31] 熊瑛，向阳. RFID 技术及其在现代养殖中的应用 [J]. 湖南农机，

2008，(1)：19－21.

［32］谢琪，田绪红，田金梅．基于 RFID 的养猪管理与监测系统设计与实现［J］．广东农业科学，2009，(12)：204－206.

［33］耿丽微，钱东平，赵春辉．基于射频技术的奶牛身份识别系统［J］．农业工程学报，2009，25（5）：137－141.

［34］Zhang Qian，Yang Xianglong，Zhou Yiming，et al. A wire－less solution for greenhouse monitoring and control system based on ZigBee technology［J］. Journal of Zhejiang University Science A，2007，8（10）：1584－1587.

［35］杜晓明，陈岩．无线传感网络在温室农业监测中的应用［J］．农机化研究，2009，31（6）：141－144.

［36］郦志刚，卢胜利，刘景泰．面向精准灌溉的传感器网络的研究［J］．仪器仪表学报，2006，27（6）：294－296.

［37］Ampatzidis Y. G.，Vouqioukas S. G. Field experiments for evaluating the incorporation of RFID and barcode registration and digital weighing technologies in manual fruit harvesting［J］. Computers and Electronics in Agriculture，2009，66（2）：166－172.

［38］Bowman K. D. Longevity of Radio frequency Identification Device Microchips in Citrus Trees［J］. Hortscienc，2010，45（3）：451－452.

［39］Hamrita T. K.，Hoffacker E. C. Development of a "smart" wireless soil-monitoring sensor prototype using RFID technology［J］. Applied Engineering in Agriculture，2005，21（1）：139－143.

［40］Spiessl Mayr E.，Wendl G.，Zaehner M.，et al. Electronic identification（RFID technology）for improvement of traceability of pigs and meat［J］. Precision Livestock Farming，2005，50：339－345.

［41］白由路．我国精准农业的技术体系与研究领域［J］．中国农业科学，2000，33（6）：67－72.

［42］郑宇鸣，孟波，刘振环，张锡顺，林郁，杨红钧．"3S" 集成技术在精细农业中的应用［J］．农机化研究，2011，(8)：219－222.

［43］曾燕君，梁桂雄，刘叶新，董天明，琚鸿．广州市天地空一体化环境空气质量监测网络的建设［J］．环境监测管理与技术，2012，5（24）：1－4.

［44］王少毅，曾燕君，琚鸿，等．广州市环境空气监测与预警体系在亚运会中的应用［J］．广州环境科学，2011，26（2）：1－3.

[45] 徐捷，段玉森，黄嫣旻，等．上海市环境空气质量监测体系规划设计［J］．环境监测管理与技术，2009，21（1）：5－7.

[46] 陈建江．对我国环境自动监测发展的思考［J］．环境监测管理与技术，2007，19（1）：1－3.

[47] 杨国才．农业农村信息化云服务平台集成关键技术研究［D］．重庆：西南大学博士学位论文，2012.

[48] 王爱云．农村信息服务云模式探讨［J］．理论视野．2011，（6）：71－72.

[49] 陈敏克，王晋宁，逯张禹，牛艳．基于云计算的农业信息资源共享系统建设研究［J］．农业网络信息，2011，（4）：5－11.

[50] 庄田．云计算对农产品封闭供应链信息化的适用性研究［J］．农业网络信息，2011，（4）.

[51] 彭秀媛，王昕，卢闯，宣锴．云计算在农业领域的应用研究［J］．农业网络信息，2011，（2）：8－10.

[52] 李保国，刘忠．数字农业与农业信息化发展的现状与趋势［A］．中国数字农业与农村信息化学术研究研讨会论文集［C］，2005：14－18.

[53] 沈瑛．国外农业信息化发展趋势［J］．世界农业，2002，（1）：43－45.

[54] 傅兵，曹卫星．美国农业信息化的特点与启示［J］．江苏农业科学，2006，（9）：7－10.

[55] 刘继芬．德国农业信息化的现状和发展趋势［J］．世界农业，2003，（10）：36－38.

[56] 陈国秀．法国农业信息化及其动力因素分析［J］．中国信息界，2006，（3）：19－21.

[57] 张志慧．澳大利亚的农业信息化建设［J］．理论学习，2008，（10）：64.

[58] 陈良玉．印度农村信息化的实践及借鉴［J］．农业网络信息，2004，（4）：36－39.

[59] 杨艺．浅谈日本农业信息化的发展及启示［J］．现代日本经济，2005，（6）：60－62.

[60] 周国民．韩国农业信息技术应用的现状和展望［J］．世界农业，2002，（10）：31－33.

[61] 宣锴，孟未来，路明祥．浅析国内外农业信息化进展［J］．农业网

络信息，2010，(2)：48－50.

[62] 曾小红，王强．国内外农业信息技术与网络发展概况 [J]．中国农学通报，2011，27 (8)：468－473.

[63] 马占军．浅析国内外农业信息化发展现状 [J]．信息技术，2006，(11)：177－179.

[64] 卢丽娜．世界农业信息化进程及发展趋势 [J]．中国信息界，2007，(1)：85－91.

[65] 熊双林．国内外农业信息技术发展应用现状简介 [J]．农业网络信息，2004，(9)：4－7.

[66] 聂凤英，刘继芬，王平，等．世界主要国家农业信息化的进程和发展 [J]．农业网络信息，2004，(4)：15－17.

[67] 孙成明，朱薇，杨一，等．中外农业信息技术发展概况及我国的对策 [J]．中国科技信息，2005，(24)：166－167.

[68] 王强，曾小红．国内外农业数据资源和网络发展概况 [J]．世界农业，2008，(11)：61－64.

[69] 刘淑华，姚玉秀，尚丹，刘芝甡．论国外农村信息化发展 [J]．现代农业科技，2010，(2)：30－31.

[70] 杨文平，胡喜巧．浅论农业信息技术及其发展态势 [J]．吉林农业科学，2010，35 (1)：61－64.

专题V

现代农业服务业及其在北京的实践

北京市农林科学院科技创新能力建设专项（KJCX 201104013）2011. 01—2013. 12

目　录

农业服务业是伴随农业生产力的发展和农业市场化程度的提高而衍生和发育起来的，其服务能力和水平成为衡量一个国家农业现代化程度的重要标志。农业服务业以其自身特有的附加值高、辐射带动作用强特点，已成为推动农业现代化建设的重要内容。目前，学术界对农业服务业推进农业现代化的研究，主要集中在农业科技、农业信息服务业、农业物流、农业金融、农业旅游等专业领域，侧重于产业现状、创新模式和发展对策研究。对于农业服务业的内涵及基本架构，以及农业服务业与农业现代化的关系，如何发挥现代服务业引擎作用，推动农业现代化等内容研究尚显不足。本报告基于产业经济理论，探究了农业服务业的基本内涵、特征、分类。沿着农业产业链构建轨迹，以农业产业升级为目标，从农业产业化和农业功能拓展两个维度，建立了服务业推动现代农业建设的产业融合效果理论解释模型，探讨服务业通过为农业提供高端服务要素推动产业链向“两端和两翼”发展的有效路径。基于北京市农业服务业发展实践，采用 SWOT-PEST 分析方法，提出了北京市农业服务业发展战略及相关对策建议。

一、农业服务业的内涵与构成

（一）农业服务业的含义特征

1. 农业服务业的含义

农业服务业是按社会分工和协作的需要独立出来的，为农业再生产活动提供物质产品、流通手段、服务劳动等企业或组织的集合。

（1）从产业组织看，农业服务业是提供服务商品的企业（组织）集合。根据服务组织性质和提供服务的性质，可分为服务事业、服务产业和合作服务业等类型。

（2）从产业联系看，产业组织是为农业再生产提供各类技术、工艺相似的服务。因此，根据服务商品类型，可分为农业科技服务、金融服务、信息服务、流通服务等产业类型。

（3）从产业结构看，农业服务业是为消费者提供最终服务和对生产者（包括三个产业的生产者）提供中间服务，因此，属于第三产业范畴。

2. 农业服务业的特征

（1）农业服务业具有生产性。农业服务是创造财富的活动。农业服务业的服务对象是农业生产者。服务主体是经营农业生产投入品及为农业生产提供服务的经济实体，包括政府监管机构、国家专业经济技术部门、企业事业单位、农民合作经济组织、农业生产投入品生产和流通市场、其他社会团体和机构等。

（2）农业服务业具有商品性。农业生产过程中从市场购买多种服务作为中间性投入要素，实现农业生产方式和组织方式的变迁，从而提高农业生产效率，这就决定了其社会性质不存在无偿供给。提供农业生产产前、产中和产后的全过程综合配套服务，服务内容涉及生产服务、技术服务、信息服务、金融服务、保险服务等各个方面。

（3）农业服务业具有营利性。在现代经济学中，经济实体被界定为从事生产和经营活动的独立核算的经济组织。是通过提供劳务获得尽可能多的经济收益，以实现劳动力的价值，并实现产业的发展。服务业像其他一般产业部门一样具有赢利属性，是以追求利润、产品的价值补偿和增值为目标的（即使公共服务部门，也追求效益，只不过更注重的是公共效益，属于隐性收入）。

（4）农业服务业具有组织性。产业是由有机组成的小集合（企业、厂商），形成了产业提供服务的能力和规模。生产社会化的规模和程度影响着集合体的内部构成。社会化的程度越高，组织越严密，联系和制约就越复杂和强化。有效的组织方式，有利于集聚和优化配置闲散资金、机械设备、技术人才等生产要素。

（二）农业服务业的分类

1. 按基本内涵划分

（1）狭义服务业。根据我国国家统计局公布的“国民经济行业分类标准”中，《国民经济行业分类与代码 GB、T4754－97》第三产业下的农林牧渔服务业，涵盖了五大行业：农业服务业、林业服务业、畜牧兽医服务业、渔业服务业和其他农林牧渔服务业。从国家标准看，对于这些行业的划分细化到经营主体，且局限于农业内部，属于狭义的农业服务业。这一分类方法，尚不能充分体现现代农业与其他产业之间的广泛联系，为狭义的农业服务业。

（2）广义服务业。包括狭义农林牧渔服务业外，还包含对农业生产进行的各种支持性服务活动，如农业机械、农资、农技、农村市场流通、信息、农业观光、保险、咨询等。为适应经济发展需要，推动与现代农业相适应的服务业发展，2005 年江苏省农林厅从行业角度，对现代农业服务业服务范围进一步扩延，提出了良种服务、农资连锁经营、农产品现代流通、新型农技服务、农机跨区作业、农村劳动力转移和中介服务、现代农业信息、农业观光、农业保险9种行业划分标准。本研究认为，还应增加以工程咨询为代表的各类咨询服务业。从国内研究看，大部分学者认同现代农业建设阶段下，这一分法更具有现实意义。

2. 按服务商品属性划分

服务业所提供的商品的属性，可分为实体服务产品和衍生产品。从这一角度看，农业服务业也可定义为，与农业生产相关联的经营主体为农业提供的生产性服务及衍生服务的产业，即生产性服务业和农业衍生服务业。

（1）生产性服务，又称生产者服务。农业作为社会经济再生产的一个基本环节，再生产过程依赖农业生产经营者以外的其他产业部门提供籽种、化肥、农药、技术、植保、机械等服务商品。生产性服务贯穿于农业生产的整个链条，分为产前、产中、产后三个环节。在这个产业类型中，农业服务产品是农业生产与经营要素，农业生产者是农业服务业的最终消费者。划分标准就是企业为农业提供具有相同或类似的原材料、性能相似的投入品，及为农产品提供市场销售服务。根据所提供服务的自然属性，划分为技术服务、农资、农机、金融、信息、流通、动植物疫病防控、质量监管、农业用水、咨询10项服务行业（见后面论述）。

（2）农业衍生服务。主要指由农产品衍生出来的价值，需要通过服务形式来加以实现。提供衍生服务及其相关服务同类企业的集合是农业服务业的又一种类型。其中，休闲观光、生态、景观、种源、科普、教育等服务，为农业生产衍生服务产品，休闲观光农业、生态和景观服务农业、种源农业等农业服务业产业类型。

3. 按发展阶段划分

从发展阶段上划分，农业服务业有传统农业服务业与现代农业服务业之分。

（1）传统农业服务业。传统农业服务业是与劳动密集型传统农业发展阶段相对应，主要指以政府公共服务部门为主体，通过市、区（县）、乡（镇）、村四级的生产、供销、信用等服务体系，落实政府每年确定服务内容，制订服务计划，下达催种催收等指令性任务。传统农业服务业由于条件限制，服务半径有限，以服务本地为主，社会化和市场化程度低。

（2）现代农业服务业。随着科学技术的进步和信息化时代的到来，农业生产从劳动密集型向集约型转化，服务业不再单纯注重数量上的扩展，更多地表现在品质的增加和质量的提升上，新的现代服务业会不断涌现出来。

（三）农业服务业的性质

农业服务业是经营主体围绕农业再生产的产前、产中、产后环节，构建成一个有机结合、相互补充的组织体系。依据服务组织及其所提供服务的经济性质，本研究将农业服务业分为服务事业、合作服务业和服务产业三类。

1. 服务事业

以满足社会公共需要提供服务产品的政府行为集合叫服务事业，也叫政府公益性服务。服务主体是政府兴办的农业公共服务部门，如农技推广机构、科研院所和高等学校等。我国农业服务业从市县到村一般分成四个层次，即市办、区县办、乡镇办和村办四个层次。市办和区（县）级农业服务业一般都是国家事业单位，有的从事业机构中分离出来转为企业或实行企业化管理。乡镇级服务业属于乡镇政府领导下的集体单位，村级服务业则是在村委会领导下的集体服务组织。

政府公益性服务业，以服务为宗旨，以实现公众最大利益为目的。主要服务对象是广大农民和各级、各类专业服务组织、龙头企业。在农业服务中，一方面维护广大农民权益，搭建农业社会化服务平台，推进农民基本公共服务的均等化；另一方面是围绕农业科技、动植物疫病防控、农产品质量安全监管等领域开展生产性服务工作。主要服务手段是政策支持、财政投入、市场监管、健全法制、完善制度和宣传奖励。

随着政府从“管理型政府”向“服务型政府”演变，出现政府公共服务的外部化，即政府向社会和市场购买公共服务。对于社会和市场能够提供的公共服务，政府不需要设立专门机构并配置人员来参与提供，对于必须供给的公共服务，政府采取向社会和市场购买服务办法完成。

2. 合作服务业

农业生产的特殊性，是为农业生产提供的服务是介于公共服务和经营性服务之间，具有准公益性特征。在农村基本经营制度“统”的层面，社区、集体、经济合作组织充分发挥农村土地集中所有制的优势，加强集体“三资”管理和民主管理，推进产权制度改革，实现集中资产保值，着力增强统一服务功能，特别是水利设施建设、农田灌溉、道路交通、农业信息、农资、农机、农业用水等准公益服务方面。服务主体是中介服务组织，如农民专业合作组织、农业行业协会及农业公共服务部门等。主要服务对象是合作组织内部社员、会员和其他组织成员。服务目标是不断提高农民组织化程度，帮助社员降低自然和市场风险，推进小农户与大市场的有效对接。

3. 服务产业

以增值为目的提供服务产品的生产部门和企业集合称服务产业。这类服务不是为了满足一个家庭内部或生产单位内部需要的自我服务，而是为了满足农业发展商品生产和生产经营需要。因此，这类农业服务业是按社会分工和协作的需要独立出来的，为农业再生产活动提供物质产品、流通手段、服务劳动等企业或组织的集合。服务主体是农业龙头企业、农民专业合作组织及其他营利性民间机构，为农业社会化服务体系的骨干力量，以与其有利益连接的农户、产销基地为主要服务对象，为建立现代产业体系和促进产业化经营，提供物资、技术、信息、加工、销售、管理等综合性服务。

表1　农业服务业基本分类

服务业类型	服务性质	服务特点	服务主体	主要服务领域
服务事业	公共服务	以服务为宗旨，消费上高度的非竞争性与非排他性	政府公共服务部门（公共农技推广机构、科研院所和高等学校等）	关键技术引进、试验、示范，病虫害防治，农产品质量安全监管，农业公共信息服务，农民培训等
合作服务业	准公益性服务	消费上具有非排他性，但不具有非竞争性	（1）政府公共服务部门 （2）农民合作服务组织	农业信息、农资、农机、农业用水等
服务产业	经营性服务	以营利为目的，消费上高度的竞争性与排他性	（1）龙头企业 （2）农民合作服务组织 （3）民间服务机构等	农资、农产品流通、农村金融等

二、现代农业服务业的内涵与构成

（一）现代农业服务业的内涵

目前，对现代农业服务业的内涵界定存在一些分歧。有人反对使用“农业现代服务业”这个概念，更多地使用“现代农业服务业”这一概念。反对的理由是农业与服务业与现代服务业不能简单叠加，它们分属不同的产业。

在同意“现代农业服务业”概念中，也有两种观点。一种观点是农业现代服务业不仅是现代农业的重要内容，而且也是建设现代农业的一个重要切入点（刘立仁，2005）；另一种观点是，现代农业服务业一般是指在传统农业服务业基础上发展起来的，与市场机制、信息平台和高新技术相适应的新型农业服务业（李桐山，2003）。这两个概念的区别在于视角不同和强调的侧重点不同，前者从建设现代农业的视角，更加强调现代服务业改造传统农业，而后者从促进服务业发展的视角，更加强调现代农业条件下如何促进服务业的发展。

本研究认为在传统农业急需被改造的现实背景下，使用“现代农业服务业”更符合当前中国的国情，突出了现代服务业在改造传统农业中的决定性作用。现代农业是一个开放的农业系统，能够和融合其他产业的技术、管理模式、经营理念等先进要素来推动现代农业的发展。因此，使用“现代农业服务业”的概念也更加契合这种趋势，也更合乎产业发展规律。

现代农业服务业，也可以称为现代农业的服务业。是在传统农业服务业基础上发展起来的，与市场机制相适应，借助现代科技、信息技术和现代管理理念等先进要素，为改造传统农业提供服务的一类产业。特征如下：第一，专业化分工细。现代农业服务业，是利用科学技术进行更为精细的专业化分工，由拥有专门人才和专业技术的服务机构，应用专业知识和实践经验，为农业经营者提供某一领域的专业服务。第二，服务效率高。以通信、网络技术等信息技术为依托，扩大服务半径，增强服务效果。第三，具有融合性。现代农业范畴已经超过了第一产业，是一、二、三产融合发展的产业，更强调农业产业体系的建设与功能的整体发挥。因此，现代农业服务业是对农业产业体系建设的服务，突出不同领域科技集成的融合运用服务。

（二）现代农业服务业的构成

借鉴国际产业划分标准，根据所提供服务商品的同质性特征，现将现代服务业划分为四大类 12 种产业。

1. 农业基础服务产业

（1）农业用水服务业。主要内容包括：水利基础设施养护；水务设施运行管理与监督指导；水利工程建设与管理；基层水务队伍培训等。其是加强农村以节水为中心的水利基本建设，保证农业水资源可持续高效利用的基础平台。

（2）农业信息化服务业。主要内容包括：农业信息化基础设施建设；信息资源开发；农产品市场信息系统建设；信息化科学管理决策服务支持；农业信息化高新技术应用等。其是加快现代化农业的必然选择和衡量农业发展水平的重要标志，也是发挥首都农业高端、高效、高辐射的引擎和孵化器。

2. 农业生产和市场化服务产业

（3）农业技术服务业。主要内容包括：通过建立健全农技推广队伍和服务体系，推广一大批新技术、新成果。主要服务内容包括：新品种、新技术引进、试验、示范推广；公共性农情监测、预报和处置；农业投入品及农产品生产过程中的质量安全检测、监测和强制性检验；面源污染防治、生态保护与修复；农业公共信息和培训教育等八项。技术服务是整个农业服务业和农业社会化服务体系建设的基础和重中之重。

（4）农资生产经营服务业。主要服务内容包括：农业投入品的生产、经营服务；农资市场建设；农资技术服务；建立农资诚信制度等。其是农业生产链条中的重要环节，在农业生产中起前置性基础作用。

（5）农机经营服务业。主要服务内容包括：农机具的作业服务、维修服务、机具经销服务和农机供油站点服务等。其是推动农业规模化、现代化和促进农业土地承包经营权流转的服务载体。

（6）农村金融服务业。主要内容包括：农村信贷、农业保险、农业投资、农业担保、农村信用、农业基金等。其是各级政府扶持农业的重要形式之一，是发展现代农村经济的核心。

（7）农产品流通服务业。主要服务内容包括：批发市场、农贸市场、农产品配送中心、物流中心等建设；农产品流通信息网络建设；流通主体产销对接；市场营销促销宣传等。其是促进农产品商品化，提高农产品附加值，增加农民收入的关键领域，也是北京市社会化服务体系比较薄弱的环节。

（8）中介和咨询服务业。为农业经营者开展有偿咨询服务，例如提供市场竞争策略、全面质量管理、劳动管理、企业经营诊断、包括农业劳动力转移中介，农业企业信用评价以及农业工程咨询等服务。

3. 农业公共服务产业

（9）动植物疫病防控服务业。主要服务内容包括：动物疫病和重大有害生物的预测、预报、监控；动植物新发和突发疫情的应对、封锁、控制；人畜共患病和重大动植物疫病的防控；农药、兽药质量的监控和质量检测监督；植物检疫隔离等。其是维护首都社会稳定，保障公共卫生安全的基础支撑。

（10）农产品质量监管服务业。主要服务内容包括：农产品质量安全生产技术服务、农产品质量安全检测服务和农产品质量安全监管服务等。其是保证人民群众的健康和生命安全，落实国家政策，维护政府形象和公众利益，推进社会主义新农村建设，构建和谐社会的服务平台。

4. 农业衍生服务产业

（11）乡村旅游服务业。乡村旅游服务业包括农业休闲旅游和民俗旅游两种产业类型。农户或组织利用田园景观、自然生态及资源环境，结合农林渔等生产、农业经营活动和农村文化及家庭生活，在农业与旅游的结合点上做文章，以“绿色、休闲、参与、体验”为基本特征，发挥农业与农村休闲旅游功能，为人们回归自然、享受田园风光、体验农村生活提供机会。这类服务业是集农业产销、农产品加工、农业旅游服务等于一体的新型农业服务业。

（12）籽种服务业。良种是农业最基础和最具增长潜力的产业。由企业经营，为农业提供优良品种、繁育基地等服务而形成的产业。其中，农业良种，包括为农业种植业生产提供作物种子、种苗、种球等服务，为畜禽生产提供仔雏、种畜、种禽及动物的冷冻精液与胚胎，及提供亲鱼（含鱼苗）及微生物的菌种等其他种业。

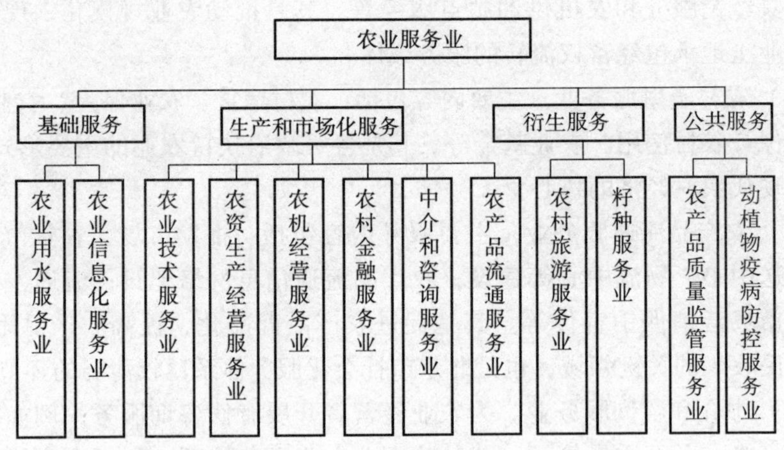

图1　现代农业服务业的基本架构

三、服务业对传统农业改造的路径

（一）服务业与农业现代化的关系

从产业发展的沿革看，服务业与农业现代化始终是相互联系、同步发展和相互促进的。

（1）伴生关系。服务贯穿于农业生产的整个链条，是农业产业链各环节的纽带和“黏合剂”。农业服务业主要是为满足中间需求，向外部企业和其他组织的生产活动提供中间投入服务，与其他产业关联效果大，在整个产业链中，上下游各种服务相互关联，相互依存。例如，农业生产资料供应和产品销售，伴随着农产品的流通和贸易服务出现；农业资金投入需要，伴随着金融服务；农业信息需要，伴随着中介服务等。

（2）同步发展。传统农业伴随着传统的农业服务体系；农业现代化，随之出现的是现代农业服务体系。农业发展扩大了服务业的中间投入需求，从而带动农业服务业发展。由于服务体系的社会化发展，推动农业产业门类由少数到多数进而更丰富、产业规模由小到大；服务业的效率、质量和水平，均是农业规模化、组织化和产业化生产的重要支撑。

（3）互动发展。农业与服务业之间的边界模糊化，出现兼具农业和服务业特征的农业服务业。农业服务业的发展，源于农业中间投入需求的增加，并促进农业生产率的提高。农业服务业发展是一种派生需求带动的结果，如果农业滞后发展，也会从根本上制约农业服务业的发展。

（二）服务业对传统农业改造的路径

1. 农业服务业改造传统农业的理论模型

沿着农业产业链轨迹，以农业产业升级为目标，从农业产业化和农业功能拓展两个维度，建立了服务业推动现代农业建设的产业融合效果理论解释模型（如图2所示）。纵轴与横轴表示融合方向。纵轴表示产业融合的农业产业化发展路径，纵向双向箭头表示农业产业链的延长；横轴表示产业融合的农业功能拓展路径，横向双向箭头表示农业产业链的拓展。在几何上，产业链长度与产业链宽度的乘积，是农业产业链的价值增值总量，二者长度延伸与宽度扩大，将提高农业产业链条的价值增值总量。

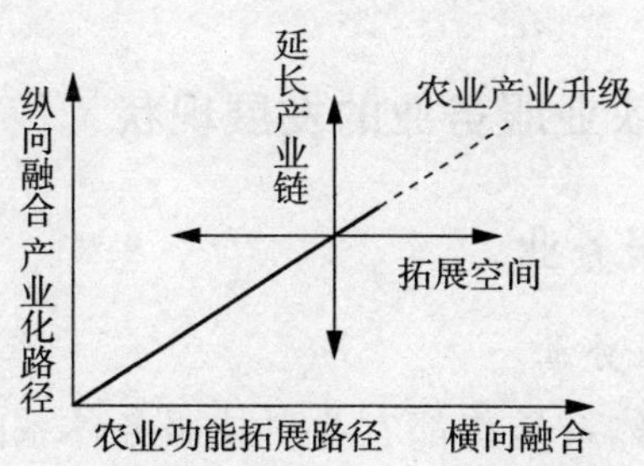

图2　服务业推动传统农业改造的理论模型

服务业与农业融合的本质，就是通过农业服务使农产品的生产、加工、销售等各环节走向一体化，农业与工业、商业、金融、科技等不同领域实现相互融合，推动产业链沿着“两端和两翼”路径发展，加粗和延长了产业链，实现了价值攀升，最终推动了农业产业的升级。

2. 农业服务促进产业链向“两端”延伸

农业服务发挥“黏合剂”作用，农业服务在农业生产与时空上分割的市场需求之间架起桥梁，能将农业从生产到最后销售等环节进行有效整合、链接。服务业以市场为导向，引导分散的农户实现有效聚集，或与加工企业或合作经济组织建立紧密联系，提高了农户的市场地位，将小生产转变为社会化大生产的组织形式。另外，通过将农业再生产过程中的产前、产中、产后诸环节联结为一个完整的产业系统，实现产业各环节的有效联结。在产业化过程中，工业、服务业及其产业化的成果在农业部门得到广泛应用，增加农业产前、产中和产后各环节的增值机会和增值空间，提高了农业竞争力。因此，农业服务业是农产品差异和增值的主要来源，也是农业产业中增长最快的领域，是引领农业产业发展的强大动力。提高农业发展的层次和水平，应沿“微笑曲线”向两端服务拉伸产业链条。

3. 农业服务推动产业向“两翼”拓展

服务业是现代产业体系和实体经济中层次比较高的部分，具有高科技含量、高附加值、高人力资本和高成长性的特点。从产业投入要素看，农业内部传统的有形实物资源投入相对弱化，而信息、研发、咨询、管理、广告、人力资源、金融服务等“软”的无形投入比重相对增加，农业生产经营过程中融入大的信息、金融、知识等“软”要素因素。农业从单一的种植业、养殖业转向了农资供应、农产品生产、加工与流通服务相融合，农业与旅游业、高新技术产业融合发展，最终跨越传统产业分割的藩篱，改善了农业产业结构。

四、北京市各类农业服务业的发展现状

（一）农业科技服务业

1. 农业科技创新服务业

北京农业科技创新体系是首都农业科技服务体系的最核心组成部分，是农业科技创新的源泉。农业科技创新体系是依托国家级农业科研、教学机构，以北京市属的研究院（所、中心）和教学单位等为核心，研究并解决北京都市型现代农业建设过程中关键问题为主要目的，兼具部分公益性推广服务职能体系。

目前，北京有国家级、市级农业科技创新机构44家，其中国家级25家，主要包括中国科学院所属的涉农研究所、中国农科院大部分研究所、中国水产科学研究院、中国林业科学院、中国农机化研究院、中国农业大学、北京林业大学等2所农林高等院校。市级19家，主要包括市农科院有关研究所（中心）、市农机研究所、市水利科学研究所等市属农业科研机构、北京农学院等。建有国家重点农业实验室（指农业方面的或与农业有关的生物技术方面的国家重点实验室）11个，国家工程技术研究中心（农业）7个，农业部重点实验室22个，涉农科研院校科技人员近2万人。

到目前，北京市基本建立了以国家农业科研、教学机构为依托，市属科研院所和高等院校为主导的科技支撑和服务基本格局，在郊区建立了一大批农业科研、试验和示范基地，承担了政府科技入户、农业科技成果转化等项目，建立了"院—区合作"、"校—区合作"模式，一批科研骨干担任了区县农业科技顾问和现代农业产业技术体系专家，还有很多人担任了农村科技协调员、科技入户指导员、农民田间学校辅导员和乡镇职干部，发展了地区产业，培养了大量农民乡土专家，取得了显著效果。

2. 农业科技推广服务业

北京农业科技成果推广服务事业主要由政府部门所属的公益性农技推广系统构成，上接科技创新成果，下接科技成果转化和应用体系，是首都农业科技服务体系中的主体和纽带，承担着重要的公益性服务职能和科技推广职责。

（1）健全推广网络。当前，北京市政府基本形成了"市农技推广总站—区县农业行业服务中心—区县农业站（所）—乡镇农业综合服务中心—全科农技推广员"的基本架构，在种植业、畜牧兽医、渔业、农机化、经营管理5大行业发挥着重要的公共服务作用。截至2011年末，全市建立健全了155个农业乡镇的农业（农林）综合服务中心，赋予其农技推广、疫病防控、农产品质量安全"三位一体"的公共服务职能定位。通过这次改革，基层农技推广机构明确了主要承担八项职能：关键技术的引进、试验、示范及推广；农作物有害生物及农业灾害的监测；病虫害防治和植物疫情处置；农产品生产过程标准化推广和质量安全检测、监测；农业资源、农业生态环境和农业投入品使用监测；农业公共信息服务；农民教育培训；强农惠农政策的具体落实。为使农技推广体系延伸至村，自2010年开始，北京市分4批、累计在10个区县、93个试点乡镇，选聘出2172名村级全科农技员，为全市77.2%的农业村开展技术指导和信息传递，以农民最易接受的方式、最便捷的途径和最快的速度，帮助农民解决生产过程中的技术难题，96.5%的村民对服务内容和效果表示满意。全科农技员成为分布在生产一线，服务农业农村经济发展需求，是公益性农技推广自上而下拓展延伸到村的重要载体。

（2）提高保障水平。为确保科技服务体系顺畅运转，市各级财政、发改、科技等部门进一步加大履行公益性所需经费的投入。经改革核查认定，到2011年底，全市基层农技推广机构有93.5%纳入了全额拨款事业单位，人员经费100%财政拨款，农技人员收入有较大提高，有2/3的乡（镇）农技推广机构有一定工作经费，乡镇农技推广机构专业技术人员人均月收入2800元，比全国乡镇级人员平均收入高8.9%，但比上海低1200元；实施了大兴、密云、房山、延庆4个国家级示范县建设，落实了10个远郊区县基层农技推广体系补助项目和149个乡镇条件建设项目，部分区县、乡镇还建立了村级农业综合服务站点，为村级全科农技员配备了3G手机等设备，农技推广体系的基础设施建设进程得到加快，“两覆盖、一衔接”取得明显进展。

（3）创新服务模式。以支撑与服务农业产业为重点，以提高效能为目标，以优化运行机制为动力，以科技项目为载体，推动服务模式创新。一是依托国家现代农业科技城，在农产品加工、食品安全、籽种产业、设施农业、农村水环境治理等领域北京市组建了10个科技服务联盟，整合技术创新链上、中、下游资源和各类社会主体，形成了企业牵头的产学研用一体化技术创新体系，实现了研发、转化和产业发展的紧密衔接；二是依托科技入户示范工程和基层农技示范县建设，在郊区的12个优势主导产业上，构建了以“首席专家+岗位技术指导员+全科农技员、科技示范户”包村联户技术责任制，集成专家、岗位技术指导员538名，开展划区包片、定岗定责、签约服务；三是凝聚科技创新与推广资源，组建8支产业技术体系创新团队，集成产学研专家404名，打造以产品为单元，从产地到餐桌、从生产到消费、从研发到市场的技术和产品服务链条；四是通过推广农民田间学校，形成以农民为中心、以田间为课堂，以参与式推广方式为特征的农民培训培养模式。

（二）农业生产资料供应服务业

农业生产资料，是指用于农产品生产和保证农产品生产顺利进行的物质材料及其他物品。本研究主要包括农药、肥料、兽药、饲料及饲料添加剂、农机具及零配件和农膜等农业生产最常用的主要农业生产资料服务产业。

1. 农机具及零配件服务

北京农机作业服务分为公益性农机服务机构和经营性农机服务体系。前者主要包括公益性推广机构、农机化培训学校和农机安全监理机构，后者主要包括农机社会化服务组织、农机维修企业、农机燃油供应企业等。

(1) 公益性农机推广机构。截至2008年，全市市级农机推广机构1家，即北京市农机试验鉴定推广站，实有人数56人。全市13个区县农机推广站（农机研究所）实有人数287人，乡镇推广机构134人。市级推广机构中，专业技术人员占68%，区县技术人员比例不到40%；全市区县农机推广机构中只有42人具有中、高级职称，不到总人数的15%。

(2) 农机作业培训机构。目前，全市有延庆、昌平、大兴、房山、顺义、平谷、通州、怀柔、密云、丰台10个区县保留了农机化学校10所，在职人员382人，35岁以上人员占总人数的73%以上，结构趋于老化。专业技术人员138人，占总人数的36%。专业技术人员中，具有中高级职称的人数仅44人，仅占专业技术人员的31.9%，不到总人数的12%。

(3) 农机安全监督管理体系。全市、区（县）、乡（镇）农机监理机构199个，其中市级1个，区县级14个，乡镇级185个。共有人员438人，其中市级28人，区县级174人，乡镇级236人。40岁以上的人员占总数的66%，有中、高级以上职称的人员只占23%，超过一半的人员没有专业技术职称。

(4) 农机作业社会化服务组织。2008年全市拥有农机作业服务组织和农机户44844个，从业人员50853人。其中农机作业服务组织914个，从业人员4648人，农机户43930个，从业人员46205人。截至2009年8月，全市共有63家农机服务组织在工商部门注册为农机专业合作社。

(5) 农机维修企业。全市共有农机维修企业600家，农机具及零配件经销企业163家，其中有524家农机维修企业申领了维修技术等级证书，以三级维修企业为主，共438家，占总数的近84%。全市没有一级维修企业，二级维修企业也仅有20家，不到总数的4%；另有66家取得了专业维修资质。2008年农机维修企业收入3516万元；农机具及油料销售收入945万元。

2. 其他农业生产资料服务业

农药、肥料、农膜、饲料和兽药等农业生产资料通常是混合经营。北京市围绕打造首都农资高端、安全、放心品牌的核心任务，力求建立政府可控、农民可信、企业可为、立足北京、面向全国的新型农资服务体系。

(1) 建立多元化农资供应服务体系。北京本着“政府引导，企业主体，市场运作”的建设思路，建立了以供销社、龙头企业、农资经营连锁店等多种形式有序竞争的农药、肥料、农膜、饲料和兽药等农资生产和经营服务体系。第一，农药配送连锁服务。截至2011年底，市级连锁配送服务站89家，县级连锁配送服务站22家，占全市经营店的8.3%。北京市农药生产企业37家，年生产量8000吨左右。农药经营企业约1300家，年经营量3844吨。本市全年农药使用量约4000吨，总额约1.5亿元。第二，肥料企业。全市肥料生产企业150家，年生产量140万吨，其中有机肥10万吨，其余大部分为复混肥，产值30亿元。肥料经营企业约1600家。本市年肥料使用量在58万吨左右，总额约12亿元，60%由外埠生产。本市无大化肥生产厂家，所需大化肥全部从外埠购入。第三，农膜企业。全市只有1家农膜生产企业，年设计生产能力1500吨。本市农膜年使用量约1.3万吨，总额约18亿。其中，通过市农资公司销售约9000吨。第四，饲料和兽药生产服务。全市饲料生产企业376家，浓缩、配合、单一饲料生产企业158家，添加剂和添加剂预混料生产企业218家。生产数量为294万吨，外销约一半，产值约68亿；饲料经营企业200家；全市商品饲料市场容量约为164万吨，总额约30亿元。全市兽药生产企业55家，年产值约5.1亿元。兽药经营企业231家，年销售额约10亿元。

表2　北京市部分农用生产资料生产与经营情况（2011年）

	生产			经营		
	生产企业（家）	年产量（万吨）	产值（亿元）	经营企业（家）	销售量（万吨）	销售额（亿元）
农药	37	0.8	3.0	1300	0.3844	1.44
肥料	150	140.0	30.0	1600	58.000	12.4
农膜	1			—	0.900	12.4
饲料	376	294.0	68.0	200	164.000	37.9
兽药	55	—	5.1	231	—	10
合计	619		106.1	3331		74.14

资料来源：课题组调研整理。

（2）大力发展农资连锁配送服务。按照“六统一”标准，即统一门面、统一配送、统一购销档案、统一货源品种、统一规范价格、统一服务标准，通过开设同一总部下的若干门店，建立在统一配送基础上的加盟连锁经营，有效连接供应端和客户端。目前，北京市已形成了以北京农资公司为龙头，以10个区县农资公司为依托，加入农资连锁经营的门店1200多个，约占全市农资门店总数的1/3。农资连锁配送服务主要有以下三种模式：一是依托专业技术部门开设农（兽）药连锁配送站点，如农药连锁配送服务覆盖面达到

12个县区，覆盖蔬菜生产的60%左右；又如，植物医院，从1984年开始推广，1996年全市有植物医院180多个，88%为乡镇级植物医院，服务覆盖面达70%左右。主要服务形式是开放买药、技术咨询、小型植保器械租赁等。二是农资连锁经营企业开展直营、加盟、自由连锁经营，如中日合资北京三浦百草农化产品连锁有限公司，在大兴、通州、顺义等20家生物农药、生物肥料加盟连锁店。三是建立其他连锁经营模式，如农资农技双连锁服务模式、骨干企业经营模式、农资服务超市模式、农资协会模式等。

（3）建设北京农资交易服务中心。着力于现代流通方式和现代手段相结合，2010年，北京在顺义建立了农资交易服务中心。该中心将传统的农资流通模式与现代的电子网络、商业模式进行融合，着重突出交易和服务功能。通过优质农资商品展销平台、中远期农资产品电子交易撮合平台、农资新技术推广平台、商品质量监测平台、农技咨询服务平台、农业信息沟通平台、仓储物流配送平台、培训互动交流平台、产品与技术会展平台和配套综合服务平台等打造符合北京地域特色的高端农资市场，并成为立足北京、辐射全国的农资产品交易服务门户。

（三）农产品流通服务业

农产品流通是农业产业链中的重要环节。农业其他功能的实现，都离不开流通环节。目前，北京市农产品流通经营主体有：

（1）批发（交易）市场。到2011年底，北京年交易额在亿元以上的大型农副产品批发市场已达到26个，占全国年交易额在亿元以上的大型农副产品批发市场的4%；亿元以上批发市场交易额为440亿元，占到了全国亿元以上批发市场交易额的6%。另外，还有中小型农产品交易市场、农贸市场、路边集贸市场等。同时，市场的单体规模也在迅速扩大，出现了北京新发地、锦绣大地、顺鑫石门等一批具有行业影响力和较大规模的大型农副产品批发市场。

（2）产销合作社（协会）。各种产销协会和农业合作社在北京特色农产品流通中扮演了重要的角色。这些组织主要可分为三种。一是农民合作兴办的合作经济组织，如大兴区庞各庄西甜瓜产销合作社、门头沟区绿纯蜂业合作社等。这些合作社多由农户自愿联合建立，贴近严格意义上的合作制组织，在帮助农民销售上起到了很大的作用。有的合作社还注册了商标，并建有专供渠道。二是由农业服务组织转制兴办的，如各种农副产品流通协会、供销协会等。这类组织有政府的支持，有能力统筹地区内的各种资源，协调农产品的销售和流通。三是农民组建公司，如大兴的老宋瓜王科技发展有限公司等。这些公司一般采取“公司＋农户”合作方式，并拥有公司自己的生产基地，除销售外，这些公司还进行农产品加工或拥有采摘园，拓展观光采摘项目。

（3）物流基地、流通型龙头企业。直接配送商场、超市销售也是北京特色农产品流通的重要渠道之一。其中包括与超市、商场合作进行专门销售，在商场、超市以店外店方式销售、进入超市自销等。这一渠道包括的商场和超市主要为北京本市的大型商场和连锁超市，如物美、家乐福、沃尔玛、华联、超市发等。而农产品主要还是通过上文提及的一些合作经济组织，以及专业的配送中心进入这一渠道的。如大兴的农超对接模式。

（4）农业观光采摘园区。北京市在2004年起推出了设立观光农业示范园的活动，目前已经批准了50家农业企业为观光示范园。这些示范园大多集采摘、旅游、科研、生产为一体，很多园区都拥有自己的品牌，进行产、供、销一体化运作，在科研和大规模生产的同时自己开发渠道销售产品。目前北京市知名度比较高的几家观光园有朝来农艺园、顺义三高农业园、富恒观光农业园、老宋瓜园等。以樱桃为例，全市樱桃观光采摘园采摘的比重占到全市樱桃总产量的50%以上。除了大型的观光农业园外，还有一种观光采摘方式是以中小农户为主的。这些农户在产品上市季节发布采摘信息，吸引散客到自己的农田采摘农产品。这种采摘方式也受到了一定程度的欢迎，但销售量所占的比例较小，销售价格相比专业的观光园也要低很多。

（5）网络销售（物联网）。现代农业信息技术的应用，加速了农产品流通速度。网络销售作为一种新兴的流通形式，在北京特色农产品流通过程中使用得逐渐增多。针对大兴西瓜通过“中国西瓜网”“乐平西瓜网”“快乐绿邦网上商城”“红黄蓝网络社区”等网络渠道进行销售。平谷桃园村建立了自己的网站，通过桃园村网站这一平台销售本村的特色农产品如大桃、核桃等，获得了很大的成功。

（四）农产品加工服务业

北京市围绕区域优势主导产业，重点抓好一批深加工项目，最大限度地挖掘农产品的价值，培育了一批经营规模大、辐射范围广的农产品加工企业。据调查，2007年北京市第一产业范畴的乡镇企业有3926个，从业职工3.39万人，营业总收入22.3亿元；农产品加工企业505个，销售收入283亿元，其中规模企业312家，销售收入259.9亿元；到2008年底国家级、市级农业产业化龙头企业达到74家，其中国家级龙头企业30家。一部分高效农业企业、工厂化生产场所转制为农业科技园区，以科技孵化促企业发展的示范作用得到显现。一些股份制企业、民营企业、私营企业和外商合资、独资企业成为农业社会化服务的重要力量。北京市还支持农产品加工企业利用资本市场进行直接融资，建立了“企业+农户”“企业+基地”的利益联结机制，龙头企业与农户之间通过签订合同、结对帮扶等方式，实现了原料供应稳定，产品销售畅通的双赢局面。

（五）农业信息化服务业

农业信息化是加快农业现代化的必然选择和衡量农业发展水平的重要标志，也是发挥首都农业高端、高效、高辐射的引擎和孵化器。

1. 农业信息网络建设

北京农村信息网络设施以企业建设为主，在广播电视、电信网络建设基础上，政务专网光纤网络“村村通”覆盖率达到95%以上。目前，10个远郊区县政务专网的建设运行主体均为本区县政府。建设均采取政企合作方式。运营方式包括政企共有企业运营、政府租用企业网络、政府制定接入使用标准、政府拥有企业运营等。同时，移动网络建设应用步伐加快。从2007年3月开始，中国移动通信集团北京公司参与、服务于首都新农业信息服务，建设应用北京移动农网。根据北京移动公司在北京郊区移动信号区域覆盖率99.95%和郊区农民手机拥有率相对较高（60%~80%）的实际情况，采取“有线信息网络+信息机（农信机）+无线移动信息”模式，搭建北京移动农网信息平台。四级所需硬件设备（包括市农委、郊区各区县农委、每个乡镇各一台信息机、每个村委会一部农信机），由中国移动通信集团北京有限公司免费配备。四级运行主体包括市和区县两级的涉农信息工作机构，以及乡镇、村的行政事业负责人员。到2009年底，市级涉农各部门和13个郊区县共安装信息机200多台、农信机近4000台，覆盖郊区农民近40万户，每年可发送实用短信1000余万条次。

2. 农村信息终端拥有率

近年来，郊区农村基层已建设各类信息服务站点1万多个。包括农村党员干部现代远程教育站点4233个、农产品市场信息服务站点150个、农业科技远程教育站点452个、农村数字家园站点823个、农村文化信息资源共享站点3118个、爱农信息驿站1504个、政务公开触摸屏站点700个。经过几年的投入和建设，基层信息终端设备的拥有普及率得到了有效提高。第二次农业普查资料显示，新农村常住户每百户拥有彩电 105 台、电脑 16 台、固定电话 72 部、手机 112 部。到 2009 年底，10 个远郊区县固定电话用户超过 200 万户，其中数字环路宽带用户（通称 ADSL）超过 80 万户。远郊有线电视注册用户已超过 130 万户，其中数字电视用户已超过 40 万户。

3. 农业公共信息服务

农业网站信息服务的内容以农业生产和农村经济为主。服务的对象有居住在农村、从事农业生产经营活动的农民和所有城市居民。信息技术应用和信息服务普及，对于经济发展、农民增收的作用是显而易见的。例如，大兴农副产品电子商务交易体系，共实现农产品销售 1475 吨，成交额达到 1000 余万元；平谷区桃园村利用网络销售大桃创造利润达 50 万元；网络平台助通州区上万亩土地经营权流转；密云县庄稼汉写博客半年收入 20 万元。

涉农信息服务内容不断丰富。经过多年的建设和积累，北京市涉农信息服务资源由早期的工作动态信息，逐步扩充为农业生产、市场、科技、农资、企业、专家以及政策、质量安全等多种信息资源门类，农业信息应用系统数十个、数据库数百个。其中：北京农业生产信息资源主要包括粮经、畜牧、蔬菜、水产、农机、兽医、能源七个行业。2008 年，经过系统整理，北京市农业局全部生产资源包括了 7 个类别、25 个小类，共 27 万多条数据，信息总量达 2.74G 字节。

农业信息资源统一管理。北京市对海量信息统一组织管理，构建了科学的知识导航系统，形成结构合理、管理科学、媒体多样、反应迅速的公益性农村科技信息资源保障体系，成为北京市农业信息服务建设重要的信息源头。农村政策法规数据库收集了 1949 年新中国成立以来，农林方面相关的政策法规，为相关部门决策和个人查询提供权威的政策法规数据资料，并包含大量涉农维权案例，对农民的生产趋利避害、降低风险，提供充足的参考资料。目前数据量已近 5 万条。

农村互联网用户快速增加。截至 2008 年 12 月底，北京市的网民或称互联网用户（半年内使用过互联网的 6 周岁及以上中国公民）数量达到了 980 万人，网民普及率（即北京市网民占北京市总人口的比例）为 60.0%，较 2007 年底普及率提升了 32.9%。其中居住在农村的网民 175 万，占全市网民的 17.9%。农村网民比例比 2007 年底提升 2.6 个百分点。

农业信息服务成效初显。初步实现行政审批事项网上输功能，通过市级涉农各部门的政务公开网站和各郊区县人民政府政务网站建设，基本形成了互通互联、整合资源、网上咨询、网上审批等职能。市级涉农部门、郊区各区县政府及其办事机构的职能任务、机构设置、联系方法全部在互联网上公布，种子、农药、化肥的经营资格，畜禽养殖场设立审批，饲料企业年审年检，饲料添加剂生产许可证等，都已经可以在网上办理。郊区企业、农民和城市居民逐渐享受到更为方便、快捷、准确的信息服务。

（六）农村金融服务业

近年来，北京市已形成了商业性金融、合作性金融、政策性金融相结合的农村金融服务体系。初步建立了农业投资公司、农业担保公司、农投基金“三位一体”的投融资平台，支持农业规模化和集约化发展。传统金融机构涉农贷款余额不断增长，村镇银行、小额贷款公司、农民资金互助社等新型、小型农村金融主体加快发展，政策性农业保险不断扩大规模。

在农村信贷方面，涉农贷款余额不断增长，按照中国人民银行和国家银监会“涉农贷款专项统计制度”新口径，2008 年北京市金融机构涉农贷款余额为 689 亿元，比 2007 年增长约 37.8%。其中，农户贷款 47 亿元，农村企业及各类专业合作组织贷款 376 亿元。有关数据表明，近七成农民贷款总额正在由 2 万元以下向 3 万元以上转变，后者的需求将达到 42.3%。企业单笔贷款金额增长趋势更为明显，40% 以上的企业贷款金额正在由 50 万元以内向 100 万元以上转变，约 10% 的企业贷款需求将达到 1000 万元以上。农户贷款用途逐步由生活需求型转向生产投资型，涉农贷款用途不断升级，农户贷款行为正从传统耕作季节性需求向长期性需求转变。农户年度贷款需求较以往有小幅提升，需求达 5000 元以上的比例从近三年的 29.0% 上升到未来的 38.2%。企业贷款需求和行为也更趋于长期化，42.0% 的企业希望银行能提供 1 ~3 年期的中长期贷款。

在农业政策性保险方面，政策性农业保险不断扩大规模。截至 2008 年底，北京市政策性农业保险共收取保费 2.5 亿元，总保额达到 63.3 亿元，已经覆盖了全市主要农业资源的 30%，提前实现了“十一五”规划目标。参保农户 16.4 万户，占全市农业生产经营户的 25%。2008 年全市已有 7.9 万户农民受灾后获得赔偿，赔付资金数额达到 1.9 亿元，接受理赔农户户均达到 2400 元。

（七）乡村旅游服务业

北京市休闲农业兴起于 20 世纪 80 年代末。产业形态从简单的“吃农家饭、住农家院、摘农家果”，向休闲、体验、养生、健身，乃至商务、度假等功能多样化、产业融合化、服务综合化方向发展；在空间布局上，乡村旅游项目从最初的分散在旅游景区、景点周围，向近郊、平原、山区全方位发展；经营规模上，从一家、一户、一园的分散状态，向一沟一谷、一片一带、一个乡镇甚至几个乡镇的规模化、集群化方向发展；经营主体上，从以农户经营为主，向农民专业合作社、社会资本参与、专业酒店托管等投资主体多元化、股份社会化、经营专业化方向发展；发展成效上，休闲农业从最初的副业、零打碎敲、星星点点，向区域性主导产业、支柱产业发展，在郊区有些乡镇、地区，乡村旅游已经成为农民增收的主要来源。

近年来，北京乡村旅游总收入年增长率达到 18.4%，2012 年，达到了 35.93 亿元，以休闲观光农业收入为主。乡村旅游收入（包括休闲农业和民俗旅游）与农业总产值比值为 1∶10。截至 2012 年，北京郊区开展观光休闲服务的农业观光园有 1283 个，接待游客 1939.3 万人次，实现收入 26.88 亿元，生产高峰期从业人员 4.89 万人。与 2005 年相比，经营总收入和接待人次增长迅猛，达到年增长 19.1% 和 11.7% 的速度。从 2005 年到 2012 年，北京民俗旅游产业总收入和实际接待人次，年增长速度达到了 16.3% 和 12.1%。近年来，北京市加强集生产、生活、生态于一体的观光农业休闲园建设。

表 3　北京市乡村旅游服务业发展状况（2005—2012 年）

年份	2005	2006	2007	2008	2009	2010	2011	2012	年增长率（%）
乡村旅游总收入	11.021	14.14	18.1	18.87	21.33	25.15	30.4	35.93	18.4
农业观光园个数（个）	1012	1230	1302	1332	1294	1303	1300	1283	3.448
生产高峰期从业人员（人）	40729	52828	51392	49366	49504	42561	46038	48906	2.648
接待人次（万人次）	892.5	1210.6	1446.8	1498.2	1597.4	1774.9	1842.9	1939.3	11.724
经营总收入（亿元）	7.881	10.49	13.15	13.58	15.24	17.8	21.72	26.88	19.157
从事民俗旅游实际经营接待（户）	7268	8726	10323	9151	8705	7979	8396	8367	2.032
从事民俗旅游接待的人数（人）	14070	18253	20750	19421	19790	16856	18232	18705	4.152
民俗旅游接待人次（万人次）	758.9	982.5	1167.6	1205.6	1393.1	1553.6	1668.9	1695.8	12.172
民俗旅游总收入（亿元）	3.14	3.65	4.95	5.29	6.09	7.35	8.68	9.05	16.325

资料来源：《北京市统计年鉴》，2006—2013 年。

（八）籽种服务业

籽种是农业生产的基本生产资料，是保证作物产量和质量的根本内因，拥有和控制优良种子，发挥品种资源优势，就意味着掌握了现代农业建设和市场竞争的主动权。从现代农业产前、产中、产后的产业化链条来分析，籽种对农业产业增长的贡献率达到30%～40%，且社会效益巨大。北京种业经过几十年的建设发展，特别是“种子工程”的实施，使种业科研、基础设施、种子贸易等方面都取得了长足发展。按照面向世界、立足北京、服务全国的目标，北京籽种产业形成了“三个中心、一个平台”，即全国农作物种子研发中心、全国农作物种子交易中心、全国农作物种子信息中心和首都现代农业育种服务平台。

（1）北京已经成为中国最大的籽种交易和贸易中心。聚集籽种企业1400家，全球前10强有8家研发或分支机构，约6000家金融机构。近几年来，北京市种业销售增长迅速，年均增长率达到9.8%（见表4）。2008年北京市农作物种子交易额已超过37亿元，占全国种子市场份额的10%左右，占全球种子市场份额的1%左右；进出口种子贸易额已达6000万美元左右，占全国进出口贸易额的35%以上，占全球贸易额的2%左右。北京种子企业主要集中在朝阳、海淀和丰台，企业密集度居全国第一。中国种子集团、德农种业、奥瑞金种业、金色农华种业等大型种子企业交易额达到10多亿元，约占北京市种子交易额的50%，占全国交易额的5%左右。“国家现代农业科技城通州种业园”通过建设种业研发中心、种苗繁育中心、展示交易中心，聚集人才、企业、研发机构资源，研究制定良种繁育的标准规程，构建“育繁推”一体化产业链，开展育种研究、试验示范、展示推广活动。目前，美国杜邦先锋良种有限公司、法国利马格兰、北京德农等30家企业入驻园区。“国家现代农业科技城顺义园”以北京国际鲜花港为主体，已成功举办三届菊花文化节、三届郁金香文化节、两届百合采摘节、一届年宵花展，共计9次大型市级花事活动，共接待游客200多万人，吸引北京市花木公司等20多家花卉企业入驻园区，为企业新品种、新技术的展示，搭建交流合作平台，园区通过引进国外大型知名企业入驻，形成产业集聚效应，带动区域经济发展。

表4　北京市种业销售情况（2006—2012年，1978年不变价）

年份	2006	2007	2008	2009	2010	2011	2012	年均增长率（%）
种业销售收入（亿元）	1.2	1.5	1.6	1.9	2.1	2.4	2.1	9.8
农业产值（亿元）	36.7	40.9	43.2	45.5	46.2	48.5	51.1	5.7
比值	3.23	3.64	3.60	4.08	4.44	4.99	4.06	

资料来源：《北京市统计年鉴》，2007—2012年。

（2）北京是全国科研育种中心，种业技术研发能力处于全国领先水平。北京是全国种业科技创新中心，聚集了全国最具实力的种业科研、教学机构，育种单位80多家，从事育种专家和工作人员1000多人，种质资源40余万份，每年新育品种400个左右。北京市品种选育水平在全国一直处于领先地位，形成了玉米、小麦、大豆、马铃薯、瓜菜等多种作物名牌品种系列，并已在全国推广普及。2003年玉米品种“农大108”在全国推广面积达到4000多万亩，占播种面积的10%，新增社会经济效益60多亿元。

（3）北京是全国种子信息交流中心，全国新品种展示平台。北京是国家种业权威信息发布地，每年的北京种子交易会，不仅进行种子交易，而且是种子市场重要信息汇集和交流场所，建成了“10+1”农作物品种试验展示网络。大型种子企业看好北京的中心辐射作用，逐步将总部搬迁到北京，或在北京创立种子企业。在全国外商投资种子企业42家中，北京有10家；国际跨国公司如孟山都、杜邦、先正达等种业将总部落户北京。北京连续举办18届全国种子大会，成功申办2014年世界种子大会，2011年种业交易额71.25亿元，2009—2011年种业技术合同成交额分别为0.64亿元、0.91亿元、2.1亿元。

（4）首都现代农业育种服务平台。2005年在北京市科学技术委员会的倡议下，北京以农业新品种选育为出发点，广泛凝聚科技资源，建立了“首都现代农业育种服务平台”。目前已聚集了56个单位，500多名专家及高端人才，集成500多台（件）价值上亿元的仪器设备、40余万份种质资源，培育出新品种28个，包括通过国审推广面积亿亩以上的京科968、农华101等重大新品种2个（作物）。创制玉米DH系6856份，小麦1000份，蔬菜DH1282份，向多家企业以协议形式累计发放有价值的玉米DH系1120多份，还向国家作物种质库提供1000份（DH系，Doubled Haploid，即由单倍体加倍获得的双单倍体，可直接用于育种，极大地缩短育种周期）。在北京昌平、顺义、大兴、通州等区县协调建立示范展示基地。依托新品种展示、示范、观摩、培训和宣传等全方位的工作，带动了京郊籽种产业发展。“首都现代农业育种服务平台建设”围绕种业自主创新与高端产业培育，通过建立种质资源协作的新机制，突破制约种业竞争的知识产权瓶颈；通过搭建为企业服务的DH工程化育种服务平台，促进良种创制与育种技术共享服务，服务作物重大新品种选育。

（5）种子管理逐步法制化，促进了京郊良种化、农业增产和农民增收。北京市在品种管理方面，严格执行新品种试验、示范、审定和推广程序，每年安排400余个新品种进行区试。北京的种子管理与推广已实现“三化”（法制化、规范化、良种化）的良好格局，为带动“三农”（循环农业、休闲农业、观光农业）的全面发展，实现都市型现代农业的目标，对推动京郊农业实现“三增”（作物增产、农业增效、农民增收）发挥了重要作用。以现代生物技术为支撑的籽种产业，正在成为推动北京都市型现代农业全面发展的龙头。

（九）中介与咨询服务业

1. 农村劳动力就业服务。近几年来，北京市在政策上对农村劳动力转移培训的支持力度不断加大，相关服务机构积极开展农村劳动力培训，不断创新农民培养模式，积极创造新的就业岗位，初步形成了乡镇就业服务网络与市区就业服务机构的信息联网、资源共享的城乡统筹就业信息服务体系。

（1）充分重视并制定政策措施。为促进农村劳动力就业，从2002年起，市政府就把安排农村富余劳动力就业列入折子工程，每年新增5万个非农产业就业岗位；2003年市劳动局和市农委联合出台了《北京市加强农村富余劳动力就业工作的意见》，从增加劳动力就业渠道、建立城乡统筹的就业管理制度与服务体系、加强就业指导等方面提出了明确意见。2003年实际向二三产业转移7万人。

2004年初，市农委等六部门联合出台《关于做好2004—2010年北京市农村富余劳动力转移培训工作的意见》，建立了京郊农村富余劳动力转移培训工作联席会议制度。2004年上半年，市财政投入1000万元，区县财政实际投入2541.8万元。大兴、门头沟、密云等地成立农村劳动力就业工作领导机构。各区县都有农村劳动力转移政策，部分区县的补贴政策、岗位开发政策、灵活就业政策具有超前性和探索性，对制定全市统一的政策具有重要参考价值。

（2）积极开展农村劳动力培训。北京市各地加大了农村富余劳动力转移培训的投入力度，开展了内容广泛、形式多样的实用技术技能培训。推广农民田间学校，形成以农民为中心、以田间为课堂，以参与方式为特征的农民培训培养模式。实际开办学校800所，培养农民学员2万余人，培养出有实践经验、有技术专长、有带动能力、热心公益事业、不占政府编制的田间学校农民辅导员、动物防疫员、林果乡土专家、社区植保推广员等“准农技员”4400多人，发展农业科技示范户1.7万人。此外，阳光工程、科技惠农工程、农村远程教育工程、设施农业骨干农民培训工程、“走出去、请进来”等，你方唱罢我登场，科技资源源源不断到村入户，公共服务普及程度全国领先。

（3）积极开发新的就业岗位。①开发新的农业社会化服务就业岗位。近年来北京市在山区生态林管护、农村水资源管理上开发了生态护林员和水管员两类农业社会化服务就业岗位。以上两类人员由市财政实行服务补偿机制，月人均补偿400元和500元，共安排服务岗位5.7万个左右。②大力发展郊区二三产业，培育新的经济增长点，扩大就业空间。郊区区县在招商引资中重视吸引劳动密集型企业，安置本地区劳动力。大力推进民俗旅游、观光农业等第三产业发展，近几年来全市农业观光园和民俗旅游吸纳了大量的劳动力，2005—2011年全市农业观光园生产高峰期从业人员平均为47488.29人，从事民俗旅游实际经营接待户平均为8650户。③通过引进服务性行业增加就业，如昌平区东小口镇推荐本地劳动力到新成立的超市做导购员、收银员、保洁员等；到巴士公司新开通的线路上做司机、售票员；安排本地劳动力进入城镇绿化队、清洁队、联防队等，在社区服务中就业。进一步挖掘农业内部的就业潜力。

(4) 加强农村劳动力就业服务。建立了农村富余劳动力就业登记制度，开展乡镇职业介绍所建设，凡符含相关条件及有在二、三产业就业要求的农村富余劳动力，均可到当地乡镇职业介绍所进行就业登记，在乡镇职业介绍所或区县职业介绍服务中心求职择业。用人单位招聘农村富余劳动力，按规定与劳动者签订劳动合同。部分中心村建立起就业服务站，或明确专人负责。初步形成区县、乡镇、村三级就业服务组织管理网络。

2. 农业工程咨询服务。工程咨询是以技术为基础的智力服务型行业。北京有众多的科研院（所）、设计规划院、咨询公司，智力资源的丰度与质量在全国首屈一指。据不完全统计，截至2008年底，北京在农业领域具有国家工程咨询（甲、乙、丙级）资质机构有18家，在农林领域具有从业资格的国家注册（投资）咨询工程师144名。除此之外，还有相当数量的机构和人员，从事农业与农村规划、工程设计、项目策划、项目可行性研究与评估等农业技术咨询、工程咨询服务。这些咨询服务力量，每年为政府部门和投资者提供大量经济建设和工程项目的投资决策与实施等方面的咨询服务。随着市场经济的发展，各类市场和投资主体对工程咨询的需求越来越重视，农业工程咨询服务业正向市场化、咨询机构企业化、管理规范化、国际化等方面发展。

五、北京市农业服务体系模式创新

（一）政府公共服务事业经营模式

服务型政府经营的农业服务事业，主要采取政府主导和政府引导两种模式，向社会和市场购买农业公共服务。

1. 政府主导型

各级公益性农业服务机构，采取创办综合服务实体、政府购买服务、搭建信息平台等服务手段，引进科技资源，有针对性地进行开展农业工作。

（1）创办公益性综合服务实体。一些政府服务部门走服务实体化、物化技术产业化的路子，兴办农业综合服务公司、农民专业合作社服务中心、植保公司、流通企业、科技示范园、科技示范基地等，开展农业生产技术指导、灾情预报、农产品加工与销售、农产品检验检测等综合性农业服务，使农民从复杂的农业产、供、销管理系统中解脱出来，安心于专业化生产管理，分享二、三产业的附加成果，极大地体现了现代农业的社会化分工。

（2）政府购买服务。政府将服务事项直接交给有资质的社会组织或个人完成，并对其服务的质与量进行评估后支付委托费用。根据出资主体的不同，该模式还可进一步划分为市级财政出资购买服务、区县级财政出资购买服务和二者共同出资购买服务。比如，自2010年开始，北京市采取政府购买方式，推动村级全科农技员队伍建设工作。

（3）搭建农业资源传播平台。为加快科技与信息传播速度，解决农民在市场信息上的不对称性问题，各级政府加大农村信息化服务体系和网络平台建设力度。北京市政府有关部门联合市属科研院所打造了“农村科技服务港”“远程教育站点”“星火学校”“田间学校”等科技资源传播和培训平台。这些平台的建设，加快科技信息传播速度，实现上联高校、院所，下接“三农”，成为城乡科技互动交流的畅通、稳定渠道。与此同时，北京市各区县科委还成立了科技服务中介结构，如丰台的技术创新与生产力促进中心、平谷的北京健康产业中试与孵化中心等，通过这类科技中介机构凝聚、整合北京科技资源与生产要素向郊区县辐射，促进区县主导产业及区域经济发展。

2. 政府引导型

随着多元化农业服务主体出现，农业服务成为各级政府部门、教育科研部门、企业、民间团体等社会各界共同参与的一项社会性事业。由此，北京市各级政府不断创新农业服务的投入机制，充分发挥了政府部门的项目带动、资金扶持和政策引导作用，探索了“公益性农技服务机构+股份制合作社（行业协会、龙头企业、农业科技园区、乡土能人）+农户”等科技服务模式。

（1）“政府+科研机构+基地”助推型。在市级或区县政府有关部门引导下，联合中央在京、市属科研院校，通过项目带动、基地建设、技术培训、品种展示等方式，为京郊农业发展注入科技力量。例如，大兴开展的院区合作项目、昌平与驻区科研院所和高校联合实施的“一校带一镇”制度、中国农业大学在郊区施行的农业科技服务教授制度、北京农学院与延庆县合作的1 + 1 + X培训工程等。

（2）“政府 + 龙头企业 + 农户”拉动型。企业是农业科技成果产业化运行中最重要的主体。政府通过税收、资金、保险等方式，帮助企业提升企业自主创新能力，力促企业成为创新的主体，进而带动服务组织及广大农户致富。目前北京地区已涌现出如北京鲲鹏食品集团、前鲁北京鸭养殖中心、石门农产品批发市场、天竺果蔬保鲜库、汇源果汁、汇丰蔬菜汁、味星奶业、潮河基地等一批农业产业化龙头企业。顺义区有关部门从为龙头企业建原材料配套基地入手，主动为企业和农户牵线搭桥，发展“订单农业”，形成了一批市场牵龙头、龙头带合作组织、合作组织连农户的产业链，带动上万户农民走上了致富之路。

（3）“政府 + 农民合作组织 + 基地 + 农民”联动型。农民合作组织上连农业院校、科研院所、农技服务组织、龙头企业，下连农户，是农户联系各服务组织的桥梁和纽带。在其成立初期，各级政府在技术上给予大力扶植，合作组织通过建立科技示范基地，将成果或技术向分散经营的农户扩散。

（二）科研事业单位兼职服务

农业科研机构专职从事农业新品种、新技术和新设备的研发，通过与涉农企业、合作组织、区县政府、高等院校、产业等合作，为其提供产品、技术和信息等方面支撑，推动科技成果尽快实现生产力。同时，为促进科技成果转化，尽快实现生产力，这些科研院校还通过建立示范基地、农民培训、专家服务等方式，进行广泛的农业科技服务工作。

1. 科研院校与涉农企业合作

一些农业科研院所与相关企业以技术、基地、资金、市场为纽带开展广泛合作，形成“强强”联手、优势互补，构建产业大市场的成果开发之路。例如，北京市农林科学院先后同蟹岛、天翼、信得、首创、奥瑞金、百年栗园等一批涉农企业建立了长期而紧密的科技合作关系，解决了原有科研单位与企业利益不能共享的矛盾，促进了科技创新与成果转化的有效对接，开创了合作双方“共赢”的新局面。“院企合作”不但显著提高了企业产业的技术含量，为企业挖掘和培养了一批既懂技术又懂经营管理的新型人才，而且，也为科研院校的研究与发展开辟了一个用武之地，打造了一个新的展示平台。

2. 科研机构与组织合作

科研院校通过“科技入户”“双百涌泉”“科技套餐配送”“科技服务农家女”等系列科技活动，建立了农技服务专家与各类农业合作组织、协会合作制件的科技帮扶关系，促进了农业科技水平提高。

3. 科研机构与区县合作

以科技项目为院区合作的切入点，建立科技需求的互动机制，由此指导农业科研立项和郊区县科技服务工作。例如，自2003年开始，大兴区先后与中国农业科学院、北京市农林科学院实施了两期“院区科技合作”，通过开发和服务一批农业高新科技成果，完善科技服务和技术培训体系，加快大兴区经济结构调整，建立起具有中国特色的现代都市型现代农业生产体系，探索了区位优势同首都高科技人才和科技成果结合。通过构建“院区科技合作+区、镇农技服务机构+村级科技示范户+农户”的科技成果转化和服务通道，架起了科研单位与生产一线之间的桥梁，切实发挥了科技支撑和引领作用。

4. 院、校合作

北京市农科院、北京农学院、北京农职院（以下简称“三院”）将自身科技、人才、信息、资金等优势捆绑集成，以“三院联动”的品牌，“集团军”的强劲力度向郊区推进，解决了过去因资源分散、中间环节不畅等原因而遗留的潜在问题，提高了科技服务效果。北京农学院联合各院，共同启动了“1+1+X”的活动，即“1名专家+1名当地专业技术人才+X名农村实用人才”，通过技术专家、农业科技带头人或技术示范户的传、帮、带作用，科研院校实现了最直接、最实效的科技服务。

5. 科技特派员与产业结合

近年来，北京市营造良好的政策环境，调动广大科技人员和部分事业单位工作人员的工作积极性，积极鼓励科研院所、技术服务机构、农业高等院校等单位的科技人员通过技术承包、技术入股、技术转让、技术咨询等多种形式，参与农业生产和经营开发。实践证明，这一模式既有利于提高工作人员的工作积极性，提高农业生产和经营的效率，更有利于提高农业科研成果的转化率。

（三）合作服务业的自我服务模式

农民专业合作组织既是服务供给主体，也是服务需求的主体。北京市农民专业合作组织，主要采取以“合作社+农户、能人+农户”形式为农业生产提供服务。

1. 合作社 + 农户型

农民根据生产和生活需要寻找服务组织提供服务，服务组织用所提供的服务与农民进行产业联合，扩大生产规模，提高产品质量，促进产业融合，建立了以大兴西甜瓜、平谷大桃、门头沟京白梨、通州观赏鱼、怀柔西洋参为代表的主导产业型的合作社，以延庆里炮村苹果合作社为代表的农民分享加工、流通环节利润的合作社，以密云五大产业为基础的联合型合作社，以怀柔不夜谷农家乐为代表的农业旅游型合作社，以及以平谷益农合作社为代表的农产品加工型合作社。大兴的“圣泽林”牌梨、顺义的“绿奥”牌蔬菜、昌平的“红苹果”牌富士苹果、怀柔的“蓝天白鸽”系列农产品等在市场上都有很高的知名度。

2. 能人 + 农户型

由一些专业大户或由能人、乡土专家、农村经纪人用已有的传统经验、技术秘密、专利技术等无形资产方式开办企业，并与当地其他农户结合，向其他农户提供市场信息并指导生产，然后以合理价格收购或贩运其他农户生产的农产品。例如，昌平兴寿麦庄草莓种植专业合作社带头人左玉清，利用参加农民田间学校所学知识和联系的草莓销售渠道，积极向社员传播草莓种植新技术，帮助社员销售草莓并提供信息咨询服务，合作社社员每年每栋温室可获纯利润近万元。另外，老宋瓜园科技公司、乐平西甜瓜合作社都属于该类模式的实践单位。

（四）市场多元化农业服务模式

对于一些有经营性收入的农业龙头企业或者大型农业企业，围绕产业化经营各环节需要，通过合同契约、股份合作等利益联结机制，带动农业研发、培训、管理、加工、销售于一体的全程服务模式。

1. 订单式农业服务模式

以企业为龙头，组织农民共同参与而联结成的一种经济联合体，“公司 + 协会 + 农户”的经营模式推行订单生产。企业对入会农户有明确的承诺，提供全程服务，包括品种、生产资料、新技术服务等。以密云百年栗园有限公司为代表，公司通过成立百年栗园柴蛋鸡养殖合作组织，专门负责对社员养殖户开展技术服务和实行“六统一”管理，公司负责产品市场营销。小汤山天安农业有限公司，与部分区县建立无公害蔬菜基地定点保护价产品收购协议，由公司对初级产品进行加工后，配送到全市近百家商场超市、政府机关及大型企事业单位。北京市成立农产品流通协会，发展庞各庄西瓜专业合作组织、万丰食用菌专业合作组织等 8 个区县的 66 个会员单位，并吸收物美商业集团等大型连锁超市加盟，使大桃等农产品从田间地头直接进入商场超市。

2. 农资服务模式

服务于农业的农资生产企业，改变经营方式，由原来的间接供货发展为间接供货和直接供货相结合，经营销售和服务相结合，利用多种渠道宣传企业生存的农资产品，向农民直接提供所需的生产资料。例如，大兴区青云店镇提供农资服务，以青云店镇农资配送站为主体，区级部分农机服务以兴绿禾农业服务公司为主体，林果服务以大兴区林果服务中心为主体。

六、北京农业服务业发展的 SWOT-PEST 分析

（一）SWOT-PEST 分析模型构建

SWOT 分析方法，是综合考虑战略主体自身的优势（Strength）、劣势（Weakness）及其所处环境机遇（Opportunity）和威胁（Threats）四个因素，力求通过战略主体自身优势，有效克服战略主体劣势，并能够及时抓住环境中的机会，成功回避环境中的威胁，最终目的是制定与内部条件及外部环境相匹配的发展战略。PEST 是分析外部外部环境的基本工具。通过政治（Political）、经济（Economic）、社会（Social）和技术（Technological）四大类因素分析，从整体上把握影响行业或企业发展所处的宏观环境。

SWOT－PEST 分析范式将上述两种分析方法结合起来，在考虑研究对象的内部优势（S）、劣势（W）、外部机遇（O）、威胁（T）的情况下，又将政治（P）、经济（E）、社会（S）、技术（T）等相关影响因素放置在这个统一的框架内进行系统分析，从而有利于了解研究对环境条件，为研究对象的优化发展提供战略性的决策。在农业现代服务业发展中，可以借鉴这种在国际上非常流行的分析方法。

（二）北京农业服务业发展的 SWOT－PEST 分析

1. 优势

当前，北京市社会经济发展形势和环境良好，十分有利于落实都市型现代农业服务业建设的要求。

（1）国家助农政策优势。近年来中央对“三农”问题的重视和北京市政府对都市型现代农业的重视，为北京市农业现代服务业的发展营造了一个较好的体制环境。一系列助农政策，大大调动了各级服务主体发展农业、服务

农民和建设农村的积极性，也将激发农民主动接受服务的自觉性。北京市创新“部门联动，政策集成、资金聚焦、资源整合”的惠农强农工作机制，先后实施了良种补贴、粮食直补、农资综合补贴、农机具购置补贴、奶牛补贴、种猪补贴，在全国率先建立起农田生态补偿制度。启动了农村金融综合改革实验区建设，设立农业产业投资基金，在全国率先试行了农业政策性保险，建立起农业政策性保险机制，建立健全农村金融体系；创新农业服务机制与模式，探索出大兴设施农业、丰台会展农业等10种都市型现代农业建设典型模式；创新了农民培训方式，创办参与式、互动式的“农民田间学校”，成为政府加强农民和技术人员能力建设的典范。

（2）北京服务资源聚集。农业服务业的本质是将知识资本、人力资本导入商品和服务生产过程进而提升农业生产效率。根据比较优势原则，生产服务业尤其是高级生产性服务在知识资本和人力资本丰富的地区优先发展。北京是全国知识资本和人才资本最为丰富、集中的地区，也是全国科技和教育事业最发达的地区，对全国科技辐射能力最强。丰富和密集的知识和人才，在科技人才资源、农业仪器设备资源、科技信息等方面的优势，造就了一批全国领先的优势领域，为推动北京农业服务业提供了重要的资源要素和基础条件。

（3）农业服务业自身附加值高。农产品加工、休闲观光、会展农业等附加值产业，将使农产品居较高走势，进而拉动农业生产和服务需求，为服务业发展提供良好的市场环境。优质、绿色、安全农产品高端市场稳定，城乡居民收入水平高、消费结构升级，城市服务性消费快速增长，为大力发展加工农业、休闲农业、会展农业、文化创意农业等新兴业态发展提供了广阔空间。

（4）多元服务主体得到培育。当前我国农业社会服务业已由过去单一行政支农，向多元农业服务主体并存发展态势转变。服务体系内部，通过不断深化改革和加强建设，公共服务效能有所提高，专业合作经济组织发展迅猛，龙头企业带动能力不断提高。其中，“专业合作组织+农户”为农民首选方式，“公司+农户”开始成为产业化规模化经营的重要载体。在生产关键季节的机耕、播种、排灌、植保、收割、加工、贮运和生产资料供应，迫切需要从由个体农民“主办”委托社会化、专业化服务组织“代办”或“帮办”，以解决分散生产经营方式下办不了、办不好、办起来不合算的服务问题。

（5）技术创新推动产业融合。北京是技术高地，农业生物技术、农业信息技术、航天技术等高新技术发展快，使产业体系各自隔离的状态逐渐解除，为现代服务业进驻农业、农村打开了大门，部分技术成果已经在农业和农村领域成功转化和应用，为产业融合发展奠定了良好的基础。北京拥有深厚的文化底蕴，为农业与服务业融合发展奠定了文化基础。从文化角度来看，北京作为世界文化名城，传统文化辉煌灿烂，文化底蕴深厚。特别是周边广大农村丰富的民间艺术资源、多彩民俗风情、悠久的历史文化传统的积淀，为北京农业与服务业的融合发展提供了良好的文化土壤，有利于农业和服务业发展空间的拓展。农业旅游度假、文物博览、科教宣传、生态旅游等娱乐休闲活动的开发，不仅能满足市民回归自然、颐养情操的需求，而且也为都市型现代农业生态、文化传承等多功能的实现奠定坚实的文化基础。这些良好的科技资源优势及政府对现代农业生物技术、农业信息技术等的重视，为北京市农业现代服务业的发展提供了较为良好的技术环境。

2. 劣势

（1）农业服务业管理制度不健全。第一，农业服务行业进入门槛低，竞争无序，知名品牌少，产业集中度低。在区域激烈竞争中产生优质资源和企业流失现象。第二，税收负担高、生产要素使用成本高问题，行业毛利率低。目前，农产品进驻超市的渠道通常是：产地→收购商→销地市场→超市供应商→超市。经过繁多的中转环节后，农产品新鲜度大打折扣，而且每过一道手都会增加相应的交易成本，层层加码进入超市或农贸市场。由于缺乏一个高效、优质的农产品流通平台，使得多数农产品苦于进超市无门。目前实行的农产品税款抵扣政策不合理，越来越多的简单加工的农产品被列入纳税范畴，而且税赋高、核算不科学，已将许多农产品挡在了超市的大门外。

（2）产后服务环节薄弱。第一，农村金融服务。目前农民们找亲戚朋友借款仍是农户筹资的主要渠道，这远不能满足农民引进新品种新技术实现产业提升的愿望。农户家庭的资本积累严重不足，没有资本使用新品种、新技术、发展设施农业以实现农业生产升级换代，要求降低贷款门槛；此外，贷款额度小，贷款手续繁杂。农民对农业生产有较强风险意识，希望政府加大保费补贴、扩大参保农产品范围。第二，农产品流通体系建设薄弱。农产品流通目前基本依靠市场行为，公共服务机构对流通领域支持力度不够。在农业政策和资金支持方面，大部分资金投向了农业生产领域，而进入流通领域的资金不足；缺少专门的服务体系和有效的流通服务机制，市、区、县、乡、村无机构、无人员，流通服务渠道不畅；从现有的服务看，仅有 13% 农户间接获得产后服务，农民迫切需要农产品销售环节的信息服务、经营管理和技术指导。

(3) 服务主体缺乏市场竞争力。目前，北京市农业经营仍然是小农经营为主体，农业专业大户、专业合作组织、农业龙头企业发育不足；农产品服务企业虽多，但偏小偏散，在就业、培训、产品销售、品牌推广、新品开发上也比较弱。自主知识产权的关键技术、专利和标准缺乏，也影响农业服务业的辐射能力和市场竞争力。因此，迫切需要多元化服务主体注入更多的现代科技、信息、技术、金融等服务“因子”，创建北京农业高端产品品牌和服务品牌。

(4) 农业服务人才短缺。由于农业服务业属于新兴行业，劳动合同的法律约束力不强，一些从业人员不考虑自身的长远发展，频繁跳槽，企业的培训成本与收益不成比例，培训投入动力不足。导致许多农业服务业人才短缺，尤其是研发人才短缺；同时，从业人员工资水平不高，也影响到服务层次和水平。

(5) 服务技术手段落后。从技术水平看，北京市农业服务业的总体技术含量仍不高，技术服务方式单一、单调等，参与式、互动式、启发式推广方法还没有得到普及，信息技术等现代化服务工具利用率不高。一些乡镇农技服务机构办公场所破旧，科技设施和仪器装备陈旧、老化，普遍没有相对固定的试验示范基地，不能满足新品种、新技术推广的要求。服务领域还比较窄，重点放在产中环节，对于产前生产资料的采购和供应，以及产后的农产品贮藏、保鲜、加工和销售等配套服务比较缺乏。

3. 机遇

(1) 以服务业引领农业经济发展方式转变。北京市“十二五”规划明确指出，首都农业是都市型现代农业，是一、二、三产相互融合、充分体现人文、科技和绿色特征的低碳产业，这一定位为北京农业现代服务业引领农业现代化提供了政策依据，并指明了方向。而且，社会赋予了“三农”继往开来深刻内涵，农业服务业发展将有利于实现农村承接城市产业转移、公共服务均等化和促进产业不断融合的目标，因此建设现代农业服务业，支持农业发展将成为全社会的行动。在推进现代农业服务业发展过程中，北京市和科技部启动了国家农业科技城建设，农科城建设的核心宗旨就是以现代服务业引领现代农业，以要素聚集武装现代农业，以信息化融合提升现代农业，以产业链创业促进现代农业为主要特征。将为北京乃至全国现代农业的发展提供技术引领和服务支持，为提高农业科技创新能力和推广能力提供技术支撑。

国家农科城的建设将为北京现代服务业引领农业现代化提供直接而强有力的科技技术支撑，为现代农业经营理念、管理方式等引入提供了很好的载体，可以预见，国家农业科技城的建设将为北京建设高端农业，实现农业现代化，加快城乡一体化做出巨大的贡献。

（2）居民消费结构升级蕴涵着巨大的服务需求。北京市人均可支配收入快速增长，1990 年北京市城镇居民家庭人均可支配收入 1787.1 元，2000 年超过 1 万元，2007 年超过 2 万元，2011 年达到 32903 元，同期，居民恩格尔系数在逐年下降，分别为 55.3%、36.3%、32.2%、31.4%。农村的恩格尔系数也是逐年下降。根据恩格尔定律，随着居民收入的增长和生活水平的提高，食品等生活必需品在总消费中的比重开始下降，各种服务性消费快速增长。同时，北京市 2018.6 万庞大的人口规模，不仅是农业物质产品的购买的群体，而且也是农业精神产品的消费群体，将为农业现代服务业的发展提供十足的发展动力和创造广阔市场空间。

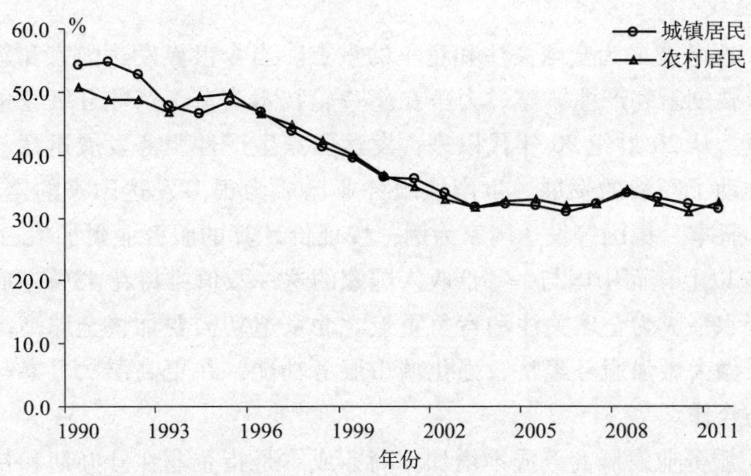

资料来源：《北京统计年鉴》，2012 年。

图 3　北京市城镇居民和农村居民恩格尔系数（1990—2011 年）

（3）农户对农业服务需求强烈。根据调查，在产前方面，有 60% 以上的农户对新品种、新技术服务充满期待；在产中方面，有 50% 以上的农户要求进一步加大生产技术培训和病虫害防治指导；在产后方面，有 70% 以上的农户具有强烈的农产品市场营销方面需求。调查反映，农民对参加培训、提高自身技能的积极性较高，有 65% 的农户认为农民田间学校是最有效的培训方式，期待大力实施农村实用人才、乡土专家培训和农业科技入户工程。期盼政府能在科技推广与信息化建设方面迈出更大步伐，对于网络的安装使用、电话、手机等媒介的综合运用有越来越强烈的要求。

（4）服务业发展空间广阔。第一，优越的地理位置。北京市位于环渤海地区，地理位置优越，人文资源丰富，自然资源特点突出。基础设施完善，城市交通便捷，是全国的铁路航空枢纽。北京作为环渤海经济区的中心城市，易于吸引周边资金的投入以及技术资源的支持，为北京市现代农业的发展提供外部资金和技术支持的同时，也提供了广阔的可能性消费市场。第二，首都经济圈多方面合作，为农业服务业发展提供更广阔的发展腹地和市场空间。北京作为京津冀经济圈的中心城市，周边制造业基地的崛起为其生产性服务业的发展夯实了基础。一方面，弥补了北京农业发展规模小的不足，使北京的农业服务业具有周边地区农业的支持。另一方面，在北京生产性服务业与周边农业的互动中，北京得以以生产性服务业为途径，强化在区域中的辐射能力和服务中心地位。

4. 挑战

（1）服务业成为全球关注和竞争的重点。当今世界发达国家和新兴经济体加强科技创新和产业调整，力争在新一轮技术变革、产业升级竞争中占据有利位置。从 20 世纪 90 年代以来，发达国家生产性服务发展迅猛，在很大程度上推动了经济的发展。生产性服务业已成为很多发达国家的支柱产业。以美国、日本、德国等发达国家为例，按现价计算的服务业附加值占 GDP 比重为 70% 以上，而中国与一些低收入国家的这一数值维持在 43% 左右。服务业的发展水平成为全球关注和竞争重点。北京迫切需要加快全球高端服务要素聚集，做大做强服务经济，强化城市服务功能，在更高层次上参与全球经济分工与合作。

（2）服务业发展商务成本增加。商务成本是指企业在开办期和持续期所产生的各种费用的总和，一般包括房地产价格、劳动力工资、培训费用、利息、通信和水电煤气价格、税费以及法律政策的公正透明度、市场秩序、政府部门的办事效率、交通地理位置优劣等方面。近年来，北京的地价、房价和综合劳动力成本急剧上升，造成商务成本不断攀升。位于北京市近郊区的农业服务业分布重点功能区，面临着用地紧张、交通拥挤、发展空间不足、环境质量下降的困扰。一是导致资本大量流向投资成本较低地区，二是企业负担和政府行政成本偏高。影响北京农业发展同时影响了农业服务业的发展。现代企业比较注重生产技术的应用和提高管理水平，生产成本降低的空间很小，而能够使企业降低的只能是商务成本。商务成本的增加必然导致企业利润下降，制约了农业服务业的长足发展。

（3）现代农业功能拓展增加了服务难度。随着城市化、城镇化、市场化与现代化的发展，京郊农村的社会分化与社会流动明显加快，新的社会阶层结构加速形成，不同的社会阶层对相关服务的需求差异较大。第一，服务受体的差异大。分散经营的个体农户与规模经营的大户、本地经营的农民与外地经营的农民、农村能人与普通农民、文化程度较高的农民与文化程度较低的农民、家庭留守老人儿童与外出务工人员、土地流转经营农民与租赁经营农民、种植农户与养殖农户等，其需求千差万别，各不相同。第二，北京现代农业的多功能形态。首都农业不但具有保障首都生态环境、农产品安全供给和非常时期稳定等公益性功能，还具有服务市民、示范全国等多功能，这使个性化服务潜力增大，从而对服务体系的装备能力、综合服务能力和应变能力、创新集成能力建设提出了更高要求。

（4）农业规模限制服务业规模的扩大。受城市发展定位和资源禀赋的影响，北京农业发展受到一定限制，农业占 GDP 比重连年走低，2011 年农业增加值占 GDP 总量仅为 0.8%。而且，北京农业产业化、规模化经营没有得到充分发展，城市专业化服务提供商面对分散的农业服务需求，缺乏提供服务的积极性。农业产品线和产业链延伸不足，对农业服务业的需求拉动相对有限。而服务业与农业发展是相互支持，互动发展。服务业发展滞后，必然使得农业生产难以获得必要的产前、产中、产后服务，难获得产业升级必需的知识、信息、技术、资金等多方面的支持，农业比较利益偏低，阻碍了农业产业结构优化升级，进而又限制了服务业发展步伐。要打破怪圈，促进农业与服务业协调快速发展。

（三）建立农业服务业发展的 SWOT-PEST 模型

由于企业是一个整体，企业在维持竞争优势过程中，必须深刻认识自身及外在的资源和能力，采取适当的措施。通过 SWOT-PEST 分析，我们着重关注了政治、经济、社会、技术四个具有代表性的环境因素，总的说来，农业服务业产业发展环境的内部优势强于劣势，外部机遇大于威胁，同时，可以利用外部机遇强化内部而优势促进内部的改善，还可以克服内部劣势削弱外部威胁，整体上优化农业服务业产业发展环境，推动农业服务业快速进步。

表 5　北京农业服务业发展的 SWOT-PEST 模型

SWOT \ PEST		政治（P）	经济（E）	社会（S）	科技（T）
内部因素	优势（S）	助农政策优势	1. 服务业自身附加值高； 2. 优越的资源禀赋	多元主体得到培育	技术创新推动产业融合
	劣势（W）	制度不健全	1. 缺少知名品牌； 2. 产后服务薄弱	1. 产业带动能力弱； 2. 人才缺乏	服务手段落后
外部因素	机遇（O）	农业经济发展方式转变	1. 居民消费结构升级； 2. 服务业发展空间扩大	农户服务需求强烈	
	挑战（T）	国际形势变化	商务成本增加	高端农业发展需求	农业规模限制

（四）基于 SWOT-PEST 的农业服务业发展战略选择

1. SO 战略

立足内部优势，抓住外部机遇，企业化发展战略。发展服务业，应建立在深刻认识本区域资源优势、市场经营主体发育、融合技术储备、政府管制程度等内部因素基础上，这是产业形成与发展的供给条件平台，决定着产业经济上升空间。以上分析表明，北京农业服务业发展的核心优势在于助农政策优势、服务业自身附加值高、优越的资源禀赋、多元主体得到培育、产业融合技术快速发展，这些要素正成为新时期推动农业服务业发展的内在新动力。同时，农业服务业发展符合北京以经济发展方式转变，以服务业引领现代农业的政策要求，也适应首都经济发展的阶段性特征，所提供服务满足了农民的需求，进而也迎合了首都人民的消费需求。从一些经济发达国家经验看，农业社会化服务是以商品经济发展形成的专业化分工为基础，大多数服务组织一开始就以企业经营的面貌出现。在市场经济下的客观规律和大势所趋下，北京农业服务业发展，发展不能期望国家大量的无偿投入，必须依靠市场机制求得自身的发展，实质上就是使农业服务面向市场，实行灵活的服务价格制度，运行机制活了，服务才能真正搞活来。因此，必须要借助良好的外部机遇和自身优势，摆脱长期积淀的支农、补农的公益型色彩，经营方式上走企业化道路，扩大现代农业服务业规模和水平。因为农业社会化服务业既然作为一个相对独立的新兴产业，必然要求主要依靠自身的运转求得生存和发展。企业化经营，也是推动农业产业化发展的要求。实行企业经营是形成农业社会化服务业自我积累、自我发展能力的可靠途径，这就意味着开展服务活动，不仅要收回服务劳动的成本，而且还必须再获取最低限度的利润，以保证服务业自身的发展和服务人员待遇的改善。

2. ST 战略

依靠内部优势，规避外部威胁，创新发展战略。依赖于农药、化肥的传统农业增长模式已造成了农业生态环境的破坏，在很大程度上也反映了传统农业服务业的缺失和不到位。国际经济竞争形势变化、商务成本增加、高端农业发展需求、农业规模限制，使得北京农业服务业发展难度大，成本高，为应对挑战，为改变传统、批量式、一般化的服务模式，需要农业服务业在服务理念、服务技术、服务方法等方面创新，以创新规避外部威胁，以改变农业服务的缺位、落后等问题。

3. WO 战略

抓住外部机遇，克服内部劣势，以城带乡发展战略。农业服务业发展在政治、经济、社会、技术等方面，拥有农业经济发展方式转变、居民消费结构升级、服务业发展空间扩大、农户服务需求强烈等有利条件，又面临着自身服务手段落后、产业融合度低等问题。

4. WT 战略

克服内部劣势，抵御外部威胁，互助合作发展战略。产业发展需要充分考虑产业成长所面临的约束条件，否则，产业发展将失去可操作性。长期的城乡二元结构及工农产品价格剪刀差，农业成为弱质、低效率产业，农业资源配置非农倾向严重，使得农业服务业发展滞后。北京农业资源约束性日益增强，农业产值比重在生产总值比重所占比例日趋下降，服务业发展的商务成本增加，是无法克服的约束条件，也在一定程度上限制了农业服务利润增长空间。农业服务产业面临着经营成本高、有效需求不足，农户交易成本高、交易风险大，加上制度不健全，缺少知名品牌，产业带动能力弱，产后服务薄弱，人才缺乏，服务手段落后等问题，这在一定程度上都需要获得政府公共服务予以支持和帮助，才能克服自身劣势。但政府扶持仅是服务产业发展的外部条件，关键在于农民自己组织起来和农业服务企业的协作，实现对农业多领域、多方面自我服务，并对外部服务进行有效的吸纳和监督。农民及农业服务业的经营主体都需要打破市场中出现的垄断、盘剥，在竞争协作的博弈中获取更大的发展机会。

七、推进北京农业服务业发展的政策建议

（一）加强管理和健全制度

1. 政府引导、协同发展

发挥政府在农业服务体系建设中的综合协调、资金支持、政策保障等方面的引导作用，将社会化服务体系建设作为发展都市型现代农业、推进农村改革发展和城乡一体化进程的重中之重抓紧抓好。建立健全由公共财政保障的公益性服务机构与人员队伍的稳定发展的长效机制，加强农业公共服务能力建设。同时，农业服务业发展，关键在于农民和农业企业自己组织起来，实现对农业多领域、多方面自我服务，并对外部服务进行有效的吸纳和监督，发挥合作经济具有自助、自救、自我发展和自我教育的多重功能，不仅仅满足于农业的服务需求，而且有助于打破市场中出现的垄断、盘剥，促使涉农组织考虑农民的利益，并与其组成利益共同体。

2. 加强农业服务业统计体系建设

目前，农业服务业统计工作相对薄弱，对服务业的发展规模、活动成果的反映有很大的局限性，不能完整反映服务业的全貌。因此，统计部门应当成立农业服务业的统计平台，研究科学可行的服务业统计方法，实施数据库管理，加强数据跟踪和处理，并能够及时公开地发布最新统计数据，为农业服务业中对数据依赖度高的行业，如保险、咨询和信用评估等提供切实服务。

3. 编制农业服务业发展规划

本着城乡统筹发展原则，将农业服务业发展规划纳入各级政府制定的长远规划和年度计划中，加大财政对于农业公共服务业和基础设施的支持强度，加大城市支持农村、工业反哺农业的力度。尤其注意要结合农村城镇建设规划和当地优势特色产业，制订农业服务业发展规划。

4. 健全农业服务业法律体系

健全服务业法律体系，制定行业标准，加强质量、安全的检验和监督，加强专利权、商标权、名誉权等知识产权方面的执法。依法行政和监督，保护公平竞争，反对垄断，公平对待国有、集体和私营服务企业。物价、税收、工商管理、金融等部门积极为农业服务产业发展提供方便条件，降低服务业准入门槛和企业经营范围限制，打破垄断。提供良好的招商引资软硬件环境，走“以商招商”的路子。法律法规的完善，不仅为农业科技工作者提供了强有力的保障，激发他们在农业社会化服务中的热情，而且也为有志于进军农

业新品种研发等现代农业服务业的领域的个人、企业等提供了法律上的信心。

（二）强化农业基础设施建设

服务业与农业融合发展，必然要求土地资源集约使用和转变农业生产方式进行，以适应市场优化配置资源要求，为农业社会化服务提供物质基础。

1. 推动农业生产规模经营

加快健全农村土地流转制度，实现农业的集约化经营；以区域特色产业或产品为基础，推动土地使用权向种植能手、农业企业集中，提升农业科技示范基地的专业化、集约化、规模化水平，落实相关政策，充分发挥农业科技示范基地的辐射带动作用。

2. 提升农业标准化生产水平

对政府和其他公共服务部门而言，标准化生产与标准化服务能够提高生产管理与服务水平，提高服务效率，增强服务的针对性；对农户来说，利用标准化菜单，可以更清楚地了解各种生产与服务的要求，有助于农民直接、便利、经济地获得所需要的各种服务。

3. 搭建现代农业信息服务平台

加快北京市的农业信息资源建设与整合，促进信息资源的互通、互联和共享。充分利用广播、电视、网络等现代传媒开展技术服务，发挥“12316”、手机短信、远程教育等现代化服务手段，着力提升信息的有效性、多样性、综合性服务水平。组建由合作组织、种养大户、运销大户为主体的信息员服务队伍，向农民及时传递各类信息。支持规模大、带动能力强的重点专业合作组织、龙头企业建设农产品市场信息系统。

（三）选准优先发展重点

根据农业产业需求、农业服务业发展规律及现有的薄弱环节，确定优先发展的重点领域。

1. 农资农机服务业

支持融农资科研、生产、流通、使用、监管为一体的“五方连锁运营”新型服务模式，建立政府协调、连锁经营、技术服务、价格调控、执法监督“五大农资服务机制”，重点扶持一批带动力强的供销社、农资生产经营龙头企业、规模经营企业和邮政系统、诚信经营中小农资企业。要大力推广农机社会化合同作业机制，扶持一批规模较大的民营农机专业服务公司和农机专业合作组织。

2. 农业科技服务业

充分运用高新技术促进现代农业服务业的发展，在提高农业服务的基础技术和大力发展电子商务的基础上，逐步建立现代农业服务业创新体系。在此基础上，大力推进多元化的农业科技推广体系，并充分发挥农业企业、合作组织和农村中介组织等，通过建立示范基地和农业科技示范园，全面推进农业技术水平的提高。

3. 农村金融保险服务业

加快建立村镇银行、小额贷款公司和农民资金互助组织，加大投融资平台建设，尽快形成以农业担保公司为龙头的农业担保体系，建设良好的农村金融信用环境。完善农业再保险机制，增加农业保险险种，规范保险费率和保险责任，扩大农业保险覆盖面。

4. 农产品流通服务业

通过打破首都农业确保首都的单一市场格局，全面放开农产品流通，实现首都和外省市的优势互补。培育一批具有较强市场经营能力的贸易流通型龙头企业、中介服务组织，鼓励有机、绿色等安全优质农产品市场的建设。推动社区、批发市场、超市与郊区农产品标准化生产示范基地、农民专业合作组织的对接，鼓励“农超对接”和“农商对接”；鼓励发展多种形式的直供、配送、连锁服务；鼓励品牌农产品采取销售专店、专柜、网络营销、社区配送等多种方式建立新型销售网络。启动“北京农业”区域品牌建设工作，构建以市区县镇区域品牌、农业、园林花卉、休闲农业行业品牌、重点龙头企业、专业合作社企业品牌以及北京特色产品品牌为主体的“北京农业”品牌体系。

（四）提高社会化农业服务水平

1. 培育新型社会服务主体

通过政府订购、定向委托、招投标等方式，扶持农民专业合作经济组织、农民专业合作社、涉农企业等社会力量广泛参与农业产前、产中、产后服务。加大对精深加工、食品加工和外向型企业的扶持力度，提高科技创新和新产品开发能力，促进农产品加工企业从量的扩张向质的提高转变。由骨干企业牵头，建设内部分工协作、相互促进的行业协会，充分发挥行业协会的服务、自律、协调等职能，以整体优势提高企业对农户的带动能力。引导支持农村集体经济组织、农民专业合作组织，开展种子科技推广服务，支持农民专业合作社兴办农产品加工企业或参股农业龙头企业，发挥农业产业化龙头企业的农技推广作用，引导涉农企业不断完善与农民的利益联结机制，增强服务和带动能力。

2. 培养农业服务人才

建立真正意义的现代农业企业制度，需要现代化的人才。现代农业服务业发展需要培育一批有战略眼光、意识开放、掌握国际国内最新技术、管理经验突出的复合型农业服务业领军人才。因此，需要调整高等院校和职业教育的专业结构，为现代服务业多培养适用人才。加强在职培训，积极引进经营管理、市场营销、网络技术等适用人才。建立起以市场原则为基础的用人机制，完善人才激励、竞争、保障机制，鼓励、组织大中专学生到农村和城镇自主创业或中小企业就业，多方位、多渠道地为农业服务业提供人力资源支持。

3. 创新农业服务模式

第一，鼓励服务供体互相协作。发展服务联盟，使各类服务供体不再各自为战，互不联系，而是在服务农业、服务农民这一共同方向的基础上，加强沟通与协作，打破部门、地区、经济性质的界限，形成一体化的服务网络，发挥社会化服务体系的整体优势，实现信息共用、资源共享、责任共担、发展共赢。发挥服务的整体效应，企业进行产业内并购整合有利于提高产业集中度，推动产业升级，也有利于形成品牌优势，提高影响力。第二，强化农民与服务组织之间的联系。加强农民与骨干企业、合作组织等服务主体的合作，服务组织与农民结成利益共同体，在提升农业效益、发展农业经济的同时，也推动了农业服务主体和产业发展。发挥合作经济具有自助、自救、自我发展和自我教育的多重功能，不仅仅满足于农业的服务需求，而且有助于促使涉农组织考虑农民的利益，并与其组成利益共同体。

参考文献

[1] 杨国才，潘锦云．“以工哺农”“以工促农”与我国传统农业现代化[J]．经济学家，2008，(3)：49 -55.

[2] 刘志彪．现代服务业的发展：决定因素与政策 [J]．江苏社会科学，2005，(6)：207 -212.

[3] 郑吉唱，夏晴．现代服务业与制造业竞争力关系研究 [J]．财贸经济，2004，(9)：89 -96.

[4] 刘立仁．农业服务业：建设现代农业的重要切入点 [J]．中国禽业导刊，2005，(18)：6 -7.

[5] 李善同，华而城．21 世纪初的中国服务业 [M]．北京：经济科学出版社，2002：11 -14.

[6] 胡锦涛．在中国共产党第十七次全国代表大会上的报告 [M]．北京：人民出版社，2007：24 -26.

[7] 潘锦云，李晏墅．发展农业现代服务业的政策建议 [J]．中国产业，2010，(11)：20.

[8] 道格拉斯·诺斯．西方世界的兴起 [M]．北京：中国经济出版社，1988：34 -37.

[9] 西奥多·W. 舒尔茨．改造传统农业 [M]．北京：商务印书馆，1999：53 -56.

[10] 洪银兴．三农现代化途径研究 [J]．经济学家，2009，(1)：12 -18.

[11] 陈艳莹，等．中国服务业进入退出的影响因素——地区和行业面板数据的实证研究 [J]．中国工业经济，2008，(10)：75 -84.

[12] 潘锦云，李晏墅．农业现代服务业：以工促农的产业路径 [J]．经济学家，2009，(9)：61 -67.

[13] 李桐山．论现代农业服务业的发展取向 [J]．中州学刊，2003，(4)：41 -44.

[14] 韩坚．农业生产性服务业：提高农业生产效率的新途径 [J]．学术交流，2006，(11)：23 -26.

[15] 霍秀珍. 现代农业服务业理论研究综述 [J]. 经济研究导刊, 2008, (15): 15-17.

[16] 李冠霖. 第三产业投入产出分析 [M]. 北京: 中国物价出版社, 2002: 32.

[17] 黄少军. 服务业与经济增长 [M]. 北京: 经济科学出版社, 2000: 1-25.

[18] 吕政. 中国生产性服务业发展的战略选择——基于产业互动的研究视角 [J]. 中国工业经济, 2006, (5): 5-12.

[19] 阿尔弗雷德. 韦伯. 工业区位论 [M]. 北京: 商务印书馆出版, 1997: 67-78.

[20] 白安义, 张顺喜. 构建适合我国国情的农业保险组织形式 [J]. 农业经济问题, 2004, (8): 53-55.

[21] 柏振忠, 王红玲. 新阶段我国基层农业科技推广服务模式分析 [J]. 湖北大学学报 (哲学社会科学版), 2006, (5): 580-582.

[22] David Ricardo. 政治经济学及赋税原理 [M]. 北京: 商务出版社, 1962: 34-56.

[23] 中国传统农业向现代农业转变的研究 [J]. 当代中国史研究, 1997, (1): 2-6.

[24] 王德萍, 孟履巅. 中国农业服务业的发展 [J]. 上海经济研究, 2008, (8): 43-45.

[25] 张晓山. 创新农业基本经营制度发展现代农业 [J]. 经济纵横, 2007, (1): 23-26.

[26] 乔博. 从传统农业向现代农业的跨越 [J]. 经济研究导刊, 2008, (11): 33-35.

[27] 胡恒洋, 等. 关于现代农业建设的认识和政策建议 [J]. 宏观经济管理, 2007, (2): 34-38.

[28] 常生君. 传统农业走向现代农业的经济学条件及实现的基本途径 [J]. 新西部, 2009, (1): 35-39.

[29] 孔祥智, 李圣军. 试论我国现代农业的发展模式 [J]. 教学与研究, 2007, (10): 53-56.

[30] 叶普万, 白跃世. 农业现代化问题研究述评——兼谈中国农业现代化的路径选择 [J]. 当代经济科学, 2002, 24 (5): 89-92.

[31] 黄少安. 服务业与经济增长 [M]. 北京: 经济科学出版社, 2000:

128 – 156：22 – 25.

[32] Lin Justin Yifu Development Strategy, Viability, and Economic Convergence [C]. Economic Development and Cultural Change, 2003：277.

[33] Lu, Ming, Jianyongfan, Shejian Liu Employment Restructuring during China's Economic Transition [J]. MonthlyLabor Review, 2002, (8)：25 – 31.

[34] King Economic Development in Peripheral Regions [J]. Science, 1999, (36)：17 – 23.

[35] Kenneth A. Reinert. Rural nonfarm Development, a Trade theoretic View [J]. International Trade & Economic Development, 1998, (7)：425 – 437.

[36] W. Richard Goe. Factors Associated with the Development of Nonmetropolitan Growth Nodes in Producer ServicesIndustries [J]. Rural Sociology, 2002, (3)：416 – 441.

[37] Evangel Ista R Sectoral patterns of technological change in services [J]. Economics of lnnovation and New Technology, 2000, (9)：210.

[38] Lin, Justin Yifu Development and Transition：Idea, Strategy, and Viability, Marshall Lectures [M]. Cambridge University, forthcoming, 2007：65.

[39] Naughton, Barry, The Chinese Economy：Transitions and Growth [M]. The MIT Press, 2005：158.

[40] Wooldridge, Jeffery M Econometric Analysis of Cross Section and Panel Data [M]. MITPress, 2002：117.

[41] Kanbue, Ravi and Xiaobo Zhang Fifty Years of Regional Inequality in China：a Journey Through CentralPlan-ning, Reform and Openness [J]. Review of Development E-conomics, 2005, (1)：87 – 106.

专题Ⅵ

创意农业及其在北京的探索与实践*

* 本报告是 2009 年北京市哲学社会科学规划重点项目“北京创意农业发展研究”（编号 09AaJG279）和北京市自然基金课题“北京农业文化创意产业及其发展模式与机制研究”（编号 9122012）的主要研究成果。

目　录

前 言

20 世纪末创意产业在全球兴起，正逐渐成为全球经济新的经济增长点。2004 年北京市提出要发展文化创意产业，并在 2006 年正式将文化创意产业作为北京市新的支柱产业，制订了《北京市十一五时期文化创意产业发展规划》。2004 年至 2009 年文化创意产业增加值年均增长为 19.5%，在全市 GDP 中的比重由 10% 上升到 13%，成为首都经济新的增长点和重要引擎。

将创意产业的发展理念引入农业，即产生了一种新兴农业产业经济形态——创意农业。创意农业是文化创意产业的重要组成部分。北京郊区已经涌现出许多创意农业的产品、模式和典型案例，创意农业已现雏形。

一、创意农业概论

（一）创意农业的概念与特征

1. 创意农业的概念

比照国内外对创意产业概念的界定，结合农业的自身特性，创意农业就是对农业生产经营的过程、形式、工具、方法、产品进行创意和设计，从而创造财富和增加就业机会的活动的总称。这一概念是广义的，并不强调文化创意。狭义的创意农业是指对农业生产经营的过程、形式、工具、方法、产品进行文化创意和艺术设计，从而创造财富和增加就业机会的活动的总称。狭义的概念突出了创意农业中的文化创意。

本文所指创意农业是指广义的创意农业。它是指利用农村的生产、生活、生态“三生”资源，发挥创意并进行创新构思，研发设计出具有独特性的创意农产品或活动，以提升现代农业的价值与产值，创造出新的、优质的农产品和农村消费市场与旅游市场。创意农业的兴起是现代农业发展的必然，是都市型现代农业的重要组成部分。

创意农业是以增加农产品附加值为目标，在农产品生产、加工与营销过程中进行创意，创造农民独特增收模式，实现农业增产、农民增收、农村繁荣，构建农村创意生产方式和生活方式。

2. 创意农业的属性

创意农业依然是农业，因此，也仍然具有农业的自然属性、经济属性和社会属性。另外，根据创意农业的概念，创意农业还具有文化属性和精神属性。创意农业的多种属性是其多功能拓展的基础。

（1）自然属性：自然属性是农业的固有属性。创意农业以农业为载体，受自然资源禀赋和自然环境的影响，因而具有自然属性，只不过创意农业的目标不单纯追求数量，因而，受自然环境影响的程度要小一些。

（2）经济属性：创意农业的经济属性，表现为它的生产功能。创意农业的产品不仅有物质产品，更重要的是有精神产品。创意农业产品多是以物质产品为载体，以满足人们的精神需要为目的，兼有物质属性和精神属性。创意农业产品不单纯追求数量，而是强调创意性和唯一性。因此，生产属性虽然仍然是创意农业的根本属性，但不是主要属性。

（3）社会属性：创意农业的社会属性，表现为为社会提供具有物质和精神双重属性的产品，同时，提供直接或间接的就业岗位，从而成为人们生活的一个重要内容。农业是人类社会最古老的产业，也是人类社会的第一个产业，是人们赖以生存的产业。因此，农业比任何一个行业都更能激起人们对它的了解、感知和体验的需求。

（4）文化属性：这是创意农业的显著属性和基本属性。农业是人类文明的基础，也是文化形成的重要基础。农业本身具有丰富的文化内涵。但创意农业的文化属性，不仅指农业文化也包括超出农业文化之外的相关文化（如民俗文化、饮食文化、养生文化、服饰文化、图腾、文学艺术等）。尽管农业创意可以有多种途径，但文化创意无疑是其中最重要的一条途径。赋予农业产品、农业生产过程等以文化（农业文化和非农业文化）内涵，是创意农业的主要功能。

（5）精神属性：创意农业产品不管是有形的还是无形的，都具有满足人们精神需求的属性。人们对真善美的追求，对艺术和美学的追求，对美好生活的享受，对不良情绪和压力的释放等，都可以借助创意农业来实现。

3. 创意农业的特征

与物质产业相比，创意产业既有产业属性，又具有意识形态属性。产业属性决定了它必然遵循经济学中普遍的供求法则和市场规律，而其意识形态属性又使它受到社会文化发展水平的制约。创意农业是一产与文化产业相融合的新型业态，它充满了创造力、想象力和艺术感染力，既具有创意产业的共有属性和特征，也具有农业特色。归纳起来，创意农业应该具有以下四个显著特征。

（1）对农业的依附性

创意农业以农业为主要创意对象，包括农业的生产全过程（产中、产前、产后），农业投入品（技术、品种及物资等）及产出品（包括物质和精神产品）等，通过文化开发和科技手段做支撑，形成创意农业产品（物质产品和精神产品）。脱离了农业，就不能称之为创意农业。这是创意农业的依附性。

（2）创意性

正如创意是创意文化产业的核心要素，文化、智力密集是创意农业的重要特征。创意是一种智力劳动，创意农业产品和项目凝聚着人的创造力。同时农业本身是一种最具有创意的产业，自然状态下，每一个农业动植物所处的生态位和所占有的资源都是不同的；因此，农产品与工业产品相比，更具差异性。从这个角度而言，创意农业的产品具有唯一性。

（3）附加值高

创意农业的核心生产要素是信息、知识特别是文化和技术等无形资产，是具有自主知识产权的高附加值产业。传统农业的产出依赖于对自然资源的消耗，体现的是食用价值和使用价值，而创意农业主要消耗人的智慧，体现的是智力价值和精神价值。创意农业产品因集中了科技、文化和智慧，其科技和文化附加值会明显高于普通农产品及其服务。创意农业不仅能够提高农业综合效益，直接增加农民收入，而且能够拓展农民就业空间，实现多环节增收；有利于全面提高产品性能、劳动生产率和资源利用率，为社会提供智能化、特色化、个性化、艺术化的创意产品和服务。根据创意农业的概念和属性，创意农业应具有文化附加值、科技附加值、服务附加值和生态附加值。

（4）产业融合度高

创意是技术、经济和文化等相互交融的产物，创意农业是综合性产业，是以自然景观为平台，结合文化元素，运用科技实现作物品种改良，采取园艺、园林手法对农场、农庄、牧场进行创意设计，场景公园式、休闲娱乐式，将农业产业与当地自然、文化、生态、旅游资源进行创意性配置组合，因此它是多种产业的融合，具有多个产业的特征，所生产的产品是新思想、新技术、新内容的物化形式；它是多知识、多学科、多文化和多种技术交叉、渗透辐射和融合的产物，产业间的界限更模糊。因此，具有较强的融合性、渗透性。

（二）创意农业与其他农业类型的关系

1. 创意农业与都市型现代农业

如果说采摘园的出现标志着农业进入都市型现代农业发展阶段的话，创意农业的出现则是都市型现代农业深入发展的标志。创意农业是都市型现代农业与非农产业融合的产物。创意农业是发展都市型现代农业的重要途径之一，也是都市型现代农业多功能性的具体表现形式之一，还是实现都市型现代农业提质增效、农民增收的重要途径之一。

2. 创意农业与休闲农业

创意农业与休闲农业有着很多交叉，但又有着很多不同。休闲农业出现于城郊型农业阶段而发展于都市型现代农业阶段，创意农业则出现并发展于都市型现代农业阶段。休闲农业的范围较为宽泛，不仅包括观光农业也包括乡村旅游，创意农业可以成为休闲农业的一部分表现形式，但创意农业又不全部被休闲农业所涵盖。创意农业以休闲农业为发展基础，又反过来促进休闲农业的发展。休闲农业以观光采摘为主要手段，以放松都市人的心情、释放压力为目的；而创意农业则以文化创意为手段，以开发农业及农产品的高附加值，满足人们的精神需求为目的。

也有人认为，创意农业属于休闲农业，但它是休闲农业发展的高级阶段。

二、北京创意农业的发展现状与评价

（一）北京创意农业类型

在浓厚文化底蕴的熏陶下，在巨大市场需求的拉动下，北京市的农业专家、农民和艺术工作者以他们的聪明才智，通过科技手段和艺术加工，在农业的生产过程及产品中融入文化内涵，创造出了文化附加值、生态附加值、科技附加值和服务附加值较高的，满足人们精神和文化需求的创意农业产品。

1. 创意农业产品

通过包装创意、栽培创意、用途创意、亲情创意等手段，充分利用农业副产品和废弃物，改变了农产品传统的食用功能和传统用途，使得普通农产品变成了商品、纪念品，甚至成为了艺术品，从而身价倍增，提高了附加值。

以下是几种典型的创意农产品：

（1）玻璃西瓜：大兴区的玻璃西瓜（也叫水晶西瓜）就是包装创意的一个成功例子。当西瓜坐果后不久，就把它塞进一个大的圆形玻璃罩内，等西瓜长到和玻璃罩一样大时，灌入特制的保鲜液，再封住罩口。经过如此包装的西瓜就成为了可供长期观赏的艺术品，单个西瓜价格可达500元，较普通鲜食西瓜价格高百倍多。

（2）盆栽果菜：将本来生长在农田的农作物栽种在盆里，如此包装出售，会收到意想不到的效果。如盆栽果树、盆栽蔬菜、盆栽食用菌等。盆栽果树是选择矮化品种、矮化砧木，通过控制根系生长、使用生长抑制剂，以及整形控制树冠等技术手段，将果树微型化，种植在花盆里，如盆栽桃、盆栽梨、盆栽苹果、盆栽柿子、盆栽枣等。它们能满足都市阳台农业的需求，具有观花、赏果和食用三种功能。盆栽蔬菜有草莓、韭菜、西红柿、西葫芦、茄子，更有盆栽蘑菇等，兼有观赏和食用价值。经过花盆包装，盆栽果树和盆栽蔬菜的价格远高于普通果苗和蔬菜价格。在2009年平谷农副产品展览会上，南独乐河镇一盆富士苹果盆景以4万元的价格成交，充分体现了创意农业产品的高附加值。大兴老宋瓜

园栽植的盆栽西瓜，一盆能卖到 200 元。

（3）五谷画：以杂粮，菜籽、草籽为原料，利用其自有形态、色彩经构思、设计、加工制作，装裱而成五谷画，寓意五谷丰登。在五谷画中，用料最多的是各种豆子。用豆子做的五谷画又叫豆塑画。

作为食用的豆子，经过能工巧匠的设计，利用豆子天然的形、色、纹，塑造不同的人物、动物形象，可以做成情趣盎然的“豆塑”工艺品。延庆县巧娘工作室创作的“妫川豆塑”以农民手工画作为背景，似拙却自然，用三两颗豆子塑造一个人物，用三两个人物讲述一个故事，用一个故事展现一段历史、一方民情，散发出浓厚的乡土气息。作品题材广泛，特别是将中国古文化、民俗文化、民族文化注入其中，昭君出塞的气魄、独钓寒江雪的凄冷、拳打镇关西的侠义、锔盆锔碗的民俗、阿西跳月的舞姿……增加了作品的文化内涵和厚重感。

（4）麦秸画：麦子收获后的麦秸，在农村要么用来烧火做饭，要么直接还田用作肥料，价值极低。但经熏、蒸、烫、漂等十几道加工处理工序，将传统的刺绣、剪纸、烙画、国画等艺术表现手法有机结合，将麦秸一点一点剪贴、拼贴，制成精美的工艺品，变废为宝。麦秸画是利用麦秸这一天然原料的光泽、纹理、质感，经过技术处理，制出惟妙惟肖、栩栩如生的人物、动物、花卉、亭台楼阁、风景古迹等多种题材的工艺品。一幅麦秸画因制作的规格、手法、难易程度价格可在数百元至千元之上。

（5）蝶翅画：是以蝴蝶的翅膀为材料，利用其色彩、光泽以及纹理结构等特点，将形状、大小不同的翅坯粘贴在画板上而形成的手工工艺品。北京市门头沟区花露蝴蝶园，将蝴蝶养殖、观光进行创意制作蝶翅画，很受市场欢迎，售价为几十元至几百元、几千元不等。蝶翅画的制作要经过蝶翅采集、图案设计、蝶翅加工与试排、拼贴成形与装配镜框等工序。

（6）羽毛画：羽毛画以家禽的羽毛为主要原料，利用羽毛多彩的天然色泽，经过防蛀防腐处理，以半浮雕造型的方式制作，题材以自然风景为主。

（7）干花：主要是利用农作物（谷子、高粱、小麦等）以及农作物下脚料（棉秆、棉壳、玉米皮、芝麻角、换代的桃树干、桃树根、野生蒿草等）等原材料，生产干花、仿真盆景等。产品采用纯天然原材料，纯手工制作，色彩、造型源于自然又超越自然，蕴含丰富的文化创意，具有较高的艺术观赏价值。平谷区圣林工艺品公司生产的干花约有3000多个品种，产品95%出口欧、美、亚、非等50多个国家和地区。

（8）干压花画：把采来的新鲜花草、树叶，放在压花器里经过3天脱水后取出，分类放在保鲜袋里，拼贴成画。

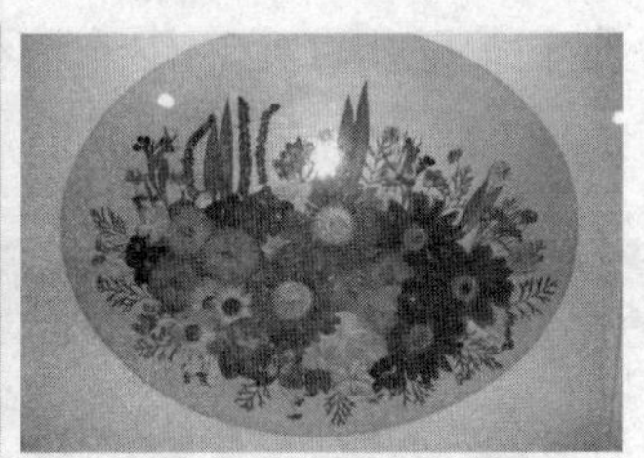

（9）蛋壳工艺品：蛋壳本是一种废弃物，但经过蛋雕、彩绘等制作工艺做成工艺品，则身价倍增。

（10）葫芦工艺品：葫芦在鲜嫩时可以食用，在成熟风干后，民间常用来做酒壶，或剖开后用做舀水或盛东西的瓢。但经过创意，可以做成各种各样的工艺品，如葫芦彩绘、葫芦雕刻、葫芦烙画。平谷区熊儿寨乡东沟村、顺义区龙湾屯镇丁甲庄村、大兴和通州的葫芦烙画在京郊已有一定的知名度。

（11）草编：是把秸秆、芦苇、蒲草、柳条、玉米皮等编织成各类具有观赏价值或使用价值的手工艺产品，满足人们追求贴近自然、绿色环保的需求。

（12）根雕：利用砍伐后或枯死后的树根，因地制宜地进行艺术创作，雕刻成实用品或艺术摆件，使原本废弃的树根实现增值。

（13）异型果、晒字果：针对消费者表达亲情的个性化需求，瞄准高端市场，对农作物进行亲情创意，使其成为亲朋好友的互赠礼品。如在桃、苹果、

西瓜、南瓜等瓜果上印字，做成寓意吉祥的礼品。如今北京郊区平谷、房山已经成功开发出了大桃、苹果的晒字果、异型果系列产品，图案丰富，寓意特别，包括“生日”“贺寿”“喜庆”“福娃”“奥运标志”“十二生肖”“情侣”“平安”“福、禄、寿、喜”等数十个系列，大大提高了果品的文化品位和品牌价值。不仅得到国内外观光游客的喜爱，也直接促进了农民的增收，亦成为北京都市型现代农业的夺目名片。

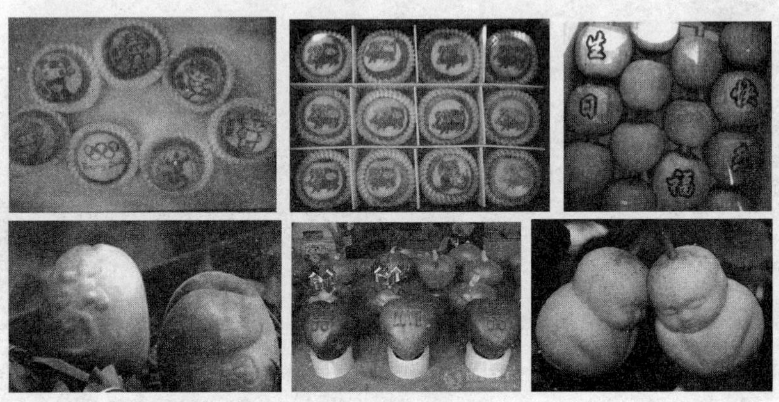

2. 创意农业主题园

农业主题公园是通过对特定主题的整体设计，按照公园的经营思路，把农业生产场所、农产品消费场所和休闲旅游场所结合为一体，将具有相似功能的农作物、动物和农事活动集中展现，创造出特色鲜明的体验空间，使游客获得一气呵成的游览经历，兼有休闲娱乐和教育普及的双重功能。

中国的农业文明悠久而深厚，每一种农作物都有着丰富多彩的文化，对其进行多层次、全方位地文化开发，足以建立一个个主题公园。以某一种农作物为文化开发的主题，建立专题公园，在京郊已有成功的范例。如丰台的花卉大观园，通州的南瓜公园，昌平的苹果主题公园、天翼草莓园，房山的磨盘柿主题公园、琉璃河秋子梨大家族主题公园，门头沟妙峰山玫瑰园、樱桃园，大兴庞各庄的御瓜园、安定古桑园、采育的葡萄园，怀柔的凤山百果园，密云的红香酥梨庄园，延庆里炮红苹果度假村等。

案例 2-1：大兴御瓜园

有“活体西瓜博物馆”之称的“御瓜园”，将西瓜种植景观与人文景观巧妙融合，把单纯的西瓜生产和西瓜观光、西瓜创意产品出售结合起来，挖掘西瓜产业的文化与科技附加值。每年西瓜节期间，推出“欢乐在瓜乡”西瓜采摘、“瓜乡有我一分田”认种瓜地、吃西瓜比赛等活动，游客参与者甚众。

3. 创意节庆活动

农业节庆是在农业生产活动中形成和开发出的节庆，是“农业搭台、文化表演、经济唱戏”的一种创意，是体验式和消费式结合的农业创意产品，常常兼具吃、玩、赏、教等多项功能，相比都市工艺展，农业节庆的吃、玩的休闲娱乐功能十分显著。目前北京郊区 10 个区（县）均有一至两个区（县）级节庆活动，数个到十几个乡镇级节庆活动，基本形成了京郊乡村节庆活动四季不断，一区（县）一色，好戏连台、精彩纷呈的局面。有的区县甚至做到了四季有节，月月有活动。归纳起来，京郊现有的农业节庆可分为四类：

一是农作物类节庆，主要为各类花卉节庆、水果节庆、蔬菜节庆、谷物节庆等，如海淀公园的京西稻收割节、昌平的苹果节、草莓节，平谷的桃花节、红杏节，大兴的西瓜节、梨花节，顺义的西甜瓜节，怀柔的栗花节，海淀的樱桃节，这类节庆依农时而设，有强烈的季节性。

北京市农业节庆中历史最为悠久的当属大兴西瓜节，始于 1988 年，2001 年起每年 5 月 28 日举行，至 2013 年已举办 25 届。按照“以文化立形象，以情节聚人气，以展示育商机”的节庆理念，西瓜节期间开展文艺表演、经贸洽谈、观光旅游、商品展销、西甜瓜擂台赛等活动。北京大兴西瓜节的瓜王擂台赛依然成为西瓜节关注热点，全国西甜瓜擂台赛，突出打造西瓜品牌，促进了西甜瓜科技种植交流和西甜瓜销售。

二是动物类节庆，以某种农业动物为主题，开展农业节庆活动。朝阳和通州的螃蟹节，密云的鱼王美食节，怀柔的虹鳟鱼美食节等。

密云的鱼王美食节，以每年密云水库开渔的日子为鱼王美食节的开幕日，以水库有机鱼为招牌，吸引游客纷纷到密云去品尝美味的水库鱼。2010 年第七届鱼王美食节除经典项目“鱼王竞猜”“鱼肴大擂台”“欢乐鱼王大篷车”“民俗大集”等活动外，还开展了“绿色密云发现之旅”——中国十大新闻媒体密云摄影采风活动、“密”宝之旅等主题活动，为京郊乡村度假生活注入了更多精致与品位。美食节期间，密云县各旅游乡镇也推出金秋养生系列活动。游客们除了可以在黑山寺养生培训基地实地感受天人合一，更可以到黑龙潭白河沿岸、古北口汤河地区、环水库风光带、太师屯、穆家峪潮河沿岸、新城子雾灵湖周边的五大红叶观赏区，去感受“红叶千林似锦张，秋容端不让春光”的美妙景致。

三是民俗文化类节庆，包括了少数民族和汉族的节庆活动，传统的二十四节气演变的农业节庆和部分传统民俗节庆也属于此类，如清明节，满族传统节日“颁金节”“添仓节”和“虫王节”等。

如怀柔区长哨营满族乡举办的满族文化节，市民在山货大集市场选购各种特色山货的同时，可以观赏到满族传统实物、民间剪纸、手工编织展览；欣赏到彩带秧歌、双扇舞、舞龙、花会、服装展示等满族传统节目展演；品尝到轧饸饹、鲜豆浆、野菜锅贴等风味小吃；还可小住七星满族度假村、雁北山庄及农家民俗户火炕。

四是综合活动开发类节庆，如房山、密云、朝阳的农耕文化节，大兴区的农民艺术节和丰台的种子交易会、顺义的农博会等。创办于 2003 年的顺义农业博览会，以农业优新成果展览与交易为平台，已成为北京农业的一大盛事。根据展示内容的不同，划分主题专区和分类展区。2010 年第七届顺义农博会划分为农产品加工和花卉两个主题专区和中心展区、旅游文化展区、农业科技展区、友好省市展区、各区县农产品加工展区、农产品销售区 6 个不同的分类展区。种羊拍卖是每届农博会上的最大亮点，顺义农博会也因此成为全国种羊价格的风向标。

顺义农博会及种羊评比

4. 创意农食文化

农业一直以来就是一个与饮食密切相关的产业。中国的饮食文化内容十分丰富。在北京郊区十分富有创意的饮食文化开发有：延庆县柳沟村的“火盆锅豆腐宴”，怀柔的虹鳟鱼宴、南瓜宴，大兴的西瓜宴，平谷的桃花宴、菊花宴，通州的田桑宴，以及怀柔的板栗宴、以鹿为主的药膳等，都极具中国文化特色，让游客既大饱眼福，也大快朵颐。

怀柔依托其冷凉气候资源发展虹鳟鱼养殖，并形成了以虹鳟鱼养殖、垂钓和餐饮为特色的沟域经济。为开发虹鳟鱼饮食文化，自 2005 年开始，已成功举办了八届中国怀柔虹鳟鱼美食节，开发了几十种以虹鳟鱼为主料的菜品。

位于北京市延庆县大榆树镇的华坤庄园，以南瓜种植为特色，1200 米长的南瓜长廊坠满五颜六色、形态各异的南瓜，品种超过 400 种，给人以别样的视觉享受。2007 年推出了特色南瓜宴，各式各样的南瓜做成饭桌上的碗碟盆杯勺，再将用南瓜瓤研制的独特菜品放入其中，形成了别具一格的南瓜盛宴。

西瓜宴　南瓜宴　虹鳟鱼宴

豆腐宴　桃花宴　板栗宴

位于通州区的永乐店镇的桑瑞生态庄园以饲料桑种植、加工为特色，开发出了以桑叶为原辅材料的“田桑宴”，主要菜品有椒盐桑叶、桑叶炒鸡蛋、桑叶炖猪蹄、桑叶馒头、桑枝炖鱼、上汤桑叶、桑叶丸子汤等十余种。在提高菜品营养价值的同时，还能起到一定的药用功效。

5. 创意医农同根开发

“医农同根，药食同源”是中国文化的瑰宝。中医药学家认为：世间万物都有一定的药用价值，有选择性地吃一些食用农产品，可以有针对性地缓解某些疾病。食疗一直被国人所推崇，在民间有众多忠实的践行者。

案例 2－2：桑叶的药食开发

桑叶属药食两用植物，其药用价值在古代就被医家所认识和重视。中医学认为，桑叶味甘，性平、寒。可清肝明目聪耳，镇静神经，润肺热，止咳，通关节。《食疗本草》中记载：桑叶有降低血压和血糖的作用。在《本草纲目》中也提到桑叶“汁煎代茗，能止消渴”。现代医学研究表明[①]，桑叶具有降压、降脂、抗衰老、增加耐力，降低血脂含量，降低胆固醇，抑制肠内有害细菌繁殖和过氧化物产生等独特功效。桑叶药用价值的开发利用前景十分广阔。

通州桑瑞生态庄园以桑种植为基础，对桑叶进行多级开发利用，开发出了桑芽茶、桑叶茶和天然桑叶粉等。代茶饮，特别适用于那些不适合喝绿茶的人群；桑叶粉是一种超微粉，可以添加到面粉中，制成桑叶馒头、桑叶面、桑叶蛋糕等，做成功能食品，既改善了口味，也丰富了面品的色彩，增加了食客的食欲。

案例 2－3：食疗养生文化开发

中国的食疗文化源远流长，药食同源是食疗文化的理论基础。进入了富裕型生活阶段的人们，对食品的要求已不再是“吃得饱”“吃得好”，而是要吃出健康。食疗养生成为人们的生活需求。

如位于通州的桑瑞生态庄园和位于海淀的凤凰公社等农业园，开发了食疗养生项目，以办理庄园会员年卡的形式，为会员提供有机农产品和保健服务。庄园全年每周为会员送一箱自产有机蔬菜（全年共 52 箱），每月送林间散养保健桑鸡蛋一箱（全年共 12 箱），免费住宿蒙古包或休闲小木屋 10～20 次，免费进行一定次数的体育类的娱乐休闲活动，除此之外，特色餐饮和桑

---

① 周吉银，王稳，等. 桑的不同药用部位药理作用研究进展［J］. 中国新药与临床杂志，2009，(12).

保健品的购买均享受会员价格。该庄园目前有会员4000多人。

凤凰公社遵循“健康的土地—健康的植物—健康的食物—健康的人类”理念，通过欧盟有机认证，成为中国首家生物动力农场。农场设开放日，提供参观和农耕体验服务。该农场的服务和产品购买也实行会员制。每周一通过市内有机生活馆为会员配送蔬菜、水果等有机产品，以药用与食用山药为特色。农场内特设食育中心，从健康饮食、茶疗茶饮、瑜珈、芳香疗法、中医养生等层面向会员提供健康管理和调养方案。目前有会员几百人，主要是压力较大、收入高的白领阶层。

（二）北京创意发展模式

创意农业发展模式，是对多种创意类型的组合。不同地区、不同产业、不同自然与人文背景、不同的创意主题，其创意农业类型的组合也各不相同，即发展模式各不相同。根据对北京市创意农业的发展现状调研，总结了几种较为成功的模式，可供借鉴。

1. 多元创意组合模式

这种模式是以农业创意为主体，将多种农业或非农业创意组合在一起，形成多元创意组合模式。北京“紫海香堤艺术庄园”就是该模式的典型案例。

“紫海香堤艺术庄园”（以下简称香草园）位于北京密云县古北口镇汤河村，其核心区占地面积300亩，主要种植了薰衣草、紫苏、马鞭草、洋甘菊等世界200余种珍贵香草品种，是一个集养生、度假、休闲、体验、艺术创作、婚纱摄影、影视拍摄为一体的综合性都市型现代农业观光旅游区，也是集“现代都市型农业”“情景式休闲度假”与“文化创意产业”三位一体的文化旅游模式。香草园以创意为切入点，以爱情为主题，浪漫为形式，通过对香草文化的包装和利用，极力塑造普罗旺斯式的浪漫氛围，打造“长城脚下的普罗旺斯”，创造了创意农业产业发展的一个新模式。

香草园的多元创意表现在：

（1）主题创意。根据纬度相近区域其气候环境相似这一地理变化规律，借鉴同纬度以香草种植闻名的法国普罗旺斯的薰衣草开发，选定香草为主营项目。异国风情的引进实现了差异化，创造出北京一项新的具有唯一性的创意农业项目，开发出都市型现代

农业的浪漫、时尚元素。

（2）经营创意。第一，目标群体锁定中高端市场，有效地规避了与传统农业竞争，赢得了独特的市场占有率。香草园根据其建设经营内容，市场定位于中高端消费群体，特别是主要服务于新婚夫妇、情侣、摄影爱好者、写生画家、商务游客等特殊客源，目标群体明确，满足了个性化的市场需求，从而有效地规避了与大多数休闲农园的同质化和低价竞争，还提高了市场占有率。第二，项目策划了 DIY（英文 Do It Yourself 的缩写，又译为自己动手做，亲身参与）旅游体验活动，以延长游客停留时间来影响消费行为，增加园区收益。根据香草园建设目标，划分了“香草体验休闲”和“汤河亲水休闲”两大功能区，开发了“五大香草休闲”“四大爱情体验”和“汤河亲水休闲”三类旅游产品，使游客不仅能感受异域乡土风情，还能亲身参与制作、体验香草文化。第三，以移动式自宿营地代替固定的客房，既新颖实惠，还解决了建设用地不足的矛盾。香草园充分利用了游客渴望零距离“拥抱”香草的心理，创新性地用帐篷营地解决了住宿问题。一来营造置身花海、抬头望月的浪漫氛围，二来让游客体验和验证香草的驱蚊作用。第四，开发了香草系列时尚产品，既增加了香草作为农产品的经济附加值，还增加了香草的文化附加值。香草园开发了多种香草时尚产品，如根据普罗旺斯古法手工制作的干花、香包、香袋、精油、香水、香皂、蜡烛、薰衣草花草茶等。这样，不仅满足了游客“购”的意愿，而且农产品由此成为了既具有实用价值的商品又兼具特殊意义的纪念品。

（3）营销创意。第一，以“唯一性旅游资源——长城脚下的普罗旺斯”为主要吸引物。法国普罗旺斯的香草象征无限浪漫，中国长城象征坚贞永恒，二者是两国的标志性资源，文化底蕴深厚，用统一的爱情主题有机融合在一起，创意出了观赏性强的唯一性旅游资源——长城脚下的普罗旺斯。在法国只有香草没有长城，在中国只有长城而没有香草。但在密云的香草园则既有长城又有香草，将香草的浪漫与长城的永恒完美地结合在一起。因此，这一营销创意，激起了中外游客来此旅游的欲望。

第二，以联合经营为手段，与专业婚纱影楼公司签订合约，保障香草园的基本收益。为开发香草园的多元效应，与婚纱摄影公司签约，通过租赁婚纱摄影场地的形式，既保障了香草园的基本收益，也有效为香草园做了推介宣传。与此同时，通过婚纱摄影公司的客户挖掘和培育出了一批香草园的潜在客源。这使双方都成功地获得了品牌效益。

2. 景观农业创意模式

景观农业就是利用多彩多姿的农作物，通过设计与搭配，在较大的空间上形成美丽的景观，使得农业的生产性、可持续性同审美性结合起来，成为生产、生活、生态三者的有机结合体。其突出的特征，是用美学价值表现来自农作物的观赏价值和农作物的特征结构，包括农作物收获的喜悦、农耕与田园、具有地方特色的乡村生活以及现代高科技农业带来的惊奇与对未来的展望。这种新型的农业景观除了满足生产功能之外，还发挥了农业的生态功能和景观功能，同时带动了乡村旅游的发展，直接促进了农民的经济收入大幅增加。昌平的四季菜园就是景观农业模式的一种。

位于昌平区小汤山镇土沟村的四季蔬菜观光主题园——“京承碧园”利用四个温室设计了春意盎然踏青园、姹紫嫣红瓜果园、金秋十月赏菊园、寒冬保健菜园四个景观园和一个蔬菜迷宫。

在春意盎然踏青园，主要利用品种选择、色彩搭配、播期调节、艺术造型等技术，采用栽培床下沉倾斜（栽培床南高北低，倾斜30度，形成立体效果）等措施，建成了包含奥运五环、奥运单项运动标志、红旗飘飘、吉祥彩虹、月亮弯弯等景观的奥运主题景区和美丽的祖国景区。

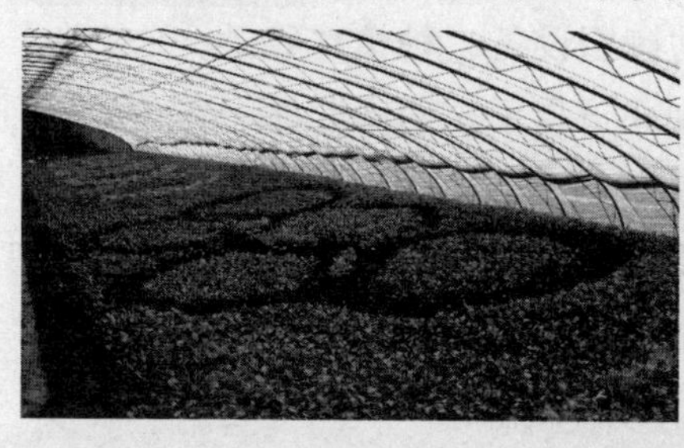

在姹紫嫣红瓜果园，利用蔬菜树式栽培、无土栽培、嫁接、盆栽、植株造型、品种选择搭配等多种栽培技术，采用观光道下沉（下沉80厘米）等措施，突出设施蔬菜现代栽培技术，扩展温室空间，提升景观效果。建成了包含芳香蔬菜坛、阳台菜园、百瓜飘香、番茄树林、绿色世界等景观。

在金秋十月赏菊园，主要利用不同色彩品种搭配、播期调节、艺术造型等技术，采用栽培床下沉倾斜（栽培床南高北低，倾斜 30 度，形成立体效果）等措施，建成了金龙腾飞景观。

在寒冬保健菜园，选用板蓝根、藿香、黄芩、叶用枸杞、藤三七等 22 个品种药用保健蔬菜品种，采用不同图案，结合盆栽，形成了高低搭配的艺术化栽培的景观效果。

蔬菜迷宫：占地约 2 亩。以竹竿为主体材料，由高到低为主体层次，内设凉亭、手动遮阳设备，种植作物达 30 多种，主要以四方位（分别由冬瓜、西瓜、南瓜和北瓜指示东西南北四个方位）、五味（香瓜、甜瓜、苦瓜、辣椒、鱼腥草分别代表香甜苦辣腥五种味道）、六型（南瓜、丝瓜、苦瓜、砍瓜、蛇瓜、瓠瓜）、七色（红梗叶甜菜、橙色彩椒、黄色番茄、绿茄子、青色苤蓝、白梗叶甜菜、紫色紫苏）为主体部分。

3. 产业融合创意模式

创意农业既是产业融合的产物，也是产业融合的表现形式。产业融合模式是指集一产种植（或养殖）、二产加工、三产旅游（或餐饮）为一体，通过产业融合，不断升级产品附加值空间，从而将利润放大，获得三产业的综合收益。北京波龙堡葡萄酒庄、北京张裕爱斐堡国际酒庄、通州桑瑞生态园就是产业融合创意模式的典型代表。

波龙堡酒庄位于北京市房山区八十亩地村，成立于1999年，由中法合资兴建。2009年成为中国第一个取得欧盟有机认证和美国有机认证的有机葡萄酒企业。波龙堡葡萄酒庄借鉴了法国著名酒堡的建筑风格，采用了“四位一体”的经营模式，即在原有葡萄种植及葡萄酒酿造基础上，还开发了葡萄酒主题旅游、专业葡萄酒品鉴、休闲度假等三大功能，形成了一、二、三产业融合的发展模式。

（1）第一产业——葡萄种植。波龙堡自有1000多亩葡萄种植园，全部采用法国酒用葡萄品种，按照有机生产方式和法国葡萄种植管理方式来种植，为生产有机红酒提供可靠的原料保证。有机葡萄种植也成为旅游观光的一项内容。

（2）第二产业——葡萄酒加工。波龙堡拥有先进的有机葡萄酒加工工艺和技术，以及先进的设备，年加工高档红酒250吨，定位于高端消费人群，并出口到巴黎，中国生产的葡萄酒第一次打入以盛产名贵葡萄酒而著称的法国的中高端市场。波龙堡自行研发的有机干红葡萄酒填补了国内空白，正在对我国葡萄酒行业产生深刻的影响。

（3）第三产业——红酒文化主题旅游。以红酒文化为主题，波龙堡酒庄开发了具有法国浪漫风情的旅游项目。游客在庄园里，既可以欣赏法式风格的酒庄建筑，也可以到葡萄园去观看和体验酒用葡萄的种植与管理；可以参观和了解有机红酒的酿造过程以及壮观的酒窖；可以在品酒室一边品尝各式红酒，一边了解葡萄酒文化与发展历史。酒庄还与婚纱摄影公司签约，为现代派的浪漫新人提供以红酒文化为背景的

婚纱摄影服务。酒庄还开展了个性化服务——“私人酒窖”服务，在酒窖中为个人设立专有酒柜，为其储藏指定的红酒。

4. 产业链条开发创意模式

产业链条开发创意模式是以某一主导产业为依托，对产前、产中、产后各个环节进行科技、文化等创意开发，形成全产业链条式的创意开发模式，从而巩固和壮大主导产业的经济地位，促进主导产业的持续发展。平谷桃文化开发模式是这一模式的典型代表。

平谷区桃种植面积稳定在 22 万亩，是世界上“种植桃面积最大的区(县)”，年产量 2.8 亿公斤。2000 年被国家林业局授予“中国名特优经济林——桃之乡”；2001 年被农业部授予“中国桃乡”；2006 年平谷鲜桃被国家质量技术监督检验检疫总局正式授权地理标准保护产品专用标志。平谷区依托桃种植、桃加工、桃文化，从桃子开花到结果，从果实食用到桃树废弃物利用，贯穿了桃产业发展的整个链条，开发形成了“两节两品三养生”的系列产品，成为消费者心中不可替代的独特的“平谷鲜桃”区域农业品牌。

(1)“两节”——春季北京平谷国际桃花节和秋季采摘节

春季桃花节：“人间四月芳菲尽，山寺桃花始盛开”。地处山区的平谷，每到四月，一地桃花，漫山红遍。为了打好“桃花牌”，从 1999 年开始，平谷区设立桃花节，于每年的 4 月中旬 22 万亩桃花盛开时举办，为期三周。至 2013 年北京平谷国际桃花节已连续举办了 15 届。经过 10 多年的经营，县域小节成长为中国十大地方节庆之一。桃花节集文娱、体育、会展等多元化内容于一体，文化、旅游、体育等多个产业关联，吸引游客参与。从 2011 年开始，平谷区以“万亩桃花海”和“中国乐谷”品牌为载体，将桃花节和音乐节结合起来举办平谷“国际桃花音乐节”，紧紧围绕“山水平谷、中国乐谷、幸福平谷”三大主题，更加注重将文化与音乐、旅游、体育融合，尽显国际视野、中国品牌和北京特色。特别是通过北京电视台对桃花音乐节开幕式及各项精彩活动进行现场直播，成功地创新了营销平谷的方式。2012 年桃花音乐节期间，平谷区共接待游客 217 万人次，同比增长 44.6%，实现旅游收入 14312 万元，同比增长 113.8%。其中中国乐谷北京国际流行音乐季 3 天共迎来海内外乐迷近 8 万人，实现综合旅游收入 2162 余万元，分别比上年同期增长 96% 和 105%。

秋季采摘节：平谷大桃品种多，熟期不同，加之运用设施栽培，大桃熟期从 3 月至 11 月，采摘期长达 9 个月。平谷区每年举办的“平谷金秋大桃采摘节”均在桃集中上市的7—8月。采摘节期间，举办“桃王”擂台赛、“吃桃冠军大赛”“农副产品展销会”、为寿星“献寿桃”、发放采摘礼券等丰富多彩的活动，吸引了众多游客到平谷采摘大桃，带动当地大桃产业经济。2010年平谷久保、蟠桃、油桃和白桃四个品种评选出的“大桃王”，共拍出9.3万元，其中重达0.75公斤的丰白桃王更是拍出了4.0万元的高价。

（2）“两品”——文化桃和桃木艺术品

文化桃：桃在中国文化中是“寿”的象征。尤其是为老人做寿，一般都会送寿桃，或者送寿桃蛋糕。平谷区在打造唯一性特色优势农产品（桃）的基础上，着手开发文化桃。自2004年开始至今，平谷区桃农通过刻模、贴字等技术手段，已经成功开发出“生日”“贺寿”“喜庆”“寿星”“十二生肖”等晒字桃、异型桃系列产品，鲜桃图案丰富，寓意深刻，着色期只有短短的10多天，却成了平谷桃农无限开掘文化含量的黄金期，产品深受广大消费者青睐，取得了较好的经济和社会效益，2008年被北京市政府命名为十大农产品创新之一。

文化桃

桃工艺品开发：在中国民间文化中，赋予桃木“避邪气、镇宅院、保平安”之含义。桃木被誉为“阳刚之木”“五木之精”，能驱鬼辟邪纳祥。几千年来，中国百姓为避灾祸，几乎家家户户都有悬挂或使用桃木制品的习俗。

桃木龙头刀和桃木剑

平谷区大华山镇以桃木为原料，进行桃木文化创意产品设计、桃木工艺品的开发，纯手工雕刻，产品有生活用品、文化用品、旅游纪念品、镇宅保平安等。如桃木龙头刀、桃木剑、桃木梳、桃木如意、桃木镇纸、桃木笔筒、桃木观音、（桃）木刻诗词、桃核雕刻工艺品（镂空摆件、挂件）等。

桃木挂件与摆件

（3）“三养生”——桃花宴、桃食品、桃保健

根据我国药食同源的养生理念，桃及桃花均有一定的养生、保健功效。

桃花宴：平谷区创造性地开发了以鲜桃花为主要原料的桃花宴，推出100余道桃花菜品。主要特色菜有桃园仙境、桃园三结义、桃乡小炒、桃花缤纷虾球、桃花乌鱼蛋汤、桃汁煎牛仔骨、桃花香椿摊鸡蛋、刺身桃花拼辽参、水晶仙桃、黄桃芦荟等，格外受游客青睐。

桃食品：鲜桃味道鲜美，但也有一个十分突出的缺点——不易保鲜，俗称“隔夜愁”。平谷区运用科技手段对大桃进行精深加工与综合利用，开发出系列产品，目前已试制成功了大桃红桃方片、桃香酥脆等休闲食品。

桃休闲食品、菜品、桃花茶

桃保健：桃有较高的药用价值，桃树一身可入药。鲜桃肉质致密，甘甜多汁，含维生素、铁较丰富。作为食疗果品，桃对胃阴不足、口干口渴或体虚阴液不足之便秘症有较好的滋养和润下作用。根据桃的美容和保健功效，

目前已开发出桃花油软胶囊、桃花茶、大桃调味浆、蛋白桃珍等保健品。

5. 空间集群发展创意模式

这种模式是将多个创意农业项目集中在一起，形成创意农业项目空间集群，成为一个区或一条带。如延庆千家店的百里山水画廊，怀柔的凤山百果园区和雁栖不夜谷等，就是以沟域或交通廊道为单元，以其范围内的自然景观、文化历史遗迹和产业资源为基础，以特色农业旅游观光、民俗文化、科普教育、养生休闲、健身娱乐等为内容，通过对沟域或廊道内部的环境、景观、村庄、产业进行统一规划，建成内容多样、形式不同、产业融合、特色鲜明的具有一定规模的创意产业集群，以点带面、多点成线、产业互动。这种模式的优点是能够将小规模的创意农业项目通过集聚而放大，形成统一的品牌，增强创意农业品牌的竞争力。如怀柔区凤山百果园区通过2年的资源整合，目前园区已由当初的几个采摘园变成了草莓园、冬枣园、核桃园等20多个具有一定规模的特色农业采摘园，成为“花果之乡、人居胜地”。

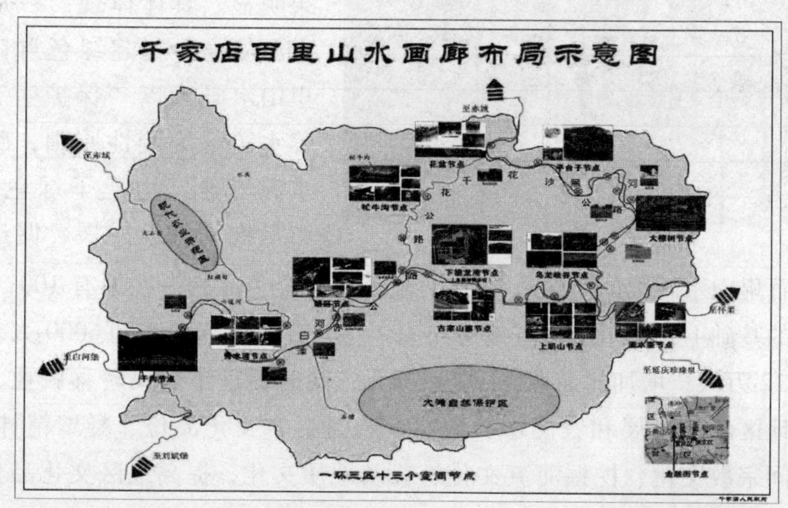

千家店镇是延庆生态涵养区的核心区，是首都重要的水源保护地，“生态环境立镇、生态旅游富镇、生态文化强镇”是该镇的发展方针。2008年按照“百里画廊，山水人家”的思路对黑河、白河两岸的农业生产、民俗乡村游项目统一调整、包装与建设，通过建设重要节点和农旅结合项目，建设创意独特的“山水一卷，百里画廊”，创新了沟域经济发展模式。

其主要做法是：一是调整种植结构，营造大地景观。在山水画廊环线连片种植既有观赏价值又有经济效益的农作物6800亩，形成赤橙黄绿相间，异彩纷呈的大地景观。二是优化环境结构，打造园林景观。全民动员进行环境治理，打造后的百里画廊环线干净、整洁、通透、明朗。沿百里画廊种植玫瑰 22000 棵，新建花圃 30 亩，共培育各种草本花苗 30 万株，形成连绵百里的开放式大公园。三是开发农旅结合项目，建设了有机食用菌采摘园、山地鸡蛋采拾园；民俗村推碾打场农事体验园；秀水河边垂钓园、菜木沟等三个果品采摘园；户外自助烧烤休闲区等一批农旅结合项目。

百里山水画廊的实施，在保护生态的基础上，推动各项产业发展，促进农民增收，效果明显。具体体现：一是保护水源安全、构建绿色屏障。百里山水画廊以“保护生态、涵养水源”为刚性原则，确保了水源安全，构建了绿色屏障。二是推动旅游发展、促进农民增收。百里山水画廊的实施，形成了地区旅游金色品牌。在原有 100 个民俗接待户的基础上，新增加民俗接待户 100 户，日接待能力达到 6000 人。年增加游客 12 万人，增加旅游收入 2000 万元，同时促进了农民转移就业，有效推动了地区经济发展和农民增收致富。三是提升文化品位、凝聚精神动力。引导民间宗教文化、挖掘河流文化、普及地质文化，提高地区文化品位，实现物质文明和精神文明协调发展。

6. 区域品牌开发模式*

品牌创意也是农业创意的一种。在发展都市型现代农业过程中，各区县都十分重视农产品品牌建设，大兴西瓜、怀柔板栗、平谷大桃等农产品品牌在北京乃至全国已具有一定的知名度。但以区域农业为整体进行品牌创意和包装的“大兴农业”区域品牌开发模式，集合了多种品牌创意，提升了区域

* 参考资料：汪宝国．北京市大兴区创意农业发展与实践［R］．2009.

农业的整体形象。这种模式的主要做法是：

（1）创意区域农业品牌。大兴区在发展都市型现代农业的过程中，由乡镇政府、企业、协会等注册了一些商标，但多数商标缺乏地域特点和个性诉求，局部地区还出现了“一种特色产品，多个注册商标”的局面，区域特色被削弱，形不成整体竞争优势。为解决农产品品牌多而杂的局面，发挥品牌效益，2005 年开始，大兴区以区域农业为对象进行系统的品牌规划，确定了由“大”“兴”组成的似花、似叶、似果的抽象图形作为统一的“大兴农业”品牌标识，统一形象识别系统。区域农业品牌的建立也为区内农产品的销售建立了一个区域形象平台，起到了扩大区域影响、树立消费者信心、提升区域内产品品牌形象的作用。

（2）区域品牌建设加快主导产业发展。在“大兴农业”区域品牌的平台上，依托本区的优势主导产业设计推出了“大兴西瓜”“大兴梨”“大兴甘薯”等系列农产品品牌，实现标准化生产管理和产品分级包装销售，并深化创意产品开发，提高产品附加值。主导产业品牌策划创意主要体现在三个部分，一是产品包装箱造型的独特和多变性，意在宣传大兴主导产业产品独一无二的品质；二是配套推出与大兴主导产业相关的工艺品、纪念品；三是通过开展合作组织农产品进社区、进超市等活动，进一步提升了“大兴农业”品牌的市场认知度。

大兴统一品牌标识的农产品包装

（3）区域品牌建设培育龙头企业。大兴区将区域品牌导入龙头企业品牌管理体系，实现统一品牌下的个性化发展，提升了龙头企业的品牌，提高了产品附加值和效益。如圣泽林生态果业、乐平瓜果、大营宏光、绿康源等，这些龙头企业品牌借助区域农业品牌的平台，实现了知名度和信誉度的提升。

（4）农业文化开发促进区域农业品牌建设。大兴区依托主导产业，以农业节庆为载体进行农业文化开发，已连续举办了25届西瓜节（已成为国内知名的农业节庆活动），16届梨花节，还有大兴桑椹文化节、大兴葡萄节和“春华秋实”推广系列活动，并成功举办了西瓜擂台赛、葡萄擂台赛、梨王擂台赛、甘薯擂台赛。通过举办集竞技性、参与性、趣味性于一体的擂台赛，全面宣传大兴农业。这些农业文化节庆的开发提升了大兴农业的整体形象，也促进了大兴区域农业品牌建设。

大兴区实施区域品牌发展战略以来，统一加强区域内农产品质量管理，123个产品通过了有机或绿色农产品认证，104个基地获得标准化生产认证，推动了20余家农业龙头企业、合作组织建立起质量追溯平台，包括蔬菜、西甜瓜、果品、肉牛等8大类50余种农产品，实现了全程质量追溯。大兴区申请注册了“大兴西瓜”产地证明商标，“大兴西瓜”获得国家地理标志产品保护。“大兴农业”区域品牌已得到社会共识。

（三）北京创意农业发展的成效

2004年进入都市型现代农业发展阶段以来，特别是经过近些年的探索与实践，北京创意农业的发展已经有了一定的规模，取得了一定的经济效益，产生了明显的社会效益，已经走到了全国前列。据不完全统计，北京目前有创意农产品30余种，有一定规模的创意农业园100多个（其中农业主题公园50多个），有一定影响力的农业节庆活动60多个，年实现综合收入近20亿元。

北京创意农业发展的主要成效表现在以下方面：

1. 农业创意产业成为北京都市型现代农业新的增长点

创意农业既具有创意产业的共有属性和特征，也具有农业特色，通过创意产业与农业的融合发展，发挥了北京科技、人才、信息、文化等软实力的优势，摆脱了资源约束的劣势，从而创新了农业的发展模式，推动了郊区产业结构的升级，增强了农产品的市场竞争力，彰显了农业与农村发展的经济活力与文化魅力，推进了新农村建设。怀柔区打造的“不夜谷、夜渤海、水长城、栗花沟、溪水湾、白桦谷、白河湾、银河谷”8条沟域经济发展带，涉及37个行政村、56个自然村、6000多户、1.6万人。八条沟建成后，新增民俗村25个，民俗户740户，旅游从业人员4000人，新建观光采摘园62个，年接待能力达到360万人次，年新增收入2000万元。

2. 基本形成模式各异、百花齐放的创意农业发展格局

从种类和数量来看，农产品创意占主导地位，约占创意总数的50%；但从效益与影响来看，农业节庆创意占主导地位。据估计，全市农业节庆创意总收入约占创意农业总收入72%。创意农业园以占全市观光农业采摘园9%的数量，接待了全市34%的农业观光旅游人次，实现了占全市休闲农业45%的收入。从分布与发展程度上看，区域不平衡，像香草园、红酒庄园、宠物公园等特色创意园在各个区县均有规模大小不一的项目。相对而言，丰台区、大兴区、通州区、怀柔区、平谷区、密云县、延庆县相对发展总体水平较高，类型较多，活动内容丰富。农业节庆活动项目各个区县异彩纷呈，有区县级的，有乡镇级的，也有园区自己搞的，平均每个区县有4～6个。基本上都是依托当地的特色产业和优势产业开展的。如怀柔依托板栗主导产业开发了栗花节、虹鳟鱼美食节，平谷依托桃主导产业开发了桃花节，大兴开发了西瓜节，昌平开发了苹果节、草莓节，房山的磨盘柿节，门头沟开发了京白梨采摘文化节，通州的葡萄节、金秋捉蟹节，密云的鱼王美食节、板栗文化节等。

3. 农业创意产业创造了许多能满足个性化需求的唯一性产品

创意是技术、经济和文化等相互交融的产物，创意农业的产品并非单指某一种产业，而是多学科、多知识、多技术交叉、渗透、辐射的物化形式，具有强烈的融合性，呈现出智能化、特色化、个性化、艺术化。在具体实践过程中，通过实现区域化、规模化、品牌化、文化化的战略，开辟了新的都市型现代农业的建设路径，打造了一大批具有地域特色、内涵丰富、有一定品牌支撑的创意产品。

比如门头沟妙峰山的千亩玫瑰园，每年6月初夏，漫山遍野的玫瑰花争奇斗艳、花团锦簇，漫山红遍，香飘满谷，蔚为壮观，将整个山谷变成一个浪漫的温馨世界，因此十分受青年恋爱者的青睐。2009年开始举办以爱情为主题的高山玫瑰节，以丰富多彩的活动，旨在打造玫瑰谷“爱情圣地”的鲜明特色，吸引游客到此观赏采摘，更多地引来都市新人到此拍婚纱照、宣誓爱情、浪漫旅游。“玫瑰谷”不仅是玫瑰花种植的地方，还成为玫瑰花深加工的生产基地，更由于她的“玫瑰传奇”成为人们心之向往的“爱情圣地”。

4. 农业创意产业的发展促进了城乡和谐发展

由于创意农业产业建设是从市场需求和资源禀赋为出发点的，做到了生产与消费的有机结合，客观上形成了满足与适应首都现代都市生活崇尚自然与时尚的需求的项目建设环境，于是就吸引了众多的投资者、生产者、经营

者和消费者，从而实现共赢发展，使农民受益、市民满意。平谷区大华山镇泉水峪胜泉康汇农产品专业合作社自 2004 年开始，通过刻模、贴字等技术手段，开发出“生日”“贺寿”“喜庆”“寿星”“十二生肖”等晒字桃、异型桃系列产品，鲜桃图案丰富，寓意深刻，着色期只有短短的 10 多天，却成了平谷桃农无限开掘文化含量的黄金期，产品深受广大消费者青睐，取得较好的经济和社会效益。一个造型桃可卖 100 ~ 120 元，几乎相当于一棵普通桃树所结果实的价值。

（四）北京创意农业发展存在的问题及分析

目前北京市创意农业尚处于起步和探索阶段，还存在着很多问题。这些问题集中表现在以下几个方面：

1. 政府的引导与支持缺乏系统性和长期性

创意农业是文化创意产业的重要组成部分，具有很大的发展空间和市场前景，应该成为北京农业功能拓展和农业增效、农民增收的新途径。新兴产业的发展，离不开政府的引导和支持。

2006 年 8 月至 2007 年 9 月，在市农委的支持下，由北京观光休闲农业行业协会组织开展的“北京乡村旅游商品开发系列活动”掀开了政府支持农业创意活动发展的序幕。这项活动包括了 2006 年红螺杯乡村旅游商品设计大奖赛、“创意风景乡村风情”北京市农产品设计暨乡村旅游商品展示会、北京乡村旅游商品开发专题讲座、“乡之韵”乡村旅游商品拍卖等。通过该活动，开发和引导了郊区创意农产品的发展。市里无论是借助活动，还是在后来的产业发展资金的安排上均对获奖商品有所支持。

然而近两年，除巧娘工作室的成立和发展，以及农业节庆活动和部分农业公园的发展有政府推进成分外，其他创意农业模式和产品，均是农村能人根据当地的资源特点进行的农业创意，是一种自发的创意行为。这些开展了创意活动的农业项目，因其创新性，不仅增加了投入成本，同时也存在一定的市场风险性。由区县级政府举办的农业节庆活动，有强大的财力支持，其延续性尚可；大部分乡镇级政府举办的农业节庆活动，其延续性差。缺乏政府系统性的长期支持，有的节庆活动举办了 3 ~ 5 届就停办了。在起步阶段，缺乏了政府的引导和有效的支持，创意农业的发展动力不足，发展难度加大。

2. 文化创意产业与农业的融合不够

目前北京的创意农业主要是观光农业与旅游业的融合，或者是艺术品与农产品的结合，而其他文化创意产业与农业的融合形式还极少见到。如农业与体育休闲产业的融合、农业与文化艺术的深度融合、农业与广播影视产业融合、农业与动漫产业的融合等。如昌平的草莓节、大兴的西瓜节、平谷的大桃节都设计了活泼可爱的动漫形象，如草莓娃娃，西瓜娃娃等，但都没有形成商品。再比如，农业与体育的融合，可以举办多种农事比赛活动，但目前除了农业节庆上的“吃瓜”“吃桃”等比赛外，还没有以农事为题材的比赛或竞技活动。因为产业融合不够，所以北京大量的文化创意产业优势资源也没有进入农业领域，用文化激活传统农业魅力的能力不强。

3. 产品同质化现象较为突出，档次和品位不高

创意农业在发展过程中已出现重复建设、互相模仿、互相拷贝等创意不足问题。创意农业的生命力在于唯一性的特色，忌讳简单模仿和拷贝，可以借鉴成功例子的思路和创意方式，结合当地的资源优势和市场需求，创意出独具特色的产品（包括物质产品和精神产品），而不是创意产品的直接复制。

迄今北京的创意农业尚无科学规划，因而仍处于自发状态，多是由农户或合作社自主开发，缺乏社会力量的参与，而且缺乏雄厚资金向创意农业注入，有限的资金和有限的智力，使得北京目前大部分创意农业的档次和品位不高。如有些项目只注重项目自身的包装，而忽视了周围环境建设与包装，影响了项目与环境的整体效果。某些本来很有文化和浪漫味道的项目，却充斥着小商小贩的叫卖，严重影响了项目的品位和档次。

4. 创意农业的综合价值有待深入挖掘

就北京市而言，目前郊区创意农业的整体发展规模小，水平普遍还不高，产品的类型还较单一，缺乏国际国内知名品牌，缺乏有效的销售渠道，农业创意的综合价值（经济价值、生态价值、社会价值）还有待深入挖掘。

据中国人民大学农业与农村发展学院的调查，京郊房山、大兴、昌平、平谷四个区县从事创意农产品开发和生产的农户中，41.67%的农户创意农产品的收入仅占总收入的10%以下，30.56%的农户创意农产品的收入占总收入的10%~30%，只有13.89%的农户创意农产品的收入占总收入的50%以上。

5. 创意农业的理论创新滞后

北京的创意农业目前只是在实践中有了一些探索，农业经营与管理者都将目光集中在了项目创意与开发上，而忽视了创意农业的研究，相关项目和课题立项少，缺乏对创意农业理论体系与技术体系的研究；另外，对国外创意农业的发展也几无关注，更缺乏比较研究和系统分析研究。这些都是创意

农业同质化，科技支撑乏力，人才极为缺乏，罕有规划导致发展欠有序等问题的根本原因。

6. 发展支撑体系尚未真正建立，缺乏体制机制创新

创意农业的发展离不开政策、科技、教育、信息、金融、人才的支撑。但目前支撑创意农业发展的支撑体系还未建立，也缺乏鼓励创新与创意的体制和机制。此外，目前缺乏创意农业产业的统计分类体系和相应的统计数据，这对于开展创意农业的相关研究非常不便！

三、北京创意农业的发展思路

基于对北京创意农业发展现状的调研，借鉴国外创意农业的发展经验（见附件），可以提出北京创意农业的发展原则、目标、发展重点与产业路径。

（一）发展原则与目标

1. 发展原则

发展创意农业还应坚持以下五个原则：

第一，文化创意为主的原则。尽管农业创意有多种途径，但文化创意是其主要途径，需着力开发农业本身的文化内涵；同时，也要开发非农文化与农业的结合和创意。

第二，因地制宜的原则。创意是意识形态的活动转变为物质形态的过程，但也必须坚持以市场为导向，根据当地的资源禀赋、经济和社会条件进行创意开发，不切实际的创意难以立足。

第三，农民增收的原则。作为食用的农产品，是人类生存所必需的，其价值是构成劳动力成本的一部分，农产品价格的提升将不可避免地拉动其他产品的价格，从而影响社会稳定。只有发展创意农业，提高农产品的附加值，才会使有限的农业资源，成为促进农民增收的无限源泉。

第四，产业融合的原则。创意农业及其产品由于具有了更多的精神属性，因而已不再局限于一产的范围，一产向二产或三产的延伸与融合既是创意农业的特征，也是其发展方向。

第五，唯一性原则。创意的魅力和生命在于唯一。学习创意的理念和思路，结合当地的实际情况，可以迸发出新的创意；复制创意的形式和外壳，则没有生命力。

2. 发展的总体目标

北京创意农业的发展目标，应以文化创意为主要途径，以农产品创意和

节庆创意为重点，兼顾生产过程创意；以产业融合为发展方向，以提高农产品的科技附加值、文化附加值、生态附加值、服务附加值为着力点，引导首都文化创意产业优势资源向农村和农业领域流动，增强创意农业创造社会财富和就业机会的能力，使创意农业成为北京都市型现代农业的新的增长点，将北京建设成为中国创意农业的先导示范区。

（二）发展重点

从北京目前创意农业的发展现状及存在问题来看，未来北京创意农业发展的重点，从创意途径来讲，文化创意是重点；从创意类型来讲，农产品和农业节庆创意是重点；从发展模式来讲，产业融合创意是重点。

1. 以北京特色文化梳理为基础，开发北京特色农业文化

一是梳理北京市特有的文化，为独特的北京农业创意寻找基础。俗话说“十里不同风，百里不同俗”。每个区县、每个乡镇，甚至每个村，都有可能会有与众不同的风俗民情。再者，北京是农耕文化和游牧文化交汇的地方，长期的民族文化融合，也会产生一些兼有农牧文化特点的融合文化。这是北京农业进行文化创意的基础。

二是开发北京特色农业文化。文化类型多种多样，都可以与农业结合进行创意开发。但其中最有特色的还应该是农业文化的开发。农业是人类生存的基础，人类依赖农业，渴望了解和感知农业，带有浓郁农业特色的创意，也一定是人们所喜爱的。北京特有的农业文化也有很多，如燕山板栗文化、黄土坎鸭梨文化、红肖梨文化、京白梨文化、贡枣文化等。北京因有着800多年的建都史，催生了很多农产品贡品。“贡品”文化是北京特色农业文化中的一朵奇葩。

2. 从包装创意入手，加大对农产品的创意开发

首先要开发农产品的包装创意。这是投资少，见效快的一种创意途径。仅仅是包装上的改变，由产品变商品、由商品变礼品，农产品就会得到几倍甚至几十倍的增值。鼓励以区县主导产业进行包括包装创意和设计在内的整体形象设计，创立区县创意农业品牌；鼓励农民专业合作社在注册农产品品牌的基础上，进行包装设计，实现产品增值，并扩大品牌的知名度。

其次要加大对农业废弃物的创意开发。世界上本没有废弃物，只有放错了位置的资源。对农业废弃物进行创意开发，既可以实现资源的多级利用，也可以拓展农业的创意空间，是农产品创意的最高境界。重点是农业废弃物

的工艺品或实用品开发。

另外要加大对农产品的亲情与个性化创意。例如，对文化桃、文化葫芦等这一类的文化农产品，可以开发礼品订购，按照顾客的要求进行个性化创意。像工业产品那样，创意农业产品也可以进行个性化订制。如刻上礼品受赠者名字的文化桃、文化苹果、文化西瓜，个人肖像的葫芦烙画等。通州区葫芦张已开发出葫芦人物肖像烙画，有十大元帅、美国总统、联合国秘书长等的人物肖像烙画，但如果能够开发面对普通老百姓的个人肖像烙画，市场前景可能更好。

3. 依托特色主导产业，深度挖掘农业节庆创意

依托当地的资源优势，各区县已经形成了各具特色的主导产业，如大兴西瓜、平谷大桃、昌平苹果等，既是区县的主导产业，也是北京农业的知名品牌。北京的农业节庆应以这些特色主导产业为基础，大力进行创意开发。重点有五个方面：

一是依托特色主导产业，做大做强农业节庆。已连续举办 25 届的大兴西瓜节是一个成功的范例。该节庆活动被评为中国十大创意节庆活动之一，在全国已有相当的知名度。在具有一定规模的主导产业基础上进行农业节庆创意活动，可以举区县之力，多部门协作，聚多领域人才，集思广益，举办一届声势浩大，内容丰富的农业节庆。

二是以文化内涵挖掘为重点，提升农业节庆的文化品位。农业节庆可以进行旅游开发（这也是各地的普遍做法，北京也应该鼓励这个方向），但农业节庆的文化内涵是维系农业节庆发展的关键。农业节庆的文化内涵和文化功能不能因经济开发而削弱，相反更应该加强。只注重经济功能而忽视文化开发的节庆，是没有生命力的。农业节庆的文化内涵应该根据时代的发展和消费者的需求，进行不断地挖掘和开发。

三是农业节庆活动的深度与广度挖掘。农业节庆的特点是时间短，地点较为集中。目前北京大多数的农业节庆是采摘节，内容较为单一，相关的节庆活动较少。欲尽可能留住更多的客源，深度挖掘节庆活动（尤其是体验活动）就显得尤为重要。以葡萄节为例，世界各地都举办葡萄节，但深度性挖掘的重点各不相同。法国波尔多地区对葡萄酒文化大力宣传，匈牙利托卡伊镇地区用葡萄收获舞来庆祝葡萄节，智利则选出葡萄小姐。我国新疆举办了“葡萄杯”青年歌手大奖赛，青岛大泽山举办了“葡萄新品种识别大赛”和“喝葡萄酒大赛”等。

四是要突出农业节庆的唯一性特点。唯一性是创意农业的生命力，也是农业节庆活动的生命力。互相模仿、内容相同的农业节庆，不仅容易陷入争夺客源、恶性竞争的窘境，也容易导致农业节庆的快速衰退。农业节庆开发一定要结合当地的农业生产特点、民俗文化、唯一性的自然资源，要有特色，才能吸引游客，甚至是回头客。如怀柔的虹鳟鱼节，就是利用了当地特有的冷凉水资源养殖冷水鱼（虹鳟鱼）优势，不与其他地方的节庆雷同，也不会形成竞争。

五是要突出农业节庆活动的参与性和互动性。农业节庆不是一场政治秀，而是一种群众性活动。开发出多种群众可以参与的活动，增加活动的互动性，吸引群众参与，才能让群众更好地了解农业，从而更好地扩大农业节庆的影响力。国外的“西红柿大战”“桔子大战”“奔牛节”等形式在北京不一定照搬，但这种最大程度地吸引群众参与的做法是非常值得借鉴的。

4. 扩大农业外延，促进多产业融合

一是要着力开发农业与体育休闲产业的融合。追根求源，有许多体育项目本是由农事活动或农事娱乐活动演变而来的。如射箭和投掷，是由狩猎技能所演变；举重是由农事活动中的负重和搬运活动所演变，等等。开发农事活动及健身与美体的结合，实现体现农耕、健美与放松的多重目的；开发农事活动与体育竞技的结合，丰富农民的文体生活，吸引市民的参加；从农产品中开发体育休闲用具与用品等。

二是要努力开发农业与动漫、影视产业、网络游戏的融合。农业作物和动物是儿童动漫创作的主要题材，如“喜羊羊与灰太狼”动画中的卡通羊形象，葫芦娃动画片中的葫芦娃卡通形象，“米老鼠与唐老鸭”动画片中的鸭子形象等。以“米老鼠与唐老鸭”为主题建立的迪士尼乐园更是创造了主题娱乐公园的神话。儿童动漫是一个大市场，以农业为题材创造儿童动漫，不仅可以多一个让儿童了解农业的渠道，也通过动漫形象培养儿童热爱农业的情感。“开心农场”是当下十分火爆的一个网络游戏，被众多网民所热衷，这个游戏就是农业与网络游戏相结合的典型范例，也是抓住了人们根深蒂固的“农业情结”。由此，人们对于农业的热爱可见一斑，农业与网络游戏相结合的发展空间也可想而知。

三是要大力推进创意农业与旅游业的融合。旅游业是无污染产业，低碳产业，市场前景广阔，与创意农业结合，将会丰富旅游业的内容，拓展旅游业的外延。创意农业产品可以成为旅游商品，创意农业项目可以成为旅游业的休闲、度假、观光项目，创意农业中的休闲创意可以成为旅游业中的独特休闲体验。二者的合理结合，可以促进创意农业的快速发展。

（三）北京发展创意农业的产业路径

1. 休闲农业

休闲农业是创意农业的有效载体，也是创意农业发展的产业基础。休闲农业的内容和形式多样，因此，其创意内容也十分丰富。

（1）观光休闲农业园创意设计：严格地讲，每一个观光休闲农业园在整体上均属于创意产品。每一个与众不同的观光休闲农业园，从园区的外在形象到内在项目都充满了创意，尤其是主题观光农业园，更是极尽文化挖掘之能事，将某一主题内容以各种形式集中展示或让游客体验。如南瓜主题公园，从园区大门、餐厅的形状，到园内的小品，均采用了南瓜造型，创意十足。观光农园的设计创意还多体现在细节上，如叶子形状的休闲椅，花朵形状的绿地标识牌，翻书状的科普知识牌，手状的道路指示牌，蔬菜形状的垃圾桶等。

（2）观光休闲农业栽培创意：观光休闲农业项目多数有采摘内容，打破传统的土壤栽培方式，进行栽培方式的创意。如无土栽培（水培、雾培、陶粒栽培、基质栽培等）、立体栽培（柱式栽培、树式栽培、壁式栽培、管道栽培等），典型的例子有北京特菜大观园，丰台南宫温室公园的南果北种，怀柔中天潮海的茶园，草莓立体栽培、番茄树、空中甘薯等，都是运用科技手段所实现的栽培创意。让人不出京城也能亲手采摘到南方的热带水果，品尝到北京自产的新茶。运用科技手段，创造人工小环境，世界各地的农作物几乎都可以在北京种植。这是科技创意带给人们的惊喜。

（3）观光休闲农业商品创意：打破传统的“农产品”概念，将产品升级为艺术品或礼品，实现产品增值。前述的“创意农产品”均可以作为观光休闲农业的商品创意，既可以让游客参观制作过程，也可以让游客亲自动手制作，还可以作为旅游商品出售，一举多得。

（4）观光休闲农业项目创意：延庆县八达岭镇开发的农业创意项目——发泄农场，定位于压力过大的白领阶层，让游客通过肆意打砸玉米秆（已摘过玉米穗）达到发泄愤怒和释放压力的目的；位于密云县的紫海香堤艺术庄园，将主要的服务对象定位于情侣，为其提供浪漫的婚纱摄影服务；位于顺义区的意大利农庄，以意大利式的服务和餐饮来吸引游客等，这些都是项目创意的例子。目前极为红火的网络游戏“开心农场”，是一个不错的创意，而将网络版“开心农场”变为现实版“开心农场”，变偷菜的乐趣为种菜乐趣，也属于项目创意。这些独具特色服务项目都能使农产品增值和农业增效。根据北京观光休闲农业的发展阶段，观光休闲农业的项目创意主要应为游客参与体验式的创意。

（5）观光休闲农业景观创意：打破原有的农田与公园（景区）的界限，将农田公园化（景观化）。观光休闲农业的景观创意有两个层次，一个是园区内的景观创意设计，如密云的紫海香堤，以紫色为主调，营造出紫色花海，在视觉景观上给人以冲击和美的享受；再比如昌平的蔬菜迷宫，利用不同蔬菜颜色营造色块组团，体现出农业的美和设计者的巧妙构思。另一个是大尺度的景观创意，利用色彩丰富的农作物进行大型造景和色团构造，与城市建筑形成马赛克景观。如延庆县千家店的百里山水画廊、四季花海，密云的紫海香堤、大兴的梦幻紫海等，就是利用种植成片的色彩丰富的农作物，营造如诗如画的田园美景，挖掘农业美学文化的潜力，在体现农业生态功能的同时，将农业的田园景观功能发挥到极致。

2. 民俗旅游

开发民俗旅游可以促进当地的经济发展，同时也有利于恢复和长久保持民俗文化，保持民族文化的丰富性和多元性，但也应该认识到，民俗旅游开发不当，会对民俗文化产生一定程度的破坏和变异影响，如出现民俗风情的同化、伪民俗和民俗庸俗化现象。

（1）民俗体验创意

北京市有5个民族乡、117个少数民族村，至今仍保留着民族特色。北京是游牧民族和汉民族交汇的地方，民俗文化丰富多彩，可以挖掘、整理和开发一些民俗体验活动，如民族习俗、民族舞蹈、民族饮食等，吸引游客体验。除少数民族民俗外，北京各区县的汉民俗也各有特色，如敛巧饭、祭窑神、花会、庙会等，其中历史上规模最大、最为知名的是妙峰山庙会和丫髻山庙会，这些都是开发民俗体验的基础。

（2）乡村饮食创意

因为习俗不同，各区县的乡村饮食也有区别，创意乡村饮食也是民俗旅游开发的一项重要内容。多数区县在文化节中都有乡村美食大赛活动，也说明乡村饮食创意在民俗旅游中的重要性。目前已形成较为知名的饮食创意有：延庆的豆腐宴、密云的水库鱼、怀柔的板栗宴、通州的南瓜宴、平谷的桃花宴、大兴的西瓜宴等。

（3）乡村旅游创意

民俗旅游一定要与乡村旅游相结合。乡村优美的自然景观是生活在钢筋水泥森林中的城市居民的向往，到乡村去体验民俗的同时，也需求身心的愉快和放松，因此，开发乡村景观、登山、户外运动、趣味活动等丰富乡村旅游，是吸引游客再回头的重要因素。

3. 节庆经济

严格地讲，节庆经济既可以依托观光休闲农业来做，也可以依托民俗旅游来做。这里把节庆经济单独拿出来论述其在发展创意农业中的作用和路径。

节庆活动是展示农业文化和民俗文化的有效载体，是发展创意农业的有效途径。京郊的节庆活动发端于各式各样的采摘节和花会，之后不断融入丰富的乡村文化和农业文化，迎合了游客对文化体验的需求。各区县也认识到节庆经济对当地经济的拉动作用，纷纷推出规模大、效益高、反响好的节庆活动。丰富多彩的节庆活动，推动了北京市观光休闲农业和民俗旅游的发展。创意节庆活动要注意以下几个方面：

（1）依托优势，突出特色。各区县的旅游资源不同，农业资源禀赋、产业特色也不相同，在创意节庆活动时一定要根据本区域特色定位，依托自身的优势资源，开发个性化、差异化的节庆活动，努力实现一节一品，避免节庆活动的同质化。

门头沟结合生态涵养发展区的区域功能定位，2009 年举办了北京市首届旅游山会，以“以山会友、以山聚友，广交天下朋友”为主题，利用得天独厚的地域特色，充分挖掘爨底下村、灵水村、柏峪村等古村落群的资源优势，在保留传统民俗风情的基础上，营造了“代马依风走京西”大型古道行走活动、爨底下红红火火过大年、灵水秋粥节等形式多样的节庆活动。

密云以本县乡村旅游资源为载体，实现差异化发展，彰显了节庆活动的特色。融水文化、渔文化和农耕文化于一炉的鱼王美食节，依托密云水库这一优势资源，突出水库鱼、有机果品和青山秀水，已发展成为特色鲜明的密云最大品牌节庆活动，被中国节庆产业年会评为中国十大饮食类节庆活动。

顺义依托北京市唯一的专业花卉产业园区——北京国际鲜花港，2010 年举办了春季郁金香花展，成为本市规模最大、内容最丰富的郁金香花展。

（2）整合资源，塑造品牌。各区县的农业节庆都很多，规模不一，虽是百花齐放，但也存在着重复和资源浪费的现象。融合本区县的节庆资源，塑造区域创意农业节庆品牌，是创意农业的一个发展趋势。

大兴借助“西瓜节”“春华秋实”等知名节庆，举办产品发布会、经济论坛、极限运动、土地推介等系列活动，宣传大兴，打造大兴乡村旅游品牌。

延庆县将本县分散的几个葡萄采摘节活动整合起来，以“休闲延庆，快乐金秋”为主题，又推出了户外运动、民俗体验和生态观光等近20项有影响力的活动，增加了本县节庆品牌的知名度。

四、北京发展创意农业的对策建议

根据北京创意农业的发展现状，针对目前存在的问题，借鉴国内外创意农业发展对北京的启示，提出以下加快发展北京创意农业的对策措施与政策建议。

（一）转变观念，提高认识

各级政府、产业发展主管部门以及产业发展从业人员要转变观念，提高认识，树立发展创意农业的六大基本理念——市场理念、创新理念、融合理念、特色理念、文化理念和科技理念。认识到发展创意农业是深入发展都市型现代农业的需要，是特色产业再开发的需要，是农民增收的需要，是扩大农业就业空间的需要，是提高北京农业竞争力的需要，是建设文化中心的需要，是北京市打造中国“创意产业之都”的需要；同时，强化组织领导，把农业创意产业纳入全市文化创意产业发展的大盘子之中，享受相应发展政策。

成立北京市创意农业发展办公室，负责制订创意农业发展目标和制订相关政策，协调相关部门，整合资源、聚焦资金、集成政策（如北京市关于景观农业发展的政策等），切实促进北京创意农业的发展。

（二）编制规划，加强研究

根据北京市“十二五”期间文化创意产业发展规划，围绕北京都市型现代农业建设方向和创意农业的发展目标，尽快编制《北京市创意农业发展总体规划》，做好整体规划和项目的具体策划，明确创意农业在北京的发展方向和重点开发领域；从粮食安全的角度出发，基本农田保护区要适度限制搞有损产量的创意开发；山区则应结合休闲农业的发展鼓励进行农业创意开发。

加强对创意农业发展的研究。设立专门的课题，对创意农业的理论体系、模式与机制、技术体系等进行研究，为北京市创意农业的发展提供理论与技术支撑。

（三）建立专项，多元投资

市、区县政府可以通过设立创意农业发展专项资金，采取贷款贴息、项目补贴、政府重点采购和后期奖励等方式，对符合政府重点支持方向的产品、服务和项目予以扶持。按照突出重点、形成亮点、兼顾一般、推动全局的原则，用足用好专项资金，培育一批产业关联度大、带动能力强、与农民联系紧密、有较强市场竞争力的创意农业项目，确保做大规模、做出效益。

同时探索建立以财政投入为导向，社会投入为主体，金融资本为依托的多元化创意农业投入机制，形成多种经济成分共同发展的创意农业产业格局。

（四）创新机制，加快融合

建立城乡互动互融的推进机制。创意农业需要有文化、技术、智力支持，虽然，农民也是创意农业的主体，但由于受教育程度偏低，对文化创意产业了解不深，农民进行农业创意的潜力很小。北京作为全国的文化艺术中心，拥有大量的文艺资源（尤其是人才资源）和大量的创意设计资源（如动漫设计、创意策划等），制订优惠的政策引导这些优势资源向农业领域集中，进行农业创意，会快速推进北京创意农业的发展，并使北京创意农业的水平得到快速提升。

创新不同产业融合发展的促进机制。创意农业要求三次产业高度融合，通过对传统农业的深度开发和优势产业的保留、提升，培育出丰富畅销的创意农产品，创造丰富多彩的农业文化活动，不断延伸农业产业链条，形成良性互动的产业价值体系。

（五）加大宣传，引导审美

总的来看，创意农业在北京还是个新鲜事物，应加大对创意农业的宣传。如建立“北京创意农业发展网”站，在电视台和京郊日报上开辟“创意农业”专栏、举办创意农业知识讲座等，加大对创意农业的宣传，让农民以及市民了解创意农业，激发全社会参与创意的热情。借助“北京创意农业发展网”宣传政府的政策，反映郊区创意农业的建设成就，导引创意农业今后的发展方向，提供成功案例经验，提高社会的关注认知度和产业的市场竞争力。同时从理论和市场实际状况两方面为创意农业提供咨询服务。

建议每两年举办一次“北京都市型现代农业国际设计周活动（或者农业创意设计大奖赛）”，借助政府、企业、学术机构等共建的沟通平台，引发专家学者进行广泛讨论，吸引公众对于创意农业、创意乡村、创意生活等的关注，共同参与创意和设计。

另外，要在全社会开展中国文化熏陶教育和农业文化审美引导，尤其是对大、中、小学生的教育和引导，培养其中国文化审美能力，而不是一味地跟着洋文化走。在社会上重新树立起中国文化的价值观和审美观，继承和发扬中国文化。

（六）加强农业遗产保护

农业文化遗产是进行农业文化创意的主要载体之一。建议有关部门成立“北京市农业文化遗产保护领导小组”，负责指导和组织实施北京农业文化遗产的调查与研究、重要农业文化遗产认定、划定农业文化遗产保护区等，加强农业文化遗产的保护和管理工作。同时，将保护北京农业文化遗产纳入“人文北京”的整体规划，组织有关部门编制农业文化遗产保护的专项规划，有重点、有步骤地实施农业文化遗产保护工作。

（七）加大创意人才培养

要加大培养、引进及聘用创意经营、技术创新等方面的优秀人才；鼓励有关高校开设创意开发设计、营销策划、品牌建设管理及创意农业等方面的课程，以培养年轻的创意农业开发者；努力加强对农民专业合作社、农业龙头企业及种养大户关于创意农业的培训及指导。要大力培育农业创意开发的专业团队，从项目策划、价值分析、市场定位、设计建造、招商营运方面，为创意农业的发展提供智力支撑。

参考文献

[1] 褚劲风．世界创意产业的兴起、特征与发展趋势［J］．世界地理研究，2005，14（4）：16－21.

[2] 章继刚．中国创意农业发展对策研究［J］．新疆农垦经济，2008，(11)：1－6.

[3] 秦向阳，王爱玲，张一帆，等．创意农业的概念、特征及类型［J］．中国农学通报，2007，23（10）：29－32.

[4] 王爱玲，刘军萍，秦向阳．创意农业的概念与创意途径分析［J］．中国农学通报，2010，26（14）：409－412.

[5] 王爱玲．北京的桃文化及其创意开发途径分析［J］．华北农学报，2010，25（增）：109－111.

[6] 王爱玲，刘军萍，任荣，等．农业创意产业——文化创意产业与农业的融合［J］．中国农学通报，2009，25（增）：72－74.

[7] 章继刚．中国创意农业发展报告［J］．柴达木开发研究，2008，(6)：47－51.

[8] 郭辉勤．创意经济学［M］．重庆：重庆出版社，2007.

[9] 任荣，刘树．京郊创意农业的发展思路与方向［J］．北京农业职业学院学报，2008，22（2）：21－24.

[10] 刘丽伟．发达国家创意农业发展路径及其成功经验［J］．学术交流，2010，(8)：79－82.

[11] 章继刚．创意农业：我国农业开发新天地［J］．农业开发研究，2008，(4)：6.

[12] 李瑞芳．现代农业视角下的创意农业发展对策［J］．新疆农垦经济，2010，(4)：1－2.

[13] 陈晨，杨欧阳．京郊四区农户创意农产品生产的影响因素分析［J］．安徽农业科学，2009，(24)：11749－11750.

[14] 刘宏曼．创意农业——北京都市型现代农业新亮点［J］．当代经济，2009，(7)：118.

[15] 厉无畏，王慧敏．创意农业的发展理念与模式研究［J］．农业经济问题，2009，(2)：11－14.

[16] 廖璇．浅谈当代农业景观的审美价值［J］．社会主义新农村建设，2007，(10)：162－165.

[17] 王树进，张志娟．政府如何支持创意农业的发展［J］．经济研究导刊，2009，(6)：33－35.

[18] 干经天，姚佩华，等．上海创意农业发展探讨［J］．上海农业党报，2008，24 (4)：97－100.

[19] 谭冠宁．广西创意农业发展的研究与探讨［J］．安徽农业科学，2008，36 (27)：12023－12025.

[20] 严煤，冷海涛．发展创意农业存在的问题和对策［J］．团结，2008，(4)：43－45.

[21] 詹兆雄．创意农业：中国农业发展的新亮点［J］．贵州农业科学，2009，37 (3)：170－174.

[22] 章继刚．创意农业的特征及发展规划［J］．农民科技培训，2008，(12)：21－22.

[23] 陈宏毅，王刚清，等．创意农业发展的动力要素分析及对策研究［J］．现代农业科技，2008，(24)：291－293.

[24] 任荣．创意农业让京郊足智多谋［J］．北京农业，2008，(31)：3－4.

[25] 肖潇．创意农业是一种新型生活方式［J］．新经济导刊，2008，(7)：82－84.

[26] 陈国权．创意农业——未来上海农业发展的重要动力［J］．上海农村经济，2008，(6)：9－11.

[27] 章继刚．创意农业在中国（上）［J］．企业研究，2008，(7)：64－66.

[28] 章继刚．创意农业在中国（下）［J］．企业研究，2008，(8)：54－56.

[29] 俞晓晶．打造以休闲农业为主的创意农业［J］．科技和产业，2008，8 (4)：28－30.

[30] 张俊．创意农业发展模式研究：初始条件与动力支撑［J］．技术经济，2009，28 (6)：67－71.

[31] 刘丽伟．发达国家创意农业发展内在机理研究［J］．世界农业，2010，(6)：20－24.

[32] 王树进，张志娟．创意农业的发展思路及政策建议——以上海为例［J］．中国农学通报，2009，25（11)：264－270.

[33] 商林艳．农业主题公园的策划及发展［J］．小城镇建议，2007，(10)：95－97.

专题Ⅶ

北京农业文化遗产的保护与传承*

* 本报告是北京市农林科学院农业综合发展研究所2011年所管课题“北京农业文化遗产保护与传承研究”的主要成果。

目　录

前 言

人类社会的发展中，经济发展是根，文化发展是魂。文化因素正逐步取代自然资源和物质资本，成为决定经济发展后劲的最重要因素。作为农业文化传承的载体，农业文化遗产的保护与发展日益受到重视。

农业文化遗产挖掘与保护的意义在于：

1. 保护农业文化遗产是认识农耕文明的需要

人们主要通过典籍文献、文物考古和活态农业遗产认识农耕文明。农业典籍简练浓缩，突出核心技术的记录；但记载简单，很难做到精准复原和全记录，不够直观。农业考古虽然直观，但均为静止态的物质文化，且数量有限。通过活态农业遗产，既可了解历史上创造的农业物质遗产，还可以通过保存至今的农耕祭祀、传统节日、民俗、歌舞戏曲、农耕技术等，了解农业生产过程中的种种非物质文化遗产。通过这些农业文化遗产使我们对农耕文明的了解变得更加全面，也更加深入。

2. 保护农业遗产是确保农业可持续发展的需要

中国是个具有近万年农业史的文明古国。我们的祖先通过使用农家肥、青肥的技术，通过使用轮种、套种、农牧结合技术，实现了地力的永续利用。但是，随着石油农业的发展，在短短的50多年中，就已经出现了土壤硬化、板结、地力下降、酸碱度失衡、有毒物质超标等一系列问题，农业逐渐失去可持续发展的能力。这些问题有赖于传统农业尤其是农业文化遗产中的精华传承来解决。

3. 保护农业遗产是保护农作物品种多样性的需要

优秀农作物品种是人类千百年来农业生产的结晶，是农业文明的重要载体。但随着现代农业规模化、专业化的发展，农作物品种已呈现出明显的单一化倾向，严重地破坏了品种的多样性，损失了现代人对于多口味、多用途的多重选择。建立物种基因库或资源圃，只是保护了品种，而活态农业遗产保护则既保护了品种也保护了品种与技术，品种与环境，品种与仪式等的关系。

4. 保护农业遗产是确保粮食安全的需要

随着转基因技术、杂交技术以及机械化大生产模式的普及，直接导致了病菌致病性变异的加快，农作物品种抗病能力的丧失，从而为农作物病虫害的传播创造条件，造成大面积减产，直接威胁到国家粮食安全。另外，随着农药化肥的大量使用，土壤中有毒物质的逐渐叠加，使我们赖以生存的土壤逐渐退化，健康度变差，更深远地影响着人类的生存与发展。

5. 保护农业遗产是拓展农业多功能的需求

北京农业的发展已进入多功能拓展时期。“十一五”时期重点拓展了农业的生产功能、生态功能、生活功能和示范功能。据测算，2009 年北京都市型现代农业的实现度为69.76%。其中，生活功能、示范功能和生产功能的实现度已超过整体实现度，生态功能实现度低于整体水平。根据《“十二五”北京都市型现代农业发展规划》，“十二五”期间，北京都市型现代农业将进一步全面深入拓展农业的多功能性。具有地方特色的农业生产系统是当地活态的农业遗产，对于强化农业的生态功能具有重要意义；随着农业文化功能的培育，农业遗产将成为首当其冲受到保护和开发的主体。

一、农业文化遗产概述

从《保护世界文化和自然遗产公约》中关于自然遗产与文化遗产的内容来看，自然遗产是自然界在自然力下形成的自然景观及生态系统；而文化遗产，则是人类创造并传承下来的凝聚着人类智慧的财富。也就是说，文化遗产与自然遗产的最主要区别就在于遗产形成的过程中是否有人类的参与。就农业而言，农业是人类改造自然的产物，因此，农业文化遗产则等同于农业遗产。

（一）农业（文化）遗产的概念

关于农业文化遗产的概念尚无权威定义，但普遍认为有广义与狭义之分。

所谓狭义农业文化遗产，是指人类在历史上创造并传承、保存至今的农耕生产经验。如开荒的经验、育种的经验、播种的经验、防治病虫害的经验、收割储藏的经验等。

所谓广义农业文化遗产，是指人类在历史上创造并传承、保存至今的各种农业生产经验和农业生活经验。农业生产经验与农业生活经验两者既有联系，也有区别。因为任何一种生活模式都是由特定的生产模式决定并反作用于社会生活。如稻作农业生产模式决定了稻作民族以稻米维生，并由此演绎出一系列有关稻作文化的信仰、仪式、传统节庆，以及与稻作文化有关的饮食习俗、穿衣习俗、居住习俗等。

（二）农业（文化）遗产的内涵与特征

农业（文化）遗产的内涵比较宽泛。参照“世界文化遗产”的定义（由联合国教科文组织确认的具有科学、审美、文化价值的自然景观与人类历史遗存），可以推知农业文化遗产的内涵与特征应包括以下内容：

一是农业文化遗产应具有科学价值：所谓科学价值，是指农业文化遗产对于解决当地农业发展中的难题或困难具有借鉴价值，或者是对于了解当时的社会、经济、文化发展状况具有历史价值。

二是农业文化遗产应具有审美价值：是指农业文化遗产所承载的文化其形成时期的审美特点和审美取向。

三是农业文化遗产应具有文化价值：是指农业文化遗产所具有的能够满足一定文化需要的特殊性质，或者能够反映一定文化形态的属性。农业遗产的文化价值是农业生产活动及其相关综合体经长期的历史沉淀而形成的。

四是农业文化遗产应具有历史性：笔者认为农业文化遗产的历史性应指农业文化遗产的形成是在比较久远的年代；而且多数情况下，农业文化遗产形成年代的历史条件已不复存在或发生了较大改变。民国之前的农业文化遗存，凡具有科学、审美和文化价值的均可被视为农业文化遗产；而民国至新中国成立初期所形成的农业文化遗存，因其形成时所依托的社会条件已不复存在或发生了较大改变，因此，这一时期所形成的农业文化遗存中具有科学、审美和文化价值的也应被视为农业文化遗产。

五是农业文化遗产应具有传承性：所谓传承性，是指农业文化遗产历经百年甚至千万年而传承至今，不曾中断。其内容虽经完善与改进，但其核心没有改变，保持了某一农业文化遗产的一致性或一贯性。那些已经中断，不复存在的农业文化，不能视作农业文化遗产。而我们现在努力要做的就是要保护这些农业文化遗产，并继续传承下去。

关于农业文化遗产所应包含的内容，我国著名农史学家石声汉先生认为，农业文化遗产应包括具体实物和技术方法两大部分。

前者指的是可以由感官直接感知的东西，主要指农业遗产中的生产手段部分，包括生产上所需要的各种物质资料。主要有三部分：①生物，包括已驯化了的和正在驯化的植物、动物。②农具，包括耕垦、保养、灌溉、收获、初步加工、贮存乃至纺织等各方面简单或者复杂的人力、畜力、水力、风力等机械。③农业生产技术设施所留下的“基本建设”，主要是各种加工过的农用土地，如旱田、水田、梯田、园圃、果林的建置，供农业生产用的大小农田水利工程以及畜舍牧场等饲养基地。

后者指在一定条件下，使用一定的生产手段，把从生产实践中得到的认识，用语言乃至文字加以总结整理，成为理性知识，是可以传授的。大致有两个方面，一是直接用于农业生产的栽培饲养技术方法，包括土地整理、品种选育、栽培管理、收获、贮藏等农事活动；二是农村家庭副业方面的技术方法，包括农作物和畜产品的初加工、贮藏、利用，农具修造等。因此，在农业考古与农史研究中占有重要地位的古农具、古农书、古农谚等，都属于农业遗产的范畴。

综上所述，与其他遗产一样，农业文化遗产同样包括物质性文化遗产和非物质性文化遗产（或称之为有形文化遗产和无形文化遗产）。农业物质性文化遗产，包括传统农业生产工具、加工工具、农书记载等。农业非物质性文化遗产则包括与农耕活动相关的节庆娱乐、礼仪、禁忌习俗、工艺、技术等。

（三）农业文化遗产的分类

农业遗产是人类文化遗产的不可分割之重要组成部分，是历史时期与人类农事活动密切相关的重要物质与非物质遗存的综合体系。根据分类标准不同，农业文化遗产大体上有两种分类。

按照农业文化遗产的存在形态来分，大致包括农业遗址、农业物种、农业工程、农业景观、农业聚落、农业技术、农业工具、农业文献、农业特产、农业民俗10个方面。

按照农业文化遗产的载体，农业文化遗产可分为三类（苑利，2012）：一是古籍文献类农业遗产，二是文物遗址类农业遗产，三是活态传承类农业遗产。本研究将按照这一分类对农业文化遗产进行研究。

（1）古籍文献类农业遗产。如《齐民要术》《农政全书》等。这一类农业遗产记述了各个时代农业生产的核心技术或主要农事活动。对于我们了解远古的农业文化确实发挥了非常重要的作用。它的优点是简练浓缩，但缺点也是记载简单，不够直观，很难做到精准复原；许多与农耕文明有关的传统文化事项很少被记录下来。如《齐民要术》中记述，粮食收获后“日曝令干，及热埋之”。但如何晒，晒干到什么程度，如何埋等，没有说明；又如《齐民要术》在谈及种柘（zhè）法时，讲到柘可为扶老杖、马鞭、胡床、锥、刀把、犊车、鞍桥、快弓，但为什么用它来做？是个什么样子、效果又是如何，均语焉不详。

（2）文物遗址类农业遗产。如河姆渡遗址，仰韶遗址等。这一类遗产是静止的，而且只能是原址保存。通过这类农业文化遗产，我们可以更加直观地了解到一些农作物品种的起源、分布，农业生产用具的类型、分布等。但这类农业文化遗产的缺点是数量极其有限，而且木制类农具、农作物的形态等很难被完整地保存下来，而那些以非物质形式出现的农耕文明——如与农耕文明相关的传统节日、祭祀仪式、祭神娱神的歌舞表演艺术、农谚俚语、传统农耕技术等，也很难通过考古发掘得以复原。

（3）活态传承类农业遗产。如云南红河的“哈尼稻作梯田系统”、浙江青田的“稻鱼共生系统”、江西万年的“稻作系统”等，这类农业文化遗产是一种运转和谐的农业生态系统，是人们在长期的生产实践中，根据当地的自然条件，运用朴素的哲学思想而形成的“天、地、人、动物、植物”和谐共生的生态农业系统。这一系统有一定的地域性，并传承了百年甚至千年。与这一系统相关配套的有动植物品种、生产管理技术、农事制度、民风民俗等。与现代农业相比，通常土地产出率和劳动生产率均较低，经济效益不高。

二、北京农业文化遗产及其保护与开发现状

笔者对北京农业三种类型的文化遗产及其保护与开发的现状进行了研究，并分析了目前存在的问题和面临的威胁。

（一）北京农业文献典籍及保护

到目前为止北京市还没有以农业为题的文献典籍。对于北京农业的描述与记载，散见于与北京相关的古籍中。表1是新中国成立之前成书或出版的涉及北京农业的书籍。这些书籍成书年代较为久远，经不断注疏和修编，现今多保存于博物馆、图书馆。这类文献典籍是祖先留下的宝贵财富，为人类社会所共有。为加强对“原版”（相对于现代印刷而言）图书的保护与开发，目前大多对这些书进行了影印，制作成PDF或图片格式，有些甚至通过网络公共平台，供社会公众查阅、下载和研习。借助现代保护与传播方式，也让更多的人有机会接触、了解和研究这些文献的内容，也进一步挖掘了这些文献的历史价值和现实价值。

表1　北京涉农文献典籍（不完全搜集）

1.《山海经》	35.［明］史玄《旧京遗事》
2.《周礼·职方》（距今2000多年）	36.［明］徐昌祚《燕山丛录》
3.［春秋］《左传》	37.［明］徐贞明《潞水客谈》
4.《尔雅》	38.［明］李东阳等《大明会典》
5.［西汉］司马迁《史记》	39.［明］王嘉谟《蓟丘集》
6.［西汉］刘向《战国策》	40.［明］董伦等修《明太祖实录》
7.［三国］陆玑《毛诗草木鸟兽虫鱼疏》	41.［明］杨士聪《玉堂荟记》
8.［西晋］王浮《神异记》	42.［明末清初］周篔《析津日记》
9.［南朝］《后汉书·张堪传》	43.［明末清初］孙承泽《春明梦余录》
10.［北魏］郦道元《水经注·鲍丘水》	44.［清］张廷玉等《明史·左光斗传》
11.《魏书·裴延儁传》	45.［清］吴敏中《日下旧闻考》
12.［北魏］贾思勰《齐民要术》	46.［清］麟庆《鸿雪因缘图记》
13.《隋书·食货志》	47.［清］富察敦崇《燕京岁时记》
14.《北齐书·斛律金附子羡传》	48.［清］赵翼《陔余丛考》
15.［唐］贾公彦《周礼义疏》	49.［清］万清黎等《顺天府志》
16.［宋］宇文懋昭撰《大金国志》	50.［清］潘荣陛《帝京岁时纪胜》
17.［北宋］王钦若等《册府元龟》	51.［清］郭兰皋《晒书堂笔录》
18.［南宋］叶隆礼《契丹国志》	52.［清］《昌平县志》

续表

19. ［金］赵秉文《滏水集·梁公墓铭》	53. ［清］吴长元《宸垣识略》
20. 《辽史·百官志》	54. ［清］（康熙）王养濂修《宛平县志》
21. ［元］札马剌丁等编撰《元一统志》	55. ［清］（乾隆）张世法修纂《房山县志》
22. ［元］熊梦祥《析津志》	56. ［清］《康熙几暇格物编》
23. ［元］熊梦祥《松云见闻录》	57. ［清］吴邦庆《泽农要录》
24. ［元］脱脱《辽史·兴宗纪》	58. ［清］吴履福等修《光绪昌平州志》
25. ［元］脱脱《金史·食货志》	59. ［清］张茂节修《大兴县志·物产考》
26. ［元］苏天爵《滋溪文稿》	60. ［清］《清圣祖实录》
27. ［元］揭傒斯《揭文安公全集》	61. ［清］《燕京杂记》
28. ［明］沈应文等修《顺天府志》	62. ［清］高士其《金鳌退食笔记》
29. ［明］宋濂等《元史·郭守敬》	63. ［民国］吴廷燮等《北京市志稿》
30. ［明］王世懋《学圃余疏》	64. ［民国］陈宗蕃《燕都丛考》
31. ［明］王象晋《群芳谱》	65. 《畿辅旧志》
32. ［明］刘侗、于奕正《帝京景物略》	66. 《石雍记》
33. ［明］陆启浤《客燕杂记》	67. 《旧都文物略》
34. ［明］宋濂等《元史·世祖本纪》	

除了以上涉农古书外，还有一些近30年内出版的一些研究北京史的书籍，其中也有一部分涉及北京古代农业的内容，见表2。

表2　涉农的部分现代书籍

序号	编著者	书籍名称	出版年代
1	张春霖	《中国系统鲤类志》	1959
2	侯仁之等	《北京史话》	1980
3	北京史研究会	《北京史论文集》	1980—1982
4	杨法运、赵筠秋	《北京经济史话》	1984
5	北京大学历史系	《北京史》	1985
6	苏天均	《京华旧事存真》	1992
7	曹子西	《北京通史》（1~10卷）	1994
8	孙健	《北京古代经济史》	1996
9	尹钧科	《北京郊区村落发展史》	2001
10	余钊	《北京旧事》	2006
11	尹钧科	《北京建置沿革史》	2008
12	王东等	《北京魅力》	2008
13	殷守仁	《中国金鱼鉴赏与文化》	2010

续表

序号	编著者	书籍名称	出版年代
14	曾晓光	《传统的北京农村食谱》	2010
15	韩光辉	《从幽燕都会到中华国都》	2011
16	齐大芝	《北京商业史》	2011
17	章永俊	《北京手工业史》	2011
18	曾晓光、李红	《北京郊区原生态庄户农说演绎》	2011
19	张一帆、张俊峰	《古今农业诗文选》	2011

除此之外，对北京农业文化的记载与描述还散见于古诗中，如乾隆对京西稻的诗赞“关心直惬望，可口欲流脂”；又如康熙《早御稻》诗云：“紫芒半顷绿阴阴，最爱先时御稻深，若使炎方多广布，可能两次见秧针”；乾隆在《溪田课耕》诗云：“引泉辟溪町，不籍水车鸣，略具江南意，每观春月耕，嘉生辨杭稻，农节较阴晴，四海吾方寸，悠哉望岁情”。乾隆皇帝还以“垂柳依依村舍隐，新苗漠漠水田稠”的诗句，描写海淀一带广种京西稻的景象。从这些诗作中可以看出北京地区稻作的发展和重要地位。又如清乾隆的《食栗》：“小熟大者生、大熟小者焦。大小得均熟，所恃炎候调。堆盘陈玉几，献岁同春椒，何须高学士，围炉芋魁烧”，反映了糖炒栗子的悠久历史、炒制技巧以及被市井和皇家喜爱的程度。

（二）北京农业文化遗址及保护

1. 北京农业文化遗址

北京与农业有关的考古发现目前共有 12 处，分别是门头沟东胡林，平谷上宅、北埝头，房山琉璃河，延庆军都山、千家店，昌平张营，丰台王佐、大葆台，顺义（临河村），（朝阳）三台山，海淀紫竹院公园等。多数考古发现集中于 20 世纪 80 年代的文物普查时期。其中，较大也较为著名的农业考古发现有 4 处。按遗址年代分别为：

一是北京东胡林遗址（1966 年被发现）。位于门头沟区斋堂镇东胡林村西侧，这是一处新石器早期遗址，距今 11000 ~ 9000 年。该遗址中出土遗物包括打制石器、细石器、陶片、骨器、蚌器以及动植物遗骸等。其中以动物骨骼数量较多，这其中又以鹿类骨骼居多，另有猪、獾等动物的骨骼及牙齿；软体动物如螺、蚌、蜗牛等的骸壳也发现很多，且种类丰富。

二是北京转年遗址。位于北京北部怀柔区宝山镇转年村，也是一处新石器早期遗址。在该遗址共发现文化遗物 1800 余件。打制石器有：石核、石片、刮削器、尖状器。细石器有：石核、石叶、刮削器、雕刻器。磨制石器有：石斧、石磨棒、石磨盘和石容器残片。陶器的种类简单，以夹砂褐陶为主，火候不均，质地疏松，呈现出明显的原始早期陶器面貌。转年遗址出土物体现出原始农业、狩猎、采集几种文化共存的特征可以确定北京地区原始农业起源于距今10000年以前。首次出土了“石容器”，是由狩猎、采集向以原始陶器为代表的原始农业过渡的器物，也是陶器的祖型。

三是北京上宅遗址（1984年被发现）。位于北京市平谷区韩庄乡（现金海湖镇）上宅村西，也是一处新石器时代遗址。上宅遗址出土的石器和陶器可分为三类：第一类是生产工具，主要是打制、琢制、磨制的大型石器和一些细石器，共2000余件，有石斧、石凿、石锛、盘状磨石、石磨盘、石磨棒以及单面起脊斧状器、砧石和石球。第二类是生活用具。这类器物皆为陶器，共1000余件，主要有深腹罐、钵、碗、杯、勺、器盖等，大多数陶器都有纹饰，器形有明显的地方特点。第三类是装饰艺术品。这类物品有空心陶球、陶海马形饰、陶羊头、陶熊头形饰、陶塑猪头等；石器中有耳形器、小石环、石羊、小石龟和石猴饰件。

四是北京琉璃河遗址（20世纪40年代被发现）。琉璃河遗址是中国商周时期重要遗址，位于北京市房山区琉璃河乡。该遗址也进一步证实北京是具有3000多年悠久历史的文化古都。

北京农业考古的出土物品见表3。

表3　北京农业考古的出土物品

时代	出土地点	名称
农业工具		
夏商	昌平张营	石刀、石镰、石杵、石磨盘、石棒
新石器	门头沟东胡林	石磨盘、石棒
西周	北京琉璃河	石刀、蚌镰
新石器	平谷北埝头	石杵、石磨盘、石棒
新石器	平谷上宅	石磨盘、石棒
东汉	朝阳三台山	踏碓俑、陶磨
西晋	顺义（临河村）	陶磨、陶仓
金代	丰台花乡大葆台	铁镬
元代	延庆千家店	铜犁桦范
农业工具		
东汉—北朝	紫竹院公园	铁口木插

续表

时代	出土地点	名称
家畜、家禽		
西周	房山琉璃河	玉鸟、玉鱼、马骨架
新石器	门头沟东胡林	猪骨、骨鱼镖、鹿骨
夏商	昌平张营	骨鱼镖、鱼钩、猪骨、牛骨、羊骨、鹿骨
汉代	丰台王佐	陶狗、陶鸡
新石器（早期）	平谷上宅	陶塑猪头
春秋	延庆军都山	牛头骨、羊下颌骨、狗头骨
东汉	（朝阳）三台山	陶鸡
农作图		
魏晋	石景山八角村	牛耕图壁画
唐代	丰台林家坟	铜牛

注：括号内为作者添注，有待进一步核实。

2. 北京农业文化遗址的保护与开发

北京市对于农业文化遗址的保护工作很重视。在中国文物保护工作框架内，对农业文化遗址进行了评级，并以博物馆或遗址公园的形式进行保护。

（1）重点文物保护评级

文物认定与评级，是我国对文物保护的基础工作。从 1957 年北京市公布第一批文物保护单位以来，到目前为止，北京市共有 2 个市级农业文化遗址保护单位，1 个北京市第二批地下文物埋藏区，1 个国家级农业文化遗址保护单位。1979 年琉璃河遗址被列入北京市第二批文物保护单位名单，1988 年被评为全国重点文物保护单位。2001 年上宅文化遗址被列入北京市第六批文物保护单位名单。1985 年东胡林人遗址被列为门头沟区重点文物保护单位，1995 年被列入北京市第二批地下文物埋藏区名单。

被列入文物保护单位名录的农业文化遗址，受《文物保护法》的保护，有专门的管理机构和经费，对于农业文化遗址的保护起到了决定性的作用。

（2）原址保护与开发

原址保护与开发，不仅忠实地保护了遗址原貌，还对其文化进行了介绍、挖掘和展示。以旅游开发的方式，面向社会公众开放，使更多的人了解了与之相关的农业文化。原址保护与开发，是在保护的基础上进行经济开发；开发之后，不仅其经济收入可以弥补文化保护资金的不足，同时也以更生动的形式，在更大的范围内宣传了农业文化遗产，对农业文化遗产的保护获得了认知保障。

上宅文化陈列馆，是我国第一座以考古学文化命名的专题陈列馆。主体建筑仿新石器时代人类居住的关池穴式马架子窝棚状，建筑面积1284平方米，分上下两层。一层展厅主要陈列“上宅文化”及周围环境的考古科研成果，通过斧、磨盘、深腹罐、碗、杯等器物生动地反映了“上宅文化”的独特内涵，再现了北京灿烂的远古文化。二层是综合厅，主要陈列平谷区近10年来出土、征集的文物精品200余件，反映了从商周到明清时期平谷人民生产、生活的情况。上宅文化陈列馆1987年10月破土动工，1989年9月27日对外开放。每年都接待大批海内外专家、学者和游人考察参观。

琉璃河遗址1979年被认定为北京市重点文物保护单位，1988年琉璃河遗址又被认定为全国重点保护文物。1990年开始筹建西周燕都遗址博物馆，1995年正式对外开放。该博物馆距京城40公里，占地20667平方米，楼阁式建筑，仿唐风格。馆内有展厅、文物库和两处墓葬处、两处车马坑。展示的文物有陶、铜、原始青瓷、玉、漆、俑、石等器物数十件。其中包括北京历史上发现的最大青铜器堇鼎和矩鬲等国家级文物。商周遗址面积近6平方公里，包括居住遗址、城址、墓葬区、车马坑等。

位于门头沟区斋堂镇东胡林村的东胡林人遗址，在北京农业文化遗址中具有举足轻重的地位和作用。这一遗址的发现，将北京农业的起源向前推到了1万年前，对北京古代农业的发展研究具有重要意义。但令人遗憾的是，目前对这一遗址的保护也仅限于“立碑”保护，并没有具体的保护措施。

（三）活态传承类农业文化遗产

北京有着三千多年的建城史，八百多年的建都史，这就决定了京郊农业在供养城市、服务都城有着不同于其他地区的地位与特色。其中最突出的特色就是农业贡品种类众多，在全国独树一帜。一方面，京郊地形地貌种类丰富，局地小气候多样，造就了京郊唯一性特色农产品众多；另一方面，京郊由于地处都城周边，拥有“近水楼台先得月”的优势，其农产品被宫廷品尝的机会也多，因此，被历朝定为贡品的农产品也很多。这些农业贡品中，有的从唐代（如板栗等），有的从宋代（如金鱼等），有的早至汉代（如安定的桑葚等），更多的是从明、清时代即成为王朝宫廷的“贡品”。据了解，在王朝时代，皇宫对于贡品的选定有一定要求，包括外观、品质和风味等。凡被宫廷选定的农产品贡品都是各类中的上品，并按宫廷的要求进行栽培和管理，并保障供奉，甚至对贡品的运输环节都有严格的要求。这些进入皇宫的农产品就衍生出了贡品文化。据不完全搜寻，京郊以“贡品”特供的农产品近60种（见表4），每种贡品都有一定的文化背景。

表4　北京市农产品贡品名录

序号	特产名称	产地	现规模	传承时间	贡品朝代
1	京西稻	原产于海淀区玉泉山水系覆盖地，现仅在上庄镇有种植	1000 亩		清贡
2	御塘米	原产于房山区大石窝镇高庄村，现多产于长沟镇（有泉水）	4000 亩		清贡
3	心里美萝卜	原产于大兴西红门，现散落郊区各地	普遍种植		清贡
4	红头香椿	一是平谷区峪口镇西凡各庄村，二是门头沟区雁翅镇	现扩展到 3500 亩	300 多年	清贡
5	金顶玫瑰花	产于门头沟区妙峰山镇涧沟村	现有面积近万亩		辽金贡
6	京白梨	门头沟区军庄镇东山村等	2000 亩以上	400 多年	清贡
7	红宵梨	密云、平谷山区	大面积种植	900 多年	清贡
8	金把黄梨	大兴区庞各庄镇梨花村	万亩	400 多年	明贡
9	黄土坎鸭梨	密云县不老屯镇黄土坎村	1.2 万亩	600 多年	清贡
10	磨盘柿	房山区张坊镇	1.9 万亩	630 多年	明贡
11	郎家园枣	原产于朝阳区郎家园，现产于孙河乡	2000 亩	清乾隆前后	清贡
12	洪村大枣	大兴区黄村镇洪村	纳入市级抢救品种	300 年以上	清贡
13	菱枣	原产于顺义南尚乐镇三岔村，现产于房山区大石窝镇	万亩园		明清贡
14	尜尜枣	原产于昌平区西峰山，现在怀柔	有大面积种植		清贡
15	香白杏	门头沟区龙泉务村	千亩左右		清贡
16	北寨红杏	平谷区南沙河镇北寨村	万亩园	百年	清贡
17	铁吧哒杏	顺义区北石槽镇西赵各庄村	新建御杏园	数百年	清贡
18	板栗	怀柔、密云、昌平、房山等地	60 多万亩	1300 多年	唐及明清贡
19	灵水核桃	门头沟区灵水村	万亩以上	1200 年	清贡
20	文玩核桃	门头沟、房山等地	千亩上下	数百年	清贡

续表

序号	特产名称	产地	现规模	传承时间	贡品朝代
21	樱桃	门头沟区樱桃沟村及海淀区香山樱桃沟			清贡
22	玉皇李	密云县东邵渠乡石峨村	万亩园		清贡
23	龙王帽杏仁	门头沟区龙泉务镇			清贡
24	京西白蜜	门头沟区特产			清贡
25	金丝小枣	原产密云县西田各庄镇	现近消失		清贡
26	坟庄核桃	密云县坟庄村	现存一定面积		清贡
27	黑小米	怀柔区喇叭沟门镇	现存并成商品		清贡
28	苏子峪蜜枣	平谷区苏子峪村	现存		清贡
29	蟠桃	平谷区刘家店村	万亩园		明贡
30	八棱海棠	延庆县康庄镇帮水峪村	扩大开发		清贡
31	白莲藕	海淀区西苑	现正恢复种植		清贡
32	玉吧哒杏	海淀区北安河村	现存		清贡
33	庞各庄西瓜	大兴区庞各庄镇	10 万亩	600 多年	明贡
34	五色韭	原产大兴县同和庄村，现怀柔区北房镇，以盆栽为主			清贡
35	麋鹿	大兴区海子（一度消失），回归成群			元明清贡
36	永宁豆腐	延庆县永宁镇	形成产业集团	千年	明清贡
37	咸鸭蛋	延庆县珍珠泉镇上水沟村	已成品牌商品		清贡
38	北京鸭	原产海淀区玉泉山下	千万只	300 多年	清贡
39	北京油鸡	原产朝阳区洼里、海淀区清河一带，现在市农科院保种		300 多年	清贡
40	糖炒栗子	栗子由京郊产，京人加工	城乡皆有	800 年以上	明清贡

续表

序号	特产名称	产地	现规模	传承时间	贡品朝代
41	冰糖葫芦	原料京郊产	城乡皆有		清贡
42	秋梨膏	原料京郊产	现存		清贡
43	山楂糕	原料京郊产	现存		清贡
44	北京烤鸭	原料京郊产	全聚德		清贡
45	延庆贡稻	延庆县丁家堡村蔡河两岸	现存 700 余亩	300 多年	清贡
46	莲花白酒	原产海淀区，现房山区			清贡
47	金鱼	原产于崇文门金鱼池，现移至朝阳、通州养殖			元明清贡
48	黑白花奶牛	原由清华大学等单位引进养殖	现发展到 15 万头		清贡
49	月季花	丰台区花乡			清贡
50	桑葚	大兴安定镇北野厂村	1000 亩	2000 年左右	汉贡
51	小白藕	昌平小汤山莲花池			清贡
52	红叶香椿	平谷区峪口镇西樊各庄、门头沟区雁翅镇苇子水村等			清贡
53	康庄西瓜	延庆镇康庄镇			清贡
54	太子墓苹果	门头沟村太子墓村			清贡
55	菊花	丰台区花乡			清贡
56	菊花白酒	原产海淀区，现房山区			清贡

注：1. 该表由张一帆同志根据经验和相关材料搜集并整理；2. 表中所列种养的量化数是现在的大致数，不是原始数。

以上这些历史上的宫廷“贡品”历经几百年甚至千年而传承下来，可以算得上是北京活态传承类农业文化遗产。经过不同程度地保护与开发，已成为京郊特产的“原生态”“唯一性”农产品，走入了寻常百姓家，成为百姓的“口福”。

1. 京郊活态传承类农业文化遗产的保护

随着农业多功能性理念逐渐深入人心，在北京市大力拓展农业多功能性的推进下，各区县都非常重视对这些活态传承类的农业文化遗产的保护与开发。并将保护与开发相结合，注重在保护前提下的开发。目前对这些活态传承类农业文化遗产的保护途径主要有：

（1）种质资源的保护

北京市对于农业贡品种质资源的大量保护始于20世纪80年代。随着京郊观光农业的兴起和人们生活水平的提高，农业贡品因其良好的风味和质量受到了市民的青睐，贡品的种质资源的保护也受到了重视。

为丰富观光园的采摘品种，越来越多的农业贡品资源得到了保护与开发。果类贡品多采用嫁接的方式，使种质资源得以保护，通过扩繁，不断扩大种植规模。

举例如下：

如延庆县八达岭镇帮水峪村的槟子，在一百多年前就闻名京、津、包各地。槟子果实芳香沁人心脾，放于室内香气经久不散，曾为宫廷供品。到了20世纪80年代，由于受富士苹果的冲击、果园管理粗放、果农重视不够、旱灾等多种因素的影响，槟子的种植面积越来越少，几乎到了灭绝的地步。2006年，帮水峪村开始实施拯救槟子行动。首先对帮水峪村的槟子树资源进行了调查，30年以上槟子树仅存27株。县果品服务中心为这些槟子树标号建档，并用GPS卫星定位仪全部定位。经过不断试验、比较，最终选取了八棱海棠的砧木作为嫁接“对象”。27棵槟子树转嫁更新后规模扩大到了40亩，新嫁接的1760棵果树于2010年开始挂果。几近灭绝的香槟果又重现市场。

门头沟的京白梨保护：京白梨原产于门头沟区军庄镇（另一种说法是京白梨原产于房山区琉璃河镇），最初为一株自然实生树，已有400年左右的历史。因果肉细腻，酸甜适口，品质好，风味独特，曾为明、清两朝的贡果。满清末期至民国初年，京白梨的栽培达到最盛时期，京白梨的产地范围也扩大到了军庄镇、妙峰山镇、王平镇、潭柘寺镇4个镇。后经战乱和“以粮为纲”的影响，数以万计的百年以上老梨树被相继砍伐，使京白梨生产快速萎缩。1997年，门头沟区对仅存的几十棵百年以上的御梨树进行嫁接，逐渐扩大京白梨的种植规模。仅军庄镇京白梨已达2500亩、10万余株梨树，年产量可达30余万斤。

北京油鸡种质资源保护：北京油鸡是北京地区特有的地方优良品种，距今已有300余年，2006年被列入“国家级畜禽遗传资源保护名录”。北京油鸡是一个优良的肉蛋兼用型地方鸡种，具有特殊的外貌（即凤头、毛腿和胡子嘴），肉质细致，肉味鲜美，蛋质佳良，生活力强和遗传性稳定等特性。新中国成立前，北京油鸡剩余不多，濒于绝种。20世纪50年代初期，北京农业大学曾以油鸡为母本，开展了杂交育种的研究工作。20世纪70年代中期以来，中国农业科学院畜牧研究所和北京市农林科学院畜牧兽医研究所（1980年成立了北京油鸡研究开发中心）相继从民间搜集油鸡的种鸡，进行了保种、繁殖、提纯、生产性能测定和推广等工作，从而使这一品种得以保存。北京在油鸡种质保存的基础上，对其进行了开发利用，通过7个世代的选育，建立了24个家系，培育出了快羽、慢羽两个品系。1988—1992年期间，北京油鸡的杂交商品鸡——宫廷黄鸡出口日本，引起轰动，被誉为“天下第一鸡”。2007年，为促进优良特色鸡种的开发利用，带动农民致富，市农科院与密云北京百年栗园生态农业有限公司合作，建立和完善北京油鸡养殖示范基地，其产品被北京市特需农产品委员会列为特供产品。百年栗园养殖规模将由6万只扩大到40万只，并逐步发展到100万只，建成京郊最大的油鸡养殖基地。

（2）配套栽培技术的研发

农产品品质与风味虽然是品种特性，但也会受到栽培技术的影响。如大水大肥生产的果品与菜品，其品质会大打折扣。京郊活态类农业文化遗产的开发也走过了一个曲折的过程。因有较大的市场需求，在贡品资源开发的初期，各区县在贡品资源保护的基础上，迅速扩大栽培规模，甚至被扩大到活态农业文化遗产的非适宜地区，并采用现代农业生产手段进行生产，使得贡品品质下降，损害了贡品的声誉。这一问题也很快得到了各区县和科研部门的重视，随即开展了特色资源的配套栽培技术研发。

庞各庄西瓜的配套栽培技术研究：庞各庄种植西瓜的历史，至今已有640多年，早在元代就已经成为了贡品。这主要是缘于庞各庄西瓜沙甜、口味佳的特点，而这些优良品质又有赖于配套的栽培技术。庞各庄西瓜的配套栽培技术自1980年后实现了三次飞跃。第一次飞跃是1982年到1984年间，全镇的西瓜栽培全部由露天改为采用双膜覆盖，小拱棚或中棚栽培；第二次飞跃是从1985年到1987年，三年时间断然两易西瓜当家品种；第三次飞跃是从

2002 年起推广应用了西瓜双断根嫁接育苗移栽，同时，西瓜立体种植也逐渐普及。

板栗配套栽培技术研究：北京市从 20 世纪 70 年代起在板栗上推广应用嫁接技术，更新板栗品种，大幅度提高了板栗产量。围绕提高板栗产量开展了一系列配套栽培技术研究，包括高产树型修剪技术、控量修剪技术、病虫害综合防治技术、板栗园培肥技术、有机栽培技术等，形成了一整套板栗栽培技术规程。2007 年，以渤海、九渡河两镇为代表的、具有 500 多年栽培历史的怀柔板栗栽培技术，被列入北京市第二批市级非物质文化遗产名录。

（3）地理标志产品保护

为加强对这些原产地具有唯一性的活态农业文化遗产的保护，各区县纷纷对这些农产品进行了地理标志保护①。地理标志产品是指产自特定地域，所具有的质量、声誉或其他特性本质上取决于该产地的自然因素和人文因素，经审核批准以地理名称进行命名的产品。农产品地理标志保护源于消费者对特色农产品的消费需求和生产者对特色农产品生产地域的保护需求。地理标志既能够表示产品的产地，又能表征产品的质量和信誉。地理标志具有较高的知名度、附加值和市场信息传递功能。地理标志犹如农产品的名片和通行证，可以有效促进农产品的流通和销售。地理标志产品保护制度既是一种知识产权保护的手段，也是一套完整的质量管理体系。

目前，京郊农业贡品中获得地理标志保护认证的有大兴西瓜、大兴安定桑葚，密云甘栗，怀柔板栗，门头沟京西白蜜、京白梨、金顶玫瑰花，房山磨盘柿等。

除了以上农业贡品获得地理标志产品保护外，与农业贡品相配套的栽培技术也得到了各区县政府的重视，加以搜集、整理、改进、运用与传承，如前所述，以渤海、九渡河两镇为代表的怀柔板栗栽培技术，被列入北京市第二批市级非物质文化遗产名录。

① 地理标志保护目前在我国实行三条渠道并行运行，地理标志产品、地理标志商标、农产品地理标志分别由国家质检总局、国家工商总局、农业部认证（登记）和管理。在本研究中统称为“地理标志”。

(4) 果木古树保护

古树是历史文化遗产的重要组成部分，是不可再生和复制的宝贵资源，具有极其重要的生态、经济、历史文化、社会和遗产学价值。

北京市2007年在全国率先出台了《北京古树名木评价标准》。"古树"专指树龄在100年以上的树木。树龄在300年（含300年）以上的树木才可称为一级古树；树龄在100年（含100年）以上300年以下的树木被称为二级古树。但由于被认定为古树后，就不能再采果，而这与百姓的经济收入又紧密相连，所以普遍种植的以采果为目的的经济树种（包括板栗）没有进入古树名录。但北京郊区达到"古树"标准的果木古树却不在少数。各区县也都将这些"编外"古树加以保护。

2012年5—10月，北京市农林科学院综合所调研了怀柔区9个镇的板栗古树资源。按照《北京古树名木评价标准》，壳斗科古树胸径在100厘米以上的为一级古树，50厘米～100厘米之间的为二级古树。根据这一标准，怀柔区9个镇有古板栗树约2.0万株，最大胸径为200厘米。另据报道，水长城景区内的"明代板栗园[①]"中有古栗树40余棵，其胸径平均在90厘米以上，树龄多在300年以上；民间传说为明代守城将士栽植，故称"明代板栗园"。

为加强对这些古板栗树的保护，九渡河镇板栗协会于2004年就出台了"明代原生板栗树认养办法"，首批推出古板栗树99株。

2. 京郊活态传承类农业文化遗产的开发

保护是为了开发，是为了更好地让这些昔日的皇家贡品成为百姓餐桌上的常客。目前京郊对这些活态传承类农业文化遗产的开发途径主要有以下三种：

(1) 产业开发

活态传承类农业文化遗产与当地的自然生态条件融为一体，密不可分，文化遗产的传承与开发对地域有着严格的要求。20世纪90年代起，北京市根据各区县的自然禀赋，依托资源优势，大力发展区域优势农产品，并壮大成为区县优势产业。

如怀柔区、房山区、门头沟区、大兴区通过大力发展具有地方特色和唯一性的板栗、磨盘柿、京白梨、西瓜，使之成为区县特色优势产业。

案例1：怀柔板栗

产地环境：怀柔区地处燕山山脉南麓，属温带大陆性气候。境内土质为

① 明代板栗园. http://www.tourunion.com/spot/jd/3210.htm.

花岗岩、片麻岩等分化形成的微酸性土壤，非常适合板栗生长，而且这种土壤含有大量的硅酸，有助于增加栗果内皮蜡质含量，炒熟后内果皮易剥离，这一特点是国内其他地区板栗种群不能比拟的。独特的自然条件，造就了“怀柔板栗”果形玲珑、色泽美观、肉质细腻、果味甘甜、易剥内皮、糯性强等特点，因此拥有了东方“珍珠”和“紫玉”等诸多美称，也拥有了“世界板栗数中国，中国板栗数怀柔”的美誉。

栽培历史：怀柔板栗栽培历史悠久，可追溯到春秋战国时期。清朝慈禧太后为了延年益寿，经常食用怀柔栗子面窝头，后传至民间，成为著名的北京小吃之一。目前，怀柔全区板栗种植面积已达 28 万亩，年产 1100 万公斤以上，出口量居北京市首位，远销日本和东南亚等地区。

品牌保护：2007 年，拥有 500 多年历史的怀柔板栗栽培技术被列入北京市第二批市级非物质文化遗产名录，同时“怀柔板栗”也获得了国家地理标志保护。这对于收集和传承板栗栽培技术、研究地域文化、提高板栗产量、促进农民增收均具有积极意义，成为怀柔板栗文化的又一张响亮名片。

案例 2：房山磨盘柿

房山磨盘柿是业界公认的最优良涩柿品种。其因果实缢痕明显，位于果腰，将果肉分成上下两部分，形似磨盘而得名。相传，明代洪武年间（公元 1368—1399 年）房山就有柿树栽培。明万历年间（公元 1573—1620 年）编修的《房山县志》记载“柿为本镜出产之大宗，西北河套沟，西南张坊沟，无村不有，售出北京者，房山最居多数，其大如拳，其甘如蜜”，曾有“色胜金依，甘逾玉液”之美誉。诗人张仲殊《咏柿》中赞美“味过华林芳蒂，色谦阳井沉朱，轻匀降蜡裹团酥，不比人间甘露”。被朱棣皇帝封为御用贡品。2006 年“房山磨盘柿”成为地理标志保护产品和地理标志证明商标。

产地环境：房山山前暖区的年均气温为 12.1℃，≥0℃ 的年积温为 4880℃，年日照时数 2300～2600 小时，无霜期 185～200 天，是京郊热量分布最多的地区，自然条件特别适宜柿树生长发育。房山区磨盘柿多生长在集流区，背风向阳，年平均降雨量 655 毫米，土壤为富含石灰质的深厚褐土层，持水能力强，极其适合磨盘柿生长。

医食功效：房山磨盘柿果味独特，口感甘醇，不仅食之味美，而且还有较高的药用价值。梁代陶弘景所著《名医别录》中说：“柿有清热、润肺、化痰止咳之功效”。据《本草纲目》记载：“柿乃脾肺血之果也，其味甘而气平，性涩而能收，帮有健脾、涩肠、止血之功”。现代医学文献记载：柿树浑身是宝，果实可供鲜食、酿酒、做醋，还可制成柿干、柿汁等。柿果具有补脾、健胃、润肠、降血压、润便、止血、解酒毒等功效。柿蒂可治呃逆、夜尿；柿霜可治喉痛、口疮咽干等；柿叶茶可预防动脉硬化，辅助治疗失眠。

(2) 旅游开发

旅游开发是各地对活态类农业文化遗产开发的最主要、最活跃的途径。其中景点（或采摘园）开发与节庆开发是旅游开发的主要方式。

①景点（或采摘园）开发

这些昔日为皇家贡品的农产品都有着优良的品质与风味，理所当然地成为京郊农业观光园的主要品种。如黄土坎鸭梨、苏子峪蜜枣、北寨红杏、庞各庄西瓜、京白梨、香白杏、樱桃、菱枣、磨盘柿、桑葚等。依托这些品质优良的贡品品种，各地建起了采摘园，通过古籍文献和传说，挖掘这些贡品的历史文化、营养价值、保健作用等，向游客宣传和介绍，使游客在采摘、品尝的过程中增长见识。

还有一些千年、百年古树，本身就是一个很好的旅游资源。这些古树被保护起来，如古桑园、明代板栗林、古杏园、古梨园等，成为农业旅游或区域旅游的一个景点。

案例 3：千亩“古桑园”

大兴区安定镇千亩古桑园。相传西汉末年，王莽篡位，刘秀起兵讨伐，兵败幽州，孤身一人，负伤落魄于安定桑林，靠吃桑葚养伤保命，持续三十余天。登上皇位后便封救命桑树为王。安定镇“古为今用”重建而成的“御林古桑园”种植的桑树有 16 种之多，其中“白蜡皮”为当地古老的农家品种。

案例 4：“御杏园”

顺义区北石槽镇“御杏园”为清代乾隆年间所建，并为宫廷专享。如今按“古为今用”进行重建传承，并运用现代科技成果推陈出新，成为 60 余种杏的名、特、优、新的集大成者，使得“昔供宫廷御用杏，今飞寻常百姓家”。

案例5：万亩“菱枣园”

房山区大石窝镇水头村由古为贡品而仅存的一棵枣树，经采穗与酸枣嫁接建起一万亩菱枣园。此枣以“口感好、汁多味浓、果肉甜脆”而著称，属稀有品种，昔日为皇家贡品，今为富民的“摇钱树”。

案例6：门头沟妙峰樱桃园

“金色界中兜率景，碧莲花里梵王宫，褐惊清露三更月，虎啸疏林万壑风。”曾经的皇家宠幸之地，纷至沓来的历代文人墨客，为门头沟妙峰山樱桃园，留下久远醇厚的历史韵味。如今的现代人进行传承重建的妙峰樱桃园，成为集名人古迹、樱桃采摘、池塘垂钓、民俗观光、科普教育于一体的旅游观光园区。园中凉亭、溪流、石砌甬道、木制小桥、竹水车、鸟窝等相映成趣，大有江南“小桥，流水，人家”的诗般感受。红灯高挂，酒旗高挑，思古之幽情油然而生。

案例7：北寨红杏

平谷区南独乐镇北寨村独特的地理位置、土壤条件、气候环境，造就了“北寨红杏”特有的品质。主要有八大特点：一是果个适中，果形圆正；二是色泽艳丽，金色透红；三是肉厚多汁，味道甜酸；四是含糖量高，16%左右；五是富含维生素C，营养全面；六是鲜食和胃，口齿留香；七是核干小，杏仁脆甜；八是耐贮耐运，保质期长。20世纪50年代为保护濒临灭绝的北寨红杏，北寨村人在一两棵老红杏树上进行嫁接扩繁，目前已发展到1万亩，50万株，建设了多个精品观光采摘园，还修建了人工湖、休闲亭、停车场、文化展示厅等基础设施。同时，开发红杏文化，依托古庙、明长城、大小龙潭等旅游资源大力发展观光旅游。红杏开发为北寨村的经济发展插上了腾飞的翅膀。

案例8：明代板栗林

前文“果木古树保护”中提到的怀柔区水长城景点的古板栗林，棵棵古树盘根错节，形态各异，虽饱经风霜，但仍根深叶茂，开花结果。利用当地民间如明代守城将士栽植的传说，将其纳入水长城旅游景区，成为其中的一景，古树也得到了较好的修复与保护。古板栗树每年仍然硕果累累，游客可以在这里观赏到明代板栗树的风采，也可以品尝到明代板栗的风味。

案例9：京西稻

京西稻出产于海淀，主要分布在玉泉山下和昆明湖畔。有老北京民谣赞曰：“京西稻米香，炊味人知晌。平餐勿需菜，可口又清香。”海淀六郎庄村是京西稻的主要产地，曾是清代京西稻种植和培育试验区，约有2400公顷御稻田，康熙皇帝曾亲手种植京西稻。为了留住对于海淀水乡风光的美好记忆，海淀区政府在规划设计海淀公园时，特意开辟出800平方米的京西稻风景区。稻田旁的水车、碾米磨、实心水井等摆设，营造出“稻香小院”的乡村风貌。海淀公园在每年的5月和10月分别举办插秧节和收割节，市民可在城市的高楼大厦间体验插秧、收割的田园乐趣，近距离接触京西稻。

②节庆开发

近几年各区县通过举办各种农业贡品“文化节”，促进农业贡品的旅游开发。如以大兴庞各庄西瓜为主题的“西瓜文化节”、安定的“桑葚文化节”，房山的菱枣采摘节，门头沟的“京白梨文化节”，海淀的“京西稻文化节”等，以文化搭台，经济唱戏，文化节期间有大量围绕这类农业贡品开发的丰

海淀公园京西稻

富多彩的活动，吸引市民参加，向市民宣传农业贡品的历史与文化，同时，也促进了当地农业贡品经济的发展。

农业文化节

海淀上庄京西稻文化节

如2012年海淀上庄举办的京西稻文化节收割季，就是以“与历史一起守望稻谷香”为主题，配合京西稻“御稻米”的历史价值，借由演员演绎的“康熙”主持“尝粥”仪式，通过“收割”与“品粥”等活动，展示京西稻独特的历史价值以及丰富的文化韵味，反映出了当时社会对于京西稻的推崇。

（3）产品开发

目前，京郊农业贡品的开发思路如图1所示。

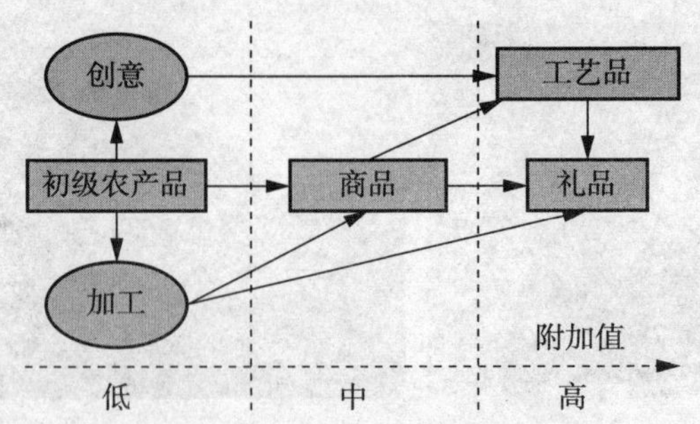

图1　京郊农业贡品的开发思路

初级农产品（农业贡品）通过三条途径实现增值：一是经过加工后进行商品售卖，如磨盘柿加工成柿醋（商品），桑葚加工成桑果汁，提升加工附加值；二是通过创意成为工艺品，如大兴区的玻璃西瓜。工艺品又可以当作礼品送人，实现附加值的最大化。三是初级农产品经初加工后（如分级包装后）直接成为商品或礼品，实现增值。加工后农业贡品也可以直接成为礼品，如具有保健性质的果醋，可以包装成礼品。

目前京郊活态类农业文化遗产的产品开发形式也多种多样，充满了创意。活态传承类农业文化遗产，本身有着浓厚的文化底蕴，其产品开发中也较多地融入了文化气息。主要有以下几种：

①初级产品创意包装：通过挖掘产品的文化内涵，突出产品特性，对产品进行个性化创意包装，提高产品的包装附加值，使产品变为礼品。例如，玻璃西瓜：大兴区的玻璃西瓜（也叫水晶西瓜）就是包装创意的一个成功例子。当西瓜坐果后不久，就把它塞进一个大的圆形玻璃罩内，等西瓜长到和玻璃罩一样大时，灌入特制的保鲜液，再封住罩口。经过如此包装的西瓜就成了可供长期观赏的艺术品，单个玻璃西瓜价格可达500元，远高于普通鲜食西瓜的价格。

玻璃西瓜

磨盘柿创意包装：房山磨盘柿的包装则融入了文化内涵。在我国汉字中

“柿”与“事”同音，二字通假。在绘画作品中常有借挂满枝头的柿子喻义“事事如意”。房山区借此开发出了“柿柿（事事）如意”、“万柿（事）如意”、“盖柿（世）无双”的包装，让这些作为礼品的磨盘柿平添了浓浓的文化韵味和人情味。

盆栽五色韭：将本来生长在农田的农业贡品作物栽种在盆里，如此包装出售，会收到意想不到的效果。五色韭曾是清宫贡品，几近绝迹。怀柔农民经过不断钻研和试验，成功地种出了五色韭，并将其种植在盆里，为游客配备了种植的小工具和肥料，方便游客在自家的阳台上种植。这种盆栽五色韭卖到了66元一盆仍供不应求。

②初级产品加工：对初级产品进行加工开发，如磨盘柿加工而成柿醋、柿子脆片；大兴区安定镇已经研制开发出桑葚饮料、桑葚酒、桑葚醋、桑叶茶、桑葚酱、食用色素等10余个品种；板栗加工成栗仁、板栗粉、板栗酒等系列产品。

③产品文化创意

刻字瓜与异型瓜：异型瓜的创意是为了颠覆人们对于西瓜千年不变的圆形象而进行创意设计的。在瓜生长的一定时期，把它放在一定形状的模子里，就成了异型瓜。异型瓜的创意最早来源于方型瓜。方型瓜源自日本，原意是为了便于西瓜在冰箱中的摆放。受方型瓜的启示，目前的异型瓜还有元宝型、六面体、心型等。或者在瓜生长的一定时期，在其果皮上刻上充满吉祥、祝福的字。仅仅是形状的改变和增加了刻字，就可以使瓜的身价倍增。刻在瓜上的既有字，也有图案。这些刻字既有反映中国传统文化的“福禄寿禧”，也有反映中国生肖文化的十二生肖，还有一些反映现代大事件的文字或图案，如奥运五环，北京奥运吉祥物等，另外，还有一些字是应购买者要求而刻上去的，如名字或送给特定人的文字。这些饱含文化韵味的产品（商品或礼品）很受市场欢迎，既使这些农业文化遗产得以传承，又提高了经济效益，一举两得。

桑文化开发：桑作为药食同源果品，具有补肝益肾、聪耳明目、祛斑美容、降低血糖血脂等多种功效。安定镇在千年古桑园的资源基础上，除对桑果进行开发外，还挖掘中国关于桑的药食文化，开发出了专供糖尿病人的桑叶茶；同时开发出了桑宴，包括桑叶馒头、桑叶饺子、炒桑叶、凉拌桑叶、桑叶馅包子等，受到了人们的喜爱。

（四）北京市农业文化遗产保护与开发存在的问题

1. 经认定的与农业有关的文化遗产数量很少

北京市有着3000年的建城史和800多年的建都史，历史文化源远流长，尽管战乱频繁，但保留下来的文化遗产众多。目前北京市有97个全国重点文物保护单位，357个市级文物保护单位，但其中与农业有关的文物保护单位只有2个。这与北京市悠久的农业文化不相适应。

2. 政府及社会对农业文化遗产的重视不够

北京市的文物较多，但多数是古建筑类的，政府关注更多的是非农业文化遗产。北京市经认定的与农业有关的文化遗产数量很少，也从一个侧面反映了政府对于农业文化遗产的重视不够。另外，北京市目前为止尚未开展对农业文化遗产的普查与研究工作。因政府对公众具有较强的导向作用，因此，北京农业文化遗产的保护与开发也未受到社会重视。

3. 农业文化遗产保护与发展传承者正在流失

农村劳动力的减少受多方面因素影响，随着城镇化进度的加快，在很长一段时间内，这种减少的趋势不可逆转。目前，从事农业劳动的基本上是50岁以上的老年人，这种流失一方面表现为农村居民主动性选择离开，这主要是由于传统农业文化受到现代化、商业化冲击后，居民转而选择“更有意义的生活方式”，从而选择进入都市。另一方面，城镇化的发展导致农村大量农民失去土地，而农村基本农业文化遗产的旅游业及其他服务业尚不发达，无法承接更多的劳动力，从而导致农村劳动力被迫离开。农村劳动力的流失客观上使得农业文化遗产的保护与发展的传承者减少。

4. 农业文化遗产的多样性正在遭受破坏与威胁

一方面，近年来，北京进入气候干暖化阶段，年降水量偏少；另一方面，由于北京城市人口快速增加，地下水严重超采。这些都导致了北京水资源总量的减少，尤其是地表水大量减少，像京西稻等这种依赖于湿地系统的农业文化遗产的存续受到了严重威胁。另外，现代农业生产的专业化、规模化，传统的、低成本的生态农业生产结构直接被规模化经营的农业生产结构所代替，很多有价值的农业生产技术和农业系统衰落甚至消失，使得农业生物多样性受到威胁，同时也破坏了农业文化遗产的多样性。

5. 开发中对保护有所忽略

文化遗产的保护，并不排斥合理开发。文化遗产保护应遵循“先保护后开发、边开发边保护”的原则。保护好文化遗产是进行经济开发的基础，合理地开发则是对文化遗产的发扬与传承，开发所获得的收入用来更好地保护文化遗产。只有处理好保护与开发的关系，文化遗产的保护才能实现可持续发展。但在现实中，存在着很多轻保护重开发的现象，或者是开发的方式方法不合理，如传统手工类的文化遗产，则用机械化生产来代替，忽略了对手工技艺传承人的培养；再比如活态传承类的农田生态系统，由于过度的旅游开发，致使文化遗产所在地的生态环境有所破坏。这些不合理的开发，也正在威胁着文化遗产的“生存”。

三、北京农业文化遗产在农业文化功能培育中的作用

（一）在农业多功能拓展中的作用

1. 生产功能

随着北京经济与社会的快速发展，农业 GDP 的比重不断下降，农业传统的大宗农产品的生产功能不断弱化，但农业生产功能的质量不断上升。京郊农业与环京合作圈形成了优势互补，大宗农产品的生产逐渐让位于环京农业圈，北京农业则转向精品农业和特色农业。各区县依托自然资源和农业资源禀赋，形成了一区（县）一品的特色产业发展格局。如大兴西瓜产业、怀柔板栗产业、房山磨盘柿产业、门头沟京白梨产业等。这些特色产业在丰富市场供应和满足市民高品质农产品需求的同时，也为京郊农民带来了不菲的收入。特色产业的发展，使得这些农业文化遗产得以传承，并焕发出新的活力。

2. 生态功能

中国传统农业经验是千百年来经过世代人所积累起来的，体现了先人的智慧，是世界农业文化遗产中的一朵奇葩。传统的农业经验和国外引入的技术相比，更适合本地的自然和人文条件。传统农业经验是一个完整的系统，具有生态农业、可持续农业、循环农业和低碳农业的基本特征，应该借鉴、

改造和重塑，为强化都市型现代农业的生态功能而服务。

以保墒防涝为中心的土壤耕作技术。旧时对作物生长的控制，几乎都是通过土壤耕作来实现的。北京郊区应用耠（huō）子种地，据《王桢农书》记载至少有八百年以上的历史，它和抹弓子、单砘（dùn）子联合作业完成播种。耠子的土壤通过性良好，可以撇开表层的干土、坷垃和茬头，直见沟底湿土，是干旱土壤播种的利器。有“深耠浅盖，如上茬粪”的农谚。“土见土，一尺五”，耠地以后的熟地形成沟垄相间的微地貌特征。幼苗长在沟里，下小雨可以集水；麦苗生长沟中，冬季可以避风，受冻害少。通过土壤耕作实现保墒防涝，达到对作物生长的调控，减少了部分灌排机械的投入和植物生长调节剂的投入，既保护了环境，又提高了农产品的安全水平。

传统的农牧结合制度。在没有实现耕作机械化以前，农耕的主要动力来自畜力。旧时北京主要役畜有骡马驴牛和骆驼，饲养的肉用动物，平原以猪为主，山区以羊为主，另有鸡鸭等禽类。北京郊区传统的农业是一种混合农作制度。农田既为牲畜提供饲草，又消纳动物排泄物，养地肥田，形成了物质的循环利用。在这种制度中传统的养殖业扮演了重要的角色，过腹还田成为农牧业结合的纽带。北京旧时农民应用种植豆类、施用有机肥料和利用洪水挂淤，维持了土地肥力，使耕种了几千年的土地仍保持了相当水平的农业生产力。这种循环农业的经验是宝贵的，值得称誉和传承，在都市型农业生态功能的发挥中仍具有重要应用价值。

3. 生活功能

农业文化遗产对于北京农业生活功能的拓展，最主要的广泛应用在于休闲农业。休闲、旅游、度假是都市农业的最重要的特征之一。它集中体现了农业与二、三产业的融合，体现了农业的生产、生态、生活功能，具有突出的经济、生态和社会效益。进入21世纪以来，北京休闲农业发展迅猛，取得了骄人的成绩。2011年同2005年相比，接待人次翻了一番多；按可比价计算，总收入约增加1.4倍，就业岗位增加12.8%，从业人员人均收入增加1.1倍。但是，若以世界休闲农业的发展规律衡量，北京目前应该处于第二阶段——体验、操作为主阶段（人均GDP 7000~13000美元）。然而，实际进程却滞后，基本上仍停留在观光采摘为主的初级阶段。如前所述，农业文化遗产尤其是活态类农业文化遗产（如农业贡品）在休闲农业发展中具有重要作用。因此，要促进北京休闲农业的提质、升级，就需要大力挖掘农业文化遗产的文化内涵，增加休闲农业的文化品味。

北京农业生活功能的强化，在现阶段应重点培育农业文化功能。下面着重论述农业文化遗产在农业文化功能开发中的作用。

（二）在农业文化功能培育中的作用

1. 农业品牌文化的打造

品牌战略是都市型现代农业的重要战略之一，是提升农产品价值和农业产业效益的重要途径。品牌是文化的集中体现，也是文化的整体形象。北京农业文化底蕴丰厚，农产品要充分利用地域优势，深挖并延伸品牌的文化内涵。

（1）关于品牌文化

品牌文化是指文化特质在品牌中的沉淀和品牌经营活动中的一切文化现象。品牌文化由品牌物质文化和品牌精神文化两部分构成，二者分别代表了品牌的有形资产和无形资产。品牌物质文化是品牌精神文化的载体和前提，它决定着品牌精神文化的性质与方向；品牌精神文化是从品牌物质文化中派生出来的，它依附于品牌物质文化。品牌文化是品牌形象中最有价值、无法模仿和替代的部分。品牌文化的打造会将无形的文化价值转化为有形的品牌价值，把文化财富转化成差异化的竞争优势，使产品在市场竞争中保持强大的生命力。深厚而持久的品牌文化可以使品牌产生超凡魅力。

（2）农业品牌文化的打造

品牌因文化而独具个性。农业品牌所依托的产品与技术不仅不同，而且其品牌文化也千姿百态。品牌文化可以超越品牌的物理性能和使用价值。农业品牌文化的打造要创造品牌感知，丰富品牌意象，提升品牌的理性诉求，从而强化消费者的购买欲望。通过建立优秀的品牌文化可以对消费者产生持久的魅力，使之成为品牌的“粉丝”。

农产品的品牌常常与产地紧密相连，可以展现产地特有的人文精粹。农业文化遗产都具有较高的地方特色，相互之间差异性较大，可以形成错位竞争，这种区域之间的异质性文化资源为打造特色品牌提供了极好的先天优势。打造农业品牌，既可提升农产品的形象，又可宣传特定地域的文化。如食用珍品油系列有小麦胚芽油、葡萄籽油、红花籽油和西红柿油等四种产品，多为新疆特产。企业为其打造了一个“丝路晨光”的品牌，既突出了原料产自历史著名的丝绸之路新疆，又让人联想到大型舞剧《丝绸之路》和顶级时尚的“新丝路模特大赛”，文化品位很高。又比如平谷区桃文化品牌的塑造，借助国人对桃文化的普遍喜爱，借鉴国画、国粹等中国元素的概念，提出并打造“国桃”品牌，提升了平谷大桃在国内外的知名度。再比如，大兴区从2005年开始，将企业管理的市场营销理念引入农业经济管理中，设计并创立了具有区域特点的“大兴农业”区域品牌：一是设计推出了“大兴西瓜”“大兴梨”“大兴甘薯”等系列农产品品牌，二是通过制作“大兴农业”宣传片、宣传册、宣传袋、广告牌，组织农产品展销活动等对品牌进行文化内涵挖掘和宣传。

农业品牌文化的打造，首先是品牌所依托的产品文化的挖掘，尤其是具有遗产性质的农产品文化，这类农业文化植根于悠久的农业史，深入人心，底蕴深厚。这是农业品牌文化与当代二三产业品牌文化的主要区别之一。农业产品本身就具有文化积淀，品牌文化的打造是一个文化挖掘与强化的过程；而二三产业产品大多不具有文化积淀，品牌文化的打造是一个塑造文化的过程。其次是品牌文化的设计与宣传。农业遗产文化是农业文化中的精华，需要传承。而宣传则是品牌认知的基本途径。品牌文化的形成是点滴积累，循序渐进的过程，全境式的广告轰炸只能快速提高品牌知名度，却很难积淀品牌深厚的文化内涵。除了广告外，品牌文化的宣传方式还有公益活动、新闻宣传、公关赞助等。最后是在此基础上，逐步配套与遗产相关的横向关联产业和纵向延伸产业，形成相互衔接、发展良好的产业链体系，进一步扩大品牌影响力。

2. 农业博物馆的开发

在国外，博物馆不仅是外地游客了解当地历史、文化的一个窗口，而且还是当地居民增长知识、休闲、娱乐的重要场所。目前我国许多地区的博物馆主要的参观者是外地旅游者，参观博物馆还没有成为当地居民在闲暇时间内首选的休闲方式。北京是具有悠久农业发展历史的城市，农业文化遗产众多。但到目前为止，还没有一座综合性的北京农业博物馆。

依托北京农业文化遗产，建立北京农业博物馆。加大宣传力度，改变等客上门的经营思路，转为开发客源，引导市民形成看展的消费习惯。可以从以下几个方面进行开发：

（1）广泛与业内联系，加入热点旅游线路

博物馆与旅游相联系，是国内外博物馆开发的普遍做法。将农业博物馆加入旅游线路，不仅可以让外地人了解北京农业的发展与文化传承，还可以从游客那里得到需求和建议反馈，以便改进，更好地开发农业博物馆。

（2）与学生教育基地相结合

博物馆具有宣传教育的功能，对于青少年的知识教育具有很大的吸引力。如今，生长于城市的孩子，越来越远离了农业。将博物馆开发与青少年教育相结合，安排学生定期参观，学习农史知识，了解农业、了解北京悠久的农业文化，从而增强青少年认识农业、热爱农业、热爱北京的热情。

（3）创新展示手法

参与体验型和交互作用型的展示方式由于对游客有较强的吸引力而成为博物馆的主要展示手法。另外，博物馆的展示手段上要多从青少年的角度来考虑，多一些卡通、互动项目，让青少年在游乐中获得知识。

（4）适当经营文化纪念品

农业博物馆的文化纪念品要突出农业文化遗产的特色和品位，精致小巧，便于携带。一是博物馆文物的复制品，如打制或磨制石器、陶器等；二是文物形状或印有文物图像的纪念章、钥匙链、手绢、小摆件等；三是印有文物图像的文具、办公用品、生活用品或文化服务器等。

3. 农业与传媒业的结合

农业与传媒业的有机结合，既有利于农业品牌的打造和农业衍生产业的发展，又有利于文化产业的繁荣。北京市是传媒业的聚集地，又有着悠久的农业文化历史，二者的结合有着得天独厚的优势。

农业与传媒业结合的成功案例莫过于“开心农场”，这款以农业耕种为主要内容的休闲游戏，不仅风靡网络，也成就了很多现实版的“开心农场”。仿效“迪斯尼”的《海底总动员》动画片，可以开发《水果总动员》、《蔬菜总动员》等动漫产品。网络上也开发了多种与水果、蔬菜、小动物有关的小游戏，如《植物大战僵尸》，深受青少年的喜欢。但目前这种农业与传媒业的结合，还仅仅是停留在借助水果、蔬菜等多变的形象，辅以介绍水果、蔬菜的功效，以拟人化的手段，通过故事的编排达到教育青少年的目的，而很少有对农业文化的挖掘。农业可以借助传媒业的巨大平台和影响力，对农业文化进行挖掘与宣传。

大兴动画宣传片《西瓜选秀》和《南海子郊野公园》3D 宣传片，开发了寓教于乐的游戏软件，并在安定镇农服中心进行应用。对宣传本镇农产品和旅游景区起到了较好的宣传作用。

通过传媒业来宣传北京农业文化遗产，海淀区上庄镇依托京西御稻进行了尝试。2012 年 10 月 20 日，由海淀区旅游发展委员会、上庄镇人民政府共同主办的第三届京西稻文化节收割季开幕暨新闻纪录电影《京西稻》开机仪

西瓜选秀

南海子郊野公园3D宣传片

农业游戏软件

式在上庄镇举行。《京西稻》是一部以京西御稻为主题的新闻纪录电影，目的是挖掘京西稻所包含的历史传承和文化意义。

4. 为创意农业的发展提供支撑

农业文化遗产是农业文化功能拓展的重要物质基础。近几年在北京兴起的创意农业，就是以农业文化功能拓展为主要特征的新型农业经济形态。文化创意是创意农业的主要开发途径。在发掘、传承北京农业的文化遗产的同时，还需要以消费需求为导向，与时俱进地进行大力创新。

在农业文化遗产创意开发上可借鉴平谷桃文化开发的做法。平谷区现有桃园22万亩，鲜桃总产2.8亿千克，收入9.45亿元，均列北京市第一，是名副其实的“中国桃乡”。平谷区依托当地的大桃产业，深入挖掘桃文化遗产，取得了显著成效，为北京农业文化遗产的开发传承提供了可借鉴的思路。

（1）桃文化

我国桃文化的内涵极其丰富。桃花、鲜果、枝与木，都是桃文化的载体。自古以来，桃象征着美丽、爱情、幸福、友谊（如师生）和长寿，花、果用于养生保健，枝条与树干用于驱鬼辟邪。

（2）培育桃产业文化功能的举措

平谷区依托当地大桃特色产业，通过举办国际桃花节、北京金秋采摘节等活动，休闲桃业已具相当规模，使桃产业的文化功能逐渐浮现。

——依托科技壮大桃产业。大力发展桃的设施栽培，设施桃面积已达8000亩。设施桃比露地鲜桃提前1～2个月上市，经济效益十分显著。最为突出的是夏各庄镇一桃农，亩效益高达10万元；其中一株23年生的大久保桃树，年收入竟达3.3万元，在全球果品生产上都是一个创举。

——文化理念的设计。在我国鲜桃象征着长寿、桃花象征着爱情、桃木有镇宅辟邪的作用。我国桃文化内涵丰富、源远流长，有深厚的文化基础，平谷区据此提出“国桃”的理念。

——创意包装。设计、开发了生日、礼品、旅游、运输等四大系列、40多种样式的包装。

——加工增值。大力开展鲜桃产后深加工高新技术的研发。目前，已取得桃酒、桃花茶、桃花精油、桃渣膳食纤维等一批技术创新成果。

——文艺创作。开展以桃文化为主题的文艺创作与比赛。聘请区内外艺术家，创作了京剧《大桃熟了》、大型话剧《桃花盛开的地方》等一系列戏剧、诗歌、散文作品，举办了摄影、书画、对联等多种以桃文化为主题的比赛，丰富了平谷桃文化的内涵。

——工艺品开发。利用我国民间有桃木可辟邪的认知，大力开发桃（木）工艺品。扶持了6家桃工艺品加工企业，开发出桃木梳、桃木剑、桃符、桃木手链、桃木坠、桃木生肖等200余种工艺品，以及“寿星”、“福娃”、“奥运标志”、“十二生肖”、“情侣”等系列桃果艺术品。从而，提高了平谷桃产品的文化附加值。

四、北京农业文化遗产保护与传承的相关建议

从以上研究可知，尽管北京市在活态传承类农业文化遗产保护方面做了一些工作，但并不是从“农业文化遗产”的角度和高度来做的，而是从经济视角“唯一性”特色农产品开发的角度来做的。从这个角度来讲，北京农业文化遗产的保护与传承还处在萌芽和起步阶段，存在着一定的盲目性。不论是国家大力促进文化产业发展的政策导向，还是北京市文化创意产业的发展和农业的多功能开发，都离不开农业文化遗产的保护与传承。为此，提出如下建议：

（一）农业文化遗产保护的原则

1. 分类保护原则

不同种类的农业文化遗产所需要的保护措施不同，要有针对性地分类保护。如文献典籍类的农业文化遗产除妥善保管“原本”外，对典籍进行数字化保存，既可以保存得更长久，也有利于利用；遗址类的农业文化遗产保护需要有完善的法律、机构与经费做保障，需要原址保护；而活态类农业文化遗产是人类为适应当地自然环境与人文环境而创造出来的农业产品、生产技

术与经验，这类农业文化遗产不能与其生存环境隔离开来，需要采取就地活态保护的方式，对其进行原汁原味的保护。

2. 整体保护原则

农业遗产的整体保护原则包括两方面内容：一是对农业遗产本身实施整体保护。如对传统农业的耕作技术与经验、生产工具、生产制度、传统农耕信仰及仪式、传统农耕节日、特有农作物品种、相关民间文学、表演艺术等实施整体保护。二是对与农业遗产相关的周边环境（包括自然环境和人文环境）实施整体保护。

3. 保护与开发相结合原则

农业文化遗产是一种特殊的资源，合理开发农业文化遗产有利于农业文化的保护和传承，有利于促进农业文化遗产地农村经济的发展。但在开发时应当处理好保护、利用和发展的关系。既不能过度强调保护，把开发利用与保护传承对立起来；也不能过度强调开发，而忽视了农业文化遗产的保护。保护与开发相结合，才能使农业文化遗产焕发新的活力。

（二）北京农业文化遗产保护与传承的对策措施

1. 开展北京农业文化遗产的调查与研究

在北京农业多功能拓展的大环境下，将北京农业文化遗产调查与保护提到议事日程。首先要做的工作就是广泛深入调查，摸清家底，将流传了数千年的农业生产经验与农业生活经验作为一笔珍贵的农业文化遗产系统地钩沉出来。对农业文化遗产进行深入调研有多种方式。可以利用口述史学的方法，通过深入细致的田野调查，将那些庄稼老把式们的种田知识、技巧与经验全方位地记录下来。尤其是北京农业贡品文化，值得深入研究、评估，以便科学保护与开发、传承。

2. 开展北京重要农业文化遗产认定，划定农业文化遗产保护区

在北京农业文化遗产的摸底与普查的基础上，在全球重要农业文化遗产和中国重要农业文化遗产的工作框架下，开展北京农业重要农业文化遗产认定工作。在农业文化遗产认定的基础上，划定农业文化遗产保护区，将活态类农业文化遗产原状就地保存在其所属的区域及环境中，使之成为“活文化”，也是保护农业文化遗产的一种有效方式。

3. 开展北京传统农业经验的搜集、保护与传承

对于传统农业，我国有农史研究，然而古农书中对北京郊区农业的记载

甚少。北京传统农业经验有很多，如按节气种地的因时管理技术、按高下平坡的因地管理技术、以间套作为主的多样化种植模式、以保墒防涝为中心的土壤耕作技术、传统的保护地园艺生产经验、以堆肥为核心的循环农业系统、地力培肥技术等。这些传统农业经验在今天发展循环农业、生态农业、可持续农业、流域治理等方面仍具有实际应用价值。但旧时代的农民绝大多数是文盲，农业经验靠口头传承，随时代的沧桑变化，口头语言有的已经失传或濒临灭绝，抢救这类农业文化遗产是摆在我们面前的一项迫切任务。

4. 对活态类农业文化遗产实行非物质文化遗产和地理标志的双重保护

产于特定区域的活态类农业文化遗产（农业贡品及与之相配套的生产技术），其质量、信誉或者其他特征本质上取决于该地区的自然因素或（和）人为因素。这类活态农业文化遗产具有地理标志特性，并包含有非物质文化遗产，为文化遗产和地理标志的共同载体。因此，应对这类农业文化遗产（北京农业贡品）实施地理标志知识产权与非物质文化遗产双重保护。鼓励和指导区县政府、农业企业、合作社等团体积极申报北京特色农业贡品的地理标志知识产权和非物质文化遗产，对于申报成功的，给予资金奖励。

5. 加强农业文化遗产保护管理

政府要加强对农业文化遗产保护工作的组织领导，建立农业文化遗产保护管理机制。建议由市文物局和农委联合牵头，协调农业局、财政局、园林局、档案、旅游、水利等有关部门成立“北京市农业文化遗产保护领导小组”，负责指导和组织实施北京农业文化遗产调查、保护和管理工作。各级地方政府要明确管理机构，落实保护责任单位。同时，将保护北京农业文化遗产纳入“人文北京”的整体规划，组织有关部门编制农业文化遗产保护的专项规划，有重点、有步骤地实施农业文化遗产保护工作。

6. 明确农业文化遗产保护工作的重点

（1）对传统农业耕作技术与经验实施有效保护

农业生产经验具有强烈的地域性色彩。保护农业生产经验应以保护地方特色为主。

（2）对传统农业生产工具实施全面保护

在农业文化遗产的普查、保护过程中，除对传统农业生产技术与经验实施强力保护外，还需对与之相关的农耕生产实物进行深入的调查与系统的保护。传统农具往往代表着一个时代或一个地域农业发展的最高水平。因此，保护好农具，对于保护农业文化遗产而言，常常会起到事半功倍的作用。如以风能、水能为基本动力的风车、水车技术，在我国传统农业的发展中起到了重要作用。我们当前的任务是在保护、利用好这些传统农业生产技术的基础上，运用现代化科学技术对其进行改进，使这些巧借自然的传统技术更加科学、高效，使传统农业技术在现代农业中继续发挥作用。

保护传统农具是保护农业文化遗产的重要一环。在有条件的地方，特别是在一些旅游资源较丰富的地方，可以以乡镇为单位建立一些以展示地方农业文化为主要内容的博物馆。这种专题博物馆是保护农业文化遗产行之有效的一种手段，与市级综合性农业博物馆共同构成一个整体、有机的体系。

（3）对传统农业生产制度实施有效保护

农业生产制度是人类为维护农耕生产秩序而制定的一系列规则、制度、法律（以乡规民约为代表的民间习惯法）、伦理道德以及相应的民间禁忌等。在农业生产中，农业生产制度的建立为人类维护农业生产秩序发挥了重要作用。人类上千年的农业经营文明史已经表明，只有农业技术，而缺乏一套完善而有效的农业生产制度，农业生产就不可能顺利进行。

（4）对传统农耕信仰、民间文学艺术等非物质文化遗产实施综合保护

农业信仰是农耕民族的心理支柱。在人类无法战胜自然，或是无法协调社会意志时，人们往往会通过各种神灵的塑造，以实现社会道德与社会秩序的建立。人类需要什么神灵，就会创造出什么神灵。如为保护山林，便塑造出了山神；为使河道造福于民而不泛滥，便塑造了河神。这些看似迷信的信仰，在维系传统农耕社会秩序、传统道德秩序的过程中都曾发挥过十分重要的作用。对于这些尽管有些所谓“迷信”色彩、但对社会发展从总体上来说又利大于弊的民间俗信，也应予以保护；即使是糟粕，也应遵从辩证史观，以档案形式予以收藏。

（5）对当地特有农作物品种及农业贡品实施有效保护

现代农业中农作物品种趋于单一化，不但威胁到种质资源的多样性，而且容易导致大面积病虫害的发生，导致地方特色品种的退化甚至消失，影响到地区乃至全球的生物多样性。为避免类似情况发生，一方面可考虑通过建立国家物种基因库的方式保留珍惜地方物种，另一方面也可以让民间社会有意识地保留下更多的地方农作物品种，以便为日后农作物品种的更新，提供更多的种源。

参考文献

[1] 熊礼明，李辉映．农业文化遗产概念探讨——与闵庆文等学者的商榷［J］．长沙大学学报，2011，25（4）：19－21.

[2] 苑利．农业文化遗产保护与我们所需注意的几个问题［J］．农业考古，2006，（6）：168－175.

[3] 石声汉．中国农学遗产要略［M］．北京：农业出版社，1981.

[4] 李明，王思明．江苏农业文化遗产保护调查与实践探索［J］．中国农史，2011，（1）：128－136.

[5] 周章，张维亚，汤澍，等．国际法律和公约背景下的农业文化遗产保护研究［J］．金陵科技学院学报（社会科学版），2009，23（2）：66－69.

[6] 吴莉，焦洪涛．法律视野中的全球重要农业文化遗产［A］．易继明．中国科技法学年刊（2008 年卷）［C］．武汉：华中科技大学出版社，2010.

[7] 李刚．浅议农业文化遗产的法律保护［J］．北京农学院学报，2007，22（4）：46－49.

[8] 薛达元，郭泺．中国民族地区遗产资源及传统知识的保护与惠益分享［J］．资源科学，2009，31（6）：919－925.

[9] 闵庆文，张丹，何露，等．中国农业文化遗产研究与保护实践的主要进展［J］．资源科学，2011，33（6）：1018－1024.

[10] 王思明，卢勇．中国的农业遗产研究：进展与变化［J］．中国农史，2010，（1）：3－11.

[11] 王星光．农业考古学科的形成与发展［J］，中国科技史杂志，2007，28（4）：397－401.

[12] 刘朋飞，高启杰，徐旺生．农业文化遗产保护与社会经济发展之关系研究［J］．古今农业，2008，（4）：89－98.

[13] 张丹，闵庆文，孙业红，等．侗族稻田养鱼的历史、现状、机遇与对策［J］．中国农业生态学报，2008，16（4）：987－990.

[14] 崔峰．农业文化遗产保护性旅游开发刍议［J］．南京农业大学学报

（社会科学版），2008，8（4）：103－109.

［15］闵庆文，孙业红，成升魁，等．全球重要农业文化遗产的旅游资源特征与开发［J］．经济地理，2007，27（5）：856－859.

［16］袁俊，吴殿延，肖敏．生态旅游：农业文化遗产地保护与开发的制衡——以浙江青田“稻鱼共生”全球重要农业文化遗产为例［J］．乡镇经济，2008，(2)：74－77.

［17］常旭，吴殿延，乔妮．农业文化遗产地生态旅游开发研究［J］．北京林业大学学报（社会科学版），2008，7（4）：33－38.

［18］梁诸英，陈恩虎．传统农业耕作技术保护与生态农业［J］．资源科学，2010，32（6）：1077－1081.

［19］何露，闵庆文，张丹，等．传统农业地区农业发展模式探讨［J］．资源科学，2009，31（6）：956－961.

［20］苑利．农业文化遗产保护与我们所需注意的几个问题［J］．农业考古，2006，(6)：168－175.

［21］王红谊．新农村建设要重视农业文化遗产保护利用［J］．古今农业，2008，(2)：95－103.

［22］闵庆文．哈尼梯田的农业文化遗产特征及其保护［J］．学术探讨，2009，(6)：12－14.

［23］常旭，吴殿廷．农业文化遗产地生态旅游开发研究［J］．北京林业大学学报（社科版），2008，(4)：33－38.

［24］孙业红，成升魁．农业文化遗产地旅游资源潜力评价——以浙江省青田县为例［J］．资源科学，2010，(6)：1026－1034.

［25］冯磊，吴郭泉．农业文化遗产的保护性开发——以龙胜龙脊梯田为例［J］．大众科技，2010，(2)：144－146.

［26］崔峰．农业文化遗产保护性旅游开发刍议［J］．南京农业大学学报（社会科学版），2008，(12)：103－109.

［27］潘鸿雷，张维亚．南京农业文化遗产旅游产品开发思考［J］．商业经济，2008，(9)：112－113.

［28］王欣，闵庆文．基于全球重要农业文化遗产的旅游开发研究———以青田稻鱼共生农业系统为例［J］．地域研究与开发，2006，25（5）：63－67.

［29］闵庆文，孙业红．农业文化遗产的概念、特点与保护要求［J］．资源科学，2009，(6)：914－918.

[30] 赵朝洪．北京市门头沟区东胡林史前遗址 [J]. 农业考古，2006，(7)：3－10.

[31] 周朝琦，侯龙文．品牌文化 [M]. 北京：经济管理出版社，2002.

[32] 闵庆文，赵立军，叶明儿．农业文化遗产保护的罗马会议及其主要成果 [J]. 地理研究，2007，26 (1)：211－212.

[33] 吴江洲，许映辉，熊礼明．中国农业文化遗产的研究 [J]. 中国农学通报，2012，28 (9)：302－306.

[34] 孙志国，黄莉敏，王树婷．湖南传统特产的非物质文化遗产与地理标志保护对策 [J]. 经济研究导刊，2012，(2)：48－52.

[35] 王爱玲，文化，等．再论北京农业的功能 [J]. 河北农业科学，2011，15 (7)：60－64.

[36] 贾文忠．汉代彩绘、绿釉陶仓 [J]. 古今农业，1994，(4)：87.

[37] 李瑛．我国博物馆旅游产品的开发现状及发展对策分析 [J]. 人文地理，2004，8 (19)：30－32，90.

[38] 闵庆文．关于"全球重要农业文化遗产"的中文名称及其他 [J]. 古今农业，2007，(3)：116－120.

后　记

历时一年半，本书于2014年夏完成脱稿。在编写过程中，自始至终得到了北京市农林科学院农业综合发展研究所所领导的高度重视。

本书的上编由文化研究员、王爱玲副研究员为主笔，陈慈研究员、贾劲松助理研究员参加。下编包括七个专题——“北京农业多功能演进过程及机理研究”（专题Ⅰ）由陈慈士执笔，“北京循环农业的发展与实践”（专题Ⅱ）由王爱玲、周中仁（副研究员）执笔，“北京农业高效清洁生产技术体系的研究”（专题Ⅲ）由文化和王爱玲执笔，“农业信息化的发展趋势”（专题Ⅳ））由本院农业信息技术研究中心于莹执笔，“农业服务业及其在北京的探索与实践”（专题Ⅴ））由陈俊红（副研究员）执笔，“创意农业及其在北京的探索与实践”（专题Ⅵ）和“北京农业文化遗产的保护与传承”（专题Ⅶ））由王爱玲执笔。除专题Ⅳ之外的其余6个专题，都是“十一五”以来本所承担的各级科研项目的研究成果。这些项目的课题组成员，既有本所的众多科研人员也有许多所外专家，还有本所的科研管理工作者，他们全都付出了大量、辛苦的劳动。

本书上编在撰写过程中，召开了数次座谈研讨会。朱希刚研究员（中国农业技术经济学会原理事长、中国农业科学院农经所原所长）、李继扬高级农艺师（北京市农业局原副局长）、刘军萍研究员（北京市城乡经济信息中心主任）、袁士畴（北京农学会原副会长）、张一帆高级农艺师（北京市农委科教处原处长）和李红研究员（综合所副所长）等专家都提出了十分宝贵和中肯的意见。在修改和完善后，提高了本书的科学性、逻辑性和完整性。谨此，特向他们表示最衷心、诚挚的感谢和敬意。